Het psychologisch onderzoek

Van Wim Bloemers verscheen eveneens bij uitgeverij Ambo

De kleine assessmentgids

Wim Bloemers

Het psychologisch onderzoek

Een oefenboek

Ambo | Amsterdam

Tot op de dag van vandaag zijn er psychologen, die uit een testprotocol weten te halen dat de onderzochte ergens iets hards, maar aan de andere kant toch ook een stuk gevoeligheid in zijn persoonlijkheid heeft.

– J.T. Barendregt

The essential psychometric difficulty is the difficulty of fooling people twice.

– Donald M. Johnson

'Domme mensen kunnen genieten van dingen waar ze geen reet van begrijpen. Intelligente mensen weten heel veel van dingen die hen geen reet interesseren.'

– Vrij naar: Arthur Jensen, auteur van *The g factor*

www.assessmentservice.nl

Eerste druk 1990
Vijftiende, herziene druk 2005
Zevenentwintigste, herziene druk 2009
Achtentwintigste druk 2010

ISBN 978 90 263 2265 5
Copyright © 1990, 1998, 2005, 2009 Wim Bloemers, Amsterdam
Omslagontwerp De Ontwerperij, Karin van der Meer
Auteursfoto Stijntje de Olde

Verspreiding voor België:
Veen Bosch & Keuning uitgevers n.v., Wommelgem

Inhoud

Verantwoording 9
Voorwoord (*prof.dr. W.K.B. Hofstee*) 11

Eerste gesprek over de waarde van het psychologisch onderzoek 13

1 **Inleiding** 15
   1.1 De kwaliteit van selectiemiddelen 20
   1.2 Waaruit bestaat een psychologisch onderzoek? 29
   1.3 Met welke selectiemiddelen krijgt u te maken? 30
   1.4 Hoe verloopt een psychologisch onderzoek? 34
   1.5 Uw rechten tijdens het psychologisch onderzoek 36
      • *Kader: Voorbeelden van onregelmatigheden tijdens selectieprocedures* 39
   1.6 Het psychologisch rapport 40
   1.7 Het nagesprek 43
   1.8 Migranten en psychologisch onderzoek 44

2 **Wat is een psychologische test?** 47
   2.1 Eigenschappen van een goede test 47

3 **Wat is intelligentie?** 57

4 **Van intelligentie naar intelligentietest** 66
   4.1 De structuur van intelligentietestopgaven: toepassen van regels 68

5 **Tests voor cijfermatig inzicht** 75
   5.1 Opgaven rekenvaardigheid 75
   5.2 Rekenkundige reeksen 76
      5.2.1 Hoe rekenkundige reeksen aan te pakken? 78
      5.2.2 Opgaven rekenkundige reeksen 85
      5.2.3 Opgaven dubbele reeksen 86

6 **Tests voor picturale informatie** 88
    6.1 Dynamische-afbeeldingentests 88
        6.1.1 Regels voor dynamische-afbeeldingentests 90
        6.1.2 Opgaven dynamische-afbeeldingentests 92
    6.2 Statische-afbeeldingentests 101
        6.2.1 Regels voor statische-afbeeldingentests 102
        6.2.2 Opgaven statische-afbeeldingentests 103

7 **Taalvaardigheidstests** 108
        7.1.1 Opgaven spelling en grammatica 108
    7.2 Analogieëntests 110
        7.2.1 Het oplossen van analogieën 113
    7.3 Dubbele analogieën 116
        7.3.1 Opgaven analogieëntests 119
    7.4 Tests voor logisch redeneren 127
        7.4.1 Het syllogisme 129
        7.4.2 Opgaven syllogismen 134

8 **Andere, specifieke intelligentietests** 137
    8.1 Tests voor ruimtelijk inzicht 138
        8.1.1 Opgaven ruimtelijk inzicht 140
    8.2 Stroomdiagrammentests 144
        8.2.1 Opgaven stroomdiagrammentests 150
    8.3 Coderingtests 153
        8.3.1 Opgaven coderingtests 154
    8.4 Tests voor commerciële aanleg 154
    • *Kader: Veel gebruikte beïnvloedingstechnieken* 157
        8.4.1 Voorbeelden van vragen commercieel inzicht 159

9 **Het spel om de persoonlijkheid: persoonlijkheids-, management- en integriteitsvragenlijsten** 162
    9.1 Wat is persoonlijkheid? 162
        9.1.1 Het persoonlijkheidsbegrip: ontwikkelingen 163
    9.2 De Big Five 166
    • *Kader: het toekennen van persoonlijkheidseigenschappen: attributietheorie* 168
    9.3 Van persoonlijkheid naar persoonlijkheids- of managementvragenlijst 169
    9.4 De structuur van persoonlijkheidsvragenlijsten 172
    9.5 Persoonlijkheid- en managementvragenlijsten: toekomstperspectieven 181
    9.6 Voorbeelden van persoonlijkheids- en managementvragen 183
    9.7 Integriteitsvragenlijsten 187

10 **Het interview** 206
    10.1 De waarde van interviews 206
    10.2 Soorten interviews 207
        10.2.1 Algemene vaardigheden om een interview goed te doorlopen 209
        10.2.2 Het functiegerichte interview 212
        10.2.3 Het situationele interview 213
        10.2.4 Het psychologisch interview 215
    10.3 Veel voorkomende fouten gemaakt door interviewers 218
    10.4 Enkele algemene tips voor het interview 221

11 **De Assessment center-methode (ACM)** 225
    • *Kader: Voorlopers van Assessment center-opdrachten* 226
    11.1 Hoe werkt een ACM? 229
    11.2 De procedure bij een ACM 231
    • *Kader: Voorbeeld van een simulatiescript* 231
    11.3 Overzicht mogelijke ACM-simulaties 233
    11.4 Vaardigheden voor het effectief oplossen van Assessment-simulaties 235
        11.4.1 Wat is vriendelijk of effectief gedrag in een Assessment-simulatie? 236
    11.5 Kanttekeningen bij effectief simulatiegedrag 240
    11.6 Een blauwdruk voor effectief gedrag in interpersoonlijke Assessment-simulaties 243
    11.7 Optimale strategieën voor veel voorkomende Assessment-simulaties 245
    11.8 Tot slot: enige beperkingen en problemen van de ACM 254

Nawoord 263

Tweede gesprek over de waarde van het psychologisch onderzoek 265

BIJLAGEN
Persoonlijkheidsvragenlijst 267
Sollicitatiebrief 279
Curriculum vitae 280
Assessment-richtlijnen 283

Noten 290
Verklarende woordenlijst 292
Literatuur 296
Oplossingen 300

Verantwoording

Dit boek is geboren vanuit de idee dat een goed psychologisch selectieonderzoek pas mogelijk is als kandidaten de mogelijkheid hebben zich op dit onderzoek voor te bereiden. Vooronderstelling daarbij is dat het afleggen van een psychologisch onderzoek gebaseerd is op bepaalde vaardigheden, die tot op zekere hoogte kunnen worden aangeleerd. Dat geldt niet alleen voor het kunnen voeren van een goed doortimmerd sollicitatiegesprek, maar ook voor het kunnen oplossen van een rekenkundige reeks. Onderzoek uitgevoerd aan de Rijksuniversiteit Groningen (Keen & Te Nijenhuis, 1992) heeft uitgewezen dat voorbereiding op intelligentietests ook daadwerkelijk kan helpen, met name bij cognitief goed gestructureerde tests, zoals de rekenkundige reeksen.

Vanaf de zevende druk werd de structuur van het boek ingrijpend gewijzigd. Het boek is niet langer gecentreerd rond het klassieke psychologisch onderzoek van sollicitanten, maar het heeft een bredere invalshoek gekregen, waarbij de grens tussen psychologische aspecten van selectie en gewone selectie grotendeels verdwenen is. Deze benadering sluit aan bij marktontwikkelingen. Veel uitzendorganisaties doen bijvoorbeeld zelf aan selectie in gecomprimeerde vorm. Alles over de procedurele kant van psychologische selectie is nu te vinden in het hoofdstuk 'Inleiding'. Daarna wordt ingegaan op de psychologische test (hst. 2) en op intelligentie (hst. 3). Vervolgens komen de verschillende intelligentietests aan bod, persoonlijkheid- en managementvragenlijst (geheel herschreven), het interview (geheel herschreven) en de Assessment center-methode (geheel herschreven). Met name 'Het interview' en 'De Assessment center-methode' zijn nu veel praktischer: het gaat hier om het kunnen toepassen van concrete gespreksvaardigheden.

Een aantal mensen heeft een belangrijke rol gespeeld om dit boek te maken tot wat het nu is. In de eerste plaats mijn moeder, als prototype van de dimensie vriendelijkheid, en mijn vader, als prototype van de mix vriendelijkheid/consciëntieusheid. Pascal van den Noort voor zijn hulp bij de eerste druk. Verder natuurlijk Wim Hofstee, zonder wiens stimulerende en waardevolle opmerkingen dit boek waarschijnlijk nooit verschenen was. Zonder mijn werkzaamheden voor Dwars-PBO en Gert Keen had ik het hoofdstuk over de Assessment center-methode niet zo praktisch kunnen maken.

Zoveel mogelijk is geprobeerd sekseneutraal taalgebruik te hanteren. Daar waar dat niet het geval is, leze men steeds zowel de mannelijke als de vrouwelijke vorm.

Typisch psychologische termen (en ander jargon) zijn *cursief* gezet. Achterin vindt de lezer een overzicht van deze termen.

In deze vijftiende druk is een aantal onderwerpen geactualiseerd. Het hoofdstuk over het psychologisch rapport is uitgebreid. Verder is een aantal relevante boxen toegevoegd met vooral praktische informatie.

Amsterdam, augustus 2004

Meer informatie vindt u op de website:
www.assessmentservice.nl

Voorwoord

Voor menigeen zijn met psychologische tests gewichtige consequenties gemoeid. In de eerste plaats voor sollicitanten die ermee worden geconfronteerd; weliswaar zijn testuitslagen niet zo doorslaggevend als wel eens wordt aangenomen, maar ze leggen enig gewicht in de schaal. In de tweede plaats voor opdrachtgevers, zij het op een andere manier: voor hen is het van belang dat de testuitslag maximaal betrouwbaar en valide is. En in de derde plaats, op enige afstand, voor de samenleving, die gebaat is met geldige en faire selectieprocedures.

De opzet van dit boek is al deze belangen te dienen. Het uitgangspunt is eenvoudig: als sollicitanten niet door de test worden verrast, hebben ze een betere kans op een goed resultaat. Ook de validiteit en de eerlijkheid van de selectie worden vergroot als kan worden tegengegaan dat sommige sollicitanten door onwennigheid beneden hun kunnen presteren.

De werkwijze die de auteur volgt, is – in beginsel – ook eenvoudig: inzicht geven in de principes die ten grondslag liggen aan diverse soorten tests. Dit boek onderscheidt zich van sommige andere doordat het geen deel uitmaakt van de tegencultuur die rond tests is ontstaan. Die tegencultuur kenmerkt zich door het streven 'de test te verslaan'. Daarbij is niemand gebaat: de sollicitant niet, aangezien succes bij dat streven er alleen maar toe leidt dat men wordt aangenomen in een functie waarvoor men niet geschikt is; en de overige partijen al evenmin. De serieuze en overtuigde sollicitant is degene die van mening is te behoren tot de geschiktsten voor de functie in kwestie; zo'n sollicitant heeft dan ook alle belang bij een zo valide mogelijke selectieprocedure, en niet bij manipulaties. Dit boek verkoopt geen 'voorkennis': het is eerder vergelijkbaar met een schriftelijke cursus over beleggen.

De inhoud van dit boek is nergens onnodig ingewikkeld, maar ook niet eenvoudig. De auteur slaagt erin door te dringen tot de kernprincipes van de meest voorkomende testtypen, op een manier die doet denken aan röntgenfoto's die het geraamte laten zien. Dat maakt zijn verhandeling ook voor vakmensen interessant. Maar men kan het boek niet even aan de vooravond van een testdag doorbladeren in de hoop daarmee te 'scoren'. Het boek is eerder bestemd voor degenen die geïntrigeerd zijn door de testpsychologie en bereid zijn zich een beetje te laten besmetten door de aanstekelijkheid waarmee de auteur erover schrijft. Hij nodigt de lezer als het ware uit zelf een beetje psycholoog te zijn, en niet louter als slachtoffer maar ook als leerling de psychologische test mee te maken. Aan zijn verhandeling ligt de overtuiging ten grondslag dat mensen niet louter als 'object' van psychologisch onderzoek fungeren.

Die uitnodigende benadering vormt misschien ook de remedie voor een onvermijdelijke tekortkoming van dit boek, namelijk dat het de lezer niet aan den lijve kan laten ondervinden wat het is om getest te worden. Voor een dergelijke voorbereiding is meer nodig dan een boek. Maar tussen de regels door leert de lezer een houding van gelijkwaardigheid en mondigheid, en dat is misschien wel het belangrijkste aspect van de voorbereiding op een psychologisch onderzoek.

Getest worden is, net als examen doen, een situatie die door de psycholoog Kouwer als 'raar' en 'onmogelijk' is beschreven: men lost problemen op en beantwoordt vragen ten overstaan van iemand die niet in de oplossingen en antwoorden als zodanig, maar in de capaciteiten en de eigenschappen van de persoon is geïnteresseerd – immers, de goede oplossingen en antwoorden zijn per definitie al bekend, anders was het geen test of examen. Getest worden of examen afleggen is dus een vorm van 'kunstjes doen' ten overstaan van een beoordelende instantie, en menigeen heeft daar gruwelijk het land aan. Toch slagen mensen erin zo'n onmogelijke situatie te hanteren, en sommigen scheppen zelfs plezier in de uitdaging die ze biedt. Hoe we daar precies in slagen, is een raadsel. Maar paradoxaal genoeg ligt een mogelijk antwoord hierin dat we zelf een beetje op de stoel van de beoordelaar gaan zitten en belangstellend toezien hoe we het er afbrengen. Mensen zijn geen duizendpoten die niet meer zouden kunnen lopen als ze zich gingen afvragen hoe ze dat doen; integendeel, een beetje afstandelijkheid en reflectie kan ons juist over een drempel heen helpen.

Ziedaar de verborgen boodschap van dit boek. Wat erin staat, is op zichzelf interessant genoeg. Maar wat tussen de regels te lezen valt, is zo mogelijk nog intrigerender.

prof.dr. W.K.B. Hofstee

Eerste gesprek over de waarde van het psychologisch onderzoek

De wachtruimte van een willekeurig testbureau

A 'Zeg, houd jij meer van jongens dan van meisjes?'
B 'Jezus, hou je kop, man, als ze ons horen, kunnen we het wel vergeten!'
A 'Ach man, doe niet zo paranoïde.'
B 'Paranoïde? Die testassistente kan alles horen wat we zeggen. En wie weet werken ze hier met verborgen video's. Man, ze zien en horen alles van je hier.'
A 'Nou, die testassistente heeft trouwens een paar lekkere poten.'
B 'Aiaiaiaiaiaiaiaiaiaiai, ze kijkt net hierheen, hou g.v.d. je kop.'
A 'Haar smoeltje is ook niet gek trouwens, 't is gewoon een lekker wijf. Wat doet die bij zo'n duf bureau?'
B 'Tsssssss...'
A 'Wat heb jij trouwens ingevuld bij: Ik word wel eens zo kwaad dat ik zin heb om iets kapot te gooien?'
B 'Ik word nooit kwaad. Bovendien hebben wij hoogpolig tapijt, en kurk op de muren.'
A 'Ik heb ervan gemaakt: Ik word wel eens zo kwaad dat ik zin heb om een psycholoog een knal voor z'n kop te geven.'
B 'Maar dat mag helemaal niet, je kunt geen vragen gaan veranderen in een test!'
A 'Dommerdje, die gaat gewoon de computer in. Het gaat niet om de vragen maar om de antwoorden. Een beetje creativiteit is nooit weg. Stond trouwens ook in de functie-eisen.'
B 'Jij bent hartstikke gek, getikt.'
A 'Maar daar is geen test voor, jongen, dat telt helemaal niet.'
B 'Wat heb jij dan ingevuld op die vraag over rare denkbeelden?'
A 'Rare denkbeelden, rare denkbeelden, het is raar om te vragen of iemand wel snel een beetje verliefd wordt op iemand van de andere sekse! Waarom vragen ze niet of ik het met mijn hond doe of met de buurvrouw?'
B 'Dat is indiscreet. Dat schendt je privacy.'
A 'Privacy??? Ze hebben hier niet eens een slot op het toilet. En in de spoelbak zat een CAM-recorder. Heb jij natuurlijk niet gezien, he?'

B 'Toevallig heb ik een neef die selectiepsycholoog is. Die heeft me precies gezegd hoe je dit soort vragen moet aanpakken!'
A 'Toevallig heb ik een neef die bij de gemeentereiniging werkt. Die weet ook wel raad met dit soort vragen!'
B 'Op wat voor baan heb jij eigenlijk gesolliciteerd?'
A 'Hi, hi, ik ben ingehuurd als undercover-psycholoog door dit testbureau.'
B 'Als dat zo is, doe ik mijn beklag.'
A 'Je gaat je gang maar, die baan kun je sowieso wel schudden.'
B 'Maar dat is gemeen!'
A 'Wij zijn niet aangesloten bij het NIP, dus klagen helpt niet. Had je onze brochure maar beter moeten lezen.'
B 'Maar ik heb helemaal geen brochure gehad!'
A 'Dat kan kloppen. Maar wij gaan dan ook de werving en selectie voor TPG doen, binnenkort...'

1
Inleiding

'The question of hiring
depends on the right neurons firing'

Psychologisch onderzoek bij personeelsselectie staat volop in de belangstelling. Per jaar worden er zo'n half miljoen mensen op enige wijze psychologisch getest. Dit testen kan betekenen dat men een volledig psychologisch onderzoek ondergaat van een dag, waarbij men wordt onderworpen aan het complete repertoire van intelligentietests en persoonlijkheidsvragenlijsten, interviews en *Assessment*-opdrachten. Er kan ook een partieel psychologisch onderzoek plaatsvinden, bestaande uit bijvoorbeeld een intelligentie- en een persoonlijkheidsvragenlijst, of men doorloopt een Assessment-procedure waarbij in enkele simulaties onderzocht wordt in hoeverre de betrokkenen beschikken over sociale en leidinggevende capaciteiten. Waar u, als kandidaat, mee te maken krijgt is sterk afhankelijk van vraag en aanbod op de arbeidsmarkt (hoeveel sollicitanten zijn er voor de functie) en van de voorkeurswerkwijze van de organisatie (wil men veel of weinig investeren in het aannemen of laten doorstromen van [nieuw] personeel).

Kenmerkend voor het moderne psychologisch onderzoek is echter dat het in bijna alle gevallen handelt om professionele methoden en instrumenten waarmee u als sollicitant of werknemer wordt geconfronteerd. Dat betekent dat deze instrumenten voldoen aan bepaalde eisen (zie p. 48 e.v.) en dat de regie van een selectieprocedure in handen is van een gekwalificeerd psycholoog. Dat wil niet zeggen dat u bij modern psychologisch onderzoek altijd te maken krijgt met een psycholoog. Uitzendorganisaties nemen meer en meer de werving en selectie van personeel in handen en maken daarbij vaak gebruik van psychologische selectiemiddelen, zoals een intelligentietest die in eigen beheer wordt afgenomen. In veel gevallen is dan de nazorg, zoals het recht op een nagesprek, beperkt. Een voorbeeld hiervan is de kandidaat die aanwezig was op een voorlichtingsbijeenkomst voor een automatiseringsfunctie. Aan het einde van de middag werd de kandidaten verteld dat ze nu even een test gingen maken om te bepalen wie er zou worden aangenomen. Dit soort overvalpraktijken heeft weinig te maken met een verantwoorde (psychologische) omgang met kandidaten, maar alles met een conjunctuur waarin men snel even wat nieuwe sollicitanten door de psychologische molen wil draaien.

Zoals gezegd zijn de meeste selectie-instrumenten vandaag de dag van behoorlijke kwaliteit. Dat is niet altijd het geval geweest. De moderne selectiepsychologie in Nederland bestaat zo grofweg vanaf de jaren zestig, toen de selectiepsychologie een omslag maakte van *fenomenologisch* getint selectieonderzoek naar objectief, *gestandaardiseerd* selectieonderzoek.

Onder fenomenologisch selectieonderzoek kunnen we verstaan: onderzoek dat probeert het wezen van de kandidaat vast te stellen. De nadruk ligt hier op het doel: Wat voor persoon is deze kandidaat en wat zijn zijn/haar kwaliteiten? Om dit doel te kunnen vaststellen, hanteerde men naast één of meer *dieptegesprekken* meestal een aantal *projectieve tests*: kandidaten moesten van bepaalde, vrij willekeurige stimuli (bijvoorbeeld inktvlekken) aangeven wat zij erin zagen. De psychologie ging ervan uit dat de door de kandidaten gegeven interpretaties verwezen naar onderliggende karaktereigenschappen ofwel *disposities*. Iemand die in een inktvlek bijvoorbeeld veel menselijke vormen herkende, zou erg 'sociaal' zijn. Concreet vertaald: deze persoon is prettig in de omgang, is geïnteresseerd in anderen. Zo iemand zou bijvoorbeeld goed in een team kunnen functioneren.

Andere voorbeelden van projectief materiaal zijn: aan de hand van enkele gegeven symbooltjes een tekening construeren (de *Wartegg-tekentest*), het tekenen van een of meer bomen. Deze laatste zijn eigenlijk voorbeelden van *expressieve* middelen: de tekening die iemand maakt, wordt gezien als een uiting, een spoor, waarvan het verloop is bepaald door achterliggende karaktereigenschappen.[1]

Het centrale probleem bij projectieve en expressieve middelen was (en is): in hoeverre zegt de gegeven interpretatie/expressie iets over het toekomstig gedrag van de kandidaat? Laten we de boomtest (Koch, 1949) eens wat nader onder de loep nemen. Stel dat we iemands toekomstig gedrag willen beoordelen aan de hand van een door deze persoon getekende boom, wat kunnen we daar dan mee? Is het mogelijk daar psychologisch valide kennis aan te ontlenen? Laten we aannemen dat u de boom van afbeelding 1 tekent.

Zou u op grond van deze boom worden aangenomen voor een midden- of hoger-kaderfunctie? Nee, iedereen kan zien dat dit een nogal kinderlijke boom is. Hij ontspringt recht uit de rand van het papier (kinderlijk kenmerk). Het grappige is echter dat deze boom er een is van een vrouw van dertig jaar oud. Deze vrouw had een nogal onzelfstandig karakter, was eigenwijs en agressief, maar wel weer gevoelig voor gezag. 'Kennelijk is ze door haar ouders klein gehouden en nu ze niet meer op deze kan terugvallen, heeft zij zich – naar zij ons vertelde – verzekerd van de hulp van de politie, die ze in de wonderlijkste situaties aanklampt' (Deen & Bokslag, 1958). Blijkbaar hebben we hier te maken met een boom van iemand die we in de volksmond 'gestoord' zouden noemen.

Ook boom twee (zie afbeelding 2) levert u waarschijnlijk niet de gewenste functie op. Deze boom is ooit getekend door een HTS-leerling. Deen en Bokslag (1958) geven het volgende commentaar:

Afbeelding 1   De kinderlijke boom

Afbeelding 2   De geheimzinnige boom

'[Deze boom] draagt geen menselijk gezicht, maar heeft als totaliteit een expressie van "het menselijke" zoals wij dat kennen in geschakeerde gemoedsstemmingen. Wat de vorm aangaat zou bijna van "verdierlijking" kunnen worden gesproken, men zou kunnen denken aan een donkere inktvis die met zijn lange tentakels het vrij weke lichaam beschermt. Zelfbescherming speelt waarschijnlijk in het leven van deze jongeman een grote rol. Men kan deze stam niet naderen zonder in aanraking te komen met de laag afhangende takken. Dit afhangen kan een mismoedige stemming uitdrukken, maar de boom is zeker niet een passieve treurwilg. Daarvoor zit er toch weer te veel kracht in [...] De krachtige wortels duiden op oorspronkelijkheid en creativiteit en de duistere ondergrond bergt veel geheimen [...]' (ibid., p. 109). Zo kunnen we nog wel een tijdje doorgaan met het duiden van een getekende boom als uitdrukking voor het karakter. Wat is wel een 'ideale' boom? Neem boom nummer drie.

Op grond van de boomtest zou u met deze boom een goede kans maken om te worden aangenomen. Laten we even kijken wat Deen en Bokslag over deze boom te melden hebben: 'Ook hier vallen enige laag neerhangende takken op, maar be-

Afbeelding 3   De ideale boom?

langrijker motieven zijn het opwaartse streven van de stam en het opwaarts en zijdelings gaan van de meeste takken en twijgen. [...] De boom staat vastgeworteld in de aarde, hij beslaat de bodem zonder tot overdrijving te komen. [...] Een forse stam richt zich, toelopend als een speer, in de hoogte. [...] Er is een vloeiende overgang van groot naar klein, van duurzaam naar kortstondig: wortel-stam-tak-twijg-blad. Het leven gaat voort en is (nog) in zijn kracht. [...] De stam vertoont twee littekens, in de kruin rechts hebben een paar takken geen bladeren meer; misschien zijn ze al dood hout, zoals in elke oudere boom voortkomt. De totaalindruk is die van een robuust en vitaal exemplaar, dat zijn plaats ten volle waard is.' Deze boom is afkomstig van een veertigjarige man met HBS. Hij had een vrij hoge leidinggevende functie op technisch gebied en was zowel raadsman van de directie als van het lagere personeel. Andere karaktereigenschappen volgens Deen en Bokslag: vaderlijk, ijdelheid, dominantie, innerlijke eenvoud etc. (ibid., p. 109-110).

Het mag duidelijk zijn dat de verklarende kracht en de woordrijkdom van deze psychologie uit de oude doos tegenwoordig bij personeelsselectie niet meer serieus wordt genomen. Bovenstaande boomtest doet het misschien nog goed op feestjes en partijen, maar als serieus selectie-instrument, in de zin dat de getekende boom toekomstig gedrag kan voorspellen, heeft de boomtest afgedaan. Het weinige serieuze onderzoek dat er is gedaan naar de voorspellende waarde van de boomtest heeft in geen van de gevallen iets steekhoudends opgeleverd (*Documentatie van Tests en Testresearch*, 1992). Aan essentiële voorwaarden zoals betrouwbaarheid, validiteit en objectiviteit wordt niet voldaan.[2] U zou bijvoorbeeld ook enige tijd in iemands ontlasting kunnen gaan porren en waarachtig: ook via een expressief middel als de excrementen is een steekhoudende karakteranalyse te maken. Toeval? Wetmatigheid? Of doodgewoon een vorm van hineininterpretieren of volksverlakkerij?

Op het moment dat psychologen zich realiseerden dat er bij projectieve en expressieve middelen wel eens sprake zou kunnen zijn van een teveel aan op toevalligheid en op triviale invloeden gebaseerde conclusies, ontstond er een uitgebreide discussie over de toelaatbaarheid van projectieve en expressieve middelen bij selectieonderzoek. Centraal stond de vraag of de door psychologen gehanteerde middelen niet een ongeoorloofde indringing in het privéleven van kandidaten betekende, met daaraan gekoppeld de vraag of deze middelen eigenlijk wel voor de functie relevante informatie opleverden. Een andere belangrijke invloed vormde de Tweede Wereldoorlog, toen er continu vraag was naar voor specifieke taken geschikt militair personeel. Dit had tot gevolg dat men op een snelle, efficiënte en betrouwbare manier personeel moest selecteren. Hierdoor raakte de ontwikkeling van selectie-instrumenten in een stroomversnelling, onder andere door de ontwikkeling van de *Assessment center-methode* (zie hst. 11). Na de oorlog plukte de civiele sector de vruchten van deze ontwikkeling.

Samenvattend zijn twee factoren verantwoordelijk voor het massaal gebruik van psychologische selectiemiddelen als intelligentie- en persoonlijkheidsvragenlijst in het moderne selectieonderzoek:
- kwaliteitsaspecten: de vraag naar betrouwbaarheid, validiteit en objectiviteit;
- kostenaspecten: de vraag naar de efficiëntie.

De belangrijkste verandering was dat men het tot dan toe gehanteerde fenomenologische doel, het beschrijven/voorspellen van het wezen van de mens, losliet. De nadruk kwam te liggen op de functionaliteit en de aanvaardbaarheid van de voor dit doel gebruikte middelen en methoden: Als er tests gebruikt worden, hoe moeten deze er dan uitzien? Aan welke eisen moeten tests voldoen? En in hoeverre zijn psychologische uitspraken over een persoon, gebaseerd op testprestaties, functioneel?

Bovenstaande discussie stamt uit de jaren zestig-zeventig. Met name in Nederland, waar de fenomenologische traditie sterke wortels had, is er veel heen en weer gepraat over het invoeren van de huidige psychologische tests. Veel psychologen zullen met 'bloedend hart' hun zo geliefde tekeningen, inktvlekken en dieptegesprekken in de vriezer hebben gedaan. Heel incidenteel doen selectiepsychologen nog een beroep op meer *klinische middelen* en procedures. Op voorhand moet dit niet worden afgewezen. Als het moderne selectiemateriaal is uitgeput en men heeft de knoop ten aanzien van de uiteindelijke kandidaat nog niet kunnen doorhakken, kan aanvullend gebruik van projectief of expressief materiaal de uiteindelijke beslissing helpen legitimeren. Evengoed zou men echter in dat soort gevallen kunnen loten.

Opvallend is dat ook de *grafologie* haar voelhorens weer begint uit te steken. Begin jaren zestig is de vermeende kracht van deze pseudo-wetenschap op overtuigende wijze onderuitgehaald.[3] Toch zijn er ook nu psychologen en bedrijven die gebruikmaken van grafologische methoden. Wanneer u bij een vacature ziet staan: 'Uw met de hand geschreven sollicitatiebrief...', dan is dat in veel gevallen omdat men uw brief aan een grafologisch onderzoek onderwerpt. Er is een simpele reden voor het opnieuw opduiken van de grafologie: het werkt snel en het is relatief zeer goedkoop. Bovendien past het in allerlei modieuze, esoterische tendensen, zoals het new-age denken. U moet dan ook niet schrikken als u, wanneer u bij een organisatie op grond van uw handschrift bent aangenomen, de eerste maandag op cursus gestuurd wordt waarbij de tarotkaarten worden gelegd, of u wordt aanbevolen uw ochtendurine te drinken omdat uw ziel hierdoor gereinigd wordt. De praktijk van de selectiepsychologie is wat dat betreft net als de mode: steeds komen er nieuwe trends op die bij nadere beschouwing niet nieuw blijken te zijn. Denk bijvoorbeeld ook aan een begrip als emotionele intelligentie, waarvoor sinds enige tijd een test op de markt is, de zogenaamde EQ-test. In feite is deze test niets anders dan een modieuze verpakking van al lang bestaande persoonlijkheidseigenschappen, die op veel robuustere wijze al via andere test gemeten kunnen worden (zie hst. 9). Maar organisaties en sollicitanten willen nu eenmaal wel eens iets anders dan onderworpen worden aan een solide en 'saai' selectie-instrument als een intelligentietest die, gezien zijn eenvoud, kwaliteit en efficiëntie, inmiddels zo ongeveer de *Opel Kadett* onder de selectiemiddelen vormt.

1.1 De kwaliteit van selectiemiddelen

Hierboven is al iets aangestipt over de kwaliteit van bijvoorbeeld een intelligentietest. De laatste jaren is er zeer veel zogenaamd metaonderzoek gedaan naar de voorspellende waarde van psychologische tests en andere voorspellende instrumenten/methoden. Bij metaonderzoek neemt men een groot aantal verschillende onderzoeken samen, zodat de toevals- of situationele invloeden (te kleine steekproeven) geen of nauwelijks een rol meer spelen. Op deze wijze kan men een zeer betrouwbare schatting maken van de 'ware' voorspellende waarde van bijvoorbeeld intelligentietests. In de tabel op p. 23 is een overzicht gegeven van de voorspellende waarde van een aantal veel gebruikte selectiemiddelen. Vooral de laatste jaren is er meer inzicht gekomen in de voorspellende waarde van de gebruikte selectiemiddelen en hun samenhang. Meestal worden sollicitanten onderworpen aan een heel scala van selectie-instrumenten, variërend van een interview tot testen, vragenlijsten en rollenspelen. De Amerikaanse psychologen Schmidt en Hunter publiceren regelmatig overzichten over hoe goed een bepaald selectiemiddel voorspelt (voor een uitleg over de werking van voorspellende of *predictieve* validiteit zie p. 52 e.v.). Hun onderstaande overzicht is uit 1998, met toevoegingen uit 2004. De tabel bevat twee kolommen: een kolom met de absolute voorspellende waarde en een tweede kolom waarin wordt aangegeven wat een instrument nog toevoegt als er al een algemene intelligentietest is afgenomen. Schmidt en Hunter maken de algemene intelligentietest dus tot *het* basisingrediënt van psychologisch onderzoek/assessment. De vraag is waarom zij dat doen. Zij geven daarvoor de volgende argumenten:

1 Van alle instrumenten en procedures die je kunt gebruiken om informatie over sollicitanten te verzamelen, heeft de intelligentietest een superieure prijs/kwaliteitverhouding. Hij voorspelt (op arbeidsproeven na) het beste wat iemand zal kunnen in een functie en de afname is verreweg het goedkoopste: enkele tientallen euro's per kandidaat bij geautomatiseerd gebruik. Arbeidsproeven voorspellen weliswaar iets beter, maar die kunnen alleen gebruikt worden bij ervaren werknemers en zijn veel duurder. Dat laatste geldt ook voor een assessment.
2 Er zijn inmiddels duizenden studies gedaan waaruit keer op keer blijkt dat de algemene intelligentietest het beste middel is om iets over arbeidsprestaties van iemand te voorspellen. Dat de intelligentietest niet populair is bij het algemene

publiek en ook niet bij (personeels)managers is een geheel ander verhaal. Het probleem is dat bedrijven te maken hebben met vraag en aanbod op de arbeidsmarkt en sommige sollicitanten willen nu eenmaal liever niet getest worden. Bij een krappe arbeidsmarkt moeten bedrijven soms toegeven aan de wensen van sollicitanten, doodeenvoudig omdat ze anders niemand kunnen krijgen. Managers lezen nauwelijks of geen psychologische vakliteratuur. Zij denken vaak nog dat de persoonlijkheid van een werknemer belangrijker is dan diens intelligentie (Rynes, Colbert, & Brown, 2002). Misschien dat het idee dat je met de kandidaat moet samenwerken hierbij ook een rol speelt, want dan selecteer je dus vooral vriendelijke mensen die plooibaar zijn en in intellectueel opzicht geen bedreiging vormen.

3 Algemene intelligentie heeft dan misschien niet de hoogste absolute voorspellende validiteit, maar er loopt een directe lijn van algemene intelligentie naar relevante functiekennis en vaardigheden en naar prestaties in trainingsprogramma's.

Kortom: intelligentie is de grote aanjager als het gaat om functierelevante kennis en vaardigheden. In onderstaande figuur wordt de centrale aanjaagrol van intelligentie nog eens verduidelijkt.

Deze figuur illustreert dat g (algemene intelligentie) de belangrijkste invloed op arbeidsprestaties vormt. Die invloed werkt zowel direct als indirect via functiekennis. Functiekennis ontstaat als je je verstand gebruikt (bewuste informatieverwerking) binnen een arbeidssituatie. Sternberg bijvoorbeeld noemt functiekennis 'praktische intelligentie', in een poging de centrale rol van algemene

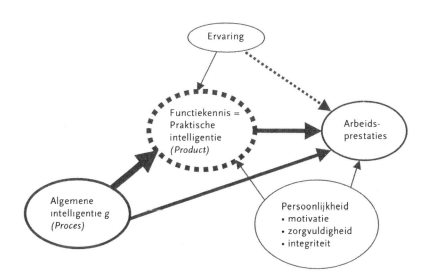

Invloedsfactoren op arbeidsprestaties. De dikte van een pijl is indicatief voor de sterkte van de relatie. (overgenomen uit Bloemers en Van der Molen, 2004, zie ook Schmidt & Hunter, 1998, 2004).

intelligentie enigszins te nuanceren (Sternberg et al, 2000; zie ook Gottfredson, 2003).

Persoonlijkheid is ook van invloed op functiekennis en arbeidsprestaties, maar uitsluitend via specifieke aspecten als motivatie, zorgvuldigheid en integriteit.

Ervaring (iets wat bijna in elke vacature genoemd wordt) is (veel) minder belangrijk dan gedacht wordt voor arbeidsprestaties. Tot drie jaar ervaring heeft het nog een redelijk voorspellende waarde voor arbeidsprestaties, maar werkervaring van tien jaar of meer voorspelt nog maar weinig voor nieuwe arbeidsprestaties. De algemene regel is dus dat naarmate werkervaring toeneemt, de voorspellende waarde hiervan voor arbeidsprestaties afneemt. Dit in tegenstelling tot het belang van intelligentie, dat blijft constant of neemt zelfs toe naarmate men langer in een functie werkzaam is.

4 De theorie achter de werking van intelligentie is beter onderbouwd dan voor enig ander selectie-instrument. Pragmatisch gezien kun je stellen dat het er niet om gaat waaróm iets voorspelt, áls het maar voorspelt. Binnen de wetenschap zoek je echter naar verklaringen en daar heb je een theorie voor nodig. Welnu, wat betreft intelligentie is die theorie behoorlijk goed uitgekristalliseerd, veel beter dan bij bijvoorbeeld: wat meet een interview? Of: wat meet een assessment? Uit de tabel op p. 23 in de tweede kolom kunt u nalezen dat de toegevoegde waarde van veel 'fancy' selectiemiddelen ten opzichte van algemene intelligentie vaak erg gering is. De tabel geeft dus antwoord op twee vragen: hoe goed voorspelt een instrument/methode/middel (kolom 1) en voegt het nog wat toe als je al iets weet over de intelligentie van de kandidaat (kolom 2)?

Als een instrument iets toevoegt naast intelligentie, stel meer dan 10-15%, dan betekent dat er iets anders in het spel is dan intelligentie en dat dat andere ook van belang is voor arbeidsprestaties.

Wat blijkt uit nevenstaande tabel?

Om te weten of iemand goed zal presteren in een functie, moet je in elk geval iets weten over de algemene intelligentie van de betrokkene. Of je elke kandidaat in een psychologisch onderzoek een intelligentietest moet afnemen, is de vraag. Er kunnen al andere indicatoren zijn die een redelijk beeld geven van de intelligentie van een kandidaat. Een intelligentietest levert vooral wat op als je veel kandidaten met elkaar kunt vergelijken en dan van bovenaf kunt afromen (ook wel *top down*-selectie genoemd).

Intelligentietests worden vooral in het midden en hoger kader gebruikt als selectie-instrument. Gezien de voorspellende waarde die ze hebben, is dat niet terecht. Ook voor 'lagere' functies is het gebruik van een intelligentietest te verdedigen, laat staan voor topmanagementfuncties.

Voorspeller voor prestaties in werktrainingen	Validiteit	Toegevoegde validiteit naast gebruik intelligentietest
Intelligentietest	.51	–
Arbeidsproeven	.54	24%
Gestructureerd interview	.51	24%
Tests voor functiekennis	.48	14%
Integriteitsvragenlijsten	.41	27%
Ongestructureerd interview	.38	8%
Assessment Center-methode	.37	4%
Collegabeoordelingen	.36	14%
Biografische gegevens	.35	2%
Consciëntieusheidsvragenlijsten	.31	18%
Referenties	.26	12%
Genoten jaren opleiding	.10	2%
Interesse	.10	2%
Jaren werkervaring	.18	6%
Leeftijd	-.01	0%

De (toegevoegde) validiteit van selectie-instrumenten (naar Schmidt & Hunter, 1998, p. 265)

Arbeidsproeven hebben de hoogste voorspellende waarden en leveren ook nog wat op als je al iets weet over de intelligentie van een kandidaat. Maar arbeidsproeven zijn duur, functieafhankelijk en dus niet echt geschikt om te gebruiken, tenzij het om voor de hand liggende functies gaat, waarbij je kandidaten even snel aan een steekproef van relevant arbeidsgedrag kunt onderwerpen (tikt u even deze pagina over...). Arbeidsproeven worden zelden gebruikt, alleen nog wel in bovengenoemde zin. Met enig kunst- en vliegwerk kan de proeftijd als een soort arbeidsproef gezien worden. Maar vaak ontbreekt het aan standaardisatie en betrouwbare beoordelingen.

In een gestructureerd interview wordt op mondelinge wijze informatie aan een kandidaat onttrokken, om zo een beeld van diens functiegeschiktheid te krijgen. Verder blijkt uit kolom 2 dat de toegevoegde waarde van gestructureerde interviews heel behoorlijk is. Het is bovendien een kandidaatsvriendelijk middel en het is bijna altijd een standaard onderdeel van een selectieprocedure.

Tests voor functiekennis voorspellen goed en voegen ook nog wat toe naast intelligentie. Ze worden echter zelden of nooit gebruikt bij selectieprocedures. Het vervaardigen van deze tests is te duur en de houdbaarheid is beperkt.

Integriteitsvragenlijsten zijn een variant van de standaard persoonlijkheidsvragenlijsten. Ze richten zich specifiek op integriteitsaspecten van gedrag (bent u betrouwbaar, eerlijk etc.). Vooral de laatste jaren is integriteit een behoorlijk probleem aan het worden. Denk aan de vele fraude en omkoopschandalen, zelfverrijking onder managers etc. Ook voor politici en politiediensten is integriteit een belangrijk gegeven. Het is dan ook niet zo verwonderlijk dat de voorspellende waarde van integriteit voor arbeidsprestaties hoog is, en dat het ook behoorlijk wat toevoegt naast intelligentie. Moraal en intelligentie zijn blijkbaar onafhankelijk: slechtheid komt in alle geledingen van het IQ spectrum voor.

Ongestructureerde interviews voorspellen matig tot redelijk ('Vertelt u eens iets over uzelf'). De toegevoegde waarde naast algemene intelligentie is gering, teken dat in de meeste ongestructureerde interviews men blijkbaar bewust of onbewust een beeld van de intelligentie van de kandidaat probeert te achterhalen. Ongestructureerde interviews komen wel vrij veel voor, het interview is een standaard onderdeel van een selectieprocedure; over de mate van gestructureerdheid van interviews is echter weinig bekend. Bereid u dus op het ergste voor en zorg dat u zelf de nodige structuur aan kunt geven (zie hst. 10).

De Assessment Center-methode (zie hst. 11), vaak gewoon 'assessment' genoemd, is redelijk populair de laatste jaren. Men heeft in selectieland echter de neiging om alles tegenwoordig assessment te noemen, dus de term is behoorlijk aan inflatie onderhevig.

Echte assessments, met alles erop en eraan (tests, interviews, vragenlijsten, opdrachten, in basket-opdrachten en rollenspelen) zijn vooral populair voor selectie van het midden en hoger kader. Er moet wel geld voor zijn, een volledig assessment kost gauw enige duizenden euro's per kandidaat. Als u in de tabel op p. 23 kijkt, en u ziet dat de voorspellende waarde van een assessment zelfs nog iets lager is dan een ongestructureerd interview, terwijl de toegevoegde waarde naast een intelligentietest slechts 4% bedraagt, dan kunt u uw opdrachtgever vertellen dat u liever een intelligentietest maakt en dat u de besparing voor de opdrachtgever dan graag bij uw salaris wilt hebben. Wel hebben goed uitgevoerde assessments een leereffect. Het doen van een rollenspel kan u heel wat over de effectiviteit van uw gedrag vertellen en veel kandidaten vinden het ook leuk om te doen.

Collegabeoordelingen hebben een redelijk voorspellende waarde, maar voegen weinig toe aan het intelligentiebeeld. Net als in interviews beoordelen mensen elkaar dus blijkbaar standaard op 'hoe slim we iemand vinden'. Collegabeoordelingen kunnen wel gebruikt worden bij bijvoorbeeld 360-graden-feedbackgesprekken. Bij selectie worden ze nooit gebruikt, tenzij men de proeftijd hiervoor zou gebruiken en dan met collegabeoordelingen gaat werken.

Biografische gegevens, ook wel biodata genoemd, hebben een redelijk voorspellende waarde, maar voegen praktisch niets toe naast intelligentie.

In een biodatalijst worden vragen gesteld over uw verleden en uw persoonlijke situatie. Biodatalijsten hebben veel weg van een persoonlijkheidsvragenlijst.

Het grote verschil met een persoonlijkheidsvragenlijst is dat in een biodatalijst een eenduidig antwoord mogelijk is, bij vragen uit een persoonlijkheidsvragenlijst vaak niet. Dit leidt tot (onzinnige) bioprofielen als:

De ideale verkoopster ziet er als volgt uit: Zij is tussen de 35 en 54 jaar; heeft 13-16 jaar opleiding, vijf jaar verkoopervaring, weegt meer dan 80 kilo, heeft minder dan vijf jaar in haar voorlaatste baan gewerkt, meer dan vijf jaar in haar laatste baan, woont in een huurhuis etc. (naar Cook 1991:82).

Dit zijn allemaal feitelijke criteria, goed controleerbaar, maar gespeend van enige theoretische onderbouwing. De algemene constatering bij biodata is dan ook, om met Cook te spreken (p. 97), dat er een algemene set van antwoorden is die een uitkomst voorspelt. Alleen niemand weet waarom. Biodata worden in Nederland niet of nauwelijks gebruikt. Soms, bij een intensieve Assessment centerprocedure, worden kandidaten wel doorgezaagd met bioachtige leefstijlvragen.

Consciëntieusheidsvragenlijsten richten zich net als integriteitsvragenlijsten op specifieke persoonlijkheidseigenschappen. Consciëntieusheid is een van de brede persoonlijkheidsdimensies van de Big Five (zie hst. 9). Het gaat om allerlei gedrag dat te maken heeft met doorzettingsvermogen, nauwkeurigheid en betrouwbaarheid. Integriteit vormt in feite weer een specifiek domein binnen de consciëntieusheidsdimensie. Net als integriteit heeft consciëntieusheid een behoorlijke voorspellende waarde voor arbeidsprestaties op zich en ook is de toegevoegde waarde ten opzichte van intelligentie redelijk.

Consciëntieusheid maakt zoals gezegd onderdeel uit van de Big Five en zal bij de meeste selectieprocedures en assessments dus aan bod komen via een moderne Big Five persoonlijkheidsvragenlijst.

Bij referenties wordt via vorige werkgevers mondelinge of schriftelijke informatie ingewonnen over een kandidaat. Men moet bij referenties oppassen, want 'Zelfs Adolf Hitler, seriemoordenaar Ted Bundy en terrorist Bin Laden zouden zonder veel problemen een aantal mensen hebben kunnen vinden dat een positieve referentie zou willen geven' (Aamodt, 1991, geciteerd in Bloemers 1996). Voor de werkgever is het dus oppassen, voor de sollicitant is er dus hoop. Verder zijn er problemen met de betrouwbaarheid van referenties, de tendentie om vaak alleen maar positieve referenties te geven en de beperkte kennis van de referentiegever ten aanzien van de kandidaat (voor een overzicht, zie Aamodt 1991).

Cascio (1991:263) doet wat referenties betreft de volgende aanbevelingen: De toetsing moet consistent zijn en relevant ten aanzien van de functie-eisen; referenties moeten schriftelijk en controleerbaar zijn. De absolute voorspellende waarde van referenties is matig, evenals de toegevoegde waarde.

Het aantal jaren *genoten* opleiding voorspelt weinig en de toegevoegde waarde is nihil. Dit mag wat vreemd klinken, maar wat beter voorspelt (maar niet in de tabel staat), is de *hoogte* van de genoten opleiding. Ook hiervan moet echter niet al te veel verwacht worden, omdat de echte voorspeller in dat geval voor het grootste gedeelte de intelligentie (of leervermogen) van de betrokkene is (de correlatie tussen intelligentie en de *hoogte* van de opleiding is ongeveer .50). Eeuwige studenten zouden dus moeten oppassen en ook stapelaars moeten niet al te veel verwachten van hun diplomalijsten.

Voor selecteurs betekent het dat ze zich op voorhand niet blind dienen te staren op de waarde van ellenlange curriculi met allerlei diploma's en certificaten. Dit kan echter wel iets zeggen over het doorzettingsvermogen van de betrokkene. Wat meer van belang is is de complexiteit (moeilijkheidsgraad) van de genoten opleidingen, die vormen in het algemeen een goede indicatie voor het intelligentieniveau.

Interesses voorspellen weinig en voegen ook zeer weinig toe naast intelligentie. Interesse is wel van belang bij *wat* voor werk of studie iemand *kiest*, maar is er eenmaal gekozen dan voorspelt de mate van interesse nog maar weinig over de prestaties. In selectiegesprekken wordt nog wel eens doorgezaagd over interesses, maar voor arbeidsprestaties is dit in feite lood om oud ijzer.

Over jaren werkervaring is al het nodige gezegd. Tot drie jaar ervaring is van belang, daarna neemt het belang van ervaring af voor arbeidsprestaties.

Wat betreft leeftijd is de zaak vrij duidelijk: er is geen verband tussen leeftijd en functieprestatie en de toegevoegde waarde naast intelligentie is nul. Een organisatie moet dan ook goede redenen hebben om leeftijdseisen te stellen (bijvoorbeeld fysiek prestatieniveau), anders is er in feite in zeer veel gevallen sprake van discriminatie, omdat er geen enkele relatie is tussen de leeftijdseis en de mate van functioneren.

Samenvattend kunnen we de tabel op p. 23 als volgt interpreteren: Als het gaat om het presteren van mensen op een bepaald gebied, ongeacht welk gebied dat dan ook is, dan is intelligentie de meest effectieve en efficiëntste voorspeller. Weliswaar neemt het belang van intelligentie toe naarmate het werk of de functie moeilijker (complexer) wordt, maar ook voor 'simpel' werk is intelligentie van belang. Uit kolom twee van de tabel kunt u ook afleiden dat veel 'common sense'-voorspellers zoals opleiding en ervaring, voor het grootste gedeelte iets zeggen over de intelligentie van de betrokkenen. Persoonlijkheid is wel van belang voor arbeidsprestaties, maar in beperkte zin. Het gaat dan om eigenschappen als betrouwbaarheid, doorzettingsvermogen, integriteit etc.

En wat betreft ervaring: tien jaar ervaring kan heel goed betekenen één jaar ervaring en dat tien jaar lang herhalen. Het hoeft dus niet zo te zijn dat iemand steeds beter leert zijn/haar werk te doen, het kan ook betekenen dat mensen vastroesten in standaardprocedures of handelingen. Zoals een pornoactrice het plastisch uitdrukte: 'Experience doesn't necessarily mean expertise.'

Dat opleidingscijfers en ervaring massaal worden gebruikt als selectiecriteria komt vooral door het gemak waarmee ze kunnen worden toegepast en de noodzaak van voorselectie. Als er enkele honderden sollicitaties binnenkomen, moet men in eerste instantie wel terugvallen op globale en goedkope voorspellers.

De boodschap van de tabel is dat ongeacht de functie of het werk waar het om gaat, het algemene intelligentieniveau de belangrijkste indicator is, gevolgd door integriteit en consciëntieusheid. Deze laatste twee eigenschappen kunnen via een simpele vragenlijst worden gemeten. Voor de vorm en de subjectieve zekerheid van de selecteurs kan men eventueel nog een gestructureerd interview afnemen. Het verdient aanbeveling om zo'n interview zoveel mogelijk te richten op gedrag van de kandidaat dat betrekking heeft op consciëntieusheid en integriteit.

Waarom er, vooral in de publieke discussie, regelmatig een felle discussie over intelligentietests opduikt, is dan ook voor een groot gedeelte te wijten aan stemmingmakerij en een gebrek aan intelligentie. Vanuit het oogpunt van de belangen die ermee gemoeid zijn, is zo'n discussie wel begrijpelijk. Van de score op een intelligentietest kan de loopbaan of carrière van iemand afhangen. Sollicitanten willen dus vooral selectiemiddelen waarop ze denken hoog te kunnen scoren. Iedereen heeft een latente angst om bij het afleggen van een test (dat klinkt zo absoluut) buiten de boot te vallen. Bij een interview is er in elk geval nog de *illusion of control*. Een ander veel gehoord bezwaar van sollicitanten tegen intelligentietests is dat deze nauwelijks of geen relatie zouden vertonen met vereist functiegedrag.

Uit de tabel blijkt echter het tegendeel. Dat is ook goed verklaarbaar. Mensen die hoog scoren op een intelligentietest kunnen zich snel de kennis en de vaardigheden eigen maken die bij een functie horen. Zij zijn snel ingewerkt en zullen daarnaast ook meer output leveren. Uit onderzoek van Hunter en Schmidt (1983) blijkt dat de gemiddelde werknemer twee keer zijn/haar salaris oplevert. Goede werknemers leveren minimaal 40 procent van hun salaris meer op; slechte werknemers minimaal 40 procent minder dan het gemiddelde salaris. Testgebruik waardoor betere werknemers worden geselecteerd, kan een organisatie op jaarbasis dus algauw enkele honderdduizenden tot miljoenen euro's opleveren. Er is dus van alles voor te zeggen om bij het selecteren van mensen meer gebruik te maken van algemene intelligentietests.[1] Daarbij worden steeds meer tests geautomatiseerd, zodat zij via een computer kunnen worden afgenomen. Dat kan de testtijd aardig bekorten. Ook komen er meer kortdurende tests, omdat men in staat is om met minder opgaven toch sneller het niveau van kandidaten te bepalen. Daarbij kan men kandidaten achter een computer eerst een aantal oefenopgaven laten maken, totdat de kandidaat precies begrijpt wat er van hem/haar wordt verwacht. Via gecomputeriseerd testen kan men de kosten van een testprocedure reduceren tot een paar honderd euro, waarvoor men dan een intelligentietest en een persoonlijkheidsvragenlijst heeft (deze prijs is sterk afhankelijk van het aantal kandidaten dat een organisatie op jaarbasis laat testen).

Dit alles, vergezeld van een goede begeleiding/brochure vanuit de organisatie of het testbureau, kan selectie niet alleen vanuit wetenschappelijk oogpunt optimaliseren, het betekent ook dat veel van de huidige frictie tussen kandidaat, opdrachtgever (organisatie) en testbureau kan worden weggenomen. Want ook dat zou een reden kunnen zijn waarom er relatief weinig mensen worden getest: opdrachtgevers zijn bang dat 'goede' kandidaten zich bij een testprocedure terugtrekken. Goede kandidaten hebben vaak meerdere alternatieven die ze tegen elkaar uitspelen. Maar hiermee dreigt een vicieuze cirkel te ontstaan. Om te weten of een kandidaat echt goed is, zou men deze algemeen gesproken moeten testen. Laat men dit achterwege om de kandidaat niet kwijt te raken, dan is het maar de vraag of de kandidaat inderdaad zo goed was als men dacht. Daar komt men dan pas achter nadat de kandidaat is aangenomen en dat druist in tegen alle selectierationaliteit. Ook voor dit probleem heeft de arbeidsmarkt/conjunctuur echter een oplossing in petto. Via flex-contracten en versoepelde ontslagmogelijkheden kunnen werkgevers tegenwoordig veel gemakkelijker mensen voor korte tijd aanstellen, en zo de krenten uit de pap halen.

Wat ook nog een rol kan spelen bij de afkeer van een psychologisch onderzoek, is dat kandidaten de confrontatie met een test/testpsycholoog als paternalistisch ervaren. Er zou wat dat betreft nog steeds sprake zijn van een 'witte jas'-effect waarin u bent overgeleverd aan de grollen van een 'zielkundig expert'. Ook dit argument is echter achterhaald.

Er is inmiddels zoveel informatie verkrijgbaar over testpsychologie, tests, interviews en de Assessment center-methode dat niemand meer als leek de confrontatie met de testpsychologie c.q. testpsycholoog hoeft aan te gaan. Een frictieloze selectie zal echter altijd een utopie blijven. Tot op zekere hoogte kan dat ook niet anders, want zonder onbekende factoren in het selectiespel kan er van selecteren geen sprake meer zijn. Waar het om gaat, is dat opdrachtgevers en testbureaus hun methode van selecteren wetenschappelijk en wettelijk kunnen en willen verantwoorden. Kandidaten zullen zich optimaal moeten kunnen (en willen) voorbereiden. Op deze wijze kan er een meer harmonieus selectiebestel ontstaan waarin volgens een 'cleane' procedure de juiste mensen op de juiste plaats terechtkomen.

Het einde van het traditionele assessment/psychologisch onderzoek?

De Groningse psycholoog Wim Hofstee heeft het idee gelanceerd dat het traditionele 'verticale' psychologische onderzoek zijn langste tijd gehad heeft. Met **verticaal** wordt bedoeld dat over het hoofd van de kandidaat een psychologisch onderzoek wordt uitgevoerd. De kandidaat is in principe een 'object' dat onderzocht wordt en dat daar niet om gevraagd heeft. In feite is er sprake van een ongelijkwaardige relatie, waarbij de opdrachtgever in staat is om de kandidaat aan allerlei (ongevraagde) procedures te onderwerpen. De vraag is of in een moderne samenleving waarbij de autonomie van mensen steeds centraler komt te staan, het traditionele psychologische onderzoek van sollicitanten nog past. Autonome kandidaten zoeken zelf hun mogelijke werkgever uit en zouden daarbij zo reëel moeten zijn dat zij bij twijfel omtrent hun geschiktheid zelf het initiatief tot een psychologisch onderzoek moeten kunnen nemen. De werkgever biedt wat dat betreft een extra service: u heeft bij ons de mogelijkheid om uzelf op verantwoorde wijze te laten doorlichten op uw kwaliteiten voor deze functie (op onze kosten). Wij leggen u niets op, het initiatief daartoe kunt u zelf nemen. Organisaties bij wie HRM en HRD meer dan een kreet is zouden dit idee in elk geval moeten oppikken.

Er ontstaat in dit scenario een **horizontale** relatie tussen kandidaat en psycholoog en opdrachtgever: de kandidaat is nu immers zelf de opdrachtgever. Uitspraken over personen worden zo adviezen aan personen waarbij het onderzoek in dienst van (de ontwikkeling van) de kandidaat komt te staan. Veel frictie binnen de verticale opdrachtrelatie (de kandidaat vindt het allemaal wel best zolang de uitkomst maar positief is, en zo niet dan gaat de kandidaat moeilijk doen) kan zo worden weggenomen.

Bij een horizontale opdrachtrelatie wordt er een beroep gedaan op het gezond verstand en het redelijk zelfinzicht van de kandidaat.

Het is trouwens niet uit te sluiten dat ook in deze situatie kandidaten zich laten leiden door kwade trouw of sociaal wenselijk gedrag (ik maak een goede indruk als ik zelf een assessment aanvraag), maar de voordelen zijn dat de kandidaat psychologische bemoeienis in eigen hand houdt en als een autonoom individu behandeld wordt door de opdrachtgever. Voor de selectiepsycholoog is deze situatie ook veel prettiger, hij verlaat zijn opgelegde 'voyeuristische' rol en wordt een echte loopbaanadviseur. De kandidaat heeft nu immers zelf om het onderzoek gevraagd, dus hij kan niet moeilijk gaan doen bij tegenvallend resultaten.

Hoe bedrijven en kandidaten bovenstaande scenarioswitch zullen oppakken, is nog de vraag. Voor bedrijven en kandidaten ontstaat wel een vreemde dubbel bind, namelijk wat betekent het dat iemand juist wel of niet een psychologisch onderzoek aanvraagt? Deze keuze op zich wordt een troef in het sollicitatiespel, maar de belangrijkste winst ligt in de meer autonome posities die kandidaat-opdrachtgever en psycholoog gaan innemen.

Bron: Hofstee, 2001.

1.2 Waaruit bestaat een psychologisch onderzoek?

Met welke selectiemiddelen kunt u in een psychologisch onderzoek te maken krijgen? Als het goed is, bent u van tevoren ingelicht over de inrichting van de selectieprocedure. U weet dan bijvoorbeeld dat u een aantal intelligentietests, een persoonlijkheidsvragenlijst, een interview en een tweetal ACM-simulaties gaat doorlopen. Veel bureaus en organisaties adviseren u tegenwoordig ook nadrukkelijk om u door middel van literatuur goed voor te bereiden.

De meest gebruikte selectiemiddelen vormen briefselectie, interviews, intelligentietests en persoonlijkheidsvragenlijsten. De ACM wordt relatief weinig gebruikt en is qua gebruik sterk conjunctuurgevoelig. (Een goed uitgevoerde ACM is erg duur, en inmiddels weten we ook dat de waarde ervan sterk beperkt is. Wel heeft de term *assessment* het gebruik van de term *psychologisch onderzoek* naar de achtergrond gedrongen.)

Biodata, grafologie en projectieve tests worden niet of nauwelijks gebruikt. Op basis van de kwaliteit van projectieve tests en grafologie zou u trouwens kunnen overwegen om selectie met zo'n middel te weigeren. U weigert dan echter ook de betreffende functie, en dat gegeven maakt dat de meeste kandidaten nooit moeilijk doen, tenzij ze vinden dat ze onterecht zijn afgewezen.

Een psychologisch onderzoek van een hele dag omvat bijna altijd de volgende elementen:
- een aantal schriftelijke intelligentie(sub)tests[5] (hst. 4-8);
- een aantal schriftelijke persoonlijkheids- of managementvragenlijsten (hst. 9);
- een of meerdere interviews met een psycholoog (hst. 10);
- een (gedeelte van een) ACM (hst. 11).

Is er sprake van een psychologisch onderzoek dat minder dan een dag duurt, dan wordt vaak een keuze uit bovengenoemde elementen gemaakt. Deze keuze is afhankelijk van de functie-eisen en van twijfels van de opdrachtgever ten aanzien van bepaalde eigenschappen van een kandidaat.

1.3 Met welke selectiemiddelen krijgt u te maken?

Met welke selectiemiddelen u tijdens het psychologisch onderzoek te maken krijgt, is afhankelijk van de functie waar het in uw geval om gaat. Daarbij is globaal de volgende werkwijze gevolgd. Er is een functieprofiel gemaakt. Hierdoor heeft men kunnen vaststellen wat de relevante capaciteiten en vaardigheden zijn die voor een goede uitoefening van de functie van belang zijn. Daarna heeft men voor deze geselecteerde vaardigheden en taken representatieve selectiemiddelen gezocht. Als het om het begrijpen van complexe materie gaat, zal er een intelligentietest worden afgenomen. Gaat het vooral om het kunnen overtuigen van medewerkers, dan zal men een hierop toegespitste ACM-simulatie inbouwen.

Vervolgens heeft men een aantal mensen die de functie – of een soortgelijke functie – vervullen, laten beoordelen op de geselecteerde capaciteiten en vaardigheden. Ook heeft men deze mensen de verkozen selectiemiddelen afgenomen. Aan de hand van de zo verkregen gegevens heeft men kunnen nagaan of de selectiemiddelen goede voorspellers zijn voor de capaciteiten en vaardigheden. Zijn de resultaten van dit alles bevredigend, dan heeft men de beschikking over een selectiebatterij (verzameling selectiemiddelen) die als een goede voorspeller functioneert wat betreft geschiktheid voor de functie in kwestie. Ook heeft men dan, zij het nog vrij summier, normen kunnen vaststellen: men heeft zowel ten aanzien van goed als van slecht beoordeelde functievervullers kunnen vaststellen met welke testscores deze beoordelingen gepaard gaan. Voor een goede functievervulling kan het bijvoorbeeld zo zijn dat uw score op de intelligentietest bij de beste 30% moet zitten, terwijl u op de ACM-simulatie gemiddeld minimaal een zeven uit tien moet scoren.

Vooral de keuze van relevante functieaspecten (het criterium) is tegenwoordig kwetsbaar. Uit een verkeerde criteriumkeuze kan immers ook een verkeerde keuze van selectiemiddelen voortkomen. Zeker tegenwoordig, nu functies snel verouderen, is het van belang om essentiële (toekomstige) vaardigheden en capaciteiten op te sporen. U zult merken dat sociale vaardigheden tegenwoordig een zeer belangrijk selectiecriterium vormen. Dat komt enerzijds omdat er grote aantallen hbo/wo-gediplomeerden zijn, die allemaal een vergelijkbaar diploma hebben. Om nog onderscheid te maken gaat men het dan in de persoonlijkheid zoeken. Anderzijds ontstaat het gros van de nieuwe banen in de dienstverlenende sector, waarbij sociaal contact een hoofdbestanddeel vormt.

In onderstaand schema is de koppeling tussen functie, vaardigheden (V) en selectiemiddelen (tests [T], ACM, interview [I]) weergegeven.
De hieronder geschetste gang van zaken geeft een vereenvoudigd beeld. Meestal is in de praktijk de koppeling tussen de functie en de tests waarmee u te maken krijgt, niet zo eenduidig. Dat komt omdat het noodzakelijke vooronderzoek meestal niet wordt gedaan of omdat men niet in staat is om een spe-

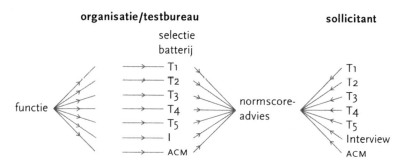

Afbeelding 4

cifieke vaardigheid goed te 'vatten' in een selectiemiddel. Bekende (problematische) voorbeelden zijn criteriumaspecten als commercieel inzicht en sociale vaardigheid. Men heeft voor deze twee vaardigheden ettelijke tests en vragenlijsten ontwikkeld, maar deze vertonen allemaal een (zeer) lage validiteit: uw score op zo'n vragenlijst zegt dus heel weinig over uw commercieel inzicht of uw sociale vaardigheden. De ACM kan echter in beide gevallen uitkomst bieden, door het ontwikkelen van een goede verkoop- en een tweegespreksimulatie.

Heeft men eenmaal een aantal selectiemiddelen gekozen voor een selectieprocedure, dan is de volgende stap het bepalen waar de kritische scores van de kandidaten moeten komen te liggen. Van een groot aantal tests zijn deze kritische scores (of normen) bekend. Men weet wat een academicus en wat een hbo'er gemiddeld scoren. Als de functie op hbo-niveau ligt, dan weet men dus ook welke score men minimaal van een kandidaat moet eisen. Wil men echt 'zware' kandidaten, dan kan men de normen wat opschroeven.

Iets anders ligt het in het combineren van de scores tot een eindpredictiescore. Wegen alle eisen (selectiemiddelen) even zwaar, of is het zo dat intelligentie de doorslag geeft en dat sociale vaardigheden van minder belang zijn? In dat geval kan men met gewogen scores gaan werken. Dat houdt in dat men een zwaarder wegende vaardigheid ook zwaarder laat tellen in de eindbeslissing. Als men de scores sommeert tot een eindpredictiescore, telt de testscore voor de zwaarder wegende eigenschap hierin bijvoorbeeld twee keer mee. Bij het bepalen van de eindpredictiescores zijn we tot nu toe uitgegaan van een compensatorisch model, dat wil zeggen: alle scores tellen mee in de eindpredictiescore, zodat lage scores op een test gecompenseerd kunnen worden door een hoge score op de ACM-simulaties.

Men kan echter ook voor een zwaarder beslissingsmodel kiezen, in de zin dat op zowel de intelligentietest als op de ACM-simulaties een voldoende score (gelijk of groter aan de normscore) moet worden behaald. Men spreekt dan van een *conjunctief* beslissingsmodel, in tegenstelling tot een compensatorisch model waarbij onvoldoende scores nog gecompenseerd kunnen worden (zie Hofstee 1983:69-75). Een compensatorisch beslissingsmodel is voor de meeste functies het meest realistisch, maar voor de functie van piloot is zeer goed te verdedigen dat een zeer lage score op de test voor ruimtelijk inzicht leidt tot een afwijzing, ook al is men nog zo goed in cockpitmanagement.

Recentelijk metaonderzoek op het gebied van intelligentietests (Schmidt & Hunter, 1998, 2004) maakt trouwens de discussie over functie-eisen zo goed als overbodig, behalve als het duidelijk is dat er zeer specifieke vaardigheden/capaciteiten in het spel zijn, zoals voor piloot. Gebleken is dat, voor welke functie dan ook, een goede algemene intelligentietest een voorspellende waarde heeft die minimaal .50 bedraagt (zie tabel op p. 23). Blijkbaar heeft een standaard algemene intelligentietest zo'n brede dekking dat voor praktisch alle functies goede, algemene voorspellingen kunnen worden gedaan. Wil een organisatie met betrekking tot selectie toch nog iets bijzonders doen ('wij zijn uniek') dan kan men eventueel een assessment met alle rimram eromheen inlassen. U weet nu inmiddels dat dat de voorspellende waarde op basis van algemene intelligentie gemiddeld nog met zo'n 5% kan opvoeren.

'Competentiemanagement': eigenschappen-competenties-expertise

Overal lees je tegenwoordig dat er gevraagd wordt naar mensen met bepaalde **competenties**, het zogenaamde competentiemanagement. Dit is de zoveelste trend in managementland die in het leven is geroepen door trendgevoelige organisatieadviesbureaus. Functiebeschrijvingen dienen te worden omgezet in competenties, er moeten competentievragenlijsten worden ontwikkeld, mensen worden geïnterviewd om competenties te beschrijven etc.

Maar wat is eigenlijk een competentie, en wat is het aantrekkelijke ervan?

Een competentie is een domeinspecifieke combinatie van kennis en vaardigheden (...), iets wat je kunt op een bepaald terrein. Dat is echter niet het hele verhaal. Vooral het **leerbare** aan competenties klinkt positief. Het suggereert een ontwikkelingstraject, waarin mensen getraind en bijgeschoold kunnen worden. Of iemand iets zal leren, is echter vooral een kwestie van intelligentie en in mindere mate persoonlijkheid (zie overzicht Schmidt en Hunter op p. 21). Kortom, competenties zijn een soort spuitslagroom, die ergens bovenop drijft maar zeer snel inzakt, en bij nadere beschouwing kijken we vervolgens uit welke elementen ons gebakje bestaat. Geen wonder dat adviseurs competenties met zoveel kabaal aan de man proberen te brengen, je blijft slagroom spuiten (geld verdienen), want de competentietent is in no time ingezakt.

Meer specifiek blijkt dat competenties nogal wat overlap vertonen. Het lijkt een herhaling van het geschreeuw om specifieke intelligentietestjes en persoonlijkheidsvragenlijsten, terwijl is gebleken dat maar één factor, namelijk algemene intelligentie of **g** geheten (een paar uitzonderingen daargelaten), daadwerkelijk van belang is. Voelt u de vergelijking met competenties? Hebt u bijvoorbeeld een spirituele competentie?

Sternberg (2000), genuanceerd en creatief als altijd, wil de kool en de geit sparen. Hij plaatst competenties in een drietrapsraket die begint met abilities (harde eigenschappen), vervolgens ontstaan daaruit competenties (kennis en vaardigheden) en het eindigt met expertise (het duurt gemiddeld tien jaar om ergens een expert in te worden). Psychologisch gezien gaat het echter om de onderliggende fundamenten: algemene intelligentie en persoonlijkheid, te weten inzet, nauwgezetheid en integriteit. Natuurlijk vereisen sommige functies dat iemand direct moet beschikken over bepaalde kennis en vaardigheden (competenties) maar het belangrijkste binnen een 'lerende' organisatie (om maar een vorige trend te noemen) zijn intelligentie, inzet en integriteit. Misschien moeten we het van nu af aan over een intelligentie-, een inzet- en een betrouwbaarheidscompetentie hebben...

1.4 Hoe verloopt een psychologisch onderzoek?

In de meeste gevallen zult u een schriftelijke uitnodiging ontvangen om deel te nemen aan een psychologisch onderzoek. Dat kan zijn naar aanleiding van een succesvol verlopen sollicitatiegesprek bij een organisatie, of naar aanleiding van een goed ontvangen brief. Het komt ook wel voor, bij een grote vraag naar sollicitanten, zoals in de automatisering, dat direct na afloop van een kennismakingsgesprek of na een voorlichtingsbijeenkomst men een test afneemt. De idee daarachter is dat men op deze wijze bespaart op de selectiekosten en dat men aanneemt dat gemotiveerde kandidaten zonder bezwaar deel zullen nemen.

Wanneer u een schriftelijke uitnodiging krijgt, omvat deze meestal de aanleiding voor het onderzoek, een omschrijving van de functie, een routebeschrijving en een overzicht van wat u te wachten staat. Testbureaus doen tegenwoordig niet moeilijk over voorbereiding en oefening, vaak wordt u zelfs aangeraden om u goed voor te bereiden. Wat dat betreft hoeft u geen verstoppertje te spelen, daar heeft niemand baat bij. Elders (Bloemers 1997) heb ik betoogd dat niemand baat heeft bij geheimzinnigdoenerij omtrent het psychologisch onderzoek. Kandidaten gaan toch wel op zoek naar informatie en zo ontstaat een negatief spanningsveld, wat de procedure en de uiteindelijke selectieresultaten niet ten goede zal komen.

Wordt u uitgenodigd voor een psychologisch onderzoek van een gehele dag, dan dient u zich voor te bereiden op een zeer intensieve geestelijke en fysieke inspanning. In feite dient u, bij welke vorm van psychologische selectie dan ook, in goede vorm te zijn. Bent u om een of andere reden niet geheel fit, dan kunt u rustig bellen voor het verzetten van de afspraak. Men zal daar soms moeilijk over doen, maar als u te goeder trouw bent, zal men daarmee rekening moeten houden.

Tijdens het psychologisch onderzoek deelt de psycholoog of de testassistent(e) het materiaal uit. Leest u eerst rustig de instructie door. Dit is zeer belangrijk, want alleen zo begrijpt u wat er precies van u verwacht wordt. Soms komt het voor dat u meerdere tests tegelijkertijd krijgt uitgereikt. U dient dan zelf een planning te maken hoeveel tijd u per test besteedt. Normaal gesproken heeft elke test echter een strikte tijdsduur, wat ook logisch is vanuit het oogpunt van objectiviteit. Als u iets niet begrijpt, vraag dan om opheldering. Men zal u uiteraard niet uitgebreid de opgaven gaan uitleggen, maar het moet kandidaten duidelijk zijn wat er van hen verwacht wordt. Dat geldt misschien nog wel meer als u met een computerized test te maken krijgt. Computergestuurde versies van tests bevatten uiteraard ook een instructie en meestal ook een aantal oefenopgaven. Ook hier is het uiteraard van belang dat u de werking van het programma begrijpt. Zorg ervoor dat u weet of een eenmaal gegeven antwoord nog veranderd kan worden en of u kunt 'terugbladeren' in de test. Zorg dat u van tevoren weet om hoeveel opgaven het gaat, zodat u uw tijd kunt verdelen. Een goede computergestuurde intelligentietest heeft in beeld altijd een tijdsindicatie meelopen zodat u weet hoeveel tijd u nog over hebt.

In veel gevallen zult u de schriftelijke tests samen met een aantal andere kandidaten maken. Als u vindt dat iemand storende of hinderlijke geluiden maakt, zeg daar dan wat van op beleefde wijze. Windt u echter niet op over zaken die u niet zinnen, u verstoort dan uw eigen concentratie en die van anderen en bovendien geeft u blijk van weinig stressbestendigheid.

Als u opgaat voor een psychologisch onderzoek van een gehele dag, dan zult u merken dat de onderdelen vaak kriskras door elkaar lopen. Zo kan het gebeuren dat, op het moment dat u druk bezig bent met een schriftelijke test, u door de testassistent(e) op uw schouder getikt wordt met het verzoek of u wilt meekomen voor een interview. Vraag op zo'n moment rustig wat er van u verwacht wordt. Is het de bedoeling dat u eerst uw schriftelijke test afmaakt, of verwacht de psycholoog u direct? Voornaamste is echter dat u bij onregelmatigheden rustig blijft en tevens laat merken dat u niet klakkeloos alles accepteert. Bij een schriftelijke test is het gebruikelijk dat u deze onafgebroken binnen de gestelde tijdsduur afwerkt. Daar kunt u rustig een appèl op doen. Bij een psychologisch onderzoek van een gehele dag is er een middagpauze. Deze kan een half uur tot een uur duren. Er zijn gevallen bekend dat de psycholoog met een groepje kandidaten mee uit lunchen gaat. Of dat gebeurt vanuit het oogpunt van klantvriendelijkheid of vanuit het oogpunt van 'real life'-observaties is onbekend.

Na afloop van een psychologisch onderzoek krijgt u soms al een voorlopige uitslag mee. Zeker als u de tests op de computer gemaakt hebt, heeft men na enkele seconden de uitslag. Dat kan zelfs gelden voor het psychologisch rapport. Er zijn computergestuurde rapportgeneratoren die op basis van een ingevoerde vragenlijst geheel automatisch een rapport uitdraaien. Over de kwaliteit van deze rapporten is echter nog niet al te veel bekend.

Het belangrijkste voor het goed doorlopen van een psychologisch onderzoek is dat u zich grondig voorbereidt en dat u geestelijk en lichamelijk fit bent. In het slechtste geval moet u een dag lang geconcentreerd en nauwkeurig aan de slag. Dat kan betekenen dat u ook bij tests die nu niet direct motiverend werken, toch het achterste van uw tong moet laten zien. Er zijn in een psychologisch onderzoek heel wat kandidaten gestruikeld die onvoldoende presteerden omdat zij de tests of het interview niet inspirerend genoeg vonden. Het psychologisch onderzoek is voor u een middel om een carrière op te bouwen. Ook al is de relevantie van dat middel u op voorhand onduidelijk, zorg dat u een maximale prestatie levert. Voor intelligentietests geldt een eenvoudig recept: hoe meer opgaven goed, hoe beter het resultaat. U moet dus systematisch maar wel nauwkeurig doorwerken. Blijf niet te lang zitten dubben op opgaven. U hoeft daarentegen niet alle opgaven af te hebben. De meeste intelligentietests bevatten dusdanig veel en ook moeilijke opgaven dat u binnen de gestelde tijd de test nooit af kunt krijgen. Als het goed is, staat dat in de instructie.

Bij persoonlijkheidsvragenlijsten werkt het wat anders. Hier is het de bedoeling dat u wel alle vragen invult. U krijgt daarvoor ook voldoende tijd, al zal men enige pressie uitoefenen om ook hier snel te werken (zie verder hst. 9).

Een psychologisch onderzoek resulteert in een psychologisch rapport. Daarin staan de bevindingen van de psycholoog ten aanzien van de geschiktheid van de kandidaat voor de betreffende functie. Daarmee is de kous in feite af. De strijd is gestreden, psycholoog en opdrachtgever kunnen tevreden zijn. De kandidaat heeft echter recht op nazorg. In een afsluitend gesprek moet de psycholoog het hoe en waarom van het rapport duidelijk maken. Voor veel kandidaten (en helaas ook voor een aantal psychologen) is dit mosterd na de maaltijd. Terwijl juist dit misschien wel het belangrijkste onderdeel van het psychologisch onderzoek is: psycholoog en kandidaat kunnen even buiten hun strikte 'rollenspel' treden. Het komt nogal eens voor dat het vanuit leeroogpunt zo belangrijke nagesprek is geminimaliseerd. Voor een testbureau is het een soort toegevoegde waarde, die echter lang niet altijd wordt erkend. Soms proberen testbureaus dit soort zaken telefonisch af te handelen. Aangezien u als kandidaat recht hebt op een nabespreking, is het goed daar ook gebruik van te maken (psychologen die lid zijn van het Nederlands Instituut van Psychologen [NIP], zijn verplicht tot een nagesprek onder vier ogen). Via het nagesprek kunt u achterhalen waarom u op sommige punten goed en op sommige punten minder goed scoorde. Ook kan de desbetreffende psycholoog u misschien enkele nuttige tips geven, waar het aan schortte bij uw gedrag en hoe u dat zou moeten verbeteren. In die zin kan ook een negatief uitgevallen psychologisch onderzoek een nuttig leermiddel zijn, waardoor u uw eigen (on)mogelijkheden beter leert kennen.

1.5 Uw rechten tijdens het psychologisch onderzoek

Sollicitanten vormen in Nederland nog steeds een soort vrijzwevend wild. Wie al te naïef is, of wie te heftig in hoeken en gaten van het selectiebestel snuffelt, kan behoorlijke klappen oplopen. Dat geldt niet zozeer voor entreeselectie. Daar krijgt men hoogstens te maken met administratieve onvolkomenheden en een bedrijfscultuur die misschien wat anders is dan u zich had voorgesteld (had u beter moeten informeren). Serieuzer wordt het als u al een langdurig dienstverband hebt en uw werkgever doet het voorstel u een psychologisch onderzoek te laten ondergaan in het kader van een reorganisatie of heroriëntatie. In dat soort gevallen is het goed uw rechten te kennen voordat u toegeeft aan psychologische bemoeienis met uw verdere pro- of demotie. Het kan bijvoorbeeld zijn dat men van u af wil (daar kan men goede argumenten voor hebben). Men laat u testen en constateert dat u eigenlijk niet voldoet aan de gestelde functie-eisen. Vervolgens volgt een aanbod voor een lagere functie of men probeert u zelfs te lozen, eventueel via outplacement. Het verdient dan ook aanbeveling om, als u in aanraking komt met selectieperikelen, u grondig te oriënteren op uw positie, uw rechten en plichten. Eventueel neemt u een vakbond of een advocaat in de arm, al betekent dat laatste meestal dat uw verhouding met uw werkgever zo verstoord is, dat u toch aan het kortste eind trekt. U hoeft zich echter niet zonder slag of stoot gewonnen te geven. In hogere overheidskringen en in topposities in het bedrijfsleven is het heel gewoon dat als men slecht functioneert, men na (on)vrijwillig terugtreden er financieel toch heel wat beter van wordt.

Wat zijn uw rechten in het kader van het ondergaan van een psychologisch onderzoek?

Er zijn twee mogelijkheden:

1 Ondergaat u een psychologisch onderzoek waarbij de verantwoordelijke psycholoog geen NIP-lid is, dan hebt u geen rechten. U kunt zich hoogstens bij de rechter beklagen indien u denkt dat u als burger onrecht is aangedaan.
2 Ondergaat u een psychologisch onderzoek waarbij de verantwoordelijke psycholoog wel NIP-lid is, dan is deze psycholoog gebonden aan zijn of haar beroepscode inzake selectiewerkzaamheden (*Beroepsethiek voor psychologen, Nieuwe beroepscode 1998*, NIP, Amsterdam 1997). De meeste bureaus zullen duidelijk aangeven of zij werken onder auspiciën van het NIP. Vaak zult u een kopie of een uittreksel van de relevante beroepscodepassages meegestuurd krijgen met de uitnodiging voor het psychologisch onderzoek.

Concreet betekent dat als u in het kader van personeelsselectie te maken krijgt met een NIP-psycholoog, u het volgende mag verwachten:

- De psycholoog moet integer handelen. Hij moet duidelijkheid scheppen over de rollen die hij vervult en hij moet hiermee in overeenstemming handelen (als hij tijdens de lunch van een testdag met u meegaat, moet hij dus kenbaar maken of hij dit doet vanuit beroepsmatig oogpunt, dan wel uit gezelligheidsoverwegingen).
- De psycholoog moet respect tonen voor de fundamentele rechten en waardigheid van de betrokkene en bevordert de ontwikkeling daarvan. Hij dient het recht op privacy, zelfbeschikking en autonomie van de betrokkene te respecteren.
- De psycholoog neemt de grenzen van zijn deskundigheid in acht en de beperking van zijn ervaring. Hij biedt uitsluitend diensten, methoden en technieken aan waarvoor hij is gekwalificeerd.
- De psycholoog onderkent zijn professionele en wetenschappelijke verantwoordelijkheid ten opzichte van de betrokkene, zijn omgeving en de maatschappij.

(Overgenomen uit/gebaseerd op: *Beroepsethiek voor psychologen, Nieuwe beroepscode 1998*.)

Uit het voorgaande vloeit onder andere voort dat het rapport dat aan het einde van een psychologisch onderzoek wordt opgemaakt, in eerste instantie aan u dient te worden voorgelegd. U hebt recht op inzage. U bepaalt of het rapport mag worden doorgezonden aan de opdrachtgever (organisatie). U hebt dus blokkeringrecht, iets waarvan de psycholoog verplicht is u van tevoren op de hoogte te stellen. Geeft u toestemming voor doorzending aan de opdrachtgever, dan hebt u recht op een afschrift van de rapportage.

Is er overeengekomen dat er mondeling wordt gerapporteerd, dan dient de inhoud eerst met u te worden besproken, voordat aan derden wordt gerapporteerd.

Op uw (schriftelijk) verzoek verbetert, vult aan of verwijdert de psycholoog die gegevens in de rapportage als u aannemelijk kunt maken dat ze onjuist, onvolledig of niet ter zake doende zijn, gezien de doelstelling van de rapportage.

Wil men uw gegevens gebruiken voor wetenschappelijk onderzoek, dan dienen ze nadrukkelijk te worden geanonimiseerd (*Beroepsethiek voor psychologen, Nieuwe beroepscode 1998*).

Wanneer u van mening bent dat een NIP-psycholoog inzake uw geval heeft gehandeld in strijd met de beroepscode, dan kunt u een klacht indienen bij het college van toezicht van het NIP. Adres: NIP, Postbus 9921, 1006 AP Amsterdam, telefoon 020-610 95 96, www.psynip.nl.

Wordt uw klacht gegrond bevonden, dan kan het college van toezicht de psycholoog een maatregel opleggen zoals een berisping of, in uiterste instantie, ontzetting uit het lidmaatschap van de vereniging. Bent u het niet eens met de uitspraak van het college van toezicht, dan kunt u (evenals de betreffende psycholoog) in beroep gaan bij het college van beroep (*Beroepsethiek voor psychologen, Nieuwe beroepscode 1998*).

Bovenstaande klinkt leuk, maar stel dat u tijdens een sollicitatieprocedure onheus bejegend bent door een NIP-psycholoog, waardoor u zo kwaad werd dat u de testprocedure hebt afgebroken. U dient een klacht in en u wordt in het gelijk gesteld. Daar gaat echter tijd overheen en de opdrachtgever (uw mogelijke nieuwe werkgever) had nog meer kandidaten in de race en heeft een van hen intussen aangesteld. Dan haalt u wel uw gram, en u voorkomt misschien dat de betreffende psycholoog nog meer kandidaten zal schofferen, maar de gewenste baan gaat aan uw neus voorbij. U zou dan een civiele procedure moeten aanspannen, iets wat in Nederland een unicum zou betekenen (in de Verenigde Staten gebeurt dit soort dingen wel, dan kan een werkgever of een testpsycholoog een fikse schadeclaim tegemoet zien, als er niet kan worden aangetoond dat een procederende kandidaat terecht is afgewezen).

In Nederland zijn uw rechten als testkandidaat praktisch gezien nogal beperkt. Inzake een psychologisch onderzoek doet u er dan ook goed aan om ten koste van (bijna) alles te voorkomen dat er een verstoorde relatie ontstaat tussen u en de psycholoog of het testbureau. U moet, wanneer er onenigheid ontstaat, bedenken dat de werkgever meestal een langdurige relatie met het betrokken bureau onderhoudt. Klagende sollicitanten krijgen dan ook al snel het stigma van 'zeikerds' toegemeten (een afgewezen sollicitant is vaak een klager). Aan de andere kant zijn bureaus voor werving & selectie gebaat bij tevreden kandidaten. Een organisatie die continu klachten krijgt van kandidaten over het door haar ingehuurde bureau voor werving & selectie zal uiteindelijk met een ander bureau in zee gaan. U dient zich in eerste instantie te bezinnen op uw positie, maar als u echt vindt dat u reden tot klagen heeft, dan moet u er werk van maken. Beter is het te voorkomen dat er problemen ontstaan, door u al in een vroeg stadium assertief en correct op te stellen. Bij een toch succesvolle procedure kunt u beter achteraf uitgebreid bij uw nieuwe werkgever rapporteren over wat er volgens u mis was met de testprocedure of testpsycholoog. Zo prijzen bureaus en psychologen die incorrect gedrag vertonen ten aanzien van kandidaten, zich vanzelf uit de markt.

Voorbeelden van onregelmatigheden tijdens selectieprocedures

- Iemand die op een ministerie werkt, krijgt te maken met een reorganisatie. Een aantal mensen moet afvloeien/herplaatst worden en het ministerie wil alle betrokkenen onderwerpen aan een psychologisch onderzoek. De positie van de persoon in kwestie was onduidelijk (ging het om ontslag of om een herplaatsing?). Pas na de schriftelijke bevestiging dat de testprocedure niet als reden voor ontslag zou worden gebruikt, zegde de betrokkene toe. Het psychologisch onderzoek wees uit dat de betrokkene voldoende capaciteiten had om over te stappen naar een andere functie binnen het ministerie.
- Een stagiaire bij een managementadviesgroep werd getest in verband met een mogelijke vaste aanstelling. De testresultaten waren ronduit negatief. De stagiaire zou met name niet flexibel genoeg zijn. Ook bestonden er twijfels ten aanzien van het intelligentieniveau. Tijdens de stage was alles heel goed verlopen. Kandidate en bedrijf waren ronduit over elkaar te spreken. De kandidate liet het er dan ook niet bij zitten. Na lezing van het rapport wees zij op de wederzijdse waardering. Bovendien had zij zich ronduit geërgerd aan de houding van de testpsycholoog tijdens het interview. Hij had een nauwelijks verhulde desinteresse in de kandidate getoond. Het testbureau toonde zich ontvankelijk: zij mocht enkele tests overdoen en kreeg een herkansing wat betreft het gesprek met de psycholoog. Het resultaat was dat het eerste rapport op enkele plekken werd bijgesteld. De kandidate werd alsnog aangenomen.
- Een academicus had een aantal intelligentietests verprutst (de reden was onduidelijk). Na enige ongezouten kritiek van de kandidaat, met name op het punt van onduidelijke scoringsformulieren (!), toonde het testbureau zich gevoelig. De kandidaat mocht een aantal intelligentietests overdoen. Het resultaat was een aanmerkelijke verbetering. Het leidde echter niet tot de gewenste functie, daarvoor bleef het rapport te negatief.

Dit zijn slechts drie voorbeelden, maar ze illustreren het gegeven dat u zich niet zonder meer moet neerleggen bij de acceptatie en de uitslag van een psychologisch onderzoek. Zorg dat u weet in wat voor constructie u bent beland, en stel u op de hoogte van de mogelijke consequenties.

1.6 Het psychologisch rapport

> *'Don't believe what it says,*
> *until collecting your cash'*

Sluitstuk van een psychologisch onderzoek is het psychologisch rapport. In dit rapport zijn de bevindingen van de psycholoog ten aanzien van uw geschiktheid voor de functie in kwestie vastgelegd. Kooreman (2002) onderscheidt drie functies van het psychologisch rapport:

1 Het rapport is een verantwoording van de activiteiten van de psycholoog ten opzichte van de opdrachtgever en de onderzochte. Mensen willen geen kale testgegevens en conclusies, maar ze willen een onderbouwing en een verantwoorde argumentatie. In een goed rapport worden vanuit de vraagstelling in begrijpelijke taal de prestaties van de onderzochte op een aantal relevante psychologische instrumenten weergegeven. Van belang is vooral de wetenschappelijke verantwoording: een collega-psycholoog moet in staat zijn om het rapport te verifiëren.
2 Het rapport heeft een commercieel aspect. Het vormt het visitekaartje van de psycholoog. De leesbaarheid vormt een belangrijk aspect in de relatie met de onderzochte en de opdrachtgever. Onleesbare en te ingewikkelde rapporten zullen een psycholoog niet in dank worden afgenomen. Het kan tot verstoring en verbreking van de relatie met de opdrachtgever leiden. Eventueel kan er vanuit het NIP actie ondernomen worden tegen de psycholoog.
3 Het rapport is een uitdrukking van effectieve communicatie. Effectieve communicatie hangt sterk samen met het vorige punt. Het moet gaan om een verantwoord en onderbouwd oordeel, gegrondvest in wetenschappelijke feiten, maar in alledaagse en begrijpelijke taal verwoord (naar Kooreman, 2002, p. 16 e.v.).

Het maken van een psychologisch rapport is een vak op zich. U bent immers op een aantal specifieke punten getest, en toch wil men in een psychologisch rapport een mooi sluitend beeld van uw capaciteiten en uw persoonlijkheid geven. Dat is wat een opdrachtgever wil lezen. Het is een gegeven dat de waarde van een psychologisch onderzoek, en dus van het psychologisch rapport, enigszins gerelativeerd moet worden. De waarde van de eigenschappen die u worden toegeschreven, ligt ongeveer op het niveau van: 'De kandidaat heeft een lengte tussen de 1,60 m en de 1,80 m.' Of de kandidaat in de functie zijn/haar hoofd zal stoten, is dus niet met zekerheid te zeggen.

Als het rapport aansluit bij uw impliciete zelfbeeld is er weinig aan de hand. Iets anders wordt het wanneer het rapport veel negatiever is dan u had verwacht. Wanneer u het nadrukkelijk niet eens bent met gedeelten van de inhoud van het rapport, kunt u hier melding van maken. De betreffende psycholoog is verplicht hiervan een aantekening te maken. Of u er erg veel mee opschiet is een tweede, maar ook bij personeelsselectie gaat wel eens iets fout en als u vindt dat u onheus bejegend bent, dan is het verstandig om dat op correcte maar assertieve wijze bij de betrokken personen/instanties kenbaar te maken. Als het rapport u niet bevalt, kunt u overwegen om doorsturen naar de opdrachtgever te blokkeren. Of dat verstandig is, is een tweede. Ambieert u de vacature werkelijk, dan is het het beste om in geval van nood toch alle zeilen bij te zetten. U hebt immers niets te verliezen. Het hangt er helemaal van af in hoeverre de opdrachtgever blind vaart op de adviezen uit het rapport. Het kan zijn dat de opdrachtgever al enige ervaring met u heeft, en dat het psychologisch onderzoek een routinematige PZ-formaliteit was. Het kan ook zijn dat men dringend om een kandidaat verlegen zit en geen alternatieven heeft. Ook een wat mager uitgevallen rapport hoeft in die gevallen niet meteen het einde van het verhaal te betekenen. Over het algemeen is het verstandig een open houding aan te nemen bij een tegenvallend rapport (reageert u kwaad en gefrustreerd, dan bevestigt u waarschijnlijk ongewild de inhoud). Maak in zo'n geval gebruik van het nagesprek en vraag om concrete adviezen hoe u uw volgende presentatie kunt verbeteren. Blijf wel vriendelijk en beleefd maar vraag op onduidelijke punten goed door, zodat u weet wat er aan schort en wat u er eventueel aan kunt doen.

Kritiek op het psychologisch rapport

In kringen van psychologen is (en is nog) veel kritiek geweest op het psychologisch rapport. De kern van deze kritiek is dat het rapport eigenlijk niet veel meer omvat dan een 'literaire verfraaiing'. Een psychologisch onderzoek levert een aantal losstaande gegevens op omtrent een kandidaat. Om deze gegevens in 'losse vorm' aan de opdrachtgever te rapporteren is echter niet wenselijk. Wat moet een opdrachtgever met normscores en psychologische vaktermen? Er moet dus een in alledaagse taal geschreven, begrijpelijk en samenhangend beeld van een kandidaat in het rapport worden geschetst. Met als resultaat veelal een wat gewrongen beeld, vooral wat betreft de persoonlijkheid van de onderzochte kandidaat. Problemen ontstaan er in het bijzonder wanneer een testpsycholoog met tegenstrijdige resultaten komt te zitten. Hofstee schetst een mooi voorbeeld van een kandidaat die ondanks matige schoolprestaties hoog scoort op de intelligentietest. De gouden conclusie is in dat soort gevallen: 'Terwijl hij in het verleden door remmende invloed van zijn omgeving zijn talenten niet voldoende heeft kunnen ontplooien, zal in een meer stimulerend milieu zijn goede intelligentie beter tot zijn recht komen' (Hofstee 1970:34). In het nagesprek heeft u de mogelijkheid om kritisch in te gaan op dergelijke passages.

Indeling van het psychologisch rapport

Een psychologisch rapport bevat in de meeste gevallen een antwoord op de volgende vragen:
- Wat kan een kandidaat? Wat is het algemeen intelligentieniveau? Hoe ziet de intelligentiestructuur eruit? Zijn er specifieke begaafdheden?
- Hoe gaat hij/zij om met meerderen en collega's? Hoe zal de aanpassing aan het werkmilieu zijn? Welke indruk maakt de kandidaat?
- Hoe zit het met de motivatie van een kandidaat? Wat zijn belangrijke drijfveren? Bestaat er affiniteit voor bepaalde werkzaamheden?

De conclusies in een testrapport kunnen de volgende reeks vertonen: zeer geschikt – geschikt – bruikbaar – minder geschikt – ongeschikt (zie: De Lange 1965). Kooreman (2002) noemt de volgende criteria: ongeschikt – voldoende geschikt – ruimschoots geschikt – bijzonder geschikt. Vooral door het vermijden van het criterium 'bruikbaar' lijkt de laatste categorisering de voorkeur te verdienen. Misschien dat een simpele driedeling: onvoldoende geschikt – voldoende geschikt – zeer geschikt nog beter te verdedigen is.

Ook wordt soms gesproken in termen van enig risico. De kern van het psychologisch rapport is volgens De Lange het antwoord op de vraag: Hoe zal deze man of vrouw het doen in deze functie in de organisatie? Dat geeft nog eens duidelijk aan dat u een rapport niet moet generaliseren naar uw totale persoonlijkheid, al was het alleen maar voor uw psychisch welbevinden. Het rapport belicht u voor een specifieke functie, met specifieke eisen. Voldoet u onvoldoende aan deze eisen, dan zijn er nog genoeg andere functies waarvoor u wel een voldoende kunt scoren. U kunt het rapport dan ook het beste beschouwen als een tussentijdse evaluatie van uw capaciteiten, een middel ter lering op weg naar een optimale prestatie.

Waar op te letten bij het lezen van een psychologisch rapport?

Let bij het lezen van een psychologisch rapport vooral op de taal. Laat u niet intimideren door typisch psychologisch jargon. Kooreman (2002) geeft een aantal voorbeelden van veelgebruikte psychologische termen, zoals **affect** (stemming); **affilatie** (behoefteneiging tot het zoeken van gezelschap); **attitude** (houding); **compulsief** (dwangmatig); **egosterkte** (karaktervastheid); **inhibitie** (remming) en **sociale inadequatie** (slecht functioneren in gezelschap).

Afgezien van het feit dat een rapport in begrijpelijke taal dient te zijn geschreven, is het belangrijk dat de conclusies en feiten onderbouwd dienen te zijn. Kooreman (ibid.) noemt wat dat betreft de eisen van transparantie en toetsbaarheid.

Passages als: 'Mevrouw X toont in het sociale contact een nogal neurotisch-defensieve houding. Deze kan er toe leiden dat zij in contacten met opdrachtgevers mogelijk tegen problemen zal aanlopen' zijn niet transparant en ook niet toetsbaar. Het blijft immers onduidelijk waaruit het neurotisch defensieve gedrag precies bestaat en wat de consequenties zullen zijn als zij in contact treedt met opdrachtgevers. Dergelijke vage redeneringen moet u in een rapport dan ook niet accepteren. Een goede psycholoog kan helder en in begrijpelijke taal beschrijven welk gedrag u vertoont en wat daarvan de mogelijke consequenties zijn. Ga echter niet op elke slak zout leggen. Zo bevestigt u vaak ongewild de opvattingen van de psycholoog ('...ik ben het absoluut oneens met die opmerking over mijn rigide gedrag...'). Stel (open) vragen en vraag om concretisering en verduidelijking.

Checklist voor het lezen van psychologische rapportage:
- Is het rapport helder en in begrijpelijke (actieve) taal gesteld?
- Herken ik mij in redelijke mate in de gestelde conclusies en uitspraken?
- Is het rapport objectief van teneur of heeft de psycholoog zich laten meeslepen, bijvoorbeeld door moraliserende of kleinerende opmerkingen en ongevraagde adviezen?
- Wordt de conclusie onderbouwd met concrete voorbeelden? (Dit is met name van belang voor passages die tegen uw intuïtieve zelfbeeld ingaan).
- Zijn de conclusies toetsbaar?
- Is de eindconclusie eenduidig?
- Bevat het rapport een compacte samenvatting?

Naar: Kooreman (2002).

1.7 Het nagesprek

'Looking for a possible turn,
here is your opportunity to learn'

Zoals vastgelegd in de beroepscode van het NIP hebt u als kandidaat bij een psychologisch onderzoek recht op een nagesprek, oftewel een toelichting op de rapportage. Is alles goed verlopen en kunt u zich vinden in het rapport, dan kunt u desnoods afzien van zo'n gesprek. Vindt u echter dat er onjuistheden in het rapport staan, of herkent u zich er niet in, dan verdient het aanbeveling om met de betreffende psycholoog hierover in discussie te gaan. Ten eerste is deze verplicht om uw bezwaren te noteren en ten tweede kunt u misschien iets leren van de uitleg die u krijgt, zodat u in toekomstige sollicitatiesituaties/psychologische onderzoeken beter beslagen ten ijs kunt komen. Uiteindelijk is dat waar het om gaat: leren om uw gedrag te optimaliseren. Vraagt u in zo'n gesprek op rustige wijze hoe de psycholoog aan zijn/haar bevindingen komt. Neem niet gauw genoegen met bewijzen uit het ongerijmde ('mensen van uw leeftijd zitten wel vaker in een crisis'), maar vraag naar feitelijk aantoonbare argumenten. Een psycholoog moet zijn/haar bevindingen te allen tijde feitelijk kunnen onderbouwen. Bedenk nogmaals dat ook een niet optimaal rapport niet direct tot een afwijzing hoeft te leiden. Of u wordt aangesteld door de opdrachtgever is afhankelijk van een veelheid van factoren, zoals het aanbod aan (goede) kandidaten en de noodzaak aan directe invulling van de vacature. Er zijn werkgevers die ook bij een wat minder florissante rapportage een kandidaat toch aanstellen. Stel dat u twee interviews bij uw potentiële werkgever hebt gevoerd die zeer positief zijn verlopen. Vervolgens krijgt u een psychologisch onderzoek waarvan de resultaten wat tegenvallen. De werkgever kan dan toch besluiten om u aan te stellen, omdat deze de interviews de doorslag laat geven of omdat hij op zeer korte termijn iemand nodig heeft en er zo gauw geen andere kandidaat voorhanden is.

Beschouw een psychologisch onderzoek vooral als een middel waarvan u iets kunt leren, stel u diplomatiek en assertief op tijdens zo'n onderzoek en gebruik alle informatie om uw (toekomstig) gedrag te optimaliseren.

U hebt nu een beeld van wat er komt kijken bij een psychologisch onderzoek, wat de globale aard en kwaliteit is van de gebruikte selectiemiddelen, hoe de procedure eruitziet en wat uw rechten zijn.

Voordat we ingaan op de specifieke selectie-instrumenten, zoals tests, interviews en de ACM, wordt eerst uiteengezet wat eigenlijk een test is en aan welke eisen deze moet voldoen. Deze eisen zijn in feite niet specifiek voor een test, ze gelden voor alle instrumenten die bij (psychologische) selectie gebruikt worden.

1.8 Migranten en psychologisch onderzoek

Anekdote: op een symposium over toepassing van de richtlijnen voor psychologisch onderzoek bij migranten, vertelde iemand de volgende anekdote. Een Surinaamse man komt bij de testpsycholoog voor een interview. De psycholoog vraagt de man zichzelf eens te beschrijven, waarop de Surinaamse man een viltstift pakt en op zijn arm gaat zitten schrijven.

Dit ietwat vreemde voorval laat twee dingen zien.

1 Mensen uit een andere cultuur kunnen een verkeerde opvatting over een psychologisch onderzoek hebben. Ze denken misschien dat de psycholoog een soort 'geestelijke expert' is wiens autoriteit boven alle twijfel verheven is. Bevelen dienen te allen tijde worden opgevolgd, *no matter what*. De dialoogsituatie wordt dus verkeerd ingeschat, waardoor een kandidaat een sub-assertieve, haast serviele indruk kan maken. Bovendien kan de indruk ontstaan dat de kandidaat nogal dom is.

2 Mensen die geen Nederlandse (westerse) culturele achtergrond hebben interpreteren Nederlandse uitdrukkingen vaak verkeerd, omdat ze de vele nuances van de Nederlandse taal (nog) niet beheersen. Gecombineerd met 1, kan dit leiden tot bovenstaande absurde situatie.

Wanneer u niet in Nederland geboren bent en niet voortdurend in Nederland gewoond hebt en de taal niet vloeiend beheerst, kunnen er gemakkelijk problemen ontstaan bij het maken van tests. Niet alleen bij het lezen van de instructie maar ook bij het maken van de opgaven zelf. Het ligt voor de hand dat dit tot een lagere score kan leiden, een score die dus vaak geen recht doet aan uw werkelijke capaciteiten, afgezien van de beheersing van de Nederlandse taal dan.

Er is een speciale commissie ingesteld om dit soort problemen te onderzoeken, het Landelijk Bureau ter bestrijding van Rassendiscriminatie (LBR 2004).

Veel gebruikte tests zijn door het LBR gescreend op typisch Nederlandse woorden en uitdrukkingen die voor mensen met een beperkte Nederlandse achtergrond moeilijk te begrijpen zijn. Uit deze screening bleek dat veel tests getuigen van etnocentrisme, ofwel het (onbewust) centraal stellen van de Nederlandse cultuur en typisch Nederlandse denk- en handelwijzen. In een cultuur die multiculturaliteit wil benadrukken zouden tests en vragenlijsten met een etnocentristisch karakter eigenlijk niet gebruikt mogen worden. Niets is echter minder waar, want veel tests en vragenlijsten die de toets van muticulturaliteit niet kunnen doorstaan worden in de selectiepraktijk nog steeds gewoon gebruikt. Wel komen er meer en meer zogenaamde cultuurvrije tests en vragenlijsten, waarbij een minimaal beroep op taalvaardigheid wordt gedaan.

Hoe zou je wel een verantwoord multicultureel psychologisch onderzoek of assessment kunnen uitvoeren?

In eerste instantie moet worden onderzocht hoe belangrijk taalvaardigheid voor de functie in kwestie is. Alleen als een haast perfect begrip van geschreven en gesproken Nederlandse taal een vereiste is, kunt u afgerekend worden volgens de Nederlandse normen (bijvoorbeeld voor de functie van directiesecretaris of secretaresse).

Daarnaast zijn meerdere indicatoren vereist, dus niet alleen een (schriftelijke) test, maar bijvoorbeeld ook een interview. Op die manier verkrijgt men een genuanceerder beeld van de taalvaardigheid van de kandidaat. Verdacht lage scores dienen voorzichtig geïnterpreteerd te worden, eventueel met behulp van een second opinion, waarbij andere instrumenten of methoden gebruikt worden.

Als u denkt dat uw Nederlands slechter is dan gemiddeld voor uw normgroep en u heeft daar een goede verklaring voor, dan is het verstandig dit van tevoren kenbaar te maken. Zo kunnen problemen en frustraties voorkomen worden. Gebruik uw afkomst niet als excuus, dat werkt slecht, ook bij psychologen. Houd de discussie over uw capaciteiten feitelijk en *to the point*.

U doet er goed aan dit punt van tevoren aan te kaarten, en eventueel om extra informatie te vragen over de procedure en de te gebruiken instrumenten.

Als u meent dat er gediscrimineerd wordt, kaart dit dan op elegante wijze aan. Bedenk dat als u uit een andere cultuur stamt, er al heel snel begripsverwarring kan ontstaan over non-verbale gedragingen, intonaties en gebezigde taal. Voel u niet te snel aangevallen, maar als u iets vreemd vindt of niet begrijpt, zeg dat dan gewoon. Ga niet onderdanig ja zitten knikken als u het niet begrijpt, maar reageer ook niet agressief. In beide gevallen leidt dat tot een negatief resultaat. Ook in het dagelijks leven kan men misverstanden door openheid en assertief gedrag oplossen.

Vindt u toch dat u gediscrimineerd of benadeeld wordt door de procedure en de gebruikte instrumenten, dan moet u vertrekken. Geef aan wat u onacceptabel vindt, en wacht af wat voor reactie u krijgt. Vindt u deze reactie onbevredigend, zeg dan dat u er bij het Nederlands Instituut van Psychologen (NIP), LBR, of bij de ombudsman en ook bij de opdrachtgever melding van gaat maken. Vervolgens is het handig dat u bij de opdrachtgever (de organisatie waar u gesolliciteerd heeft) melding maakt van het voorval. Let wel: u dient er zeker van te zijn dat uw behandeling niet door de beugel kon. Bij twijfelgevallen kunt u de hulp van een collega of kennis inroepen en hem of haar de situatie voorleggen. U kunt ook overleggen met de contactpersoon van de organisatie waar u gesolliciteerd heeft. Dat maakt een volwassen indruk en u laat zien dat u streeft naar een 'politiek' verantwoorde oplossing.

Als een testrapport tegenvalt, kan het ook zijn dat er niets aan de hand is. Bedenk dat er meestal meerdere kandidaten getest worden en dat maar één kandidaat de functie kan krijgen. Er móéten dus wel mensen afvallen. Slechts bij serieuze twijfel over uw behandeling moet u aan de bel trekken en er werk van gaan maken.

De kans dat u zich bij een organisatie gediscrimineerd voelt tijdens een interview is waarschijnlijk groter dan tijdens het interview bij een psycholoog. Psychologen zijn geïnteresseerd in menselijk gedrag en de verklaringen daarvoor. Zij zijn bovendien getraind in het objectief en met respect benaderen van kandidaten voor een psychologisch onderzoek. Gezien hun functie en opleiding zullen zij waarschijnlijk meer rekening houden met cultuurnuances dan de gemiddelde HRM-functionaris.

2

Wat is een psychologische test?

*'the politics of measurement
sometimes leave a nasty scent'*

In de inleiding is al kort ingegaan op het ontstaan van testgebruik binnen het selectiebestel. De achtergrond daarbij was dat men uitspraken over mensen wilde doen die een zekere objectieve basis hebben – dus geen uitspraken op grond van het handschrift, de lichaamsbouw, gelaatstrekken, ras, geslacht, sociaaleconomische klasse enzovoort. Door middel van een test probeert men toevallige, niet ter zake doende en discriminerende invloeden bij het doen van psychologische uitspraken over personen uit te sluiten. Dat is een loffelijk streven. In de praktijk is dat echter niet zo gemakkelijk.

Een test kan omschreven worden als:

> 'Een systematisch onderzoek van een gedeelte van het gedrag met behulp van speciaal geselecteerde vragen of opgaven, met de bedoeling inzicht te krijgen in een bepaald kenmerk van de onderzochten in vergelijking met anderen' (Drenth 1975:66).

Een meer algemene omschrijving van een test is:

> '...een gecontroleerde manier van uitspraken doen over een bepaald aspect of bepaalde aspecten van menselijk gedrag of mogelijkheden tot gedrag' (Visser 1985:62-63).

De belangrijkste achtergrondgedachte bij het begrip test is het zoveel mogelijk willen controleren van de eventuele storende factoren die de testafname kunnen beïnvloeden. Daarnaast levert een test gegevens op waardoor verschillende mensen aan de hand van hun testprestatie met elkaar kunnen worden vergeleken.

2.1 Eigenschappen van een goede test

Begrippen die een centrale rol spelen bij de psychologische test, en waarop tests ook gecontroleerd en beoordeeld worden door de COTAN (Commissie Testaangelegenheden van het NIP), zijn:

- standaardisatie;
- normering;
- objectiviteit;
- variantie;
- betrouwbaarheid;
- validiteit.

Standaardisatie

Standaardisatie kan op twee manieren worden geïnterpreteerd. Aan de ene kant verwijst het naar de testsituatie, die voor iedereen hetzelfde moet zijn. Alleen zo kunnen de resultaten van verschillende mensen op de test vergeleken worden. Een simpel voorbeeld hiervan is de tijd die men krijgt om een bepaalde intelligentietest te maken. Deze dient voor iedereen exact hetzelfde te zijn. Denk verder aan het eventueel optreden van storende factoren tijdens de testafname (een lawaaiige medekandidaat, lawaai van buiten enzovoort).

Aan de andere kant verwijst standaardisatie naar het gegeven dat de testscores op uniforme (standaard)wijze moeten kunnen worden geïnterpreteerd. Zo bezien hangt standaardisatie sterk samen met normering (zie onder).

Normering

Het testresultaat van een individuele persoon wordt afgezet tegen de resultaten van een vergelijkbare groep mensen, meestal een steekproef uit de populatie. Alleen als men weet wat vergelijkbare mensen op een test scoren, kan men iets zeggen over de betekenis van de score van een individuele kandidaat. Voor elke goede test moeten dan ook normscores beschikbaar zijn. Zo heeft men intelligentietests zodanig 'afgesteld' dat het gemiddelde op 100 ligt, met een standaarddeviatie (zie onder 'Variantie') van 15.

Dit doet men door zeer veel mensen (een representatieve steekproef) de test te laten maken. Meestal ontstaat dan een normaalverdeling, net als wanneer men de lengte van mensen zou meten: er zijn relatief weinig mensen met een lage score (kleine mensen), er zijn zeer veel mensen die rond het gemiddelde zweven en wederom weinig mensen met een zeer hoge score (lange mensen). Op eenzelfde wijze ontstaat de bekende normaalverdeling van intelligentie. Deze normaalverdeling is handig, want ze heeft specifieke eigenschappen. Zo kan men bijvoorbeeld eenvoudig berekenen dat 95% van alle IQ-testscores tussen de 70 en de 130 ligt. Er zijn dus maar zeer weinig mensen met een IQ lager dan 70 (verstandelijk gehandicapt), of hoger dan 130 (hoogbegaafd).

Ook ontwikkelt men normen voor specifieke groepen mensen, bijvoorbeeld naar onderwijstype. Er zijn normscores voor mavo, havo, hbo en academisch niveau (de laatste twee worden tegenwoordig vaak samengenomen), voor verschillende leeftijdsgroepen, voor mannen en voor vrouwen enzovoort. Stel dat een werkgever een kandidaat zoekt op hbo-niveau, dan kan men aan de hand van de score op een standaard-IQ-test aflezen of de kandidaat inderdaad over het gevraagde niveau beschikt.

Objectiviteit

Objectiviteit bouwt voort op standaardisering. We hebben gezien dat het testresultaat niet mag worden beïnvloed door de situatie waarin de test wordt afgenomen. Dit ligt vrij gecompliceerd. Factoren die een rol spelen bij het afnemen van een test, zijn immers (afgezien van de test) de kandidaat, andere aanwezige personen en de door de omgeving bepaalde omstandigheden. Een testscore is objectiever naarmate het aandeel van elk van deze drie mogelijk storende invloeden kleiner is. Objectiviteit wil eigenlijk zeggen dat het testresultaat puur tot stand is gekomen op grond van het met de test beoogde doel. Het kan bijvoorbeeld zijn dat een kandidaat niet gemotiveerd is, of de kandidaat kan ergens door worden afgeleid. Het mag duidelijk zijn dat de eis van objectiviteit vrij zwaar is.

Als aan de eis van standaardisatie niet in voldoende mate wordt tegemoetgekomen, is het testresultaat niet objectief. Objectiviteit gaat echter verder dan standaardisatie.

Naast adequate normen slaat het ook op (het vermijden van) storingen die 'binnen' een kandidaat kunnen ontstaan, zoals het hierboven aangegeven gebrek aan motivatie, of op het feit dat mensen de instructie van een test niet goed begrijpen. Daardoor doen deze kandidaten in feite iets anders dan wat met de test wordt beoogd. Onvoldoende objectiviteit heeft zo gevolgen voor zowel de betrouwbaarheid als de validiteit van een test.

Variantie

Selectiepsychologie houdt zich in essentie bezig met het in kaart brengen van verschillen tussen mensen. Aan de hand van die gevonden verschillen probeert de selectiepsychologie iets te voorspellen over toekomstige prestaties van de betrokken personen voor een bepaalde functie of opleiding. Via een psychologisch meetinstrument wil men verschillen tussen mensen zo nauwkeurig mogelijk bepalen. Om dat te doen selecteert men eerst een aantal eigenschappen of taken die op iedereen van toepassing zijn en die een zekere relevantie hebben voor wat men eigenlijk wil meten (kunnen rekenen, analogieën kunnen oplossen, extravert zijn, leiding kunnen geven enzovoort). Na voldoende constructonderzoek is men het erover eens dat dit soort eigenschappen een zekere relevantie voor de functie in kwestie bezit. Maar dat gegeven is niet zo interessant. Waar psychologen werkelijk in geïnteresseerd zijn, is de mate waarin mensen wat betreft dit soort eigenschappen verschillen. Men wil binnen de psychologie graag kunnen vaststellen dat Marie bijvoorbeeld duidelijk meer extravert is dan Loes, of dat Desiree meer rekenkundig inzicht heeft dan Bart. Het gaat om het kunnen aantonen van verschillen tussen mensen, zodat de best presterende persoon kan worden uitgeselecteerd.

Een goede test is in staat om verschillen tussen mensen aan het licht te brengen. Met andere woorden: een goede test, afgenomen bij bijvoorbeeld tweehonderdvijftig mensen, geeft een zekere spreiding te zien in de testresultaten. Deze spreiding wordt ook wel variantie genoemd.

In de psychologie hanteert men ook wel het begrip standaarddeviatie; dat is de wortel uit de variantie. Is de variantie van een test erg klein, dan betekent dat dat de scores van de mensen die de test hebben gemaakt erg dicht rond het gemiddelde liggen. In de praktijk is de test dan óf te gemakkelijk óf te moeilijk. Cruciale vragen voor de selectiepsychologie zijn hier: Hoe krijg ik een test die een redelijke spreiding te zien geeft? Hoe betrouwbaar zijn de gevonden verschillen tussen mensen op een test en zeggen de gevonden verschillen ook daadwerkelijk iets over het verschil in functiegeschiktheid?

Betrouwbaarheid

Betrouwbaarheid slaat op de nauwkeurigheid van het testresultaat. Als een volwassene op intelligentie wordt getest, mag van een betrouwbare test worden verwacht dat na een maand bij een hernieuwde testafname eenzelfde resultaat wordt bereikt. Hierbij wordt ervan uitgegaan dat intelligentie bij volwassenen een *stabiele eigenschap* is. Dit ligt bij intelligentie wat duidelijker dan bij persoonlijkheidseigenschappen, al is toch vrij overtuigend aangetoond dat ook deze behoorlijk stabiel zijn. Liggen de resultaten van twee identieke intelligentiemetingen van een persoon te ver uit elkaar, dan is er iets aan de hand. Wat 'te ver' is, wordt bepaald door zogenaamde *betrouwbaarheidsintervallen*. Bij een te groot verschil tussen twee intelligentiemetingen, waarbij de grenzen van het betrouwbaarheidsinterval worden overschreden, hebben, behalve de test, blijkbaar ook andere (onbedoelde) factoren een (te groot) aandeel in het testresultaat gehad.

Een perfect betrouwbare test heeft een betrouwbaarheid van 1. Meestal werkt men met tests die een betrouwbaarheid hebben van ongeveer 0,8, binnen de psychologie een vrij redelijk cijfer. Het kan natuurlijk altijd beter, maar een dergelijke betrouwbaarheid betekent toch dat een testresultaat vrij samenhangend is en dat er niet te veel storende factoren zijn opgetreden. Er zit een behoorlijke consistentie in zo'n resultaat, het is duidelijk meer dan alleen een momentopname. Van een psychologische test wordt nogal eens gezegd dat het een momentopname is. Voor een goede, betrouwbare en valide test is dat echter duidelijk niet het geval. Of, zoals een voormalig testpsycholoog het eens uitdrukte: 'Een pasfoto is ook een momentopname, maar zelfs na tien jaar is er nog een zeer duidelijke gelijkenis.'

De betrouwbaarheid van een psychologische test kan ook op een andere manier worden uitgedrukt. Een test meet iets: eigenschappen, vaardigheden enzovoort. Een score op een test zegt iets over de mate waarin iemand een bepaalde eigenschap/vaardigheid bezit. Zoals we boven hebben gezien, zit er nogal wat 'onverklaarde variantie' in de score op een psychologische test. De gevonden variantie op een test wordt namelijk slechts voor een gedeelte door het te meten construct zelf verklaard. Ook andere factoren hebben een aandeel in de gevonden variantie. Analoog aan de geluidstheorie kunnen we zeggen dat er nogal wat ruis zit in de scores op een psychologische test. Die ruis of onverklaarde variantie wordt ook wel de foutscorecomponent (errorscore-component) genoemd. Het gedeelte van iemands score dat zuiver en alleen door de test zelf wordt verklaard, wordt ook wel de warescorecomponent (truescore-component) genoemd. Het is duidelijk dat een testscore meer zegt naarmate de warescorecomponent groter wordt ten opzichte van de foutscorecomponent. Indien die verhouding ongeveer één op één is, hebben we te maken met een slechte test, een test waarin zeer veel rotzooi zit. Het is dus onduidelijk wat zo'n test eigenlijk meet. Daarnaast kan een test vrij specifiek of betrouwbaar meten, maar het kan (nog) onduidelijk zijn wat de test meet (wat de validiteit is). Het omgekeerde geldt echter niet: als een test een lage betrouwbaarheid heeft, kan de validiteit ook nooit hoog zijn. U kunt bijvoorbeeld de omtrek van een baksteen een aantal malen meten. U vindt dan een vrij betrouwbare waarde voor de omtrek van de baksteen. Als u echter deze omtrek gelijk stelt aan het gewicht van de baksteen, dan maakt u een fout, omdat de gevonden waarde niet verwijst naar het gewicht. U hebt dan een meting met een hoge betrouwbaarheid, maar met een lage validiteit. Voor validiteit komt dus nog wat meer kijken.

We gaan niet verder op deze materie in. Wat duidelijk mag zijn, is dat meten in de psychologie een gecompliceerde zaak is. Het is niet zoiets als een persoonlijkheidslineaal of een intelligentielineaal tegen iemand aanzetten. Het doel van testen, of breder gezegd van meten, is om zo nauwkeurig en objectief mogelijk het hoe en wat vast te stellen van iemands prestaties en/of eigenschappen.

Gezien alle eisen die er aan tests gesteld worden, is het dan eigenlijk niet zo verwonderlijk dat intelligentietests als een van de beste voorspellers voor menselijk gedrag uit de bus komen (zie de tabel op p. 23).

Toch blijven mensen hardnekkig geloven in hun eigen, subjectieve oordeelsvermogen. Dat is niet alleen terug te vinden in de maatschappelijke weerstand tegen intelligentietestgebruik, maar zelfs bij testpsychologen. Men liet bijvoorbeeld psychologen een aantal sollicitanten op geschiktheid beoordelen. Daarnaast nam men deze sollicitanten ook een aantal intelligentietests af. Hoewel de psychologen weet hadden van de intelligentiescores van de te beoordelen personen, was het uiteindelijke verband tussen hun oordeel en de scores bijna nul (Buiten & Van Noort 1966). Het subjectieve oordeel van de psycholoog en de intelligentiescores hadden volgens dit onderzoek dus blijkbaar niets met elkaar te maken. Hieruit blijkt hoe hardnekkig mensen (ook psychologen) soms tegen beter weten in aan hun subjectieve oordeel vasthouden.

Validiteit

Een test wordt gemaakt om iets bij mensen te meten, bijvoorbeeld verbaal vermogen. Daarbij borduurt een testconstructeur vaak voort op gegevens uit andere, soortgelijke tests. Vaak spreekt ook het gezond verstand een woordje mee (*face validity*). In deze fase kan een test theoretisch gezien valide lijken, bijvoorbeeld: het heeft er veel van weg dat deze test inderdaad verbaal vermogen zal meten. Of dat werkelijk zo is, kan uiteindelijk alleen via (empirisch) onderzoek worden aangetoond. Blijkt uit dit onderzoek dat de test inderdaad verbaal vermogen meet, dan wordt de test valide genoemd: hij meet dan wat hij pretendeert te meten. Men bekijkt bijvoorbeeld de relatie van de test met andere taaltests, waarbij men dan in elk geval een redelijk positieve correlatie verwacht. Of men laat een aantal mensen beoordelen op verbaal vermogen en men gaat vervolgens onderzoeken of de beoordelingen overeenstemmen met de testresultaten van deze mensen.

Validiteit is een sleutelbegrip in de psychologie. Denk eens aan het geval dat men piloten zou selecteren op grond van een aantal tests die achteraf niet zoiets blijken te meten als ruimtelijk inzicht, stressbestendigheid of oog-handcoördinatie.

De maximale validiteit van een test is 1. Die 1 slaat op de maximale waarde van een correlatiecoëfficiënt, bijvoorbeeld de correlatie tussen twee bepaalde tests, of tussen test en arbeidsprestatie. Het meest voorkomende onderscheid op validiteitsgebied is dat tussen constructvaliditeit en predictieve (voorspellende) validiteit.[6] *Constructvaliditeit* heeft betrekking op wat de test nu eigenlijk meet. Predictieve validiteit heeft betrekking op de voorspellende waarde van een test. Dit laatste houdt in dat als iemand hoog scoort op een test voor een bepaalde functie, deze persoon het in de praktijk ook goed moet doen binnen die functie. De relatie tussen constructvaliditeit en predictieve validiteit kan vrij gecompliceerd uitpakken. Wilde (1970) geeft een leuk voorbeeld met betrekking tot de relatie tussen construct- en voorspellende validiteit. Mensen die hoog scoorden op een test, werden in de praktijk ook aangenomen. Achteraf bleek deze test bepaalde raskenmerken te meten. Maar de selectiecultuur in het bedrijf was dan ook zodanig dat alleen mensen met de desbetreffende raskenmerken werden aangenomen. Deze test had dus een hoge voorspellende validiteit (hij kon goed voorspellen of iemand zou worden aangenomen). Maar waarop een 'succesvolle' sollicitant werd aangenomen (constructvaliditeit) bleek pas achteraf. En dat was niet zoiets als 'echte' functiegeschiktheid. Afgezien van het feit dat een test een zekere voorspellende validiteit moet hebben, dient ook duidelijk te zijn waarop dit voorspellend succes gebaseerd is (wat meet deze test eigenlijk). In de psychologie is het heel gebruikelijk om met predictieve validiteitcijfers van tussen de .3 en de .6 te werken. (Een voorspellende validiteit groter dan .5 wordt maar zeer zelden bereikt.) Er wordt nogal eens geklaagd dat veel gebruikte tests een lage voorspellende validiteit bezitten. Met dat argument moeten we echter voorzichtig zijn.

Het volgende voorbeeld, ontleend aan Hofstee (1986) kan dat verduidelijken:

Stel dat een bedrijf 50 sollicitanten wil aannemen. Men start een wervingscampagne die 100 kandidaten oplevert. Stel verder dat onder deze 100 kandidaten zich er 50 bevinden die geschikt zijn voor de functie. De truc is dan om precies deze 50 kandidaten uit de groep van 100 te selecteren. Een kandidaat kan dus wel of niet geschikt zijn, en hij kan worden aangenomen (terecht of onterecht), of worden afgewezen (terecht of onterecht).

We bekijken nu drie situaties om na te gaan wat predictieve validiteit inhoudt.

	situatie 1 voorsp. val. = 1		situatie 2 voorsp. val. = 0		situatie 3 voorsp. val.= .40	
	geschikt		geschikt		geschikt	
	ja	nee	ja	nee	ja	nee
aangenomen	50		25	25	35	15
afgewezen		50	25	25	15	35

In de eerste situatie is er sprake van het utopische onbereikbare ideaal, namelijk dat het gebruikte selectie-instrument een voorspellende validiteit van 1 zou hebben. Dat zou betekenen dat *alleen* geschikte kandidaten zouden worden aangenomen en dat ongeschikte kandidaten zouden worden afgewezen. In het hier geschetste geval zouden dus alle 50 geschikte kandidaten worden aangenomen en alle 50 ongeschikte kandidaten zouden worden afgewezen. Nogmaals, dit is een onbereikbaar ideaal, tenzij men erin zou slagen om alleen (even goed) geschikte kandidaten te werven voor een functie. Het belang van een goede werving mag dan ook duidelijk zijn, alleen is er dan achteraf weinig meer te selecteren.

In de tweede situatie is er sprake van een toevalsselectie, men gooit bijvoorbeeld bij ieder van de 100 kandidaten met een muntstuk om te bepalen of de kandidaat wordt aangenomen of afgewezen. Maar omdat men 50 van de 100 kandidaten nodig heeft (er zijn immers 50 functies) wordt de helft van de 100 kandidaten op voorhand aangenomen. Dat houdt in dat ook de helft van de 50 geschikte kandidaten (25) wordt aangenomen. Een op toeval gebaseerde selectieprocedure met een voorspellende validiteit van 0 (nul) levert dus in dit voorbeeld toch nog 25 geschikte kandidaten op. Een bedrijf kan dus een selectie-instrument of procedure met een minimaal voorspellende validiteit hanteren en toch geschikte kandidaten aannemen, alleen al omdat er (veel) geschikte kandidaten uit de wervingsprocedure resteerden. Het mag duidelijk zijn dat dit met rationeel selecteren niets te maken heeft.

Voorbeeld drie is het meest realistisch. Stel een bedrijf gebruikt een selectie-instrument (intelligentietest) met een voorspellende waarde van .40. Dat betekent dat er 35 geschikten worden aangenomen, namelijk de 25 op toevalsbasis, want die heb je altijd, plus $.40 \times (50 - 25) = 10$. In totaal levert dat 35 geschikte kandidaten op, 10 meer dan een selectieprocedure louter op toevalsbasis. We zien nu ook dat het aantal (boven toeval) aangenomen geschikte kandidaten recht evenredig is met de voorspellende validiteit. Een test met een voorspellende validiteit van .20 levert immers 25 plus $.20 \times (50 - 25) = 5$ geschikte kandidaten op boven een toevalsselectie van 25.

Stel dat een geschikte kandidaat de organisatie € 80.000 meer oplevert dan een ongeschikte kandidaat, dan zou het gebruik van een intelligentietest met een voorspellende validiteit van .40 de organisatie op jaarbasis $10 \times 80.000 = €800.000$ opleveren. Wie in dit soort gegevens geïnteresseerd is, wordt verwezen naar Van der Maesen de Sombreff (1992) en Cook (2001).

Het mag duidelijk zijn dat predictieve validiteit een relatief begrip is. Bovendien zitten er financiële consequenties aan vast, die voor grote organisaties algauw in de miljoenen euro's kunnen lopen. Wat dat betreft is voorspellende validiteit voor het bedrijfsleven van groter belang dan constructvaliditeit. Uit onderzoek blijkt bijvoorbeeld dat werknemers gemiddeld tweemaal hun salaris opleveren. Een goede werknemer, geselecteerd met bijvoorbeeld een intelligentietest, kan in geld uitgedrukt wel 40-70% meer opleveren (dat is bij een salaris van € 100.000 dus al gauw zo'n € 50.000 meer). De psycholoog Cascio heeft bovenstaand belang van predictieve validiteit treffend samengevat in de slogan 'The language of business is dollars, not correlationcoefficients'. Begrijpt u weinig van bovenstaande, dan hoeft u zich echter geen zorgen te maken. De gemiddelde manager wil er ook niet aan, zo blijkt bijvoorbeeld uit een onderzoek van Latham en Whyte (1994).

Nog één ding moet worden gezegd over psychologische tests. Een testscore is altijd een voorspelling. In dit geval een voorspelling wat betreft de geschiktheid voor een bepaalde functie. De 'geschiktheid voor een bepaalde functie' noemt men ook wel het criterium. Een test fungeert dus als voorspeller voor een bepaald criterium. Om een test als voorspeller te kunnen gebruiken, moet onderzoek zijn gedaan naar de samenhang tussen testprestatie en functiegeschiktheid. Het simpelste verband is dat naarmate men hoger scoort op de test, de functiegeschiktheid toeneemt. En als men bovenmatig hoog scoort op tests[7] voor een bepaalde functie, betekent dat in de praktijk meestal dat er mogelijkheden zijn tot snellere doorgroei. Wel zijn bijna alle functies naar beneden afgegrensd wat betreft intelligentie. Men kan dus wel te 'dom' maar niet gauw te intelligent zijn voor een bepaalde functie.

Nogmaals, hoe de relatie tussen testprestatie en criterium precies ligt, is iets wat men alleen door middel van onderzoek kan achterhalen. Dat dit een zaak van primair belang is, kan niet genoeg benadrukt worden. Een verkeerd uitgevallen voorspelling ten aanzien van geschiktheid hoeft niet uitsluitend aan de tests te wijten te zijn. Misschien zijn de functie-eisen onduidelijk of onvolledig, zodat ook het testinstrumentarium verkeerd gekozen werd.

Gezien de veranderingen op de arbeidsmarkt en de opkomst van termen als 'employability' zal er minder voor specifieke en nauw omschreven functies getest worden. Het begrip functie raakt meer en meer aan inflatie onderhevig. De belangrijkste vraag is die naar mensen met een zeker intelligentieniveau, die zich snel kunnen inwerken en aanpassen, die aardig, gemotiveerd en betrouwbaar zijn. Soms is er sprake van specifieke eisen, maar bovenstaande zijn in feite op elke werknemer van toepassing. Men stelt slechts de normen van de test wat scherper, al naar gelang de moeilijkheidsgraad van de te verwachten werkzaamheden, of men legt bijvoorbeeld een grote nadruk op sociale vaardigheden als het gaat om een commerciële functie waarin het overtuigen en binnenhalen van klanten centraal staat (zie ook hst. 8).

U hebt nu een indruk van de eisen waaraan een psychologisch selectie-instrument moet voldoen. In de rest van dit boek gaan we dieper in op de specifieke aard van de verschillende selectiemiddelen, met als hoofddoel uw prestatie op deze middelen te optimaliseren. Dat is immers waar het om gaat: het maximaliseren van uw prestatie, zodat u bij *top-down-selectie* bij de uitverkoren groep kandidaten hoort. We besteden aandacht aan de volgende selectiemiddelen:
- intelligentietests en tests voor specifieke vaardigheden: tests voor cijfermatig inzicht, plaatjestests voor abstract-logisch denken, tests voor taalkundig of semantisch inzicht, tests voor ruimtelijk inzicht, stroomdiagrammentests, coderingstests en tests voor commerciële aanleg;
- persoonlijkheids- of managementvragenlijsten;
- interviews;
- de Assessment center-methode (ACM).

Bij elk van voorgaand selectiemiddel wordt uitgelegd hoe het werkt en wordt aan de hand van voorbeelden verteld hoe u uw score kunt optimaliseren. Ten slotte vindt u bij elk selectiemiddel een groot aantal oefenopgaven, zodat u daadwerkelijk kunt oefenen of u de werking van het desbetreffende selectiemiddel voldoende begrijpt en of u tot een goede prestatie kunt komen. Achter in dit boek vindt u de oplossingen van de oefenopgaven, met een korte uitleg.

3
Wat is intelligentie?

> *'Are you ready to go,*
> *for this giant dump-show?'*

Een intelligentietest, of liever gezegd: een intelligentie-subtest, pretendeert iets te zeggen over een specifiek aspect van uw intelligentie. Voor we ingaan op specifieke intelligentietests moeten we eerst, zij het kort, iets zeggen over intelligentie. Wat is 'intelligentie' eigenlijk? Een goede uiteenzetting over wat intelligentie is (en trouwens ook over intelligentietests) vinden we bij Vroon (1980) of bij Tomic en Van der Molen (1997). Een paar samenvattingen uit Vroons opsomming van wat intelligentie zou kunnen zijn:

- Intelligentie is het vermogen om allerlei problemen op te lossen. (Wat is dat dan voor vermogen, wat zijn dat voor problemen?)
- Intelligentie is het geheel van verworven en bruikbare kennis en vaardigheden. (Wat is dat voor kennis, wat zijn die vaardigheden, wat is bruikbaar?)
- Intelligentie is een erfelijk en algemeen cognitief vermogen dat zich laat beschouwen als de grootste gemene deler van wat komt kijken bij het oplossen van veelvormige problemen.
- Intelligentie is het vermogen om abstract te denken, een kritisch oordeel te kunnen geven, doelmatig met de werkelijkheid te kunnen omgaan, aanpassingsvermogen.
- Intelligentie is het leren van ervaring, het zich kunnen aanpassen aan de omgevingseisen, inzicht en controle over onze eigen denkprocessen, en het is cultuurgebonden (naar Sternberg 1996).
- Algemene intelligentie (g) is het vermogen om alledaagse complexiteit te kunnen hanteren. Het is enerzijds het vermogen om redelijk complexe materie snel te kunnen leren beheersen, en anderzijds het vermogen om denkfouten te kunnen vermijden. In de kern komt algemene intelligentie neer op het vermogen om efficiënt en effectief informatie te kunnen verwerken (Gottfredson, 2002).

Bovengegeven omschrijvingen hebben alle iets vaags, in de zin dat een echt hard criterium voor intelligentie ontbreekt. In bovenstaande omschrijvingen vinden we stof voor ten minste drie benaderingen van intelligentie:
    In de eerste benadering wordt intelligentie opgevat als een algemeen cognitief

vermogen, een soort overlap van alle mogelijke specifieke eigenschappen. Dit algemeen cognitief vermogen, dat ook wel g genoemd wordt (Spearman 1927), van 'general intelligence', is iets wat zich openbaart als de samenhang tussen uw scores op verschillende specifieke intelligentie(sub)tests. U maakt bijvoorbeeld een rekenkundige reeksentest, een analogieëntest en een plaatjestest. Dan blijkt dat in de praktijk de correlatie of samenhang tussen uw scores op deze tests vrij hoog is, zo rond de .80. Deze .80 wordt ook wel het g-gehalte genoemd.

g verwijst naar een algemeen informatieverwerkend gegeven of algemeen cognitief vermogen. Kortom: het vermogen om met alledaagse situaties van verschillende moeilijkheidsgraad om te kunnen gaan. Het is een soort efficiëntie die samenhangt met de snelheid en accuratesse van neurologische processen in onze hersenen. Daarbij speelt niet alleen het aantal hersencellen (neuronen) een rol, maar van meer belang nog is het aantal vertakkingen, het netwerk dat onze hersenen vormen.

Uit praktisch alle onderzoek naar intelligentie komt g keer op keer naar voren als de belangrijkste voorspeller voor effectief gedrag, of het nu gaat om het leveren van arbeidsprestaties, de hoogte van uw inkomen of het bedienen van de giromaat op de hoek. Uit recentelijk onderzoek blijkt zelfs dat ook muizen hoogstwaarschijnlijk over een algemene intelligentiefactor beschikken. Uit een standaard intelligentietaak voor muizen bleek dat de verschillen in probleemoplossend gedrag bij muizen net als bij mensen grotendeels (voor 40%) door één factor verklaard worden. Het zou dus best eens zo kunnen zijn dat algemene intelligentie (g) bij alle zoodieren en primaten de belangrijkste verklarende factor vormt voor probleemoplossend gedrag. Nader onderzoek, met name naar de lokalisatie en werking van hersengebieden verantwoordelijk voor g is echter noodzakelijk.

De g-opvatting van intelligentie sluit ook goed aan bij de eisen die aan de postmoderne werknemer gesteld worden: iemand die snel in staat is om zich nieuwe dingen eigen te maken.

Meer specifiek bestaat g uit twee componenten: G_{fluid} en $G_{crystallized}$. G_{fluid} is onze harde kern van informatieverwerkend vermogen, specifiek gericht op het verwerken van nieuwe informatie. Het heeft betrekking op logisch en abstract kunnen denken en redeneren, (nieuwe) toepassingen kunnen verzinnen enzovoort. Al doende leidt deze G_{fluid}-activiteit echter tot kennis: kennis over hoe onze wereld (en wijzelf) in elkaar zitten. Deze kennis is dus een afgeleide van G_{fluid}: een soort neerslag. Vandaar de naam $G_{crystallized}$. Zowel G_f als G_c zijn in hoge mate erfelijk, voor zo'n 80%. Het belangrijkste probleem binnen de g-opvatting van intelligentie is dus zoals Gottfredson zegt: hoe kunnen we de werking van g zo goed mogelijk begrijpen en verklaren om zo het g-vermogen van mensen te verhogen?

De g-theorie over intelligentie: g als een geïntegreerde turbo
De werking van de **g**-opvatting over intelligentie kan worden vergeleken met die van een turbodieselmotor, waarbij de turbo is geïntegreerd. De turbo staat voor het extra vermogen waarover iedereen in principe beschikt: G_{fluid}. Punt is dat sommige mensen een krachtiger turbo hebben dan anderen. De diesel is het 'normale' vermogen, voldoende voor de meeste alledaagse situaties die u tegenkomt ($G_{crystallized}$). Zo rijdt u normaal gesproken erg zuinig, met een minimum aan verbruikte energie. Afhankelijk van de situatie op de weg (omgevingscomplexiteit: nieuwe, niet alledaagse situaties) is de turbo van sommigen in staat om voldoende extra vermogen te leveren om ook in moeilijke omstandigheden de situatie meester te blijven. U beschikt dus over voldoende extra vermogen (G_{fluid}). Normaal kunt u echter prima toe met het normale dieselvermogen, rustig rijdend en goed anticiperend (geleerd van voorgaande situaties: $G_{crystallized}$).
Uit intelligentieonderzoek blijkt ook dat mensen met een krachtige turbo (dus hoge G_{fluid}) relatief efficiënter omgaan met hun mentale energie. Slechts als het nodig is, gaat de turbo erop (deze mensen rijden verstandig dus doen geen gekke dingen met hun turbovermogen). Beide vormen van intelligentie zijn erfelijk, voor zo'n 80%. Bovenstaande vergelijking maakt ook duidelijk dat u in sommige situaties niets hebt aan een turbo. In een remmende omgeving (file) hebt u weinig aan het extra vermogen. Hoge intelligentie komt vooral in precaire situaties tot uitdrukking, als het er echt om gaat.

In de tweede opvatting wordt intelligentie gezien als een verzameling van onafhankelijke vaardigheden. Thurstone (1938) noemde zeven onafhankelijke of primaire vaardigheden: verbaal bevattingsvermogen, verbale vaardigheid, inductief redeneren, ruimtelijk inzicht, rekenvaardigheid, geheugen en snelheid en nauwkeurigheid. Deze opvatting sluit goed aan bij de oude psychometrische denkwijze, in die zin dat elke vaardigheid goed gemeten kan worden via een specifieke intelligentietest. Veel testonderzoek is gebaseerd op deze opvatting, wat inhoudt dat u een aantal tests krijgt voor specifieke vaardigheden, zoals rekenkundige reeksen, analogieën en ruimtelijk inzicht. Merk op dat door verschillende specifieke intelligentietests af te nemen in feite ook een g-bepaling van uw intelligentie ontstaat. Men kan trouwens ook van elke afzonderlijke test het g-gehalte uitrekenen. Te verwachten is dat bij psychologische selectie en bij assessments het gebruik van specifieke intelligentietests, zoals dat nu nog veel gebeurt, zal gaan afnemen. Men zal zich baseren op een algemene intelligentietest, noem het een soort algemene IQ-test. Specifieke intelligentietests hebben nauwelijks toegevoegde waarde. Waarom zou men kandidaten lastig vallen met een groot aantal specifieke intelligentietestjes, terwijl een algemene intelligentietest een veel zinniger voorspelling geeft?

De derde opvatting is het meest recent. In deze opvatting is intelligentie het vermogen om aan de eisen van de omgeving te voldoen, inzicht te hebben in het eigen denk- of leervermogen en is intelligentie cultuurbepaald. Deze opvat-

ting wordt aangehangen door Sternberg (1996). Sternberg is altijd sterk gekant geweest tegen de volgens hem te beperkte en te strikte opvatting van bovengenoemde twee opvattingen over intelligentie. In eerste instantie ontwikkelde Sternberg de zogenaamde triarchische theorie van intelligentie. Bij deze theorie spelen drie componenten een rol:
- metacomponenten, processen belast met de planning, controle en evaluatie van probleemoplossen;
- uitvoerende componenten, die de commando's van de metacomponenten toepassen;
- kennisverwervingscomponenten, processen gericht op het leren hoe een probleem in eerste instantie met behulp van specifieke kennis moet worden opgelost (Sternberg 1989).

Op deze manier ontstaat een dynamische intelligentietheorie, waarbij genoemde componenten elkaar onderling beïnvloeden. Volgens Sternberg kunnen mensen hun intelligentie wel degelijk vergroten. Een belangrijke rol daarbij spelen de metacomponenten: Welke strategie werkt het beste bij een bepaald probleem? Stel dat u een rekenkundige reeks moet oplossen, dan bepalen de metacomponenten welke strategie u hier zou kunnen toepassen (monotoon, exponentieel, afwisseling, combinatie of uitzondering [zie p. 82]). Vervolgens controleren de uitvoerende componenten of de door u bedachte strategie ook in de reeks aanwezig is, waarbij u gebruikmaakt van kennisverwervingscomponenten: het hanteren van de rekenregels.

Bij nader inzien vond Sternberg zijn triarchische theorie echter te beperkt. Volgens hem was deze te veel gericht op het analyseren van vastomschreven problemen, iets wat bij intelligentietestopgaven bijna altijd het geval is. Volgens Sternberg is het minstens zo belangrijk dat mensen ook nieuwe dingen kunnen bedenken (creatieve intelligentie) en dat ze over een zekere mate van praktische intelligentie beschikken. Sternberg en zijn navolgers deden bijvoorbeeld onderzoek bij Braziliaanse straatkinderen, die zeer laag scoorden op standaard intelligentietests. Toch blijken deze kinderen ingewikkelde berekeningen te kunnen maken, iets wat ze hebben geleerd bij het aanpassen aan hun specifieke omgeving. Soortgelijke vormen van praktische intelligentie zijn ook gevonden bij mensen die zich bezighouden met het wedden op renpaarden en bij 'huisvrouwen', die in een winkel zeer snel de prijs/hoeveelheidverhouding van producten kunnen uitrekenen. Al deze mensen scoorden laag op traditionele intelligentietests. Sternberg heeft zelfs een speciale test voor praktische student- en managementintelligentie ontwikkeld (voor voorbeelden, zie Bloemers & Hagedoorn 1998).

Volgens Sternberg bestaan er uiteindelijk drie vormen van intelligentie: de klassieke of analytische intelligentie, vooral gericht op het kunnen analyseren, vergelijken en evalueren van informatie; praktische intelligentie, gericht op het zich kunnen handhaven in een specifieke omgeving door het gebruiken en toepassen van bepaalde kennis en vaardigheden, en creatieve intelligentie, gericht op het uitvinden en ontwerpen van nieuwe toepassingen. Sternberg verwerpt dus de bestaande klassieke opvatting van intelligentie niet, maar vult deze aan. Intelligentie is een soort bemiddelingsvermogen tussen onszelf en onze omgeving. Daarbij kunnen we drie principiële gedragingen vertonen: we kunnen ons gedrag aanpassen aan de eisen van onze omgeving (adaptatie), we kunnen via ons gedrag onze omgeving vormen of bewerken (shaping) of we kunnen kiezen voor een andere omgeving (selectie). Volgens Sternbergs opvattingen is intelligentie ook cultuurbepaald: in verschillende culturen worden verschillende vormen van intelligentie gewaardeerd en gestimuleerd.

Voorlopig staat de klassieke opvatting van intelligentie (waarbij het gaat om specifieke vaardigheden of cognitieve capaciteiten die een grote overlap vertonen) echter stevig overeind. Wel is het zo dat specifieke en langdurige training en stimulering van bepaalde vaardigheden juist deze vaardigheden ook zal doen toenemen. Merk op dat het hier echter om niets anders gaat dan het basale g-vermogen van iemand. Mensen met een relatief laag g-niveau (een IQ-score van minder dan 80 punten (100 is gemiddeld; 120 is gemiddeld vwo)) hebben meer tijd nodig om complexe situaties te leren hanteren. Een grote gedrevenheid en zeer veel tijdsinvestering (10 jaar, 6 uur per dag zo ongeveer) kan echter ook tot bijzondere prestaties leiden. Dat blijkt uit de verschillende experimenten van Sternberg (zie vorige pagina). Hoewel deze experimenten indrukwekkend lijken, blijken ze bij nadere beschouwing vaak onbetrouwbaar te zijn. Of de onderzoeken zijn niet goed uitgevoerd, en/of de theoretische verklaringen gaan mank. Ze hebben echter een grote aantrekkingskracht op het algemeen publiek, dat graag wil horen dat iedereen tot bijzondere prestaties in staat is.

IQ en g

We kennen inmiddels allemaal wel het begrip IQ, intelligentiequotiënt. Het heeft een gemiddelde van 100 en een standaarddeviatie van 15. Om even een referentiekader te hebben: uit Amerikaans onderzoek blijkt dat accountants een gemiddeld IQ hebben van 128, onderwijzers 122, salesmanagers 119, verkopers 115, automonteurs van 101, huisschilders 98. Er zijn ook huisschilders met een IQ van 147 en accountants met een IQ van 94, maar zoals gezegd, het gaat om gemiddelden. Het minimale IQ om nog zelfstandig mee te kunnen komen in de samenleving is ongeveer 80.

IQ wordt gemeten met een standaard IQ test, zoals de WAIS, die een veelheid aan verschillende intelligentieopgaven bevat. Rekenen, taal, figuren, geheugen, alles zit er wel zo ongeveer in. Een IQ-test geeft dus een compact beeld van uw algemene intelligentie: wat u aan mentale potentie bezit: G_{fluid}. Ter vergelijking: de veelbekritiseerde CITO-toets is geen intelligentietest, dit is een prestatietoets, die meet wat kinderen op een bepaald moment weten, meer $G_{crystallized}$ dus.

Om het 'echte' g-gehalte van uw algemene intelligentie te bepalen, zou u een groot aantal specifieke intelligentietests moeten maken. Vervolgens wordt via factoranalyse onderzocht of deze tests een gemeenschappelijke noemer hebben. Iets wat ze allemaal delen (informatieverwerking onder tijdsdruk dus). Uit onderzoek blijkt dat dat zo is, de tests hebben een gemeenschappelijke factor[8]. Deze factor wordt ook wel **g** genoemd. **g** is dus een meer zuivere bepaling van uw algemene intelligentie dan het IQ, omdat een IQ niet gebaseerd is op uw prestaties op een groot aantal tests. In de praktijk blijkt uw score op een IQ-test echter bijna perfect te correleren met uw **g**-score op een groot aantal intelligentietests. Er is dus veel voor te zeggen om met een IQ-test te werken, dit is veel efficiënter. Een test die een goede **g**-indicatie van uw intelligentie geeft is de Ravens Progressive Matrices. Deze test lijkt op de tests besproken onder het kopje statische plaatjestests (paragraaf 6.2). In Nederland wordt bij selectie echter nauwelijks gebruik gemaakt van de Raven.

Uit onderzoek van Flynn blijkt dat in de meest landen de score op IQ-testen in de loop der jaren aanzienlijk stijgt. Of dit betekent dat mensen ook echt intelligenter worden, is echter de vraag.

Steeds hogere testscores?

James Flynn is de ontdekker van het zogenoemde Flynn-effect, het gegeven dat IQ-scores per tien jaar 5 à 7 punten omhooggaan. Dit is merkwaardig, want de scorewinst doet zich vooral voor bij tests die algemene intelligentie of 'g' meten, terwijl tot nu toe werd aangenomen dat 'g' een sterke biologische basis heeft en dus behoorlijk stabiel zou moeten zijn. De verklaring van Flynn is even elegant als simpel. Volgens Flynn werken 'oudere hersenen' vooral functioneel, terwijl IQ-tests juist abstract werken: het gaat bij IQ-tests om denkoperaties die zijn geïsoleerd uit de natuurlijke context.

Eenvoudig geformuleerd: als u opgroeit in een meer complexe, abstracte wereld zullen uw hersenen ook meer volgens abstracte principes gaan werken. Een simpel voorbeeld om het verschil tussen functionaliteit en abstractie duidelijk te maken: wat is de overeenkomst tussen honden en hazen? Wij zeggen (abstract): het zijn beide dieren. Deze vorm van denken betekent dat je beide dieren 'abstraheert' uit (losmaakt van) hun natuurlijke categorie en onderbrengt in een overstijgende, algemene categorie waar ze beide toe behoren (dieren).

Iemand die functioneel denkt zegt: met honden kun je op hazen jagen. Merk op dat de vraag hier niet goed geïnterpreteerd is. De vraag was wat de overeenkomst (het gemeenschappelijk element) is, en niet wat de relatie is. Dit doet me denken aan een aardrijkskundeleraar die ooit vroeg: wat is het verschil tussen ijs en water? Veel mensen geven dan het antwoord: ijs is koud en water is nat. Maar dat antwoord is fout. Om het verschil tussen A en B uit te leggen moet je A en B onderbrengen op eenzelfde dimensie (categorie; bijvoorbeeld aard van aggregatie) en dan aangeven hoe ze verschillen op die dimensie. Bijvoorbeeld: ijs is vast en water is vloeibaar. Om dit onderscheid te kunnen maken moet je abstract denken en dingen losmaken van hun natuurlijke context.

De psycholoog Sternberg heeft dit verschijnsel ook onderzocht bij een stam in Afrika, de Kpelle. Leden van deze stam antwoorden steeds functioneel op abstracte IQ-vragen, tenzij je ze vraagt: hoe zou een gek deze vraag beantwoorden? Dan zeggen ze: ja, hazen en honden horen bij elkaar. De functionalist denkt vooral praktisch aan toepassingen in het dagelijks leven.

Als u laag scoort op IQ-tests dan werken uw hersenen volgens Flynn minder abstract. Maar dat wil niet zeggen dat u dom bent en het is zelfs mogelijk dat u functioneel geniaal bent. De verklaring van Flynn maakt ook duidelijk waarom mensen juist in g-tests steeds hoger scoren: ze gaan abstracter denken doordat hun omgeving steeds abstracter wordt, vooral onder invloed van technologie. Maar de interactie van 'g' met de omgeving (g crystallized, zie box op p. 61) verandert niet of slechts zeer gering. Omdat 'g' misschien wel toeneemt, maar omdat de omgeving ook complexer wordt, is de uitkomst van de werking van 'g' op de omgeving redelijk constant: onze kennis (eindproduct) blijft dus van relatief hetzelfde niveau. De effectiviteit blijft hetzelfde (problemen kunnen oplossen) alleen zijn het vermogen van de hersenen en de moeilijkheidsgraad van de omgeving toegenomen.

Het is dan ook niet terecht te stellen dat wij veel intelligenter zijn dan onze voorouders. Onze hersenen zijn beter aangepast aan de eisen van de moderne wereld. Maar onze voorouders konden relatief effectief met hun omgeving omgaan, net zoals wij dat nu kunnen. Dat is althans de verklaring van Flynn, gebaseerd op scores op intelligentie- en kennistests door de jaren heen. De uiteindelijke toetssteen voor intelligentie blijft altijd de interactie met de omgeving: hoe effectief kunt u in het dagelijks leven problemen oplossen? Wel is het dan zo dat intelligentietests op dit punt een steeds betere voorspelling zouden moeten geven: de eisen van de omgeving en de inhoud van de tests komen immers steeds beter overeen (toenemende abstractie).

Een studie van Jaeggi en collega's (2008) ondersteunt de hypothese dat 'g' wel degelijk kan toenemen. Jaeggi en haar collega's lieten mensen een aantal taken doen die het werkgeheugen zouden moeten trainen. Vooraf en na afloop werd een g-test afgenomen. Het bleek dat het oefenen van het werkgeheugen tot hogere scores op de g-test leidde, terwijl de oefeningen inhoudelijk geen overeenkomst hadden met de opgaven van de g-test. Hoewel dit een eerste experiment is en de resultaten dus nog niet overtuigend zijn, vooral niet wat het langetermijneffect betreft, zou het kunnen zijn dat het dagelijks trainen van het werkgeheugen – en dat is wat u doet als u actief omgaat met de problemen, eisen en mogelijkheden van de moderne maatschappij – leidt tot een hogere score op intelligentietests. Met andere woorden: actief zijn in de moderne samenleving gaat samen met een hogere g-score. Dat zou goed kunnen verklaren waarom opeenvolgende generaties steeds hoger scoren op intelligentietests: ze zijn beter getraind in het omgaan met de specifieke eisen die de moderne samenleving stelt. Het effect is natuurlijk niet onbeperkt. Als de theorie klopt zou je op korte termijn de hoogste stijging moeten zien in landen die een snelle overgang maken van functioneel naar abstract denken. Overigens zijn daar ook aanwijzingen voor. Later zal de stijging afzwakken. In pessimistische termen: het leven wordt dan te complex voor mensen om nog adequaat problemen te kunnen oplossen.

Flynn prikt ook de mythe door dat Aziaten slimmer zijn dan blanken en negers. Die mythe is ontstaan doordat de groep Aziaten op wie dit gegeven gebaseerd is, getest werd met een verouderde IQ-test. En omdat mensen per generatie hoger scoren op IQ-tests, scoorden de Aziaten dus proportioneel te hoog op de (verouderde) IQ-test. Gecorrigeerd scoren blanken en Aziaten ongeveer even hoog. De vermeende intelligentie van Aziaten wordt volgens Flynn verward met hun arbeidsethos: Aziaten werken harder en gedisciplineerder dan blanken en zwarten. De anekdote wil dat wanneer een Europeaan problemen heeft met zijn partner hij kiest voor zijn relatie, terwijl de Aziaat in dat geval zijn partner dumpt en kiest voor zijn baan.

Bronnen:
Flynn, J.R. (2007), *What is intelligence?*, Cambridge University Press, Cambridge.
Jaeggi, S.M., M. Buschkuehl, J. Jonides & W.J. Perrig (2008), 'Improving fluid intelligence with training on working memory', in: *Proceedings of the National Academy of Sciences*, 4.
Malcolm Gladwell in *The New Yorker*, 17 december 2007, zie: http://www.newyorker.com/arts/critics/books/2007/12/17/071217crbo_books_gladwell

Voorlopig zijn er nog meerdere theorieën op intelligentiegebied en is de vraag naar de definitieve theorie nog niet beantwoord. Wetenschappelijk is men het al tijden eens over de g-theorie, maar het publiek en organisaties verliezen zich graag in alternatieve theorieën. Het is dus vooral een kwestie van maatschappelijke acceptatie die volledige erkenning van de g-opvatting in de weg staat. En er zullen altijd uitzonderingen zijn. Een hoge intelligentie is (nog) geen 100% garantie voor maatschappelijk succes; ook persoonlijkheid speelt een rol. Daarnaast zijn er zaken als pech en geluk die ook een aanzienlijke invloed kunnen hebben. Er zullen dan ook altijd mensen zijn die intelligent zijn, maar die het niet ver geschopt hebben. In een overzicht uit een artikel van Schmidt en Hunter is te zien dat in alle beroepscategorieën er mensen zitten met een IQ van boven de 130. Alleen neemt het gemiddelde per categorie toe en wordt de spreiding minder: het is moeilijker om met een laag IQ naar boven door te stromen. Aan de andere kant zullen er altijd mensen zijn die niet 'echt' intelligent zijn, maar die het 'maatschappelijk' ver geschopt hebben: de sukkelige klasgenoot die een bloeiende 06-lijn blijkt te exploiteren.

Veel problemen omtrent intelligentie ontstaan doordat men intelligentie dichotomiseert: men wordt óf als intelligent gezien óf als dom. Intelligentie wordt echter altijd op een schaal gemeten, waarbij er sprake is van meer of minder. De meetpunten op die schaal geven alleen aan welk percentage van de mensen (populatie) tussen bepaalde grenzen scoort, het benoemen van die grenzen, zoals hoog- en laagbegaafd, is normatief.

Bekendste strijdpunt op het gebied van intelligentie is het *nature-nurture*-probleem. Is intelligentie aangeboren of aangeleerd? Vroon merkt op dat vooral het politieke klimaat bepaalt welke opvatting wordt aangehangen. Tegenwoordig is duidelijk dat intelligentie voor ongeveer 80% erfelijk is bepaald. Er blijft dus altijd ruimte voor omgevingsinvloeden, al zijn die behoorlijk beperkt. Interessant is dan vooral de vraag hoe aanleg en omgeving op elkaar inwerken en hoe men intelligentie kan vergroten via een stimulerende omgeving. Ook een biologische aanpak lijkt op termijn mogelijk, maar heeft veel haken en ogen.

Emotionele intelligentie?

Emotionele intelligentie (EI) was in het bedrijfsleven een hype. De redenering was: gevoelens en emoties zijn belangrijk, je moet ze herkennen en kunnen hanteren (managen). Maar bedenk dat uit de tabel op p. 23 blijkt dat het kunnen herkennen en managen van emoties bij de effectiviteit van arbeidsprestaties nauwelijks een rol speelt. In sommige specifieke functies zal vriendelijkheid misschien een wat grotere rol spelen (zie ook hst. 9), maar voor de rest heeft het beter dan gemiddeld kunnen hanteren van emoties nauwelijks meerwaarde.

Een simpele vraag hier is: waarom is emotionele intelligentie niet gewoonweg algemene intelligentie toegepast op sociaal-emotionele informatie? Is er een speciaal gebied in de hersenen dat emotionele intelligentie bevat?

De verschillende definities van EI maken het moeilijk om dit concept betrouwbaar te meten. Slaagt men erin om wel een enigszins betrouwbare maat te ontwikkelen, dan is het nog de vraag waarin deze maat verschilt van 'normale' bekende Big Five persoonlijkheidseigenschappen (zie hst. 9). EI lijkt een combinatie van extraversie, vriendelijkheid, stabiliteit, integer gedrag en openheid, dus het dekt qua betekenis zo ongeveer de totale persoonlijkheid. Emotionele intelligentie is dus gewoon oude wijn in nieuwe zakken. Alle ophef rondom EI ontstond omdat het een aansprekende term is, net zoiets als 'kwaliteit': iedereen is het er over eens dat het belangrijk is ... een paar succesvolle populaire (zelfhelp) boekjes en een nieuwe mythe was geboren.

Op vragen als:
- Dragen werknemers met een hoog EI meer bij voor een organisatie?
- Draagt een verhoogde EI bij aan een gezonder psychologisch klimaat op het werk?
- Kunnen emotionele vaardigheden aangeleerd worden?
- Hebben EI-trainingprogramma's langetermijneffecten?

is het antwoord vooralsnog: tot nu toe niet. Er is meer onderzoek nodig.

Voorlopig maken slogans als: 'Door intelligentie komt u een organisatie binnen, met EI komt u verder' duidelijk dat de schrijvers ervan bedoelen dat het bij EI blijkbaar niet om arbeidsprestaties gaat. In een deskundig uitgevoerd PO of assessment voor professionele organisaties is er dan ook voorlopig althans geen plaats voor EI.

Bron: Matthews, Zeidner en Roberts (2002): Emotional intelligence, science & myth.

4
Van intelligentie naar intelligentietest

*'your future is at stake
and it's impossible to fake'*

Belangrijker dan de theoretische discussie over wat intelligentie is, is de vraag wat er van u bij een psychologisch onderzoek wordt verwacht bij een intelligentietest. Het afleggen van een intelligentietest betekent botweg dat u binnen een vastgestelde tijd schriftelijk een vast aantal opgaven moet maken. De opgaven hebben, vanwege redenen van standaardisatie en objectiviteit, bijna altijd de vorm van meerkeuzevragen, ofwel *multiple choice*. Bij multiple choice staat het goede antwoord bij voorbaat vast. Bovendien maakt het niet uit wie uw test nakijkt (dat gebeurt steeds meer per computer). Objectiviteit is dan ook verzekerd.

Zoals gezegd geldt voor bijna alle intelligentietests een beperkte tijdsduur (*speed test*) en een oplopende moeilijkheidsgraad (*power test*) van de vragen (*items*). Dat betekent onder andere dat de meeste intelligentietests zo uitgebreid zijn, dat u binnen de gestelde tijdsduur niet alle opgaven kunt afmaken. Dat is dus niet iets om u druk over te maken.

U kunt een intelligentietest vergelijken met een mentale hordeloopwedstrijd (het voorbeeld is van Hays 1967): wie binnen een bepaalde tijd in staat is om foutloos het meeste aantal horden te passeren, is volgens de test het slimst. Daarbij neemt de hoogte van de horden langzaam toe. Hoe verder u komt, hoe moeilijker het wordt. In principe is de hordebaan oneindig lang. Vergelijkt men de prestaties van de deelnemers over de eerste 40 horden, dan levert dat dezelfde rangorde op als de prestaties van de deelnemers over 100 horden. Vandaar dat men dus niet de prestaties over alle horden hoeft te nemen om uit maken hoe intelligent iemand is.

De invoering van een beperkte tijdsduur levert een verder onderscheid tussen de deelnemers op. Zou men iedereen onbeperkte tijd geven voor 40 horden, dan zouden de prestaties van de deelnemers veel dichter bij elkaar komen te liggen. Door de tijd te beperken ontstaat er dus meer verschil of variantie tussen de individuele prestaties (scores): persoon A klautert binnen 5 minuten over 25 van de maximaal 40 steeds hoger wordende horden. Persoon B sukkelt wat: hij neemt er maar 10 in 5 minuten. Conclusie: A is intelligenter dan B. Persoon A is echter niet twee en een half keer zo intelligent als B. Intelligentie wordt gemeten op een zogenaamde intervalschaal en deze heeft geen absoluut nulpunt,

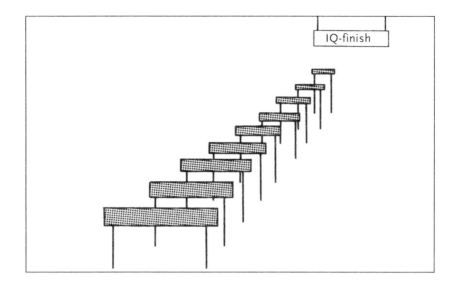

zoals lengte. Iemand met een IQ van 140 is dus niet twee keer zo intelligent als iemand met een IQ van 70.

Verlaten we even onze 'horderace' en kijken we wat het 'nemen van een horde' op een intelligentietest inhoudt, dan zien we dat wat u bij de opgaven van een intelligentietest moet doen, neerkomt op het zeer snel en nauwkeurig verwerken en bewerken van informatie. Wat betreft deze informatie kunnen we voor intelligentietests een driedeling maken:

- U moet iets doen met cijfers (numerieke informatie).
  Hieruit leidt men iets af over uw rekenvaardigheid en uw inzicht in het kunnen leggen van cijfermatige relaties.
- U moet iets doen met plaatjes (picturale informatie).
  Hieruit leidt men iets af over uw *abstractievermogen*, maar ook over uw ruimtelijk inzicht.
- U moet iets doen met woorden (verbale informatie).
  Hieruit leidt men iets af over uw taalvaardigheid, het kunnen leggen van *semantische* relaties.

De hier gemaakte driedeling is een indeling naar verschijningsvorm. Het kan dus best zijn dat u, als we kijken naar de te verrichten denkoperaties, bij het oplossen van een probleem in de vorm van een getallenreeks hetzelfde aan het doen bent als bij het oplossen van een analogie. Alleen de aard van de gebruikte informatie in een opgave verschilt. De regels die nodig zijn om de opgaven op te lossen, hoeven niet noodzakelijkerwijs te verschillen.

4.1 De structuur van intelligentietestopgaven: toepassen van regels

We hebben het maken van de opgaven van een intelligentietest omschreven als het verwerken en bewerken van informatie. Op zich is dat vrij triviaal, we zouden met een cliché kunnen zeggen: alles is informatie.

Via het begrip informatie kunnen we echter de weg vrijmaken naar een beter inzicht in de aanpak van de items van een intelligentietest. We kunnen gaan werken aan oplossingsstrategieën.

Per intelligentieonderdeel krijgt u steeds een aantal vragen of items. Beschouwen we zo'n item als een brokje informatie, dan blijkt dat deze informatie geordend is volgens een of meer specifieke regels. Bij gemakkelijke items is de regel simpel (tel er steeds 3 bij; voeg een hoek toe; geef een tegenstelling enzovoort). Bij moeilijker items is de regel ingewikkelder of zijn er meer regels in het spel: vermenigvuldig steeds met 3 en trek er 2 af; voeg een hoek toe en draai 45° (merk op dat deze omschrijving aardig in de buurt komt van cognitieve complexiteit). Het feit dat u iets moet doen op basis van de regel(s) volgens welke de informatie van een item is geordend, betekent (dus) dat een item in feite nog niet af is. Meestal bestaat een item uit een aantal stappen (4 gegeven getallen, 4 plaatjes, 2 woorden die een gedeelte van een analogie vormen). Van u wordt verwacht dat u de volgende stap maakt (welk getal/welk plaatje volgt, welke woorden maken de analogie kloppend?). Wat u moet doen, is de in de opgave tot dan toe gehanteerde en 'verstopte' regel(s) verder toepassen. Bij een opgave van een intelligentietest dient u zich dan ook steeds af te vragen: welke regel(s) is (zijn) bij deze opgave in het spel? En welke regels zijn bepalend voor de veranderingen of overeenkomsten bij de gegeven stappen? Dat laatste moet u niet onderschatten, want bij elke opgave zijn er vaak triviale regels in het spel (bijvoorbeeld een gegeven serie van plaatjes bevat allemaal vierkanten, maar alle alternatieven zijn ook vierkanten: ze zouden dus volgens deze regel allemaal goed zijn; er moet dus nog een andere regel in het spel zijn).

Afhankelijk van de testinstructie moet u dus steeds uit de gegeven informatie die regel(s) afleiden die bij toepassing maar tot één van de alternatieven leidt (leiden) (soms moet u twee alternatieven geven, maar dit verandert niets aan het principe van regeltoepassing).

Het vreemde is dat u bij intelligentietests eigenlijk iets moet doen wat u in het dagelijks leven onophoudelijk doet: selecteren en bewerken van informatie. 'In het dagelijks leven' betekent: in een vertrouwde context. Intelligentietests zijn daarom vaak zo vreemd, omdat het hier gaat om opdrachten die voor de meeste mensen een abstract karakter bezitten. U moet iets doen met informatie die op het eerste gezicht bijna geheel losstaat van uw ervaringswereld. Dat komt voor een belangrijk gedeelte omdat veel mensen niet beseffen dat zelfs ook voor simpele, losstaande alledaagse handelingen toch een zekere mentale activiteit of informatieverwerkende capaciteit noodzakelijk is. U kunt dan uw score op een intelligentietest vergelijken met de som van een groot aantal alledaagse handelingen in verschillende situaties. Opgeteld geeft deze som een goed beeld van uw mentale capaciteiten (ontleend aan Gordon 1997). Met sommige handelingen of testitems, zoals het doortrekken van de wc, het aandoen van het licht, heeft niemand problemen: dit zijn makkelijke intelligentie-items. Maar bij het leren van een nieuw computerprogramma, veilig autorijden, of het kunnen sussen van een ruzie zijn er (veel) minder mensen succesvol. Dit zijn moeilijker intelligentie-items.

Vandaar ook het belang van intelligentie voor goed functioneren: de huidige samenleving stelt een groot aantal gevarieerde eisen aan mensen. Als iemand enigszins beperkt is in zijn of haar functioneren hoeft dat echter geen probleem te zijn: Sternberg definieert als intelligentie immers ook (terecht) het vermogen om die omgeving te selecteren waarin u succesvol kunt zijn. De belangrijkste lering die u uit de intelligentiediscussie kunt trekken, is dan ook om uw eigen capaciteiten te leren onderkennen en vervolgens een omgeving te selecteren of te veranderen zodat uw (specifieke) capaciteiten tot hun recht komen.

Net zoals succesvolle handelingen in het dagelijks leven bepaald worden door het kunnen ontdekken en hanteren van wetten, regels en verbanden, zo is ook het succesvol maken van intelligentietestopgaven gebonden aan het kunnen herkennen en toepassen van regels en verbanden. Op basis van een bepaalde regel moet u een oplossing voor een probleem vinden. De desbetreffende regel bij een opgave moet u zelf ontdekken. Regels kunnen variëren van heel simpel (tel steeds een op, zoek een tegenstelling) tot schijnbaar erg complex: draai 180° linksom en spiegel, oftewel: verander niets. Merk op dat zo geschetst een intelligentietestopgave steeds een combinatie vormt van het toepassen van G_{fluid} en $G_{crystallized}$: u moet orde en regelmaat kunnen aanbrengen in een complexe situatie en daarbij moet u gebruik maken van bestaande kennis.

Een intelligentietest confronteert u als het ware met een nieuwe situatie. De vraag is steeds: Waar moet ik naar kijken? Waar moet ik naar zoeken? Welke regels zijn hier in het spel? In termen van Sternbergs theorie gaat het hier om de metacomponenten.

Om u een indruk te geven van de gebruikte regels bij een intelligentietest wordt u meestal, naast de instructie, een aantal oefenopgaven aangeboden. Zo krijgt u een indruk welke regels u moet toepassen bij het oplossen van de opgaven. Het probleem voor de meeste mensen is echter dat de in de oefenopgaven gehanteerde regels een stuk eenvoudiger zijn dan de regels in de eigenlijke testopgaven. Dat is echter geen echt onovercomelijk probleem. In principe moet(en) immers van elke opgave de gebruikte regel(s) geformuleerd kunnen worden. Anders zou geen enkel antwoord goed zijn (uw vakantiehuisje bevat geen lichtschakelaar), of zouden alle antwoorden goed zijn (er is een sensor die reageert op uw aanwezigheid). Daarnaast is het aantal regels dat wordt gehanteerd, beperkt. Hoewel voor de meeste opgaven van een intelligentietest het verband tussen de mogelijk toe te passen regels en het antwoord evident is, komt het soms voor dat u een sluitende regel vindt die echter tot een antwoord leidt dat niet bij de alternatieven staat. Uw antwoord is dan in theorie wel goed, maar u zult toch een andere regel of andere regels moeten toepassen. In termen van Sternbergs theorie was u bezig met creatieve intelligentie, terwijl er vooral analytische intelligentie vereist was. Bij een goede intelligentietest zal deze situatie trouwens nooit of maar zeer zelden voorkomen. De meeste intelligentietests zijn uitputtend onderzocht, zodat bovenstaand probleem zich niet voordoet.

We kunnen een volgorde opstellen voor de handelingen die nodig zijn bij opgaven van een intelligentietest:
1 Lees de instructie.
2 Om wat voor informatie gaat het (driedeling[9])?
3 Wat is relevante informatie?
4 Welke regels zouden bepalend kunnen zijn?
5 Selecteer één of meer bepalende regels.
6 Check of de oplossing het gewenste aantal alternatieven oplevert.
7 Bevindt dit alternatief (bevinden deze alternatieven) zich bij de gegeven oplossingen?
8 Ja? Geef gekozen alternatief/alternatieven aan. Opdracht beëindigd.
9 Nee? Herhaal procedure.

De hier gegeven volgorde is in zoverre wat gekunsteld, dat de meeste mensen bij multiple choice-vragen het goede antwoord afleiden vanuit de gegeven alternatieven. Dit noemt men ook wel het *working backward*-principe. Vanuit de mogelijke antwoorden gaat men terugredeneren om na te gaan welk antwoord goed is. Bovenstaande volgorde is daarentegen gebaseerd op het *working forward*-principe (de termen zijn ontleend aan Pellegrino & Glaser 1980). Hierbij is de vooronderstelling dat de kandidaat vanuit de opgave eerst probeert zelf het goede antwoord te formuleren om daarna dit antwoord bij de alternatieven te controleren.

Bij gemakkelijke opgaven, vooral bij rekenkundige reeksen en bij plaatjestests, wordt het meest van de *working forward*-strategie gebruikgemaakt. Worden de opgaven moeilijker, zoals bij dubbele analogieën, dan vallen veel kandidaten terug op de *working backward*-strategie. Bij deze analogieën heeft dit nog een andere reden, namelijk dat hierbij meestal meerdere zelfgeconstrueerde goede oplossingen (synoniemen) mogelijk zijn. Men is daarom wel gedwongen om vanuit de alternatieven te werken.

Waarom lopen veel mensen stuk op intelligentietests? Waarom scoren veel mensen beneden de norm die ze, gezien hun aanleg en het genoten onderwijs, zouden moeten kunnen halen? En waarom is de oplossing achteraf meestal zo simpel, terwijl u het echt niet zag tijdens het afnemen van de test? Hiervoor is een veelheid van oorzaken aan te geven. Bijvoorbeeld:

1 Er hangt voor de meeste mensen veel af van de uitslag van een test. Daardoor raken ze in een stresssituatie tijdens de test, zodat ze beneden hun normale niveau presteren. In psychologische termen zou hier sprake kunnen zijn van *negatieve faalangst*. Dat is het verschijnsel dat mensen wanneer ze onder (grote) druk komen te staan, minder gaan presteren. Het omgekeerde, *positieve faalangst*, kan ook voorkomen. Dan gaan mensen wanneer ze onder druk staan, juist beter presteren.

2 Na geruime tijd puzzelen heeft een kandidaat het juiste antwoord gevonden. Hij raakt hierdoor in zo'n euforiestemming dat hij alsnog het verkeerde antwoord aankruist. Dit is een veel voorkomend verschijnsel: onnauwkeurigheid, ontstaan door *arousal*.

3 De kandidaat leest de instructie niet goed. Daardoor begrijpt hij niet wat hij moet doen en hij rommelt maar wat aan. Gevolg: een zeer lage score.

4 De kandidaat blokkeert (testangst). Hij krijgt een black-out en slaagt er niet in ook maar één opgave te maken.

5 De kandidaat werkt veel te snel en daardoor onnauwkeurig. Hij verkeert in de veronderstelling dat per se alle opgaven af moeten zijn binnen de gestelde tijd.

6 De kandidaat bijt zich vast in bepaalde opgaven. Vijf minuten voor tijd realiseert hij zich dat hij slechts 20% van de opgaven heeft beantwoord.

7 De kandidaat is cognitief gefixeerd. Elk probleem wordt met een 'hamer' benaderd en na afloop zit hij met de brokken. Meer praktisch: de kandidaat gaat steeds van één of enkele specifieke regels uit, terwijl hij zich niet realiseert dat er ook andere regels moeten worden toegepast.

8 De test wordt door de kandidaat vervelend of flauw gevonden en er ontstaat gebrek aan motivatie. Hierdoor kan een evenredig scoreverlies optreden. Dit overkomt vaak mensen die een a priori negatieve attitude ten aanzien van psychologisch onderzoek hebben.

9 De kandidaat is onzeker ten aanzien van de gevonden oplossing. Hoewel de goede oplossing al lang gevonden is, blijft deze kandidaat naar mogelijke alternatieven zoeken. Vaak wordt de eerst gegeven (en goede) oplossing veranderd in een foute oplossing. Resultaat: frustratie en een (onnodig) te lage score. U moet dan ook vertrouwen hebben in uw besliskundige vermogen. Kandidaten in deze categorie leiden vaak aan een te grote onzekerheid, die consequenties heeft voor hun testscore. Ook bij intelligentietests geldt: beter een snelle foute beslissing, dan ten koste van veel tijd niet beslissen.

Wat betreft stoornissen die optreden bij kandidaten tijdens de test en waardoor kandidaten beneden hun niveau gaan scoren, kan een vierdeling gemaakt worden:
- angst/stress voor testsituatie in totaliteit (situatie error) (negatieve faalangst; ook demotivatie);
- fouten bij het waarnemen van informatie (input error) (onnauwkeurigheid/slordigheid/te snel willen);
- fouten bij het verwerken van informatie (processing error) (onnauwkeurigheid/slordigheid/te snel willen);
- fouten bij het geven van antwoorden (output error) (onnauwkeurigheid/slordigheid/te snel willen).

Merk op dat een fout bij het oplossen van een vraag niet noodzakelijkerwijs tot een fout antwoord hoeft te leiden. Het komt nogal eens voor dat kandidaten op grond van een (gedeeltelijk) foute redenering toch tot een goed antwoord komen. Dat is niet erg, intelligentie is een gradueel verschijnsel. Er is ook een verschil in de manier waarop mensen autorijden. Een minder goede automobilist hoeft nog niet direct een verkeersongeluk te veroorzaken, hij heeft wel een grotere kans op een ongeluk. Een intelligentietest geeft u geen uitsluitsel over waar u in het proces fouten heeft gemaakt. Bij andere selectiemiddelen, zoals het interview en de ACM die een veel explicieter proceskarakter hebben (hoe doet u iets), ontstaat er wel zicht op waar u in het proces fouten maakte, bijvoorbeeld dat u een gesprek niet goed afrondt, of dat u wat slordig bent in het vertellen over uw arbeidsverleden.

De meeste fouten bij het beantwoorden van testopgaven ontstaan uiteraard doordat kandidaten niet in staat zijn om de juiste regel te vinden. Dat komt doordat ze een waarnemingsfout maken of omdat ze de informatie onvoldoende of op een verkeerde manier analyseren.

Voor het succesvol afleggen van intelligentietests kunnen de volgende tips worden gegeven:
- Lees nauwkeurig de instructie van de test. Zorg dat u begrijpt wat er van u wordt verwacht. Realiseer u dat wat u moet doen een afspiegeling is van de voorbeeldopgaven, maar dat er een oplopende moeilijkheidsgraad in de opgaven zit.
- Lees of bekijk de opgaven zeer nauwkeurig. Het gaat in eerste instantie om wat er staat (informatie identificeren). De meeste mensen gaan te snel denken (informatie bewerken).
- Probeer niet per se alle opgaven af te maken. Dit is bijna nooit vereist. Een grove indicatie is dat u 60% van de opgaven goed moet hebben om redelijk te scoren. Het devies bij een intelligentietest is echter: hoe meer hoe beter.
- Bijt u niet vast in specifieke regels, maar besef dat er ook andere regels in het spel kunnen zijn: net als in het sociale verkeer bereikt u met een flexibele en doortastende instelling het beste resultaat.

- Komt u ook na lang speuren niet uit een opgave, maar hebt u een vaag vermoeden, en hebt u bijvoorbeeld twee van de vier alternatieven als fout kunnen elimineren, gok dan het antwoord. U heeft dan een gokkans van 50 procent. Bijna alle intelligentietests zijn multiple choice. Door foute alternatieven te elimineren verhoogt u uw gokkans. Een item openlaten, betekent per definitie een fout.

Wat betreft het gokken: er zijn tests waar gecorrigeerd wordt voor gokken. Bij zo'n test gaat men ervan uit dat elke kandidaat een aantal antwoorden goed gokt. Men trekt dus voor iedere kandidaat het aantal punten af dat, indien de kandidaat alle antwoorden zou gokken, goedgegokt zou zijn (bij vierkeuzevragen bedraagt de gokkans 25%). Zo'n correctie mag ook alleen worden toegepast als kandidaten (gedwongen) bij alle opgaven iets invullen. En bij intelligentietests is dat meestal niet het geval, en het is ook niet vereist. In de praktijk komt deze correctie nauwelijks voor. Bovendien is de kwestie gokken niet zo eenvoudig. Men kan immers verdedigen dat elk antwoord voor een gedeelte op gokken berust. Maar gedeeltelijk gokken betekent ook dat het gekozen antwoord gedeeltelijk op kennisgronden tot stand is gekomen. En partiële kennis is ook kennis. Om het gokaandeel in iemands antwoorden te kunnen achterhalen, zou men de kandidaat bij elk antwoord moeten laten aangeven hoe zeker hij van het gegeven antwoord is. Maar ook dat kan weer een 'gok' zijn. Bovendien bestaat het gevaar dat de persoonlijkheid van kandidaten een rol gaat spelen. Sommige mensen zijn (vaak ten onrechte) veel zekerder van zichzelf dan anderen.

Het heeft echter geen zin om in de laatste minuut van uw testtijd alle open items nog even snel te gokken. Ten eerste is uw gokkans zeer beperkt en ten tweede valt het wel erg op als u bijvoorbeeld de laatste vijftien opgaven allemaal fout heeft.

Het algemene standaarddevies voor het maken van intelligentietests is: werk snel, nauwkeurig en geconcentreerd. U kunt het vergelijken met autorijden in een vreemde drukke stad. In principe voldoet u aan de eisen, maar u dient zeer alert te zijn, u dient bedacht te zijn op uitzonderingen en u moet vooral doortastend optreden.

Kunnen prestaties op intelligentietests verhoogd worden?

Eerder al werd gesignaleerd dat onze prestaties op IQ-tests in de loop der jaren vooruitgaan. Dat is echter een traag effect waar u weinig aan hebt als u volgende week getest wordt.

Zijn er snellere methoden? Oefenen helpt in de zin dat uw kennis toeneemt en uw onzekerheid en stress gereduceerd kunnen worden. Bovendien leert u de exacte bedoeling van de testopgaven beter kennen: er zal minder storing (error) in uw scores zitten. In de jaren '90 deden wij een onderzoek naar oefeneffecten ten aanzien van reeksen en analogieën. Bij de reeksen werkte oefenen erg goed: in IQ-punten uitgedrukt zou door systematisch oefenen uw IQ stijgen van 100 naar 115. Bij de analogieën vonden we echter nauwelijks een effect. Ook bleek dat oefenen vrij specifiek werkt: oefenen voor test A heeft geen effect voor uw score op test B.

Algemeen blijkt dat oefeneffecten van maximaal 1 standaarddeviatie haalbaar zijn. In IQ-punten uitgedrukt: U kunt uw IQ-score door oefenen ophogen van 100 naar 115. Daarvoor moet u wel behoorlijk wat uren investeren. Hoogintelligente mensen boeken door oefening of coaching 12 punten winst, gemiddeld intelligente mensen 6 punten en mensen met een laag IQ 3 punten. Ook blijkt dat mensen die vaker getest worden, hoger gaan scoren: als u vier keer dezelfde intelligentietest zou maken, kan uw score bijna 15 punten omhoog gaan. Het bleek echter ook dat mensen die herhaaldelijk getest waren en uiteindelijk werden aangenomen, het slechter deden in werkgerelateerde trainingen. Kortom, u kunt door oefenen uw testscore wel verhogen, maar uw intelligentie (**g**) hoogstwaarschijnlijk niet.

Een meer rigoreuze aanpak is het gebruik van bijvoorbeeld creatine, een stof die nog wel eens als spierversterker gebruikt wordt. Creatine komt op natuurlijke basis voor in vlees en visproducten en is van belang als brandstof voor hersencellen. Uit een recent experiment bij vegetariërs (!) bleek dat een hoeveelheid van vijf gram creatine per dag, ingenomen gedurende zes weken, leidde tot een behoorlijke verhoging van intelligentietestprestaties. Om dit effect op 'natuurlijke' wijze te bereiken moet u wel gedurende zes weken twee kilo vlees per dag eten. Houd wel rekening met bijverschijnselen.

Bronnen: Keen en te Neijenhuis, 1992.
Hausknecht, Trevor & Farr, 2002.
Beef, september 2003.

5
Tests voor cijfermatig inzicht

'Add and delete,
'til you're back on your feet'

Tests voor cijfermatig inzicht worden zeer veel gebruikt tijdens het psychologisch onderzoek. In zekere zin zouden we kunnen spreken van een standaardonderdeel voor kandidaten die op hbo/wo-niveau worden getest. We kunnen deze tests splitsen in de rekenvaardigheidstests en rekenkundige-reeksentests. Wat betreft de rekenvaardigheidstests: dit zijn gewone sommetjes waarbij echter het hele arsenaal aan rekenkundige bewerkingen om de hoek komt kijken, uitgezonderd logaritmen, integralen enzovoort. U moet echter in een hoog tempo aftrekken, optellen, vermenigvuldigen en delen. Daarbij worden decimalen en breuken niet geschuwd. Dit onderdeel is niet te onderschatten. Vooral voor mensen die gewend zijn met een rekenmachine te werken, wil dit soort opgaven nog wel eens tegenvallen. Als u de routine kwijt bent, kan enige oefening u op weg helpen. Bij deze tests geldt dat u niet alleen snel, maar ook zeer nauwkeurig te werk moet gaan. Tests voor rekenvaardigheid zijn er zowel in multiple choice-vorm als in een open vorm waarbij u zelf het antwoord moet bedenken. Hieronder vindt u een vijftiental opgaven dat representatief is voor rekenvaardigheidstests.

5.1 Opgaven rekenvaardigheid[*]

1   $0,08 : 0,08 = ?$ **a.** $0,0064$ **b.** 64 **c.** $0,01$ **d.** 1

2   $3 \times ? = 9/15$ **a.** $15/3$ **b.** $0,2$ **c.** $1/6$ **d.** $1/3$

3   2 ons + 2 gram
    + 2 kilo = ?   **a.** $2,202$ kg   **b.** $2,220$ kg   **c.** $2,222$ kg   **d.** $2,022$ kg

4   $(3/4 \times 4/3) : 4/3 = ?$ **a.** $4/3$ **b.** $1/8$ **c.** 1 **d.** $3/4$

---

[*] Voor de oplossingen zie p. 300.

5 $4/? = 3/4 + 1/12$ **a.** 46/10   **b.** 4,8   **c.** 12   **d.** 17/12

6 $0{,}00025 = 1/5 \times ?$ **a.** 5/10000   **b.** 1/125   **c.** 0,00125   **d.** 0,0005

7 $3/? = 1/24 + ?/24$ **a.** 1/8   **b.** 9   **c.** 7   **d.** 8

8 $\dfrac{2}{10} \times \dfrac{4}{2} \times \dfrac{6}{6} \times \dfrac{8}{8} \times \dfrac{10}{4} = ?$ **a.** 2/384   **b.** 1/100   **c.** 10   **d.** 1

9 $(7 - 5) : 4 = x/100$ **a.** 1/2   **b.** 50   **c.** 20   **d.** 40

10 een stuk grond van 4 bij 4 meter is ? × een stuk grond van 8 × 8 meter   **a.** 1/2   **b.** 1/8   **c.** 1/6   **d.** 1/4

11 $\dfrac{2500 \times 0{,}5}{5000 \times 0{,}25} = ?$ **a.** 10   **b.** 1   **c.** 100   **d.** 0,5

12 $0{,}9237 + 0{,}01875 = ?$ **a.** 0,49254   **b.** 0,94255   **c.** 0,94245   **d.** 0,094255

13 $1/6 + 4/12 + 1/9 = ?$ **a.** 1   **b.** 11/8   **c.** 11/18   **d.** 21/36

14 $? : 5 = 0{,}01$ **a.** 1/20   **b.** 0,5   **c.** 1/10   **d.** 5/25

15 $0{,}48 + 0{,}24 + ? = 0{,}8624$ **a.** 0,2414   **b.** 0,1244   **c.** 0,2442   **d.** 0,1424

5.2 Rekenkundige reeksen

Gaat het bij bovenstaande tests voor rekenvaardigheid vooral om snelheid, nauwkeurigheid en een goede beheersing van de standaardrekenoperaties, een stuk ingewikkelder wordt het bij de tests voor cijfermatig inzicht. Zoals de omschrijving al zegt, gaat het hierbij om het inzicht dat u tentoonspreidt in cijfermatige relaties. Daarvoor is het een vereiste dat u vrij snel en foutloos kunt rekenen, maar het gaat primair om uw vermogen om onderliggende regels te ontdekken en toe te passen op een reeks cijfermatig materiaal. Hoe zien de regels bij tests voor cijfermatig inzicht eruit? Een eerste grove benadering levert drie principes op, te weten een monotoon verband, een exponentieel verband of een afwisseling van beide verbanden.

Een reeks met een monotoon verband vertoont een zeer gelijkmatige toe- of afname. De onderlinge afstand tussen de verschillende getallen van zo'n reeks is ongeveer even groot. Grafisch weergegeven ziet een monotone reeks er als volgt uit:

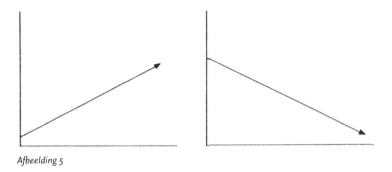

Afbeelding 5

Een voorbeeld van een monotone reeks is bijvoorbeeld de reeks:

1   3   5   7   9   11   ...

Dat de stappen bij zo'n reeks meestal klein en relatief gelijk zijn, betekent dat we maar twee bewerkingen kunnen verwachten als het gaat om een monotone reeks: een optelling als de reeks stijgt en een aftrekking als ze daalt. De meeste mensen hebben weinig moeite met het vinden van de juiste regel voor een monotone reeks. Dat komt omdat de stap tussen de getallen steeds dezelfde is, of zeer geleidelijk toe- of afneemt. We zouden dit de 'eenvoud van conservatief denken' kunnen noemen. Het wordt een iets ander verhaal als de getallen zeer snel verder uit elkaar komen te liggen. In dat geval hebben we te maken met een exponentiële reeks. Grafisch weergegeven:

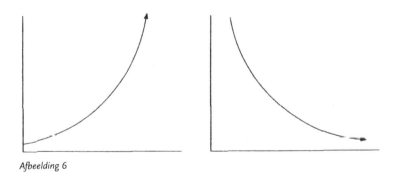

Afbeelding 6

U kunt zien dat de exponentiële reeks veel sneller stijgt/daalt dan de monotone. Dat komt omdat de onderliggende regel niet is gebaseerd op optellen of aftrekken, maar op vermenigvuldigen of delen. Daardoor ontstaan veel grotere 'sprongen' in een reeks.

Een voorbeeld van een exponentieel stijgende reeks:

½   5   50   500   5000   ...

De derde mogelijkheid betreft een wisselende reeks. Dat is een reeks waarin exponentiële en monotone bewerkingen elkaar afwisselen. Grafisch weergegeven zou een wisselende reeks er als volgt kunnen uitzien:

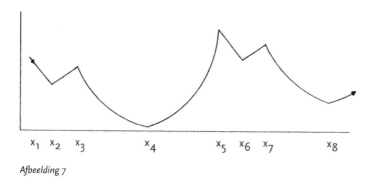

Afbeelding 7

Duidelijk is te zien dat er bij deze reeks sprake is van grote (exponentiële) en kleine (monotone) stappen.

Een voorbeeld van een wisselende reeks is:

4   40   45   9   90   95   19   ...

De regel die hier wordt toegepast, is: vermenigvuldig met 10, tel er 5 bij op en deel door 5. Dit patroon herhaalt zich steeds.

We hebben nu de vier basisbewerkingen voor rekenkundige reeksen in kaart gebracht: optellen, aftrekken, vermenigvuldigen, delen. Tot op dit moment lijkt het oplossen van reeksen vrij eenvoudig, maar er is natuurlijk meer onder de zon. Dat komt omdat bovengenoemde regels afwisselend kunnen worden gebruikt in een getallenreeks. Bij de moeilijker reeksen zijn er nogal eens breuken in het spel. Bovendien kunnen er nog een paar wiskundige bewerkingen voorkomen, zoals kwadrateren en worteltrekken. En, last but not least, er is een uitzondering.

5.2.1 Hoe rekenkundige reeksen aan te pakken?

Bij het moeten oplossen van een rekenkundige reeks zullen, zoals gezegd, de meeste mensen direct gaan toetsen of er een simpel monotoon verband in het spel

is. Wanneer ze hiermee stuklopen, wordt het een andere zaak. Veel mensen raken in lichte paniek wanneer ze niet direct tot het goede antwoord kunnen komen. Uit het verhaal tot nu toe kunnen we echter twee handige strategieën afleiden:
1 Bekijk het totale verloop van een reeks: is dat groot of is dat klein?
2 Bekijk de stappen onderling. Zijn de stappen relatief gelijkwaardig of zit er een afwisseling in, bijvoorbeeld groot-klein-groot-klein enzovoort. Het woordje relatief staat er niet voor niets. Bij kleine getallen ($x \leq 10$) is het onderscheid tussen een vermenigvuldiging en een optelling niet duidelijk. Daarom is het raadzaam bij een oplopende reeks vooral de verbanden tussen de grotere getallen eerst te onderzoeken (dat zijn dus de getallen die aan het eind van een reeks staan). Daar komt de toegepaste regel vaak veel beter tot uitdrukking.

Een voorbeeld:
2   6   10   30   34   102   ?

Als u vooraan begint, denkt u waarschijnlijk dat tussen 2 en 6 er 4 wordt opgeteld. Ook al omdat er tussen 6 en 10 ook 4 wordt opgeteld. Maar dan? Van 10 naar 30? Is dat + 20? Of is dat × 3? Hier moet u de zaak gaan herprogrammeren. Als u deze reeks wat meer van 'afstand' bekijkt, ziet u dat ze oploopt. Dat houdt in: optellen en/of vermenigvuldigen. Dat is zeker. En als u dan achteraan begint, ziet u dat de laatste stap, van 34 naar 102 relatief wel erg groot is. Dat betekent (dus): een vermenigvuldiging, en wel × 3. De stap daarvoor, van 30 naar 34 is relatief erg klein: een optelling dus, in dit geval + 4. U hebt nu twee elementen van de toegepaste regel afgeleid: × 3 en + 4. De 'volgende' stap bij deze werkwijze is dan van 10 naar 30. Ook hier weer een relatief grote stap, dus × 3. Het definitieve patroon begint zich nu af te tekenen: afwisselend een vermenigvuldiging en een optelling: × 3, + 4, × 3, + 4 enzovoort. Daar de laatste stap van de reeks is geweest × 3 (van 34 naar 102) moet nu volgen: + 4. De oplossing is dus 106 (102 + 4).

Het is bijna altijd zo dat u bij reeksen naar 'rechts moet werken'. Hoewel we in onze analyse rechts achteraan zijn begonnen en als het ware hebben teruggewerkt, is het toch raadzaam om in de door uw aangegeven bewerkingen steeds de stap van links naar rechts te noteren. Zo maakt u duidelijk hoe de toegepaste regel in elkaar zit. Dus van 102 naar 34 wordt (vanuit 34) × 3 en niet : 3.

Wat u in ieder geval moet doen, is de bewerkingen die volgens u in het spel zijn, noteren met behulp van boogjes. Doet u dat niet, dan is de kans zeer groot dat u fouten gaat maken. Door de stappen te noteren met boogjes dwingt u uzelf tot duidelijkheid en explicitatie. Bovendien is het makkelijker om vanuit de zo door u genoteerde bewerkingen vat te krijgen op de toegepaste regel.

De reeks komt er in de analyse als volgt uit te zien:

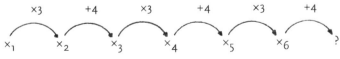

Afbeelding 8

Nog een voorbeeld:

2   4   8   8   32   12   128   ?

Bij deze reeks moet u ogenblikkelijk iets opvallen, namelijk dat hetzelfde getal (8) herhaald wordt en, wat belangrijker is, dat er een vreemde knik in deze reeks zit: de daling van 32 naar 12. Deze daling is daarom zo vreemd, omdat de reeks verder gewoon oploopt. Bij zo iets onverwachts als een plotseling optredende daling of een herhaling van een getal, is er meestal een afwisseling in het spel. Dat houdt in dat de toegepaste regel bestaat uit twee bewerkingen die door elkaar lopen. Het standaardpatroon voor deze regel is de golfbeweging, een reeks getallen gaat dan afwisselend omhoog en omlaag. Omdat het hier om twee onafhankelijke reeksen gaat die vanaf een willekeurig punt door elkaar gestrengeld zijn, kunnen er echter allerlei vreemde dingen gebeuren, zoals een plotselinge daling of stijging, of een herhaling. U dient dan, om deze regel te ontrafelen, steeds een getal over te slaan. U krijgt dan twee reeksen die om en om door elkaar lopen. Met boogjes komt zo'n reeks er dan als volgt uit te zien:

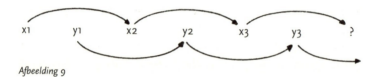

Afbeelding 9

De gegeven reeks:

2   4   8   8   32   12   128

bestaat uit de volgende twee subreeksen:
1   de reeks 2   8   32   128   (steeds × 4);
2   de reeks 4   8   12   ?   (steeds + 4).

U ziet dat u alleen de tweede subreeks nodig hebt om het juiste antwoord (16) te geven. De eerste subreeks hebt u niet nodig, deze kan u alleen maar afleiden of overtollig werk bezorgen. Bij iets vreemds in een reeks (een onverwachte daling of stijging) kan er nog een andere regel in het spel zijn.

Reeks:

2   4   12   8   10   30   26   ?

Ook hier gebeurt een aantal vreemde dingen. Toch zit hier een systeem achter. Het verloop is rekenkundig als volgt:

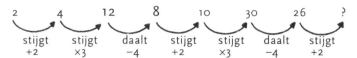

Afbeelding 10

Volgens de regel van afbeelding 10 moet er een stijging volgen. Kijken we naar de grootte van de stijging dan blijkt deze + 2 te zijn. Vooral de stap van 10 naar 30 is hier een indicatie van een vermenigvuldiging (× 3). De stappen daarvoor (8 10) en daarna (30 26) zijn relatief veel kleiner. Dat is een indicatie dat het monotone bewerkingen zijn, te weten + 2 en – 4. Dan hebt u de regel achterhaald. Deze bestaat uit een willekeurige opeenvolging van drie bewerkingen: + 2, × 3, – 4.

Over het algemeen is drie het maximale aantal bewerkingen dat u op een reeksentest bij een opgave zult tegenkomen. Vier bewerkingen zou kunnen, maar dit wordt algauw te moeilijk. U moet immers zoveel informatie hebben dat u met een zekere plausibiliteit de juiste regel kunt afleiden. De moeilijkheidsgraad van intelligentietestopgaven is dus niet onbeperkt. Het is zelfs zo dat sommige opgaven gemakkelijker zijn dan u denkt. U wordt echter (bewust) misleid door allerlei niet ter zake doende verbanden (verderop bij de analogieën wordt dat nog veel duidelijker). In zo'n geval kan meta-intelligentie of conceptueel denken soms van pas komen. Als u geen tijd hebt om alles precies na te rekenen, kunt u soms op een wat hoger plan toch een gecalculeerde gok maken.

Een andere voorkomende regel bij rekenkundige reeksen is de volgende:

7   18   51   150   447   ?

Wat u moet zien, is dat het een exponentiële reeks is: er is een vermenigvuldiging in het spel. Maar welke? Vanuit het gegeven dat het in eerste instantie om een vermenigvuldiging gaat, bekijken we de laatste stap: Van 150 naar 447. Nu is 3 × 150 = 450. De hier toegepaste bewerking is dus (× 3 – 3). Als u dat checkt, ziet u dat alle stappen bestaan uit de combinatieregel (× 3 – 3). De oplossing wordt dan (447 × 3) – 3 = 1338.

Om dit soort reeksen op te lossen is er een (ogenschijnlijk) ingewikkelde mogelijkheid.

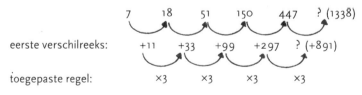

Afbeelding 11

Door het bepalen van de regel voor de eerste verschilreeks ontstaat er een regelmaat die door de meeste mensen wel zal worden herkend als de regel: × 3. Deze methode kost echter veel tijd en de kans is groot dat u rekenfouten gaat maken. De eerste strategie was beter: leid uit het globale verloop af welke bewerking(en) in het spel zijn (exponentieel stijgend, dus vermenigvuldiging). Vanuit dat gegeven was het een kleine stap om de regel kloppend te maken door het toevoegen van een monotone bewerking: – 3.

Uitzondering

Bij de rekenkundige reeksen is er maar één echte uitzondering. Het is daarom een uitzondering, omdat de regel die hier bepalend is niet alleen te maken heeft met een (externe) rekenkundige bewerking. De regel die hier moet worden toegepast, heeft ook betrekking op de positie van de getallen in de reeks.

Afbeelding 12

Met het berekenen van de verschillen komt u er hier niet uit. Verder lijkt de reeks een monotoon verloop te hebben. Er wordt iets opgeteld, maar wat? Een getal blijkt steeds de som van de twee voorgaande te zijn. De oplossing is (5 + 8) 13. Deze reeks is geformuleerd door de Italiaan Fibonacci, die zich bezighield met het voortplantingsgedrag van konijnen. Hij ontdekte dat de groei van opeenvolgende generaties volgens deze regel verloopt.

Een wat ingewikkelder variant op de Fibonacci-reeks is de volgende:

2   2   7   11   20   38   ?

Ziet u wat hier de toegepaste regel is? De oplossing is 69. Dit is een hele 'tricky' reeks omdat er een heleboel mogelijke verbanden denkbaar (en verdedigbaar) zijn. U zou bovenstaande reeks kunnen splitsen in twee subreeksen, waarvan de ene zou luiden:

Afbeelding 13

Om te voorkomen dat u dit soort onnodige creatieve fratsen gaat vertonen, zijn bijna alle reeksen multiple choice. U bent dus beperkt in uw creativiteit door de vooraf gegeven alternatieven, waarvan één de juiste is. U kunt dus best een regel bedenken die klopt voor een bepaalde reeks, maar dat is dan blijkbaar niet de bedoelde regel. Het antwoord op basis van (× 3 + 1) zou zijn 61. Maar dit staat dan niet bij de alternatieven. U hebt dus voor de opgave een verkeerde redenering gevolgd. Er moet een andere regel in het spel zijn. Er werd al gezegd dat het een variant van de Fibonacci-regel betreft. De originele Fibonacci-regel zegt: tel steeds twee opeenvolgende getallen bij elkaar op. De eerstvolgende variant daarop is: tel drie opeenvolgende getallen bij elkaar op. Dat is ook wat bij deze reeks het geval is. De oplossing wordt dan: 11 + 20 + 38 = 69.

Breuken

Veel mensen hebben moeite met breuken. Dat is begrijpelijk, maar niet nodig. Het is wel noodzakelijk dat u de elementaire rekenregels, zoals vereenvoudigen en gelijknamig maken, beheerst. Zo kunt u een rekenkundige reeks waarin breuken voorkomen al snel inzichtelijk maken. Meestal is een rekenkundige reeks die bestaat uit breuken echter splitsbaar in twee aparte reeksen. Een reeks van de getallen boven de streep (tellers) en een reeks van de getallen onder de streep (noemers). Soms zult u ook beide moeten doen, eerst gelijknamig maken of de breuk op een andere manier schrijven en dan de reeks splitsen.

Voorbeeld:

$$\frac{1}{2} \quad \frac{2}{4} \quad \frac{3}{3} \quad \frac{4}{5} \quad \frac{5}{4} \quad \frac{12}{12}$$

Boven de streep zien we de reeks:

1   2   3   4   5   12

In plaats van 12 zouden we eigenlijk 6 moeten hebben. Dat kunnen we bereiken door 12/12 te schrijven als 6/6. Dan ontstaat de reeks:

$$\frac{1}{2} \quad \frac{2}{4} \quad \frac{3}{3} \quad \frac{4}{5} \quad \frac{5}{4} \quad \frac{6}{6}$$

Het volgende getal van de tellerreeks moet 7 zijn. Van de gegeven alternatieven kunnen we nu in elk geval alles schrappen waarvan de teller ongelijk is aan 7. Houden we meer dan één alternatief over, dan moeten we ook nog de regel voor de noemerreeks bepalen. Deze bestaat uit twee subreeksen, namelijk + 2, – 1, + 2, – 1 enzovoort. Het gevraagde getal voor de noemer is dan 6 – 1 = 5.

De oplossing is dus: $\frac{7}{5}$

Wat u verder nog in een reeks kunt verwachten, zijn bijvoorbeeld kwadraten. Dit zijn gewone rekenkundige bewerkingen zoals we hierboven behandeld hebben, alleen zijn er speciale foefjes in het spel, waarmee u tijdwinst kunt boeken. Een kwadraat is gewoon een vermenigvuldiging, en wel van een getal met zichzelf. Voorbeeld:

1   9   25   49   81   ?

Als u de kwadraten een beetje kent, ziet u waarschijnlijk direct dat deze reeks bestaat uit de kwadraten van de oneven getallen. De oplossing is dus $11^2 = 121$. Maar ook als u de kwadraten niet kent, kunt u deze reeks oplossen. Beschouwt u deze reeks als een monotone reeks en berekent u steeds de verschillen, dan krijgt u:

De verschilreeks is 'gewoon' de tafel van 8. Het volgende verschil is $5 \times 8 = 40$. Dat geeft (eveneens) als oplossing 121 (81 + 40).

Afbeelding 14

Worteltrekken is de tegengestelde (inverse) bewerking van kwadrateren. Zo is $4^2 = 16$, en is de wortel uit 16, ofwel $\sqrt{16} = 4$.

Tips voor het oplossen van rekenkundige reeksen

- Werk nauwkeurig, systematisch en snel.
- Bijt u niet vast in een bepaalde opgave.
- Noteer de door u gelegde verbanden met boogjes.
- Geef met een pijl in het boogje aan welke kant u opgaat.
- Werk bij voorkeur van links naar rechts.
- Noteer precies wat er volgens u gebeurt bij een stap, bijvoorbeeld niet '3', maar noteer ook de operatie, bijvoorbeeld × 3.
- Bekijk het totale verloop van een reeks. Bepaal zo of het een monotone of exponentiële reeks is, of een combinatie van beide.
- Vergelijk de stappen onderling. Zo kunt u vaak iets afleiden over de waarschijnlijkheid van een monotone of exponentiële stap.
- Let op of u iets vreemds ziet in een reeks (een plotselinge stijging of daling bijvoorbeeld). Dat is meestal een signaal voor twee door elkaar lopende reeksen.
- Soms is het verstandig om achteraan te beginnen. Bij een oplopende reeks zijn de getallen daar het grootst en is de aard van de toegepaste bewerking het duidelijkst.
- U hoeft een regel niet uitputtend te checken. U hoeft niet alle stappen in een reeks te noteren. Vaak hebt u aan drie stappen genoeg om de gehanteerde regel(s) op te sporen. Zorg wel dat u voldoende checkt.
- Staar u niet blind op een bepaalde regel of bewerking. Wees bedacht op uitzonderingen (Fibonacci).

- Maak gebruik van het gegeven dat het multiple choice-opgaven zijn. Vooral bij breuken kunt u, als u óf de teller óf de noemer van de volgens u juiste oplossing hebt bepaald, gaan elimineren. Maar ook bij een exponentiële reeks, mocht u het verband niet precies kunnen bepalen, kunt u uw gokkans vergroten. Als u weet dat het een exponentiële reeks is, moet het juiste alternatief in elk geval een stuk groter zijn dan het laatste getal uit de reeks.

5.2.2 Opgaven rekenkundige reeksen*

Hieronder ziet u een aantal rekenkundige reeksen. De bedoeling is dat u bij elke reeks aangeeft wat volgens u het volgende getal moet zijn. Dat doet u door een van de alternatieven te omcirkelen. Per opgave is slechts één antwoord goed. Denk niet te lang na als u het antwoord niet weet. Gok eventueel.

alternatieven

1 1 2 3 5 8 ?	a. 10	b. 11	c. 12	d. 13
2 0 2 5 7 10 ?	a. 12	b. 13	c. 15	d. 11
3 23 18 36 46 41 ?	a. 82	b. 92	c. 48	d. 32
4 12 3 18 9 24 27 ?	a. 32	b. 69	c. 30	d. 81
5 100 56 20 60 4 64 ?	a. 0,8	b. 68	c. 8	d. 1,6
6 33 25 18 11 10 ?	a. 13	b. 12	c. 7	d. 11
7 4 7 11 16 22 ?	a. 28	b. 29	c. 30	d. 32
8 12 3 9 52 13 ?	a. 169	b. 78	c. 26	d. 4
9 16 11 −5 −16 −11 ?	a. 5	b. 27	c. −5	d. 16
10 2 18 6 54 18 ?	a. 8	b. 162	c. 18	d. 9
11 1 9 25 49 81 ?	a. 98	b. 121	c. 93	d. 99
12 0 1 2 3 6 11 ?	a. 18	b. 19	c. 16	d. 20

* Voor de oplossingen zie p. 300.

13	6	10	18	34	66	?	**a.** 130	**b.** 99	**c.** 128	**d.** 54
14	een	twee	zeven	twaalf	?		**a.** 21	**b.** 13	**c.** 17	**d.** 14
15	52	24	13	6	3¼	1½	?	**a.** 1/2	**b.** 1½	**c.** 1¼	**d.** 13/16
16	1	2	4	3	5	4	9	5	?		
								a. 7	**b.** 14	**c.** 16	**d.** 15
17	10^{-1}	6^{-4}	2^{-7}	9	1	?	**a.** -7	**b.** -7^{0}	**c.** 5^{-2}	**d.** 5^{-1}
18	100	20	60	70	14	42	?	**a.** 58	**b.** 49	**c.** 50	**d.** 46
19	33	55	11	11	$\frac{11}{3}$	?	**a.** 3	**b.** 5	**c.** $\frac{5}{11}$	**d.** $\frac{11}{5}$
20	0	0	1	1	2	4	7	13	?	**a.** 24	**b.** 39	**c.** 20	**d.** 21
21	$\frac{4}{8}$	$\frac{1}{2}$	$\frac{1}{4}$	$\frac{2}{16}$	$\frac{1}{32}$	?	**a.** $\frac{1}{256}$	**b.** $\frac{1}{64}$	**c.** $\frac{1}{128}$	**d.** $\frac{1}{176}$
22	2^{3}	5^{4}	1^{6}	3^{9}	0^{13}	1^{18}	?	**a.** -2^{36}	**b.** -1^{24}	**c.** 0^{26}	**d.** 1^{24}
23	7	6	13	19	25	58		**a.** 58	**b.** 49	**c.** 73	**d.** 174
24	$\frac{1}{2}$	$\frac{2}{4}$	1	$\frac{12}{10}$	$\frac{36}{14}$	$\frac{72}{22}$	?	**a.** $\frac{216}{36}$	**b.** $\frac{216}{30}$	**c.** $\frac{168}{32}$	**d.** $\frac{108}{36}$
25	8	$\frac{12}{2}$	$\frac{3}{4}$	$\frac{1}{8}$	$\frac{1}{6}$	?	**a.** $\frac{3}{4}$	**b.** $\frac{3}{8}$	**c.** $\frac{4}{3}$	**d.** $\frac{1}{4}$

5.2.3 Opgaven dubbele reeksen*

Er zijn ook tests die zogenaamde dubbele reeksen bevatten. Daarbij dient u de volgende *twee* getallen aan te geven. De principes verschillen niet van de hierboven behandelde, maar u moet nu veel dubbel werk doen omdat u bijvoorbeeld niet kunt volstaan met het uitrekenen van maar één subreeks. Hieronder volgt een aantal voorbeelden van dubbele reeksen. U zult al snel merken dat u hier wel gedwongen bent om de stappen met boogjes te noteren, omdat u anders onherroepelijk fouten gaat maken. In de *Testwijzer* (Van der Maesen de Sombreff 1991) vindt u meer voorbeelden van dubbele reeksen.

1	11	0	10	1	9	2	8	??	**a.** 3 7 **b.** 4 6
									c. 6 5 **d.** 3 6

---

* Voor de oplossingen zie p. 301.

2 10 8 8 4 12 6 30 ??   a. 4   32   b. 6   48
                                    c. 24 168   d. 23 48

3 1 0 0 −3 −12 −17 −102 ??   a. 109 782   b. −109 −872
                                         c. −19 −152   d. −19   −872

4 1 4 2 12 4 32 8 ??   a. 72 16   b. 16 32
                                    c. 80 16   d. 16 88

5 7 2 6 2 6 3 9 ??   a. 7 21   b. 5 21
                                  c. 5 12   d. 6 4

6 19 1 2 21 20 0 1 ??   a. 3   21   b. 22 21
                                     c. −20 −21   d. 21 22

7 4 2 6 3 9 5 15 ??   a. 18 8   b. 8 18
                                   c. 10 30   d. 8 30

8 24 30 10 15 5 9 3 ??   a. 7 2   b. 6 1
                                      c. 6 2   d. 7 3

9 12 15 9 21 −3 45 −51 ??   a. 145 −342   b. 141 243
                                         c. 153 −423   d. 141 −243

10 14 4 16 8 24 18 36 ??   a. 22 48   b. 24 62
                                        c. 32 32   d. 22 32

11 100 91 13 65 62 62 ??   a. −62 65   b. 13   65
                                       c. −65 13   d. −62 −59

12 10 20 15 30 24 48 41 ??   a. 89 81   b. 82 74
                                          c. 82 76   d. 33 66

13 3 6 1 3 −7 −28 −43 ??   a. −258 −235   b. 215   −325
                                        c. −225 −235   d. −215 −235

U zult gemerkt hebben dat u bij deze dubbele reeksen steeds de tussenliggende bewerkingen moet opschrijven, omdat u anders onherroepelijk fouten gaat maken. Bij deze dubbele reeksen gaat het steeds om een combinatie van bewerkingen. Er wordt dus gevarieerd op een beperkt thema dat u al kent van de enkele reeksen.

6

Tests voor picturale informatie

'Show us your fate,
but first move and rotate'

Tests voor picturale informatie, ook wel 'afbeeldingen-' of 'plaatjestests' genoemd, kunnen worden verdeeld in twee soorten:
1 Tests waarbij er volgens een bepaalde regel, of regels, iets verandert. Van u wordt dan gevraagd de volgende stap in een reeks afbeeldingen aan te geven. We zouden dit een dynamische-afbeeldingentest kunnen noemen: Welke afbeelding volgt op grond van een bepaald veranderprincipe?
2 Tests waarbij u informatie op grond van overeenkomstige kenmerken moet selecteren of elimineren. Van u wordt dan gevraagd welke afbeeldingen bij een gegeven reeks horen of juist niet. We zouden dit een statische-afbeeldingentest kunnen noemen: welke afbeelding(en) hoort (horen) er wel/niet bij op grond van bepaalde vaste kenmerken?

6.1 Dynamische-afbeeldingentests

De onder het eerste punt genoemde tests hebben qua structuur een grote overeenkomst met de rekenkundige reeksen. Ook daar gaat het immers om het voortzetten van een bepaalde verandering. Dat geldt trouwens niet voor alle mogelijke reeksen. Er zijn ook statische reeksen denkbaar, bijvoorbeeld:

30 70 55 45 26 74 10 ?

Hiervoor geldt dat de som van twee opeenvolgende getallen steeds 100 is, waarbij de positie van het eerste getal oneven moet zijn. In plaats van een regelmatige verandering gaat het hier om een constant kenmerk van twee opeenvolgende getallen.

De meeste reeksen hebben echter als kenmerk een regel waardoor een verandering ontstaat. Dat geldt ook voor de onder 1 genoemde afbeeldingentests. Het verschil met de reeksen is dat de aard van de informatie bij picturale tests anders is. Het gaat hier om het kunnen herkennen en toepassen van geometrische principes. Bij het oplossen van zo'n geometrische opdracht zult u echter vaak gebruikmaken van rekenkundige regels.

Een voorbeeld:

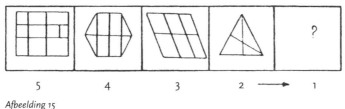

Afbeelding 15

De hier toegepaste regel luidt: het aantal rechte lijnen in een figuur vermindert steeds met één, oftewel het aantal (unieke) vakjes waaruit een figuur bestaat vermindert met twee. Er moet dus een willekeurige figuur komen die één rechte lijn bevat, oftewel twee vakjes.

Evenals bij de reeksen geldt voor afbeeldingentests dat de mogelijkheden voor regels in principe onbeperkt zijn. In de praktijk geldt echter dat er een beperkt aantal regels in afbeeldingentests wordt gebruikt. Een simpele samenvatting voor dynamische-afbeeldingentests zou kunnen luiden:

- tellen;
- vermeerderen/verminderen;
- draaien.

De vraag is natuurlijk: wat moet er geteld, vermeerderd/verminderd, gedraaid worden? Dat is hier minder duidelijk dan bij de reeksen. Bij de reeksen was het zo dat een regel, of regels, dekkend is c.q. zijn. Alle getallen worden in de regel(s) betrokken, ook al hebt u bij twee subreeksen maar één reeks nodig om het volgende getal te kunnen geven. (Het kan wel eens voorkomen dat één van de twee subreeksen onzinnige getallen bevat, die geen enkel verband vertonen.) Bij de afbeeldingentests hebt u vaak niet alle informatie nodig om de gewenste stap of het goede antwoord te kunnen geven. Er is veel informatie die overbodig is. Waar het om gaat, is juist die informatie te selecteren of die regel te achterhalen welke de aangegeven verandering of overeenkomst dekt.

Tests zoals genoemd onder 1 geven vaak een indicatie voor uw vermogen om relaties te leggen binnen picturale informatie. Tests zoals genoemd onder 2 geven vaak een indicatie voor uw abstractievermogen. Daaronder kunnen we verstaan het vermogen om informatie te structureren onder één of meer noemers: orde in chaos scheppen. Abstractievermogen komt dicht bij inductief redeneren (zie paragraaf 7.4. 'Tests voor logisch redeneren'). Dat komt omdat het bij dit soort tests vaak onduidelijk is wat nu precies de algemene regel is. Vaak zult u meerdere specifieke kenmerken in een algemeen principe moeten 'persen' zonder er zeker van te zijn dat u een echt algemeen principe hebt gevonden. Dat is ook het kenmerk van inductie: op basis van slechts enkele waarnemingen generaliseren tot een algemeen principe. Voorwaarde voor beide soorten tests is: goed kijken. U dient u steeds af te vragen: Wat zie ik?

Tegelijkertijd moet u dat wat u ziet, gaan *articuleren*. Daarmee wordt bedoeld dat u moet nagaan volgens wat voor criterium (of criteria) de afbeeldingen verschillen of overeenkomen. Een voorbeeld van articuleren is dat u inziet dat een aantal gegeven afbeeldingen, die alle tweedimensionaal zijn, vijf hoeken hebben of dat er steeds een hoek bij komt. U begrijpt dat het proces van articulatie steeds verfijnd kan worden: de regels worden moeilijker, subtieler. Zoals gezegd is in de praktijk het aantal gehanteerde regels voor afbeeldingentests beperkt.

6.1.1 Regels voor dynamische-afbeeldingentests

Een verandering in een reeks dynamische afbeeldingen kan gebaseerd zijn op:
1 Een toe- of afname van een of meer elementen van een afbeelding.
   Voorbeeld:

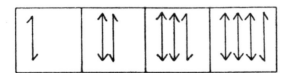

Afbeelding 16

2 Een verplaatsing van een of meer elementen binnen een afbeelding. Zo'n verplaatsing kunt u meestal zien als een draaiing. Welke kant u opdraait (met de klok mee of tegen de klok in) maakt in principe niets uit. Het handigste is om de kant op te draaien die de kleinste verandering geeft. (Tegen de klok in 45° is hetzelfde als met de klok mee 315°.)
   Voorbeeld:

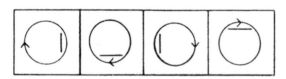

Afbeelding 17

3 Een verandering van kleur van (een gedeelte van) een element. Er kan variatie in een zwart-witschakering optreden, maar een (gedeelte van een) element kan ook steeds voor een groter gedeelte zwart of wit worden.
   Voorbeeld:

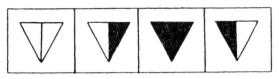

Afbeelding 18

4   Een combinatie van 1-3.
    Voorbeeld:

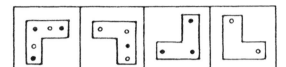

Afbeelding 19

U zult begrijpen dat de meeste opgaven van dynamische-afbeeldingentests gebaseerd zijn op een combinatie van deze regels. U moet dus steeds op verscheidene dingen letten. Het is voor deze tests een goede maar tijdrovende werkwijze om de verandering per element op papier te zetten. Zo krijgt u een steeds vollediger beeld hoe de volgende stap in een serie afbeeldingen eruit moet komen te zien. Wat u ook kunt doen, is per regel die volgens u bepalend is voor de oplossing, de alternatieven te checken. Zo kunt u steeds een of meer gegeven mogelijkheden elimineren, tot u er één overhoudt. Vooral als er meer regels in het spel zijn, is het handig om de geëlimineerde alternatieven aan te geven (op een apart vel). Zo voorkomt u dat u dubbel werk gaat doen.

De meeste mensen gaan namelijk fouten maken door het 'in hun hoofd stoppen' van (te veel) informatie, ook wel cognitieve overbelasting genoemd. Bij het gebruikmaken van notities als geheugensteun kunt u de volgens u in het spel zijnde verandering ondubbelzinnig vastleggen. Noteer wel nauwkeurig. Velen hebben nogal eens de neiging zich te laten opzwepen door de tijdsdruk. Daardoor gaan ze vaak rommelig werken, waardoor ze of een fout antwoord geven, of een opgave opnieuw moeten analyseren. Dat is kostbare tijdverspilling.

Tips

1   Ga direct een volgens u in het spel zijnde regel toepassen. Veel mensen blijven te lang naar een opgave zitten staren, of gaan verschillende regels tegen elkaar afwegen. Als u denkt een bepalende regel te zien, pas hem dan ook toe.
2   Controleer per toegepaste regel de alternatieven. Zo kunt u in elk geval een aan-

tal alternatieven elimineren, waardoor uw gokkans vergroot wordt.
3 Maak aantekeningen. Zo voorkomt u fouten en vervalt u niet in herhalingen.

6.1.2 Opgaven dynamische-afbeeldingentests*

Op p. 93-100 ziet u per opgave steeds een reeks van vier afbeeldingen. Deze afbeeldingen vertonen ten opzichte van elkaar een bepaald verband. Op grond van dat verband kan slechts één van de vier alternatieven A-D een gegeven reeks plaatjes voortzetten. De bedoeling is dat u per opgave aangeeft welk alternatief volgens u een gegeven reeks voortzet.

---

* Voor de oplossingen zie p. 301.

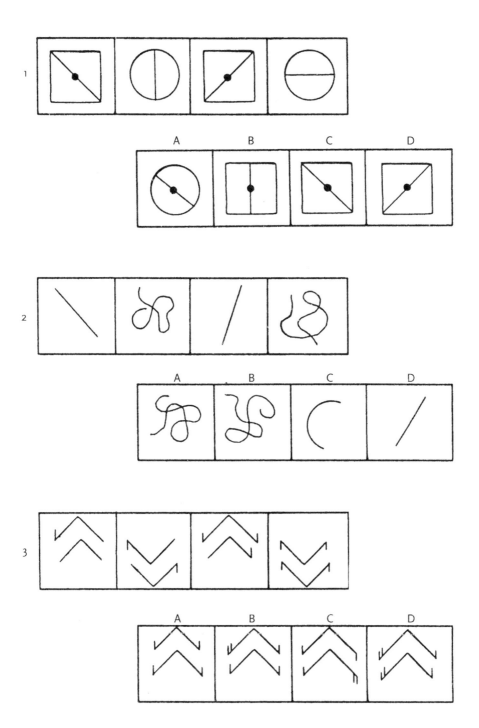

Afbeelding 20

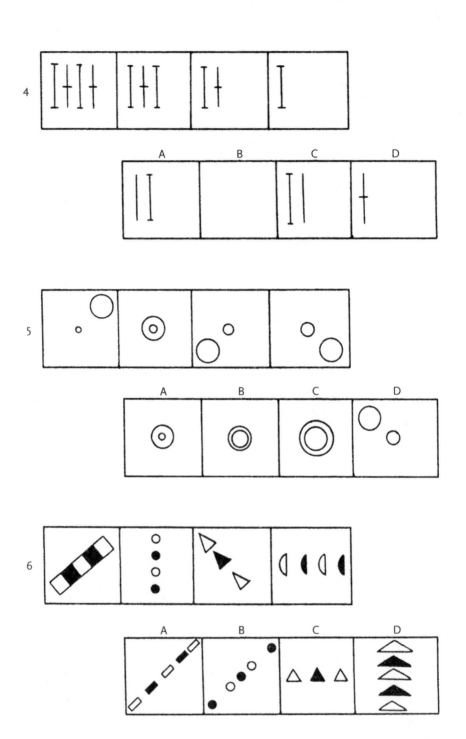

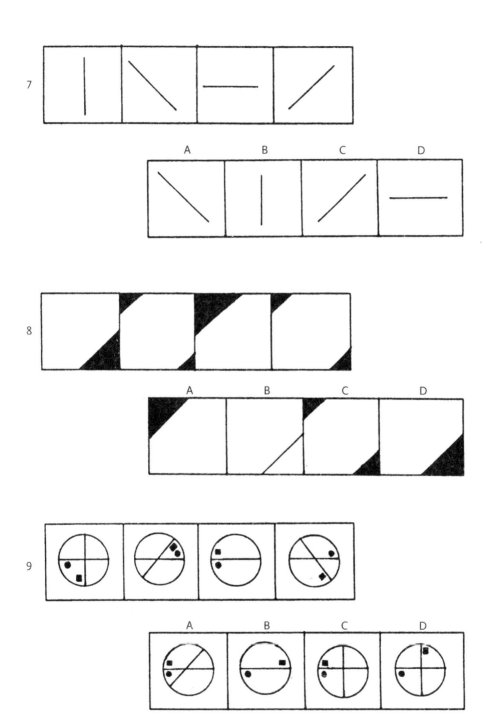

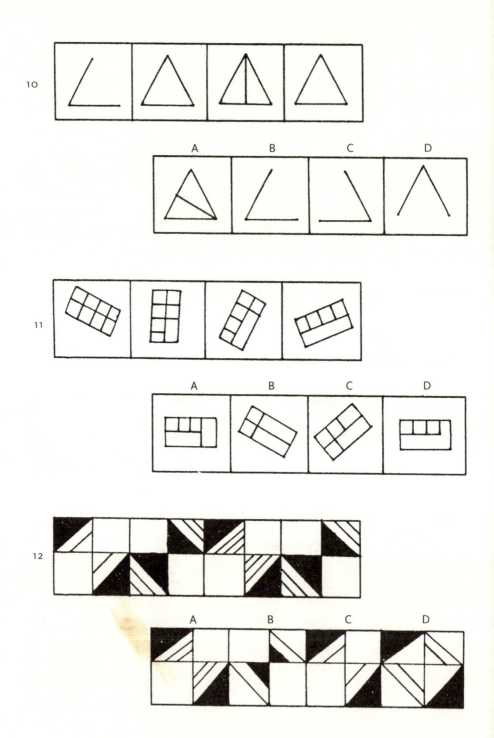

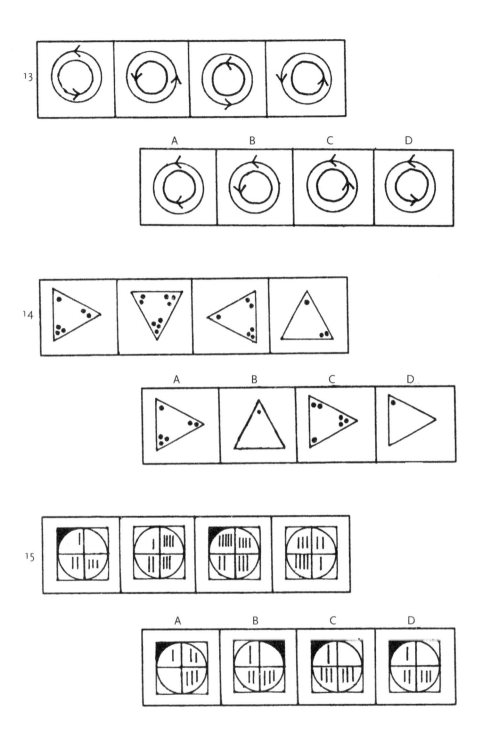

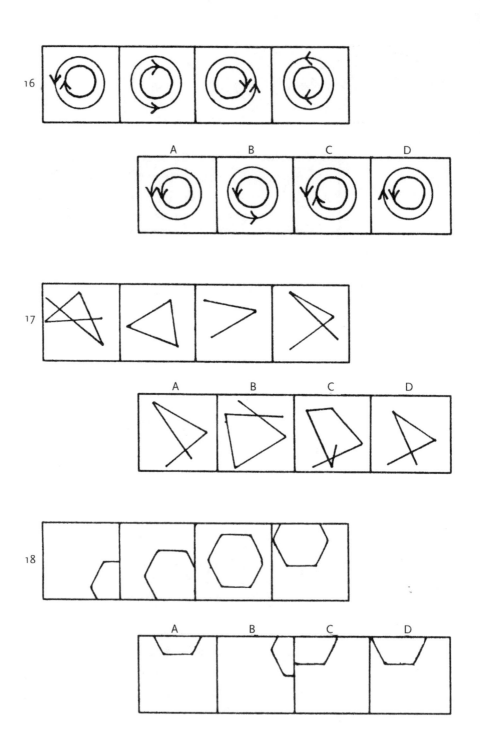

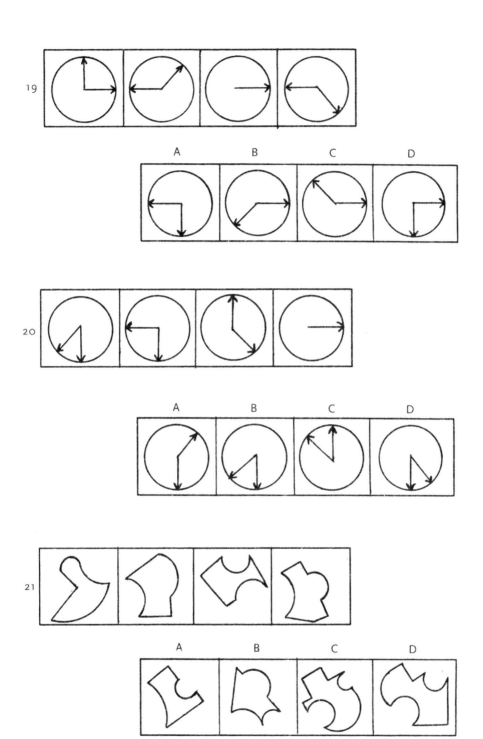

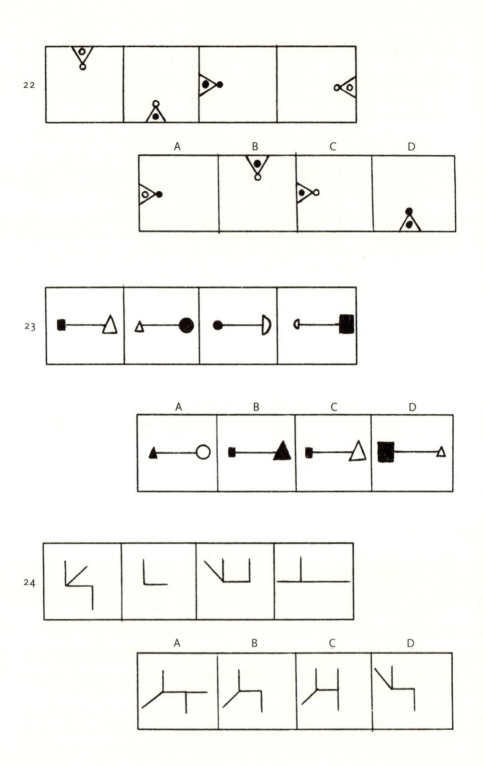

6.2 Statische-afbeeldingentests

Het komt nogal eens voor dat mensen de opgaven van een statische-afbeeldingentest interpreteren als een dynamische-afbeeldingentest. Terwijl ze moeten zoeken naar overeenkomsten/verschillen gaan zij selecteren op grond van een verandering die volgens hen in het spel is. Dat is per definitie fout, al wil dat niet per se zeggen dat deze mensen steeds tot een fout antwoord komen (een input error hoeft niet noodzakelijkerwijs tot een output error te leiden).

Bij statische-afbeeldingentests gaat het om het onder één noemer brengen van afbeeldingen (informatie). De vraag is of u uit een aantal gegeven afbeeldingen een onderliggende regel kunt afleiden die bepalend is voor de structuur van al deze afbeeldingen. Meestal luidt de opdracht: zoek een of meer afbeeldingen uit de alternatieven die bij de gegeven reeks horen. Het kan ook zijn dat u moet aangeven welk alternatief *niet* thuishoort in een gegeven reeks afbeeldingen. Beide opdrachten komen op hetzelfde neer: Kunt u informatie onder een of meer noemers brengen?

In de praktijk is één of zijn meer kenmerken bepalend voor een reeks afbeeldingen. Dat kan variëren van het aantal hoeken tot het steeds doormidden gedeeld zijn van een bepaalde hoek van elke figuur. De afbeeldingen die bij dit soort tests een rol spelen, zijn vaak zeer abstract van vorm en voorkomen. Dat is voor een groot gedeelte misleiding. De gehanteerde regels zijn vaak zeer eenduidig en simpel. U wordt echter snel 'het bos in gestuurd'. Toch kunt u ook bij deze tests een eind komen. 'U ziet niet wat u ziet' is hier vaak een toepasselijke opmerking. Een voorbeeld.

Opdracht: Zoek twee figuren uit 1-6 die bij de gegeven vier afbeeldingen voor de streep horen.

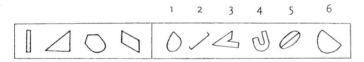

Afbeelding 21

Als u de gegeven figuurtjes bekijkt, ziet u figuurtjes die qua vorm nogal uiteenlopen. Waar het echter om gaat, is dat alle figuurtjes hoeken hebben en dat ze 'dicht' zijn (tweedimensionaal). Dat is een algemeen kenmerk. Als u nu naar de alternatieven kijkt, ziet u dat u twee alternatieven kunt schrappen (2 en 5). Als u teruggaat naar de gegeven figuurtjes en deze analyseert, ziet u dat ze allemaal ten minste drie hoeken hebben. Dat is een verscherping van het criterium. Van de overgebleven vier alternatieven zijn er inderdaad twee die meer dan drie hoeken bezitten. Het criterium is dus: een figuur moet minimaal drie hoeken bezitten. De oplossing is 3 en 4. Deze opgave zou nog verder gecompliceerd kunnen worden door een onderscheid in te voeren tussen rechte, stompe en scherpe hoeken. Voor de opgave zoals die er nu uitziet, geldt dat echter niet.

6.2.1 Regels voor statische-afbeeldingentests

Gebruikte regels bij statische-afbeeldingentests kunnen gebaseerd zijn op:
1 De afmetingen van de afgebeelde figuren (groot versus klein).
2 De structuur van een figuur of van een lijn: gestippeld of ononderbroken.
3 Een bepaald kenmerk dat zich in een figuur (op een specifieke plaats) bevindt.
4 De vorm van de hoeken: scherp (< 90°); stomp (> 90°); recht (90°).
5 Het al of niet aanwezig zijn van een (specifieke) arcering.
6 Het aantal elementen, bijvoorbeeld elke figuur omvat of bestaat uit drie lijntjes.
7 De bijzondere eigenschappen van meerdere voorkomende lijnen, zoals elkaar loodrecht kruisende of evenwijdige lijnen.
8 Gelijkvormigheid, bijvoorbeeld ronde figuren versus een figuur met een hoek.

In de meeste gevallen zult u merken dat er meerdere van genoemde regels 1-8 in het spel zijn. Net als bij de dynamische-afbeeldingentests is de beste benadering om steeds via toetsing van één regel te elimineren. Daarbij zult u een figuur steeds zeer scherp moeten analyseren. De gebruikte regels zijn soms moeilijk te achterhalen. Zo kan het verschil tussen een scherpe en een stompe hoek vrij klein zijn, maar u moet dan wel zien dat er toch op basis van de gebruikte regel (grootte van de hoek) een verschil tussen de figuren bestaat. Vaak is de moeilijkheidsgraad van de alternatieven enigszins gespreid. Van de ene ziet u direct dat deze bij de gegeven figuren hoort, maar tussen twee andere alternatieven kunt u maar niet beslissen. Dan is het zaak om zo scherp mogelijk de door u gebruikte regel(s) te toetsen. Daarbij moet u niet te veel blijven staren, maar dwing uzelf om de afgebeelde figuren consequent volgens een bepaalde regel te checken.

Tips voor het maken van statische-afbeeldingentests

1 Let erop dat u niet te intuïtief te werk gaat. Articuleer de regel die u hanteert om een beslissing over een afbeelding te nemen. Veel mensen nemen wel een beslissing, maar weten eigenlijk niet op grond waarvan. Bij plaatjestests zijn de bepalende regels bijna altijd eenduidig te formuleren (zie 1-8).
2 Begin met de eenvoudigste regel die volgens u een rol speelt. Houdt u, na toepassing van deze regel, meer alternatieven over dan gewenst is, ga dan na welke andere regel nog in het spel zou kunnen zijn. Denk aan de verschillende mogelijkheden wat regels betreft.
3 Verwar een statische- niet met een dynamische-afbeeldingentest. Het gaat niet

om een verandering, maar om één of meer algemene kenmerken van een serie plaatjes.

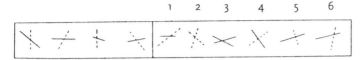

Afbeelding 22   Voorbeeld van een articuleringsproces

'Het gaat om elkaar kruisende lijnen... Maar alle alternatieven hebben dat ook. Bovendien is de structuur van de lijnen, steeds één gestippeld en één ononderbroken, gelijk. Alternatieven 2 en 3 vallen af [maakt aantekening]. Kruising..., kruising..., wat voor kruising? Ja, bij alle gegeven vier figuren is de kruising zodanig dat er stompe en scherpe hoeken ontstaan. Er mogen dus geen rechte hoeken in een alternatief zitten. [Checkt alternatieven 1, 4, 5, 6.] Dat worden dan 1 en 6. [Omcirkelt 1 en 6 op antwoordformulier.]'

Het is een veel gehoorde opvatting dat mensen met een christelijke achtergrond bevoordeeld worden bij figuurtjes die lijnen bevatten die elkaar loodrecht kruisen. Indianen zouden vooral bij scherpe hoeken in het voordeel zijn. Of dit zo is, is maar de vraag. Het oplossen van plaatjesopgaven gebeurt vermoedelijk via een proces van interne verbalisatie. U 'benoemt' de figuren of kenmerken die u ziet om zo de verbanden te kunnen leggen. Het onderscheid tussen plaatjestests en bijvoorbeeld analogieën zou dus op grond van deze redenering wel eens minder groot kunnen zijn dan wordt gedacht. Op de overeenkomst tussen reeksen en dynamische afbeeldingentests is al eerder gewezen.

6.2.2 Opgaven statische-afbeeldingentests[*]

Hierna ziet u per opgave steeds een serie van vier figuurtjes. Achter de streep ziet u vijf alternatieven, A t/m E. Deze hebben allemaal één of meer kenmerken gemeenschappelijk. Van u wordt verwacht dat u bij elke opgave aangeeft welke twee alternatieven uit A-E bij een gegeven serie van vier horen, op grond van één of meer gemeenschappelijke kenmerken.

[*] Voor de oplossingen zie p. 302.

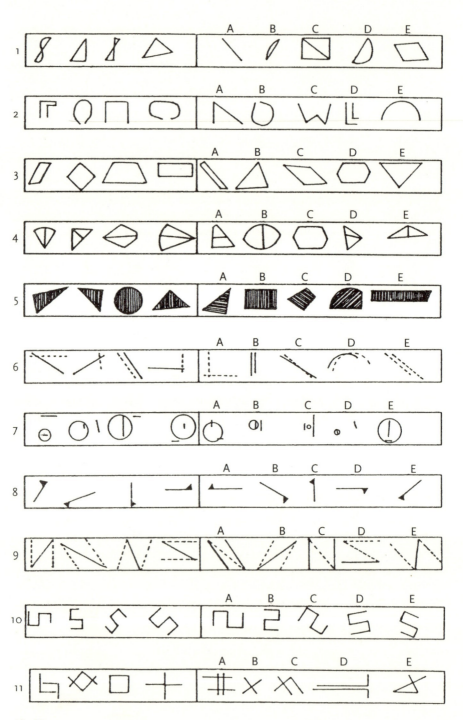

Afbeelding 23

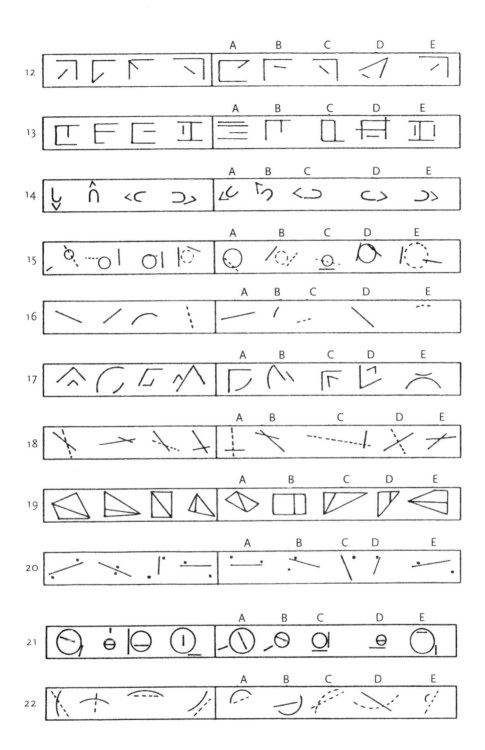

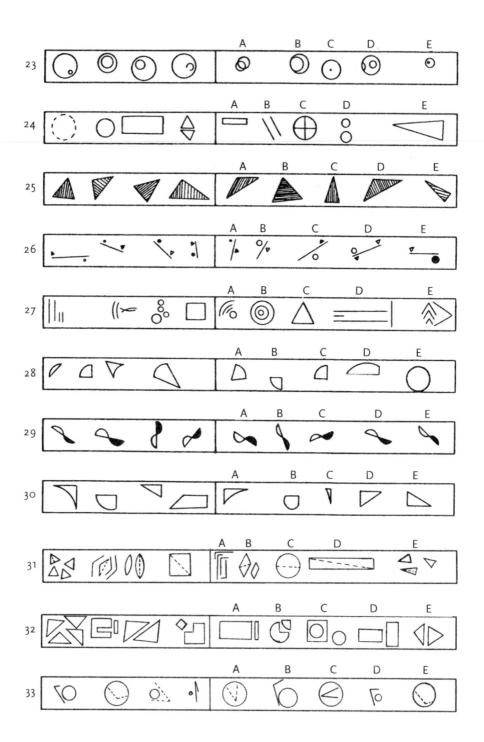

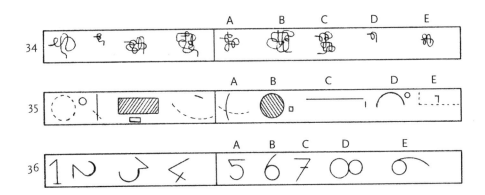

7
Taalvaardigheidstests

'The meaning of trash
may provide you some cash'

Net als bij de tests voor cijfermatig inzicht kunnen we ook bij taalvaardigheidstests een scheiding aanbrengen. Er zijn verbale-aanlegtests die puur uw taalkundige/grammaticale kennis meten, en er zijn verbale-aanlegtests die uw vermogen meten om relaties tussen woorden te kunnen leggen op grond van hun betekenis. Deze laatste variant is de analogieëntest.

Onder de eerste variant vallen tests voor uw spellingsvaardigheid. In de praktijk betekent dit dat u van een aantal zinnen moet aangeven of er spelfouten in zitten. Omdat het hier primair spellings- en grammaticale problemen betreft, gaan we daar verder niet op in. Een goed grammaticaboek kan uw geheugen voldoende opfrissen.

Voor woordkennis geldt eigenlijk min of meer hetzelfde. Het heeft weinig zin om vlak voor een testdag als een gek een vreemde-woordenboek te gaan zitten doorlezen. Aan uw prestatie op tests die voor een groot gedeelte gebaseerd zijn op het reproduceren van brede, algemene kennis is zeker op korte termijn weinig te verbeteren. Dat geldt voor rekenopgaven, voor grammaticale tests en ook voor geheugentests. Tests voor dit soort basisvaardigheden meten iets wat gevormd is gedurende een vrij lang en intensief leerproces. Zitten in deze basisvaardigheden bepaalde manco's, dan is dat niet een twee drie te verhelpen.

Om u toch een indruk te geven wat voor grammaticaopgaven u kunt verwachten tijdens een psychologisch onderzoek, vindt u hieronder een aantal oefeningen.

7.1.1 Opgaven spelling en grammatica*

Hieronder ziet u een aantal zinnen die verdeeld zijn in blokken. Elk blok (A, B...) wordt begrensd door schuine strepen. Van u wordt verwacht dat u bij elke zin aangeeft of er blokken zijn waar een fout in voorkomt. Het kan zowel om spel- als om stijlfouten gaan. Per blok kunnen meerdere fouten voorkomen. Het kan ook zijn dat een blok geen fouten bevat.

* Voor de oplossingen zie p. 302.

1 a De groep mensen die op straat lopen, /
  b heeft zojuist de sportmanifestatie bezocht /
  c waar verscheidene wereldrecords zijn gesneuveld.

2 a Zij is het enigste meisje van de klas, /
  b die fysica als hoofdvak heeft gekozen na een onverwachtte ontmoeting /
  c met een popster die als geflipt natuurkundige in een rockband zwart bijverdiende.

3 a Het stilstaande water vertroebbelde aanzienlijk /
  b door de grote golfslag, veroorzaakt /
  c door de verzameling stenen die door de pauzerende /
  d milieuhygiënisten in het water werden gegooid.

4 a Van de dingen die het leven aantrekkelijk maakt, /
  b genieten videofilms mijn voorkeur; met name aktiefilms /
  c waarin de rol van de protagonist vertolkd wordt /
  d door een blonde forse vrouw.

5 a Het begon enigzins te regenen, /
  b juist in het moment dat de buurvrouw /
  c haar dobbermanpincher uitliet en het vijfuurjournaal /
  d berichte over een lokaal opererende seriemoordenaar.

6 a Wie onverhoets stukloopt op deze opgaven, /
  b moet assistentsie voor een gekwalificeert onderwijzer vragen /
  c die wat betreft spellingproblematiek de puntjes op de ij kan zetten.

7 a De constante kwaliteit van dit /
  b produkt wordt mede te danken /
  c aan het gebruik van de allermodernste bedrijfstechnieken /
  d gecombineert met een ingenieuze logistieke afhandeling.

8 a Hoewel zij als groep veel succes oogstte, /
  b is hun platenverkoop vooral het gevolg /
  c van een zeer doordachte marketingcampanje /
  d waarbij een themagroep van alle Europese landen werden betrokken.

9 a Nadat wij het ontbijt hadden afgewassen, /
  b bereidden wij ons voor op de /
  c vermoeide tocht die ons in het vooruitzicht stond.

10 a Door een wilde staking onder de krantejongens /
   b dreigt er een onoverkomenlijk conflict /
   c te ontstaan tussen adverteerders /
   d in de verschillende landelijke ochtendkranten.

11 a De groep testkanidaten die gezamenlijk de lunch gebruikte, /
   b werden langdurig geobserveert door de testpsycholoog /
   c die incognieto aan een belendend tafeltje een glas bronwater consumeerde.

12 a De verbaaste wegwerkers zagen tot hun grote ontsteltenis /
   b hoe de scharnierende oplegger niet in het minst /
   c gehindert werd door de op het trottwaar aanwezige schaftkeet.

13 a Het HBO kent hedentendage een dusdanig vergrote instroom /
   b dat het nivo van de eerstejaars daalt tot een soort kleuterklas /
   c waarbij het scoren van punten belangrijker geacht word /
   d dan het opdoen van relevante kennissen en vaardigheden.

14 a Sinds men een intelligentietest verplicht heeft gesteld voor politicussen, /
   b is de anima voor dit voorheen zo gewilde beroep aanmerkelijk verminderd; /
   c men heeft zelfs langdurig-uitkeringstrekkers benaderd /
   d om als vrijwilligerswerk in de Tweede Kamer plaats te nemen.

15 a De groep fundamentalisten stonden verbaasd te kijken /
   b hoe de dolgeworden voetbalsuporters haar bekogelde /
   c met varkenskarbonaatjes afkomstig uit de restanten van /
   d een barbequ van de plaatselijke kinderkreche.

7.2 Analogieëntests

Analogieën zijn er in verschillende soorten en vormen. Een analogie is zoveel als een overeenkomst tussen bepaalde begrippen. Wat u hier moet doen, is het leggen van relaties tussen woorden. De relatie die u legt, is bepalend voor de oplossing die u krijgt. Anderzijds bepalen de gegeven woorden bij een analogie in zekere zin de relatie die kan worden gelegd.

Als gegeven is:

hamer staat tot **smid** als **zaag** staat tot ...

dan kunt u wel de relatie leggen 'een **hamer** is kleiner dan een **smid**', maar het zal duidelijk zijn dat er bij de relatie tussen deze twee woorden iets anders wordt bedoeld (namelijk 'wordt gebruikt door'). 'Is kleiner dan' is formeel gesproken niet fout, maar het is niet de meest plausibele relatie tussen **hamer** en **smid**. Bij analogieën gaat het meestal om vier woorden, twee aan twee gekoppeld:

A staat tot **B** als **C** staat tot **D**

Er is sprake van een analogie als de relatie die bestaat tussen A en B, op exact dezelfde wijze kan worden toegepast op C en D. Eenvoudiger gezegd: A en B moeten eenzelfde verhouding tot elkaar hebben als C en D. Met de introductie van het begrip verhouding komen we meteen een belangrijk mechanisme op het spoor dat ons behulpzaam kan zijn bij het oplossen van analogieën. Omdat het om verhoudingen gaat, zijn we in feite met een rekenkundige operatie bezig, maar dan toegepast op woorden. Dit mag wat krom klinken, maar een voorbeeld kan dit verduidelijken:

1 staat tot **2** als **3** staat tot **6**

Dit is een kloppende analogie, omdat voor beide verhoudingen geldt: de tweede term is tweemaal de eerste term. Bovenstaand voorbeeld wordt ook wel geschreven als:

1 : 2 als **3 : 6**.

Bij woorden kunnen we echter niet zeggen 'het ene woord is tweemaal zo groot als het andere woord'. Dat kan alleen als dat een verwijzing zou zijn naar het aantal letters waaruit een woord bestaat, of de ruimte die een woord in schrift of in druk inneemt. In zo'n geval zou het echter een rekenkundige of geometrische analogie zijn, en we hebben het hier nu juist over taalkundige analogieën.

Om met behulp van woorden analogieën te maken, zijn we genoodzaakt de betekenis van deze woorden in kaart te brengen. Analogieën meten dan ook uw vermogen tot het kunnen leggen van semantische relaties.

Een voorbeeld van een simpele analogie is:
Een stuur dient om een fiets te sturen en een roer dient om een boot te stu-

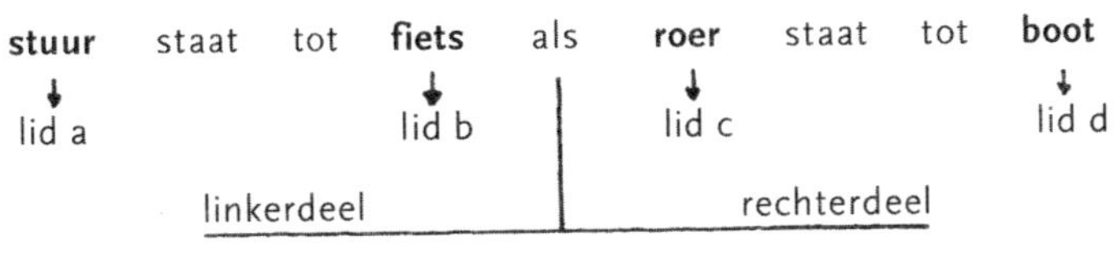

stuur	staat	tot	**fiets**	als	**roer**	staat	tot	**boot**
↓			↓		↓			↓
lid a			lid b		lid c			lid d
linkerdeel					rechterdeel			

Afbeelding 24

ren. De leden van het linker- en het rechterdeel staan dus in eenzelfde verhouding tot elkaar, ze hebben onderling dezelfde relatie. In plaats van fiets had er ook auto of brommer kunnen staan, dat zou aan de gegeven relatie niets hebben veranderd.

Omdat analogieën van origine rekenkundige verhoudingen zijn, mogen we ook bij taalkundige analogieën een 'rekentruc' toepassen. Dat houdt in dat de termen gekruist mogen worden. Als gegeven is:

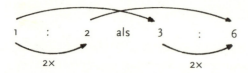

Afbeelding 25

dan geldt ook:

Afbeelding 26

De termen van een analogie mogen dus omgewisseld of gekruist worden. Zo ontstaat er weliswaar een andere analogie of verhouding (driemaal zo groot in plaats van tweemaal zo groot), maar ook de nieuw verkregen structuur is weer een kloppende analogie.

Dat gegeven mogen we ook bij woorden toepassen. Dat levert op:

stuur staat tot **roer** als **fiets** staat tot **boot**

De (gekruiste) leden zijn nu gegroepeerd per categorie. Links hebben we nu de stuurmiddelen, rechts de vervoermiddelen. Dat dit een geldige analogie is, is niet echt plausibel. Het is meer een gegeven dat inherent is aan de structuur van analogieën. Soms wordt bij een analogieopgave gebruikgemaakt van dit gegeven, echter niet vaak. Door termen te kruisen kunt u in zo'n geval de analogie inzichtelijker maken. U kunt de kruising ook als controlemiddel toepassen. Een kruising moet elementen in min of meer eenzelfde categorie groeperen. Bij bovenstaand voorbeeld houdt dit in dat *links* de stuurmiddelen en *rechts* de bijbehorende vervoermiddelen komen te staan.

Echt veel aan een kruising hebt u alleen maar als de termen van een analogieopgave al gegeven zijn in categorieën. Dan kunt u door de termen te kruisen zowel links als rechts eenzelfde relatie vormen.

7.2.1 Het oplossen van analogieën

De beste manier om analogieën op te lossen is de leden links te verbinden door er een zin van te maken. Stel u krijgt de volgende analogieopgave:

ijs staat tot **water** als **water** staat tot ...

De gegeven alternatieven zijn:

1. smelten; **2**. sneeuw; **3**. hitte; **4**. stoom; **5**. bevriezen.

We moeten links en rechts eenzelfde relatie krijgen. Dat het woord 'water' twee keer gebruikt wordt, is misschien wat verwarrend, maar het verandert niets aan het principe van een analogie (kruisen levert u hier, vanwege het twee keer voorkomen van de term, in elk geval niets op).

Om erachter te komen welke analogie hier wordt bedoeld, moet u de twee termen van het linkerlid verbinden door middel van een zin die een betekenisvolle relatie[10] tussen deze termen aangeeft. Deze betekenisvolle relatie moet zo scherp mogelijk zijn.

Wat is een 'scherp' verband tussen water en ijs? Water is 'verwarmd' ijs. U zou beide leden van het linker gedeelte kunnen relateren door middel van de zin: 'Als ik ijs verwarm, krijg ik water.' Zo hebt u de twee termen van het linker lid door middel van een relatie (verwarmen) gekoppeld. Datzelfde moet u nu rechts doen. Daarbij moet u er goed op letten dat u geen 'plaatsfout' of 'richtingsfout' maakt. Links hebt u de eerste term 'verwarmd' en dat levert de tweede term op. Dan moet u rechts ook de eerste term 'verwarmen' en dan moet u zich afvragen welke van de alternatieven dat oplevert. Wel, als water verwarmd wordt, hebt u uit 1-5 weinig keus. De enige term die de zaak rechts kloppend maakt, is (uiteraard) 'stoom'. Als water verwarmd wordt, levert dat stoom op. 'Stoom' is dus het goede antwoord.

Het denkschema voor deze analogie ziet er als volgt uit:

ijs staat tot **water** als **water** staat tot **stoom**

Afbeelding 27

De richting van de pijl en zijn begin- en eindpunt zijn hier bindend. Ze bepalen de structuur van de analogie en deze structuur moet, zoals gezegd, aan beide kanten identiek zijn.

Veel mensen blijven fouten maken bij het oplossen van analogieën. Dat komt omdat ze bovenstaand schema niet consequent toepassen. Ze leggen dan links de relatie van water naar ijs, en rechts van water naar bevriezen. De redenering die dan toegepast wordt is: 'Water bevriezen levert ijs op (links) en dat staat er dan rechts ook.' Dat mag plausibel klinken, maar als we de structuur van deze redenering weergeven, zien we dat die links en rechts verschilt:

Afbeelding 28

De fout die hier wordt gemaakt, is dat er niet links en rechts twee relaties worden vergeleken, maar dat de relatie links wordt vergeleken met het laatste lid van het rechter gedeelte. Dat is per definitie fout. Essentieel is dat links en rechts dezelfde relatie staat. Dat is hier niet het geval. Rechts staat 'heeft als eigenschap', links staat 'bevriezen'.

Bovenstaande foutieve analogie ontstaat door te 'grof' associëren. U moet oppassen geen termen en relaties door elkaar te halen. De gelegde relatie moet links en rechts hetzelfde zijn. Dat is essentieel voor analogieën. Ook moet u oppassen om niet een te ruime relatie te leggen, bijvoorbeeld een relatie als 'kan'. Vaak zal een meer specifieke relatie moeten worden toegepast.

Nu is er een simpele truc waardoor we bovenstaande fout kunnen voorkomen. Daarvoor moeten we naar de grammaticale classificatie van de woorden kijken. Dat levert het volgende op:

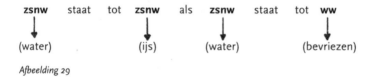

Afbeelding 29

U ziet dat de grammaticale classificatie links en rechts verschilt. Dat houdt in dat er hier geen sprake kan zijn van een kloppende analogie. Deze classificatie is namelijk bepalend voor de relatie die ontstaat. Er moet dus links en rechts een overeenkomst in de grammaticale classificatie zitten. Die overeenkomst houdt in dat er bijvoorbeeld sprake kan zijn van:

zsnw : zsnw als **zsnw : zsnw**

of:

ww : ww als **ww : ww**

Maar ook:

ww : zsnw als **ww : zsnw**

of, als we in het laatste geval een kruising toepassen:

ww : ww als **zsnw : zsnw**

Van deze laatste vorm zegt u misschien dat er links en rechts verschillende woordsoorten staan, maar dat ook deze combinatie geldig is, komt voort uit het feit dat kruisen is toegestaan.

Het gegeven dat de bestanddelen van een analogie links en rechts een overeenkomstige grammaticale classificatie moeten hebben, levert u dus een eenvoudig controlemiddel op wat betreft de 'woordsoort' die u mag kiezen op de open plek(ken). Er moet steeds een overeenkomstige grammaticale classificatie ontstaan. Met behulp van deze kennis kunt u in een aantal gevallen enkele alternatieven elimineren. Soms zal het u niets opleveren. Dat is het geval wanneer alle alternatieven grammaticaal gelijkwaardig zijn. Een voorbeeld:

elektron staat tot **kern** als **satelliet** staat tot ...

Alternatieven:

1. ruimte; **2.** raket; **3.** hemellichaam; **4.** baan; **5.** reactie

Alle alternatieven zijn hier grammaticaal gelijkwaardig. U moet uw aandacht dus verleggen naar de relatie die links is gegeven. Het verband tussen elektron en kern, uitgedrukt in een zin, is dat een elektron zich in een baan om de kern (van een atoom) bevindt. Als 'oplossingszin' formuleert u dus: 'Een satelliet bevindt zich in een baan om...' U ziet dat er dan maar één plausibel alternatief is, namelijk: hemellichaam.

Een andere veel gemaakte fout bij analogieopgaven is dat men de richting waarin de relatie loopt, aan beide kanten verschillend legt. Zo kan links en rechts wel eenzelfde verbindende uitdrukking worden gebruikt, maar de gelegde relatie is links en rechts tegengesteld.

Een voorbeeld:

toekomst staat tot **verleden** als **gisteren** staat tot ...

Alternatieven:

1. vandaag; **2.** morgen; **3.** verleden; **4.** eergisteren; **5.** voorbij

Veelal wordt voor morgen of vandaag gekozen. De gelegde relatie ziet er dan als volgt uit:

Afbeelding 30

Aan de pijlen ziet u dat de richting van de gelegde relatie verschilt. Deze gesuggereerde oplossing is dan ook fout (de goede oplossing is eergisteren). Dit soort fouten ontstaat door te grof, te associatief redeneren.

7.3 Dubbele analogieën

Bij de tot nu toe besproken analogieën hoefde u slechts één alternatief in te vullen. Deze analogieën zijn dan ook vrij eenvoudig, omdat de structuur van de analogie gegeven is in (meestal) het linker woordpaar. Het enige wat u moet doen, is de structuur in een zinsverband gieten. In de relatie die u zo formuleert, vult u dan de term in die rechts in de analogie gegeven is. Vervolgens kijkt u welke van de alternatieven eenzelfde relatie doet ontstaan.

Voor dubbele analogieën geldt hetzelfde. Dubbele analogieën zijn in zoverre moeilijker dat er twee open plaatsen zijn. Links en rechts is slechts één term gegeven. U kunt dus uit de gegeven informatie van een dubbele analogie niet direct de verbindende relatie afleiden. Deze informatie ontbreekt in de opgave. U moet, door links en rechts een term in te vullen, een kloppende analogie maken. U hebt dus zowel links als rechts een aantal alternatieven. Bij de enkele analogieën hebt u net zoveel mogelijkheden als er alternatieven zijn. Bij de dubbele analogieën is het aantal mogelijkheden gelijk aan het product van de aantallen alternatieven links en rechts. Hebt u links en rechts vijf alternatieven, dan zijn er vijfentwintig mogelijkheden om een analogie te maken. Dubbele analogieën kosten meer tijd, niet alleen vanwege het grotere aantal keuzemogelijkheden, maar ook omdat u de relatie zelf moet gaan leggen. U kunt zo eerder het slachtoffer van uw 'mis-associaties' worden.

Een voorbeeld van een dubbele analogie:

... staat tot **afrit** als **schouwburg** staat tot ...

Alternatieven (voor de eerste open plek kiest u uit 1-5, voor de tweede open plek kiest u uit a-e):

   1. oprit; **2**. auto; **3**. verkeer; **4**. snelweg; **5**. drukte
   a. bezoeker; **b**. massa; **c**. toneelgezelschap; **d**. afloop; **e**. uitgang

De oplossing is 4-e: een **snelweg** wordt verlaten via de **afrit** en een **schouwburg** wordt verlaten via de **uitgang**.

Voor het oplossen van dubbele analogieën komt het zwaartepunt te liggen op het kunnen formuleren van de (meest betekenisvolle) relatie tussen de termen. Daarbij gelden de regels zoals die hierboven voor de enkele analogieën behandeld zijn. Principieel verandert er niets. U moet alleen oppassen dat u zich niet laat misleiden door de grotere vrijheid tot associëren die u hier hebt. (Voor een formele weergave van het redeneerproces bij analogieën, zie Stroomdiagrammen, opgave 4, p. 152).

Het verschil tussen analogieëntests en de rekenkundige reeksen is dat bij de reeksen de gebruikte regel(s) steeds perfect kloppen. Er is geen 'ja maar...'. Bij de analogieën is dat anders. Daar is de (taalkundige) vrijheid groter omdat het om betekenissen gaat. De betekenis van een woord is, in tegenstelling tot die van een getal, niet gefixeerd. En taal is een 'levend iets'. Er worden nieuwe woorden ingevoerd en er verdwijnen oude termen. Of een woord krijgt in de loop van de tijd een wat andere betekenis. Bij cijfers is dat niet het geval. Daar liggen de verbanden ondubbelzinnig vast. Daarom is het ook zo belangrijk dat u probeert de scherpste relatie tussen de twee termen van een analogiedeel te formuleren. Als u dat niet doet, gaat u onherroepelijk de fout in.

Veel voorkomende relaties bij analogieëntests

De meest voorkomende relaties bij analogieëntests zijn onder te verdelen in de volgende categorieën:
1 *Tegenstellingen*
- heet-koud; licht-donker; groot-klein; natuurlijk-kunstmatig; oud-nieuw.
2 *Synoniemen*
- Hier speelt woordkennis een rol, omdat er relatief onbekende termen worden gebruikt.
3 *Gradaties*
- toename;
- afname.

Voorbeelden: langer-korter; dikker-dunner; groter-kleiner; minder-meer. Hierop zijn nog weer allerlei variaties mogelijk, zoals van weinig naar veel, of van weinig naar niets enzovoort. Denk ook aan tijdrelaties, zoals 'is moderner/ouderwetser dan...'

4 *Onderdeel-geheel*
- is een element/onderdeel van...;
- behoort tot...
5 *Functies*
- wordt gebruikt door...;
- wordt gemaakt door...;
- wordt vervaardigd in...;
- heeft als taak/doel om...

6 *Eigenschappen/kenmerken*
- hard;
- zacht;
- rond;
- vierkant;
- goed;
- slecht;
- glad;
- ruw;
- waardevol;
- goedkoop.

7 *Causale relaties*
- wordt veroorzaakt door/is het gevolg van...;
- leidt tot...;
- is ontstaan uit...

Bovenstaande lijst is niet uitputtend. Er zijn (theoretisch) oneindig veel relaties mogelijk. Toch krijgt u hier een redelijk beeld wat voor relaties zoal voorkomen. Het hierboven behandelde voorbeeld geeft nog eens aan dat u de relatie zo scherp mogelijk moet leggen. U had ook kunnen redeneren: een afrit is een onderdeel van een snelweg. Maar bij het tweede paar, 'schouwburg staat tot...' ontstaan er problemen. U hebt dan niet 'echt' een alternatief dat 'schouwburg staat tot...' tot een betekenisvolle zin maakt. U zou dan iets moeten kiezen in de zin van '... is een onderdeel van een schouwburg' (aan beide kanten moet het rechterlid een onderdeel zijn van het linkerlid). U ziet dat dat rechts niet lukt met schouwburg. U moet gaan wringen, en bijvoorbeeld zeggen: 'Een toneelgezelschap is een onderdeel van een schouwburg.' Maar die redenering is ongeldig. Een toneelgezelschap treedt op in een schouwburg. Maar een afrit treedt niet op in een snelweg. U ziet dus dat u scherpe, betekenisvolle relaties moet leggen. Alleen zo kunt u tot de juiste oplossing komen.

Tips voor het oplossen van analogieën

Bij enkele analogieën:
1 Breng de relatie links onder woorden door beide termen te verbinden in een betekenisvolle zin.
2 Bepaal vervolgens welke van de alternatieven, gekoppeld volgens de door u gelegde relatie, met de derde gegeven term dezelfde logische relatie oplevert als bij 1.
3 Let op of u bij het leggen van een relatie links en rechts dezelfde kant op gaat.
4 Let op de grammaticale classificatie van de termen. Deze moet links en rechts overeenkomstig zijn. Elimineer indien mogelijk en bepaal dan het best mogelijke alternatief op grond van de andere aanwijzingen.

5 Komt u er zo nog niet uit, pas dan een kruising toe. Misschien levert u dat de verbindende relatie op.

Bij dubbele analogieën:
Hiervoor geldt in principe hetzelfde als voor de enkele analogieën. Alleen moet u hier zelf het eerste alternatief kiezen waardoor de verbindende relatie ontstaat. Kies niet lukraak, maar bekijk de twee gegeven termen aandachtig. Vaak kunt u al iets van een basisstructuur afleiden waardoor de keus van het eerste alternatief, waarmee u de te leggen relatie bepaalt, vergemakkelijkt wordt.

Bijvoorbeeld:

... staat tot **zebra** als **opstopping** staat tot ...

Alternatieven:
1 streep
2 stad
3 dierentuin
4 voetgangersoversteekplaats
5 reservaat

a file
b auto
c stad
d wegennet
e verkeer

Een zebra is zowel iets wat met het verkeer te maken heeft als een dier. Ook opstopping heeft met het verkeer te maken. U moet het dus hoogstwaarschijnlijk in de verkeerssector zoeken. U moet echter een scherp verband zoeken. Het enige alternatief voor de linker open plek in de verkeerssfeer is voetgangersoversteekplaats. U specificeert vervolgens de relatie tussen voetgangersoversteekplaats en zebra. Dat levert een gelijkheidsrelatie op: het zijn synoniemen. Dan moet u in a-e kijken of daar een synoniem voor opstopping in staat. Dat is het geval (file). De oplossing is dus 4-a.

7.3.1 Opgaven analogieëntests[*]

Hieronder ziet u een aantal analogieën waaruit steeds twee termen zijn weggelaten. De bedoeling is dat u op de eerste open plek een alternatief kiest uit 1-5 en dat u op de tweede open plek een alternatief kiest uit a-e. Op deze manier kunt u steeds bij elke opgave een kloppende analogie doen ontstaan. Per opgave is slechts één combinatie goed. Als u twijfelt, kies dan de volgens u best mogelijke oplossing.

---

[*] Voor de oplossingen zie p. 303.

1 ... staat tot **stevig** als **fragiel** staat tot ...

1	krachtig	a	glas
2	solide	b	gebroken
3	zwak	c	breekbaar
4	zwaar	d	licht
5	beton	e	slap

2 ... staat tot **toeval** als **wetenschap** staat tot ...

1	onopzettelijk	a	berekenend
2	botsing	b	vooruitgang
3	onverwachts	c	zekerheid
4	wetmatigheid	d	universiteit
5	dobbelsteen	e	wetmatigheid

3 ... staat tot **veroordeling** als **achtervolging** staat tot ...

1	straf	a	klopjacht
2	proces	b	aanhouding
3	beschuldiging	c	misdaad
4	geweld	d	mishandeling
5	vonnis	e	rechter

4 ... staat tot **verdampen** als **vast** staat tot ...

1	vloeibaar	a	vriezen
2	verwarmen	b	koude
3	afkoelen	c	zeker
4	hitte	d	stollen
5	stoom	e	smelten

5 ... staat tot **fiets** als **stofzuiger** staat tot ...

1	trappers	a	slang
2	stuur	b	reiniging
3	auto	c	hulpstuk
4	vuilnisauto	d	bezem
5	spatbord	e	stof

6 ... staat tot **tuinslang** als **voedsel** staat tot ...

    1 water   a gras
    2 sproeien   b water
    3 gazon   c maag
    4 kraan   d spijsvertering
    5 groeien   e slokdarm

7 ... staat tot **water** als **gas** staat tot ...

    1 afvoer   a lekkage
    2 ketel   b lucht
    3 druk   c brander
    4 volume   d cilinder
    5 olie   e temperatuur

8 ... staat tot **motor** als **wind** staat tot ...

    1 rijden   a zeilboot
    2 arbeid   b zeil
    3 benzine   c klimaat
    4 starten   d kracht
    5 verbranding   e varen

9 ... staat tot **zilver** als **zwijgen** staat tot ...

    1 edelmetaal   a gebaren
    2 sieraad   b platina
    3 spreken   c stilte
    4 goud   d spreken
    5 ijzer   e communiceren

10 ... staat tot **ontploffing** als **valpartij** staat tot ...

    1 ongeval   a verwonding
    2 vonk   b onachtzaamheid
    3 schietterrein   c bomaanslag
    4 oorlog   d geweld
    5 explosie   e gebroken

11 ... staat tot **gemeen** als **zwak** staat tot ...

1	vriendschappelijk	a	sympathiek
2	tegenspeler	b	bedrukt
3	opgewekt	c	verslagen
4	amicaal	d	krachteloos
5	oneerlijk	e	sterk

12 ... staat tot **voedsel** als **melk** staat tot ...

1	maaltijd	a	calorieën
2	groente	b	kaas
3	drank	c	drank
4	spijsvertering	d	vloeibaar
5	vast	e	sterilisatie

13 ... staat tot **drijven** als **vliegen** staat tot ...

1	water	a	dalen
2	zweven	b	zwerm
3	zinken	c	stijgen
4	lucht	d	zwemmen
5	kudde	e	lucht

14 ... staat tot **overtreding** als **nat** staat tot ...

1	misdrijf	a	geverfd
2	politieagent	b	droog
3	wet	c	lekkage
4	bestraffing	d	vochtig
5	verbod	e	water

15 ... staat tot **nooit** als **hier** staat tot ...

1	soms	a	daar
2	altijd	b	overal
3	nu	c	toekomst
4	nimmer	d	nu
5	ooit	e	nergens

16 ... staat tot **gewoonte** als **straffen** staat tot ...

   1 alledaags   a gevangenis
   2 routine   b veroordelen
   3 verslaving   c plagen
   4 dronken   d berispen
   5 traditie   e opsluiten

17 ... staat tot **genezen** als **schade** staat tot ...

   1 arts   a garage
   2 ziekte   b monteur
   3 opereren   c repareren
   4 ziekenhuis   d aanrijding
   5 weerstand   e vergoeding

18 ... staat tot **schuchter** als **dominant** staat tot ...

   1 mensenschuw   a aanpassen
   2 brutaal   b onderworpen
   3 stupide   c gedwongenheid
   4 overdreven   d overheersend
   5 verlegen   e teruggetrokken

19 ... staat tot **val** als **overstroming** staat tot ...

   1 ladder   a watersnood
   2 opstaan   b droogte
   3 evenwicht   c redding
   4 zwaartekracht   d ramp
   5 massa   e dijkbreuk

20 ... staat tot **test** als **meting** staat tot ...

   1 selectie   a schatting
   2 sollicitatie   b graden
   3 score   c lineaal
   4 resultaat   d uitvoeren
   5 zakken   e proefopzet

21 ... staat tot **team** als **dozijn** staat tot ...

1 speler
2 elftal
3 opstelling
4 vereniging
5 aanvaller

a lid
b hoeveelheid
c twaalf
d verdediger
e aantal

22 ... staat tot **frequentie** als **lijnstuk** staat tot ...

1 vaak
2 afwisseling
3 golfbeweging
4 ontvanger
5 ritme

a positie
b lengte
c lijn
d meetkunde
e punt

23 ... staat tot **zonde** als **val** staat tot ...

1 verspilling
2 filantropisme
3 gelovig
4 verdriet
5 berouw

a onnodig
b blessure
c hautain
d hoogmoed
e stabiliteit

24 ... staat tot **relatief** als **extreem** staat tot ...

1 verhouding
2 vermindering
3 absoluut
4 gematigd
5 actief

a passief
b vermeerdering
c genuanceerd
d partijdig
e uiterste

25 ... staat tot **tijdperk** als **druppel** staat tot ...

1 milliliter
2 dag
3 tijdseenheid
4 ogenblik
5 seconde

a liter
b centiliter
c vloeistof
d water
e zee

26 ... staat tot **onzinnnig** als **nutteloos** staat tot ...

   1 chaotisch   a nietsnut
   2 rommelig   b overtollig
   3 foutief   c waardeloos
   4 zinloos   d behulpzaam
   5 gek   e hulpeloos

27 ... staat tot **rede** als **bot** staat tot ...

   1 wapen   a verstand
   2 denken   b snijden
   3 geweld   c puntig
   4 schip   d gevat
   5 toespraak   e stomp

28 ... staat tot **koeien** als **verpleegkundige** staat tot ...

   1 boer   a ziekte
   2 stier   b ziekenhuis
   3 boerderij   c arts
   4 weiland   d assistentie
   5 melkproductie   e patiënten

29 ... staat tot **persoonlijkheid** als **weer** staat tot ...

   1 karakter   a herhalen
   2 uiterlijk   b barometer
   3 gedrag   c meteorologie
   4 test   d klimaat
   5 psychologie   e zomer

30 ... staat tot **hamburger** als **huwelijk** staat tot ...

   1 broodje   a relatie
   2 frikadel   b afspraakje
   3 maaltijd   c samenwonen
   4 automatiek   d trouwen
   5 diner   e verloving

31 ... staat tot **regen** als **vast** staat tot ...

1 bewolking   a zeker
2 bui   b aarde
3 water   c steen
4. klimaat   d hagel
5 vloeibaar   e smelten

32 ... staat tot **fles** als **glas** staat tot ...

1 hoeveelheid   a inhoud
2 blikje   b container
3 metaal   c karaf
4 prullenmand   d staal
5 dop   e onderzetter

33 ... staat tot **hockey** als **basketball** staat tot ...

1 stick   a tennis
2 lijn   b bal
3 spel   c net
4 slaan   d wedstrijd
5 handbal   e werpen

34 ... staat tot **weten** als **vaag** staat tot ...

1 godsdienst   a wetenschap
2 geloven   b onduidelijk
3 vermoedelijk   c helderheid
4 expert   d amateur
5 vraag   e duidelijk

Analogieëntests worden ook wel in alternatieve vorm aangeboden. Zo'n vorm kan er als volgt uitzien:

dik	patserig
dun	?

a lang
b slank
c ordinair
d bescheiden
e rond

U moet bij deze vorm goed opletten dat de relaties die u legt zowel horizontaal, verticaal als diagonaal kunnen lopen. De principes zijn hetzelfde als bij de dubbele analogieën, en in wezen is deze nieuwe vorm een stuk gemakkelijker omdat er drie termen gegeven zijn. U hebt alleen wat meer combinatiemogelijkheden.

7.4 Tests voor logisch redeneren

Tests voor logisch redeneren zijn er in allerlei varianten. U kunt op basis van een kort verhaal de logica van een aantal mogelijke conclusies moeten beargumenteren, of aan de hand van een tweetal uitspraken aangeven welke conclusie hieruit logisch volgt.

Er kunnen twee vormen van redeneren worden onderscheiden: inductief en deductief.

Een inductieve redenering is een redenering die generaliseert. Op basis van een beperkt aantal observaties ten aanzien van enkele speciale gevallen wordt een conclusie getrokken die algemeen geldig pretendeert te zijn voor alle mogelijke observaties.

Een voorbeeld: u bent drie keer psychologisch getest en drie keer kreeg u tijdens het interview problemen met de testpsycholoog. U trekt dan de conclusie dat u bij uw volgende psychologisch onderzoek wel weer in de problemen zult komen met de psycholoog. U generaliseert (ten onrechte) vanuit een beperkt aantal observaties tot een algemene wet. Inductieve redeneringen zijn in de psychologie een voortdurende bron van ergernis. Denk bijvoorbeeld aan het testrapport: Mag een psycholoog op basis van de beperkte gegevens generaliseren naar uw totale persoon? Merk op dat hier vooral de validiteit van de gebruikte instrumenten een cruciale rol speelt.

Het lastige van inductieve redeneringen is dat ze nogal pretentieus zijn: er wordt naar waarheid gestreefd. Men probeert op grond van een beperkt aantal observaties tot een ware conclusie over alle mogelijke observaties te komen. Dat is natuurlijk onmogelijk. Een inductieve redenering is per definitie onvolledig. Afgezien van de onvolledigheid kunnen er ook in het redeneerproces zelf nog fouten sluipen. Het resultaat van een inductieve redenering is dan ook een zekere mate van waarschijnlijkheid, de waarheid kan met deze vorm van redeneren nooit worden achterhaald.

Naast een dominerende rol in de sociale en de natuurwetenschappen speelt inductief redeneren ook een grote rol in het dagelijks leven. Op grond van enkele observaties construeren mensen soms de gekste wetmatigheden. (Bij die sigarenboer moet je geen staatsloten kopen, dan win je nooit wat.)

Een deductieve redenering werkt precies tegengesteld aan een inductieve redenering. Bij een deductieve redenering is het uitgangspunt juist een algemene aanname. Vanuit deze algemene aanname wordt een conclusie getrokken over één of meer speciale gevallen.

Een deductieve redenering is niet direct op waarheid gericht. Een dergelijke redenering richt zich primair op de relatie tussen uitspraken. Bij een geldige deductieve redenering moet de conclusie logisch volgen uit de aanname(n) of premisse(n). Of een aanname waar is, is van secundair belang. Het gaat erom dat uit een aanname via een geldige redenering deductief 'ware' conclusies worden getrokken. Het feit dat een deductieve conclusie waar is, wil niet zeggen dat de conclusie betrekking heeft op de realiteit. 'Waar' betekent hier slechts dat de conclusie waar is op grond van wat in de premissen wordt beweerd, en dat kan van alles zijn. Het mooiste voorbeeld van deductief redeneren wordt gevonden binnen de wiskunde.

Zoals gezegd zit het werkelijke probleem bij deductieve redeneringen in de premissen. Slechts als deze *empirisch* waar zijn, kan de conclusie ook empirisch waar zijn. Maar of iets empirisch waar is, kan alleen maar via inductie worden vastgesteld.

Zowel inductieve als deductieve redeneringen willen tot wetmatige waarheden komen. Het uitgangspunt en de weg die ze bewandelen, verschillen echter. In de dagelijkse praktijk dient u voorzichtig te zijn met het construeren van wetmatigheden. Als u de wetmatigheid hebt geconstrueerd dat u problemen zult krijgen met de testpsycholoog, dan kan deze instelling ertoe leiden dat u inderdaad problemen krijgt. U bent dan het slachtoffer geworden van een *self-fulfilling prophecy*. Door uw van tevoren ingenomen houding kreeg u inderdaad gelijk. Het had echter ook anders kunnen lopen als u een wat andere houding (premisse) ten aanzien van de testpsycholoog had ingenomen. De testpsycholoog reageert niet op basis van uw premisse, maar op basis van uw gedrag. Als dit gebaseerd is op uw expliciete vooronderstellingen, kunt u hiervan zelf het slachtoffer worden. Een self-fulfilling prophecy is er een voorbeeld van hoe premissen, ook al zijn ze onzinnig, toch in stand kunnen worden gehouden ('Zie je wel, ik had toch gelijk.'). In het dagelijks leven (en trouwens ook in de psychologie) hanteren mensen vaak een opeenvolging van inductieve en deductieve redeneringen. De meest gemaakte fout is inductief van aard: men gaat uit van een onterechte generalisatie. Uit deze onterechte generalisatie worden dan deductief allerlei logische waarheden te voorschijn getoverd, die kant noch wal raken.

Om te onderzoeken in hoeverre u logische conclusies kunt trekken, zal men u in een psychologisch onderzoek soms lastigvallen met deductieve probleemstellingen. Dat werkt veel makkelijker dan een inductieve probleemstelling, al was het alleen maar omdat de aard van de premissen er bij een deductieve redenering niet toe doet. Men kan dus allerlei onzin op u loslaten en daarbij van u eisen dat u uit deze onzin logisch 'juiste' conclusies trekt, op grond van een geldige redenering. Veelal hebben deductieve redeneringen in een psychologisch onderzoek de vorm van een syllogisme.

7.4.1 Het syllogisme

Het syllogisme is een vorm van redeneren, die zijn oorsprong vindt bij Aristoteles. Het is een zuiver formele manier van deductief redeneren. U krijgt een tweetal uitspraken (premissen) voorgeschoteld. Er wordt verwacht dat u aangeeft wat voor verband logisch volgt uit deze uitspraken. Met andere woorden: u moet uit twee gegeven uitspraken een logische conclusie trekken over een object, of een verzameling van objecten, waarnaar in beide uitspraken wordt verwezen.

De oervorm van het syllogisme bestaat uit:
1 Een uitspraak die een generaliserend karakter heeft (major premisse), bijvoorbeeld: 'Alle psychologen zijn gek.' Het generaliserende zit in het feit dat aan de totale verzameling psychologen één bepaalde eigenschap wordt toegeschreven.
2 Een uitspraak met een specifiek karakter (minor premisse), bijvoorbeeld: 'Sjaak is een psycholoog.' Hier wordt aan één object (Sjaak) een bepaald kenmerk toegeschreven, namelijk dat hij deel uitmaakt van de (verzameling) psychologen. Dan volgt de (logisch ware) conclusie: 'Sjaak is gek.'

De gevolgde redenering is geldig en de conclusie is dus logisch waar. Immers, als voor alle psychologen geldt dat zij gek zijn, en Sjaak is psycholoog, dan moet Sjaak ook gek zijn. U kunt wel zeggen: 'Het is onzin dat alle psychologen gek zijn,' maar dat is niet aan de orde. U moet de informatie aannemen zoals die er staat, ook al wordt er aantoonbare onzin beweerd. Het gaat zuiver en alleen om het trekken van een logische conclusie uit gegeven verbanden. Naast de major en de minor premisse is er ook nog de zogenaamde middenterm. In dit geval is dat de term 'psycholoog', omdat deze term zowel in de minor als in de major premisse voorkomt.

We kunnen de structuur van het syllogisme, en daarmee het trekken van de logische conclusie, inzichtelijk maken door de premissen te tekenen als elkaar geheel of gedeeltelijk overlappende verzamelingen. Het gaat immers om de relatie die verschillende gegeven verzamelingen tot elkaar hebben. In de verzamelingenleer noemt men de visuele afbeelding van een syllogisme een venndiagram.

Zetten we bovenstaand syllogisme om in een venndiagram, dan blijkt er sprake te zijn van drie verzamelingen:

1 de verzameling 'Alle x', waarbij x staat voor 'psycholoog';
2 de verzameling 'y', waarbij y staat voor 'gek' (of 'gekken');
3 de verzameling 'z', waarbij z staat voor 'Sjaak'.

Grafisch weergegeven:

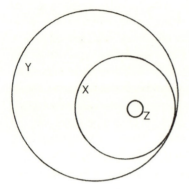

Afbeelding 31

Uit bovenstaande afbeelding kunt u afleiden dat alles wat x is, ook y is (het omgekeerde geldt echter niet). In de verzamelingenleer zegt men: Elk element van de verzameling x is tevens een element van de verzameling y, of: De verzameling x maakt deel uit van de verzameling y.

Verder is gegeven dat voor z geldt dat het (een element van) x is. Maar omdat voor alles wat x is, geldt dat het deel uitmaakt van de verzameling y, geldt voor z dus automatisch dat het ook deel uitmaakt van de verzameling y.

De conclusie luidt dus: z is een element van de verzameling y, ofwel: 'Sjaak is gek'.

U zou echter ook een andere conclusie kunnen trekken uit bovenstaand voorbeeld. U zou bijvoorbeeld kunnen zeggen: Alle x is element van de verzameling y, dus dan zijn er ook y waarvoor geldt dat ze geen element van x zijn (zie afbeelding). U zou dus de conclusie kunnen trekken: Sommige y zijn geen element van x.

Logisch gezien is dat juist, alleen is het wel zeer triviaal. Bij een syllogismentest wordt dat antwoord dan ook fout gerekend. U moet beide gegeven uitspraken (premissen) gebruiken in uw conclusie. En als u zou concluderen: Sommige y zijn geen element van x, dat wil zeggen: 'Sommige gekken zijn geen psycholoog,' dan ziet u dat u de uitspraak 'Sjaak is psycholoog' niet hebt gebruikt. En deze uitspraak maakt deel uit van het syllogisme. U dient dus 'Sjaak is psycholoog' in uw uitspraak te betrekken. Uit het gegeven dat u voor uw redenering van beide uitspraken dient uit te gaan, kunt u afleiden welke termen (verzamelingen) in uw conclusie moeten komen, een gegeven dat u in vrijwel elk boek over logica kunt aantreffen.

In de eerste uitspraak hebt u te maken met x (psychologen) en met y (gekken). In de tweede uitspraak hebt u te maken met wederom x (psychologen) en met z (Sjaak). Nu moet u beíde uitspraken combineren en tot een logisch ware conclusie komen. Omdat het om een syllogisme gaat, mag u in de conclusie slechts weer twee begrippen (verzamelingen) gebruiken. Er blijft u dan niets anders over dan de y (gekken) en de z (Sjaak) in de conclusie te plaatsen. Een conclusie met daarin de x (psychologen) zou een conclusie zijn die u ook op basis van één van beide uitspraken zou kunnen trekken. En zoals gezegd moet u in uw conclusie beide uitspraken combineren.

In afbeelding 31 kunt u ook zien waarom de x in de conclusie wegvalt. U moet beide uitspraken combineren tot een logisch ware conclusie. De x heeft een soort katalysatorfunctie: hij brengt een verband tot stand zonder dat hij zelf bij dat verband expliciet wordt genoemd.

Tot nu toe is bij het syllogisme uitsluitend gesproken over premissen van het karakter 'Alle x is y', en 'z is x'. Er zijn echter meer premissenvormen mogelijk, die ook in syllogismentests kunnen voorkomen.

Hieronder ziet u de verschillende vormen die een premisse kan hebben bij een syllogisme, of bij een syllogismentest, in venndiagrammen weergegeven.

1 Alle x is y.

Bij deze vorm valt een verzameling x geheel binnen een andere (grotere) verzameling y.

Afbeelding 32

2 Sommige x is y.

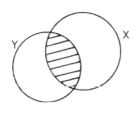

Bij deze vorm is er een gedeeltelijke overlap van twee verzamelingen.

Afbeelding 33

3 Geen x is y.

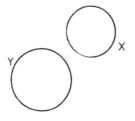

Bij deze vorm hebben de twee verzamelingen geen enkel element gemeenschappelijk.

Afbeelding 34

4 Sommige x is geen y.

Bij deze vorm behoort een gedeelte van een verzameling x niet tot de verzameling y. Deze vorm wordt geïmpliceerd in vorm 1 en vorm 2, zij het dat uit 1 volgt: Sommige y is geen x.

In principe kan een syllogisme 512 verschillende vormen aannemen.[11] Door gebruik te maken van venndiagrammen zult u echter bij een syllogisme bijna altijd tot een logisch ware conclusie kunnen komen. Waar u op moet letten bij het tekenen van een venndiagram is dat u alleen dat gedeelte van een verzameling tekent waarover expliciet een uitspraak wordt gedaan. Bijvoorbeeld bij 'Alle x is y' en 'Sommige z is x' tekent u alleen dat gedeelte van z dat binnen x valt. Het resterende gedeelte kunt u eventueel gestippeld tekenen of weglaten, want daarover wordt niets gezegd:

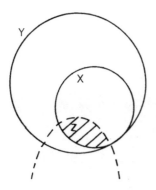

Afbeelding 35

Het verdient aanbeveling om logische redeneringen visueel weer te geven. Eventueel met behulp van een venndiagram of op een primitieve schaal. Een schaal kan bijvoorbeeld handig zijn bij het oplossen van de volgende redenering, ook wel een lineair syllogisme genoemd:

Karel is slimmer dan Jan.
Klaas is dommer dan Jan maar slimmer dan Piet.
Wie is het slimst?

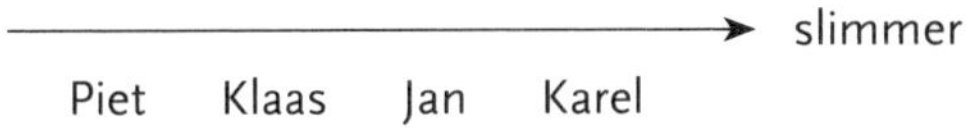

```
————————————————————> slimmer
   Piet   Klaas   Jan   Karel
```

Afbeelding 36

Door dit soort redeneringen te visualiseren, maakt u de zaak een stuk inzichtelijker. Zo voorkomt u fouten. Bovendien dwingt u uzelf om 'logisch' te denken, en hebt u een extra controlemiddel.

Uit onderzoek is gebleken dat er bij het oplossen van syllogismen bepaalde effecten optreden. In een artikel van Johnson-Laird en Steedman (1978) wordt een aantal interessante effecten opgesomd. Het bekendste is het 'figural' effect. Bij het oplossen van een syllogisme van de vorm:[12]

Sommige	A is B
Alle	B is C
Sommige	A is C (1)
Sommige	C is A (2)

wordt in 70% van de gevallen de voorkeur gegeven aan oplossing (1). Oplossing (2) wordt slechts in 30% van de gevallen gekozen, terwijl beide goed zijn.

Bij een syllogisme van de vorm:

Alle	B is A
Sommige	C is B
Sommige	C is A (1)
Sommige	A is C (2)

wordt in 70% van de gevallen voor (1) gekozen en in 30% voor (2). De conclusie die mensen uit de premissen van een syllogisme trekken, hangt blijkbaar sterk samen met de manier waarop een syllogismenfiguur is opgebouwd. Men is geneigd die conclusie te trekken, die verenigbaar is met de opbouw van de premissen.

Voor de syllogismen van de vorm:

Geen	A is B	en	Sommige	B is A
Sommige	B is C		Geen	C is B

bleek men slechts in ongeveer 20% van de gevallen in staat om de (juiste) conclusie te trekken, die in deze gevallen qua vorm dan ook niet overeenstemt met de opbouw van de premissen. De conclusie luidt respectievelijk: Sommige C is geen A, en: Sommige A is geen C.

Een ander veel voorkomend verschijnsel bij het oplossen van syllogismen is dat mensen zich laten leiden door de 'sfeer' van de premissen. Wanneer ten minste een van de premissen ontkennend is geformuleerd ('Geen...'), zal in de meeste gevallen de conclusie ook ontkennend worden geformuleerd. Wanneer een van de premissen begint met 'Sommige', zal men in de meeste gevallen een conclusie trekken die ook met 'Sommige' begint. In de overige gevallen zal men uit de premissen veelal bevestigende en algemene conclusies trekken. Zich laten leiden door de sfeer is echter gevaarlijk. Beschouw het volgende syllogisme:

Alle vogels zijn eierleggend.
Geen vogel is een vis.

Weet u wat de oplossing is? Op basis van de sfeer-hypothese zou uw antwoord met 'Geen' moeten beginnen. Maar een dergelijk antwoord is fout. De oplossing luidt: Sommige eierleggenden zijn geen vis.

7.4.2 Opgaven syllogismen*

Hieronder ziet u een aantal syllogismenopdrachten. U krijgt steeds twee uitspraken. De bedoeling is dat u op grond van beide uitspraken een logisch ware conclusie trekt. Bij elke opdracht krijgt u vier alternatieven aangeboden. Slechts één van deze vier alternatieven geeft de goede oplossing. Dat kan ook betekenen dat de oplossing moet zijn: Geen valide conclusie mogelijk.

1   *a*   Alle muzikanten zijn lafaards.
    b   Kees is muzikant.
    Conclusie: 1   Sommige lafaards zijn muzikanten.
                2   Kees is een lafaard.
                3   Kees is geen lafaard.
                4   Kees is geen muzikant.

* Voor de oplossingen zie p. 304.

2 *a* Geen schoorsteenveger is iemand met schone handen.
  b Sommige schoorsteenvegers zijn mensen met hoeden.
  Conclusie: 1 Sommige mensen met hoeden zijn schoorsteenvegers.
           2 Sommige schoorsteenvegers hebben geen hoed.
           3 Sommige mensen met hoeden hebben geen schone handen.
           4 Sommige mensen met schone handen zijn mensen met hoeden.

3 *a* Een bukkelpup is geen fliptop.
  b Sommige fliptoppen zijn triangels.
  Conclusie: 1 Geen fliptop is een triangel.
           2 Sommige triangels zijn geen bukkelpuppen.
           3 Geen fliptop is een bukkelpup.
           4 Sommige bukkelpuppen zijn geen triangels.

4 *a* Alle knoedels zijn halfzachte beversjots.
  b Geen halfzachte beversjot is gedroesemd.
  Conclusie: 1 Sommige knoedels zijn niet gedroesemd.
           2 Sommige halfzachte beversjots zijn geen knoedel.
           3 Geen knoedel is een halfzachte beversjot.
           4 Geen knoedel is gedroesemd.

5 *a* Alle belkonijnen flaporen ongezond.
  b Sommige trauma's flaporen niet ongezond.
  Conclusie: 1 Sommige trauma's zijn geen belkonijnen.
           2 Sommige trauma's flaporen ongezond.
           3 Sommige belkonijnen zijn trauma's.
           4 Sommige trauma's zijn flaporende belkonijnen.

6 *a* Sommige knuppels zijn doemdenkers.
  b Alle doemdenkers zijn politicus.
  Conclusie: 1 Alle politici zijn doemdenkers.
           2 Sommige doemdenkers zijn geen politicus.
           3 Sommige knuppels zijn politicus.
           4 Sommige knuppels zijn geen politicus.

7 *a* Alle verkopers zijn zwendelaars.
  b Geen verkoper is een eerlijk mens.
  Conclusie: 1 Sommige zwendelaars zijn geen eerlijk mens.
           2 Sommige eerlijke mensen zijn zwendelaars.
           3 Geen eerlijk mens is een zwendelaar.
           4 Geen valide conclusie mogelijk.

8 *a* Sommige testpsychologen zijn onzeker.
   b Alle neurotici zijn onzeker.
   Conclusie: 1 Sommige neurotici zijn geen testpsycholoog.
   2 Sommige testpsychologen zijn neurotici.
   3 Sommige neurotici zijn onzeker.
   4 Geen valide conclusie mogelijk.

9 *a* Alle automobilisten zijn milieuverontreinigers.
   b Alle wasmiddelen zijn milieuverontreinigers.
   Conclusie: 1 Sommige wasmiddelen zijn milieuverontreinigers.
   2 Alle automobilisten zijn wasmiddelen.
   3 Geen automobilist is een wasmiddel.
   4 Geen valide conclusie mogelijk.

10 *a* Sommige managers zijn geen paranoïde schizofrenen.
   b Alle paranoïde schizofrenen zijn ongevaarlijke mensen.
   Conclusie: 1 Sommige ongevaarlijke mensen zijn geen manager.
   2 Sommige managers zijn geen ongevaarlijke mensen.
   3 Sommige managers zijn ongevaarlijke mensen.
   4 Geen valide conclusie mogelijk.

11 *a* Sommige werklozen zijn nietsnutten.
   b Geen uitkeringstrekker is een nietsnut.
   Conclusie: 1 Geen uitkeringstrekker is werkloos.
   2 Sommige werklozen zijn geen uitkeringstrekker.
   3 Sommige uitkeringstrekkers zijn geen werklozen.
   4 Geen valide conclusie mogelijk.

12 *a* Sommige ambtenaren zijn mensen die lanterfanten.
   b Geen politieagent is een mens die lanterfant.
   Conclusie: 1 Sommige ambtenaren zijn geen politieagent.
   2 Sommige politieagenten zijn geen ambtenaar.
   3 Sommige ambtenaren zijn politieagent.
   4 Geen valide conclusie mogelijk.

13 *a* Alle psychologische tests zijn onzinnige dingen.
   b Geen psychologische test is een valide instrument.
   Conclusie: 1 Geen onzinnig ding is een valide instrument.
   2 Geen valide instrument is een onzinnig ding.
   3 Sommige onzinnige dingen zijn geen valide instrument.
   4 Geen valide conclusie mogelijk.

8

Andere, specifieke intelligentietests

*'If you know how to sell,
then flow-chart into hell'*

Tot nu toe zijn er drie hoofdvormen van intelligentietests behandeld: reeksen, afbeeldingentests en analogieën. Reden dat deze drie vormen zijn gekozen, is dat ze corresponderen met de drie vormen die visuele informatie kan aannemen: woorden, afbeeldingen en getallen. Ook correspondeert deze driedeling aardig met de klassieke testbenadering: daar wordt visuele informatie vaak opgedeeld in symbolische informatie (getallen), semantische informatie (taal) en ruimtelijke informatie (afbeeldingen). Bovendien is per hoofdvorm duidelijk welke operaties of bewerkingen u moet toepassen om tot de goede oplossing te komen (het validiteitsprobleem). Wat bij alle drie de hoofdvormen in meerdere of mindere mate terugkomt, is het vermogen relaties te leggen. Wat dat betreft vertonen de drie hoofdvormen veel overeenkomst. Alleen is, zoals gezegd, de aard van de informatie verschillend. Ook bij de analogieën is er sprake van een in principe rekenkundige structuur. Deze is echter toegepast op *semantische* informatie: het gaat om de betekenissen die woorden (ten opzichte van elkaar) hebben en om de mogelijke relaties die zo gelegd kunnen worden.

Een afwijking vormen de statische afbeeldingentests. Hier gaat het vaak om geometrische structuren of specifieke kenmerken van figuren. De achterliggende moraal van al deze tests is duidelijk: hoe meer informatie u volgens bepaalde regels kunt verwerken en hoe sneller u dat kunt, des te hoger scoort u op zo'n test. Hoewel tests zodanig geconstrueerd zijn dat ze een objectieve vergelijking tussen mensen mogelijk maken, zal het u niet verwonderen dat mensen met een bèta-achtergrond over het algemeen iets hoger scoren op afbeeldingen- en rekenkundige tests; doodeenvoudig omdat ze naast misschien meer aanleg meestal over meer ervaring met dit soort informatie beschikken.

Er is nog een belangrijke reden om bovengenoemde driedeling als uitgangspunt voor dit boek te nemen. De tot nu toe behandelde intelligentietests vormen alle min of meer een standaardonderdeel van het psychologisch onderzoek. Naast theoretische relevantie is er dus ook een grote praktische relevantie.

Er zijn intelligentietests die nogal afwijken van de drie hoofdvormen. Dat heeft met de aard van de informatie en/of de toe te passen regels te maken. Voorbeelden hiervan zijn tests voor technisch inzicht, tests voor ruimtelijk inzicht, tests voor commerciële aanleg, stroomdiagrammen en coderingstests (automatiseringstests). Hiervan komen aan de orde: de tests voor ruimtelijk inzicht, informaticatests en de tests voor commerciële aanleg.

8.1 Tests voor ruimtelijk inzicht

Bij tests voor ruimtelijk inzicht gaat het om driedimensionale figuren. U krijgt meestal een uitgeklapte figuur te zien, eventueel met bepaalde toegevoegde kenmerken. Als alternatieven krijgt u een aantal ruimtelijke vormen. Slechts één hiervan correspondeert met de uitgevouwen figuur. Aan u natuurlijk te bepalen welke ruimtelijke vorm dat is. Tot op zekere hoogte appelleert deze test aan vaardigheden die moeilijk of niet aan te leren zijn. Het gaat namelijk om uw vermogen zich een uitgeklapte, tweedimensionale figuur voor te stellen als dichtgevouwen, driedimensionaal. Om zich dat te kunnen voorstellen, moet u de gegeven uitgeklapte figuur 'in gedachten' kunnen draaien. Bovendien kan de aard van deze draaiing complexer worden: 90, 180 of 360 graden. Dat draaien is iets waarmee veel mensen moeite hebben.

Vrouwen scoren lager op tests voor ruimtelijk inzicht dan mannen. Hier schijnt een erfelijke factor een rol te spelen Ook het feit dat jongens en meisjes verschillend worden opgevoed, schijnt van belang te zijn. Meisjes ontwikkelen zich vooral op taalkundig en sociaal gebied, terwijl jongens meer met allerhande technisch speelgoed in de weer zijn. Ook het onderwijs speelt waarschijnlijk een rol bij het verschil tussen de prestaties van mannen en vrouwen op deze tests. Denk aan de stereotiepe alfa- en bètakeuze. Uiteindelijk is het dus een verschil in aanleg in interactie met specifieke omgevingsinvloeden waardoor verschillen in ruimtelijk inzicht ontstaan.

Toch is er een aantal handvatten waarmee u bij tests voor ruimtelijk inzicht wat kunt bereiken. Dat is met name het geval wanneer het om figuren gaat die ongelijkvormig zijn, of wanneer de figuren unieke kenmerken hebben. Op grond van deze unieke kenmerken kunt u namelijk heel goed elimineren (*working backward*). De strategie voor deze opgaven is dan ook om, als dat mogelijk is, de uitgeklapte figuur op één uniek kenmerk te vergelijken met de alternatieven. Zo kunt u er per alternatief achterkomen of dit alternatief overeenkomt met de gegeven figuur. De moeilijkste opgaven zijn die waarin een uitgeklapte figuur geheel gelijkvormig is (denk bijvoorbeeld aan een uitgeklapt vierkant). De unieke vorm biedt dan geen aanknopingspunten voor vergelijking, omdat alle vlakken dezelfde vorm hebben.

Embretson (1992) heeft onderzoek gedaan naar hoe ruimtelijk inzicht verbeterd kan worden. Zij liet proefpersonen oefenen met houten modelletjes bij

het maken van de opgaven, en ze kregen een uitgebreide training, gericht op het toepassen van een goede cognitieve strategie. Het bleek dat de proefpersonen tot een aanmerkelijk hogere score kwamen na, weliswaar uitgebreide, oefening. Uit het onderzoek van Embretson komt naar voren dat het bij tests voor ruimtelijk inzicht om twee aspecten gaat:
- het aantal graden dat u een uitgeklapte figuur moet draaien om hem correct over de oorspronkelijke vorm te kunnen leggen;
- het aantal vlakken dat u moet betrekken bij uw (goede) oplossing.

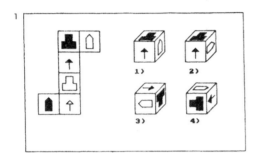

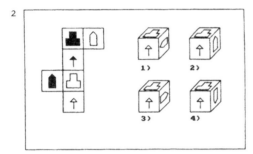

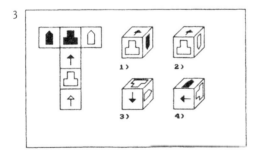

Afbeelding 37   (overgenomen uit Embretson 1992)

Als u afbeelding 37 bekijkt, opgave 1, dan ziet u dat u bij de alternatieven 1 en 2 de uitgeklapte figuur niet hoeft te draaien. Alternatief 3 vereist een draaiing van 180°, alternatief 4 90° (de goede oplossing is 2).

Bij opgave 2 hoeft u voor geen enkel alternatief de uitgeklapte figuur te draaien, maar u dient wel steeds drie vlakken te vouwen. Bij deze opgave merkt u ook dat het veel makkelijker is om de uitgeklapte figuur om de alternatieven te vouwen, dan om de alternatieven uit te klappen (de goede oplossing is 1).

Opgave 3 kunt u oplossen zonder de oorspronkelijke figuur uit te vouwen. U hoeft hier uitsluitend de posities van de verschillende vlakken ten opzichte van elkaar te vergelijken (de goede oplossing is 2).

Uit het onderzoek van Embretson blijkt dat mensen meer moeite hadden met het draaien van de uitgeklapte figuur. De positie van vlakken vergelijken ten opzichte van elkaar kost minder moeite. Veelvuldig oefenen met een houten model levert waarschijnlijk meer effect dan alleen een cognitieve strategie te trainen. Als meest belangrijke factor vond Embretson echter een algemene leerfactor, vergelijkbaar met g (algemeen cognitief vermogen).

Helaas krijgt u bij een test voor ruimtelijk inzicht (nog) geen houten modelletje om te oefenen. U moet het uitsluitend mentaal oplossen. Let vooral op unieke kenmerken, en op de positie van vlakken ten opzichte van elkaar. Elimineer foute alternatieven. Voor het overige zult u zich er uit moeten draaien.

8.1.1 Opgaven ruimtelijk inzicht[*]

U ziet steeds bij alle opgaven (zie p. 141-143) links een uitgevouwen figuur. Een of meer zijden van deze uitgeklapte figuur kan c.q. kunnen bepaalde kenmerken bezitten. Rechts ziet u een aantal gevouwen figuren. U dient steeds aan te geven welke van deze ruimtelijke vormen dezelfde is als de uitgevouwen figuur. Per opgave kunnen meerdere antwoorden goed zijn.

NB: bepaalde kenmerken van een figuur moeten altijd aan de buitenkant komen indien de figuur wordt gevouwen.

---

[*] Voor de oplossingen zie p. 304.

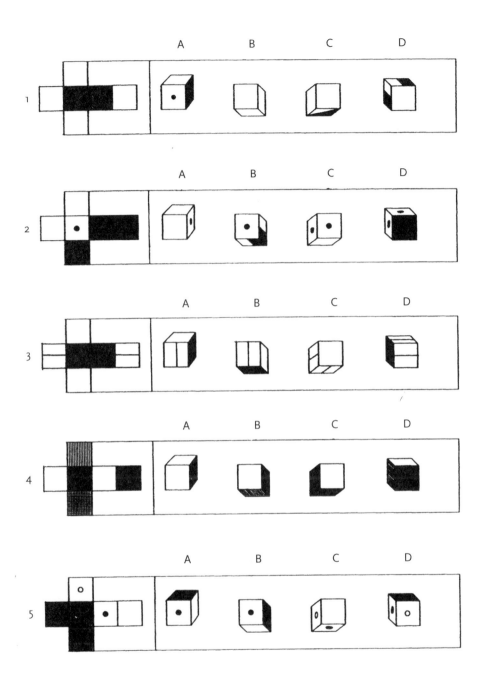

Afbeelding 38

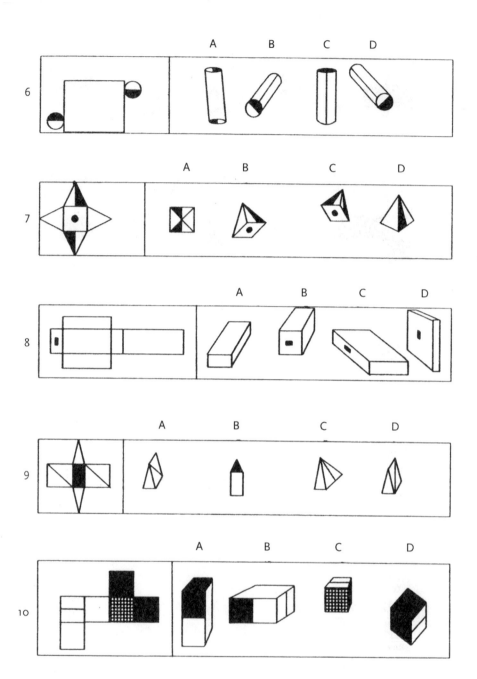

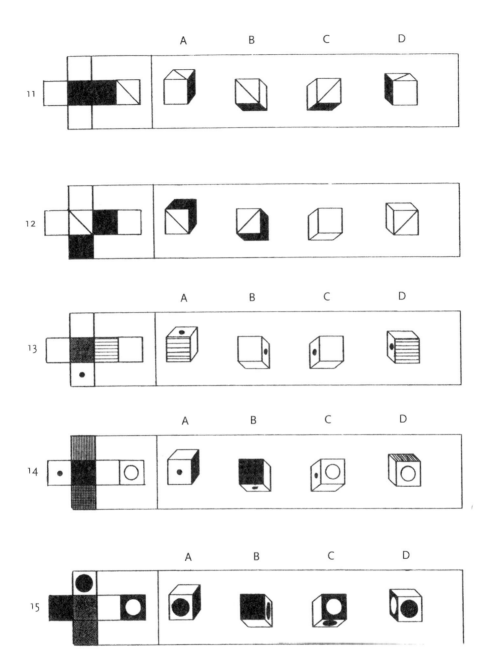

8.2 Stroomdiagrammentests

Een standaardtest om te bepalen of mensen aanleg hebben voor een functie in de informatisering, bijvoorbeeld systeemanalist of programmeur, is de stroomdiagrammentest. Deze test wordt zowel schriftelijk als onder observatie afgenomen, al komt dat laatste vanwege redenen van efficiëntie steeds minder voor. In het eerste geval krijgt u op papier een aantal diagrammen voorgeschoteld waarbij u moet aangeven welke opdracht er in de opengelaten cellen moet komen te staan om het diagram logisch kloppend te maken. De vragen zijn hier multiple choice. In het tweede geval krijgt u een stroomdiagram dat u met behulp van bijvoorbeeld voorgedrukte kaartjes sluitend moet maken. Daarbij kunt u tekst en uitleg geven. Het principe voor beide varianten is hetzelfde.

Bijna iedereen krijgt tegenwoordig met automatiseringsaspecten te maken. Dat betekent niet dat van iedereen kan worden verwacht dat hij/zij moet kunnen programmeren of dat iedereen zich zonder meer de gedachtegang van een systeemanalist eigen kan maken. Maar vanwege het nog steeds toenemend belang van automatisering is het nuttig dat u iets weet van de manier van denken die van u verwacht wordt bij een stroomdiagrammentest. In een psychologisch onderzoek behoort deze test (nog) niet tot het standaardpakket, al neigen enkele testbureaus wel tot toenemend gebruik ervan.

Deze test meet een vrij specifieke vaardigheid, namelijk systematisch en stapsgewijs een bepaalde probleemanalyse kunnen voltrekken. Tot op zekere hoogte simuleert de test de werkzaamheden van een programmeur.

Waar gaat het om bij stroomdiagrammen?

Als u niets van informatica afweet, zult u vreemd aankijken tegen een stroomdiagrammentest. Dat komt omdat deze test nogal afwijkt van de gangbare psychologische tests. De essentie is dat u een probleem dient op te lossen op een bepaalde, van tevoren gestructureerde wijze. Een stroomdiagram (Engels: flow chart) geeft de route aan die een informatiestroom volgt binnen een systeem. Voorbeelden hiervan zijn geautomatiseerde productie-, controle- of sorteerprocessen. Tijdens deze processen wordt de route van een informatiedrager (een product, een ponskaart enzovoort) gevolgd. In de route (diagram) zitten allerlei beslissingsmomenten ingebakken. Afhankelijk van de kenmerken van een informatiedrager worden er bij het doorlopen van een stroomdiagram dus allerlei beslissingen genomen. Deze beslissingen worden in het stroomdiagram weergegeven als cellen. In zo'n cel staat welke beslissing wordt genomen. Sommige cellen zijn opengelaten; van u wordt verwacht dat u daar de juiste beslissing invult. Welke beslissing dat moet zijn, kunt u afleiden uit de probleemstelling. De weg die u moet volgen, wordt in het diagram aangegeven door middel van pijlen. Meestal heeft een stroomdiagrammentest een multiple choice-vorm: u krijgt per openstaande cel een aantal alternatieven aangeboden.

In de praktijk betekent het dat u bij elke open cel informatie moet identificeren. Dat kan betekenen dat u in een open cel een bepaalde vraag moet stellen (Is dit voorbeeld goed?) of dat u een antwoord of aanwijzing moet geven (Zoek ander voorbeeld).

Een stroomdiagram is eigenlijk een verbale weergave van een gedigitaliseerd beslissingsproces. Digitaal wil zeggen dat de informatie in zo'n proces is vastgelegd in enen en nullen. Voor het diagram betekent dat dat u steeds beslissingen moet nemen die alleen 'waar' of 'onwaar' kunnen zijn. Bij de meeste cellen waar u iets moet invullen, zult u steeds kunnen kiezen tussen een 'ja' (bevestigende) en een 'nee' (ontkennende) consequentie.

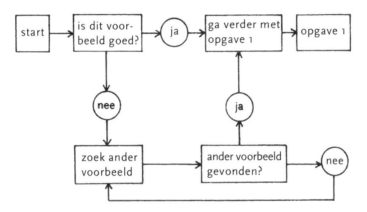

Afbeelding 39   Stroomdiagrammenstructuur

Stroomdiagrammen kunnen eindig of oneindig zijn. Eindig betekent dat op een bepaald moment de opdracht voltooid is. Dat kan het geval zijn als u 20 knikkers uit een zak van 50 gesorteerd hebt op grootte en kleur, maar ook als u 100 personeelsleden van een bedrijf hebt ingeschaald op salarishoogte, aantal werkjaren en geslacht. Hebt u te maken met een eindige opdracht, dan is in het stroomdiagram vaak een teller opgenomen. Bij een bepaalde stand van deze teller (na een x aantal producten, ballen of kaarten) is het gewenste aantal bereikt. Op dat moment is de opdracht voltooid. In het stroomdiagram is dat moment altijd aangegeven. Een voorbeeld van een oneindige opdracht is het continu controleren van een fabricageproces op een aantal variabelen, zoals productiesnelheid, gewicht, omvang en inhoud van de afgeleverde producten. Een oneindige opdracht is nooit 'af'. Hier betreft het een continu doorgaand proces. Dat betekent dat, wanneer u alle stappen van het proces heeft doorlopen, u weer bij het begin uitkomt. Het proces loopt 'gewoon' door. Ook dit kunt u uit het stroomdiagram afleiden.

De beslissingsstructuur is voor beide soorten opdrachten echter hetzelfde. Meestal moet u zo'n vier tot zeven cellen invullen om het gestelde probleem langs de voorgestructureerde weg op te lossen. Bij de schriftelijke vorm kunt u, zoals gezegd, bij elke cel waar u een beslissing moet nemen, kiezen uit meerdere mogelijkheden (multiple choice). Slechts één beslissing is juist. Dat kunt u alleen maar controleren door terug te kijken of verder te gaan in het diagram en door in eerste instantie de probleemstelling goed te lezen. Vaak zult u, om na te gaan welk alternatief u in een bepaalde cel moet invullen, een stap verder moeten gaan in het diagram. Zo kunt u de consequenties achterhalen van de beslissing in de opengelaten cel. Als het ware 'terugredenerend' komt u er dan achter welke beslissing in de desbetreffende cel moet worden ingevuld.

Er zijn stroomdiagrammen waarin de moeilijkheidsgraad wat is opgevoerd door afhankelijke beslissingen in te voeren. Dat houdt in dat de hoeveelheid informatie die u moet combineren om in een cel tot de juiste beslissing te komen, groter is. U moet dan bijvoorbeeld het gewicht van een bepaald product in verband brengen met de afmetingen van het product waarover u in de voorgaande cel een beslissing heeft genomen.

Wat voor alle stroomdiagrammen belangrijk is, is dat u zich een totaalbeeld vormt van de te vervullen opdracht. U moet dus de opdracht zeer goed lezen zodat u als het ware op conceptueel niveau een voorstelling van zaken heeft.

Er zijn ook stroomdiagrammentests waar u bij elke opgave vanuit een beperkt aantal gegeven bewerkingen moet werken. U moet dan afleiden of u bijvoorbeeld grootte, vorm of kleur van een object dient te veranderen. Ook moet u afleiden welke kant u bij een splitsing (ja?/nee?) dient op te gaan. Deze vorm van stroomdiagrammentests is simpeler dan de hierboven behandelde variant, omdat elke opgave is gebaseerd op het toepassen van dezelfde drie gegeven bewerkingen (vorm, grootte, kleur). U moet alleen steeds zeer nauwkeurig afleiden welke van de drie bewerkingen u moet toepassen en u moet de (afgeleide) bewerking uiteraard goed toepassen.

Stroomdiagram 1: onderbroekenwasserij (afb. 40)

In een wasserij worden automatisch onderbroeken gesorteerd op kleur. Rode, witte en blauwe onderbroeken komen op aparte stapels. Heeft een onderbroek een andere kleur, dan komt deze op een reststapel. Als er 500 onderbroeken gesorteerd zijn, is het proces voltooid. De 500 gesorteerde onderbroeken worden dan afgevoerd naar een wasmachine om gewassen te worden. Nadat er 500 onderbroeken zijn afgevoerd naar de wasmachine, wordt het proces herhaald.

Als het in diagram 1 weergegeven proces begint, wordt eerst de teller op nul gezet. Dat is ook logisch, want bij 500 getelde onderbroeken worden deze afgevoerd naar de wasmachine.

Er zijn vier variabelen in het spel: rode, blauwe, witte en restkleurige onderbroeken. In het diagram kunt u zien dat, om de onderbroeken op kleur te sorteren, er eerst naar de rode onderbroeken wordt gevraagd. Deze keus is willekeurig, er had ook naar een witte of blauwe onderbroek gevraagd kunnen worden.

Essentieel is alleen dat wel eerst de specifieke kleuren worden gesorteerd. Immers, als een onderbroek op de drie kleurvariabelen gescreend is en ze is

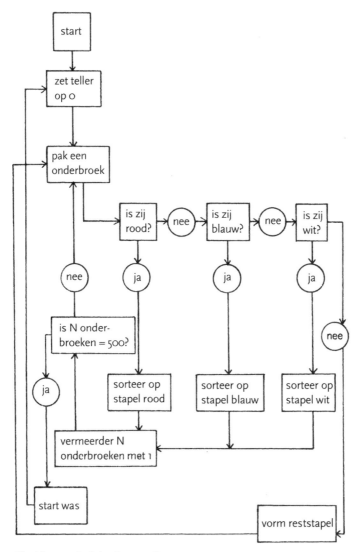

Afbeelding 40   Onderbroekenwasserij

nog niet bij een bepaalde kleur ingedeeld, dan moet deze onderbroek dus van een 'restkleur' zijn. U voert dus een onderbroek het systeem door, net zo lang tot u weer bij 'pak een onderbroek' uitkomt. Als de eerste onderbroek 'rood' is, volgt u de 'ja'-weg onder 'Is zij rood?'. U ziet dat deze onderbroek dan gesorteerd wordt op stapel rood. Van daaruit wordt dan het aantal gesorteerde onderbroeken met één vermeerderd (u hebt immers zojuist een rode onderbroek gesorteerd). Vervolgens vraagt het systeem: 'Is het aantal gesorteerde onderbroeken 500?' Is dat inderdaad het geval (de 'ja'-weg), dan worden deze 500 onderbroeken gewassen. Van daaruit wordt de teller weer op nul gezet (er begint een nieuwe selectie van 500 onderbroeken) en het proces wordt opnieuw doorlopen. Stel nu dat de onderbroek niet rood is. Dan gaat u bij de cel 'Is zij rood?' niet naar beneden, maar u kiest de ontkennende ('nee'-)weg. Vervolgens vraagt het systeem: 'Is zij blauw?' Is dat het geval, dan volgt het identieke verhaal als bij de rode onderbroek, zij het dat er nu op de stapel 'blauw' gesorteerd wordt. Is de onderbroek niet blauw, dan wordt gevraagd of ze wit is. Is ze ook niet wit, dan kan ze dus zonder meer op de reststapel. Er hoeft niet gevraagd te worden: 'Heeft ze een restkleur?' Want als een onderbroek niet rood, wit of blauw is, behoort ze automatisch tot de restcategorie. Vanuit 'Vorm reststapel' loopt het proces weer door, zij het dat de teller nu niet wordt verzet. De reststapel wordt dus niet in het wasproces betrokken.

Dit is natuurlijk een vrij onzinnig stroomdiagram, want eerst worden de onderbroeken op kleur gesorteerd om vervolgens bij een tellerstand van 500 allemaal bij elkaar in de wasmachine te worden gegooid. U zou zelf een variant kunnen bedenken waarbij de verschillende kleuren ook apart worden gewassen.

Tot nu toe zijn de beslissingen die u moest nemen eenduidig. We gaan dat nu iets complexer maken door met afhankelijke beslissingen te gaan werken. In dit geval door een beslissing te relateren aan een voorgaande beslissing. Dat gebeurt als volgt:

Stroomdiagram 2: Kauwgomballenautomaat (afb. 41)

In een kauwgomballenautomaat zitten alleen paarse en groene kauwgomballen. Door inworp van een muntje krijgt u een bal. Als deze bal dezelfde kleur heeft als de voorgaande, krijgt u een bonuskauwgombal. De machine genereert bij inworp van een muntje automatisch een bal van die kleur, waarvan er minstens nog één in de machine aanwezig is. Bevat de machine bij het inwerpen minder dan drie ballen, dan krijgt u uw muntje terug.

Als er een muntje is ingeworpen, gaat het systeem werken ('start'). Eerst wordt er conform de instructie gecontroleerd of er minimaal drie ballen aanwezig zijn. Is dat het geval, dan genereert de machine een bal. Vervolgens wordt de kleur bekeken, namelijk of de bal 'paars' is. Er zijn hier maar twee variabelen (paars en groen), dus door naar willekeurig één variabele te vragen weten we automatisch ook het antwoord op de vraag naar de andere variabele. Nemen we aan dat de bal paars is ('ja'), dan vraagt het systeem vervolgens of de vorige afgegeven bal paars was. Nemen we aan dat dat het geval is ('ja'), dan geeft de machine twee kauwgomballen af. Is de vorige afgegeven bal niet paars, dan krijgt u maar één bal.

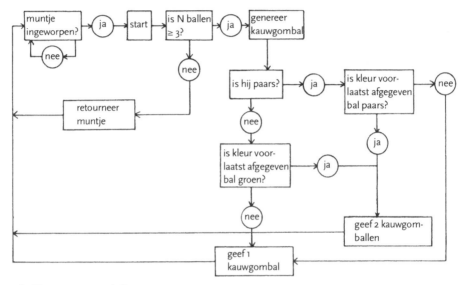

Afbeelding 41   Kauwgomballenautomaat

Als de gegenereerde bal niet paars is (op de vraag 'Is hij paars?' de 'nee'-consequentie), is de kauwgombal dus groen. Het systeem vraagt dan of de voorlaatst afgegeven bal groen is. Is dat zo, dan krijgt u weer twee kauwgomballen. Is dat niet het geval, dan krijgt u één bal. Het probleem bij deze opgave zit in het feit dat er een verband gelegd wordt tussen de kleur van een variabele (bal) en de kleur van een voorgaande variabele. Dit kan natuurlijk nog gecompliceerder gemaakt worden door niet alleen op kleur te selecteren, maar ook bijvoorbeeld op grootte.

Los nu diagrammen 3 en 4 zelf op.

8.2.1 Opgaven stroomdiagrammentests*

Stroomdiagram 3: Psychologische selectie
Kandidaten voor een vacature worden beoordeeld op drie onderdelen: opleiding, leeftijd en lengte.

De indeling voor de normklassen ziet er als volgt uit:

A: opleiding	B: leeftijd	C: lengte
mavo (1)	15-25 (1)	160-170 (1)
havo (2)	26-30 (2)	171-180 (2)
vwo (3)	30 en ouder (3)	> 180 (3)

Aan de hand van de indeling op de normklassen wordt per kandidaat een totaalscore berekend.

De totaalscore op de drie onderdelen moet groter of gelijk zijn (≥) aan 100. Is dat het geval, dan wordt de kandidaat geselecteerd. Er is echter één maar. Als een kandidaat al eens eerder getest is, moet zijn/haar totaalscore groter of gelijk zijn aan 120. Is dat zo, dan wordt hij/zij ook geselecteerd. In alle andere gevallen worden kandidaten afgewezen.

Alternatieven

Cel 1
a Andere opleiding?
b Opleiding vwo?
c Geen opleiding.
d Geef opleiding code 3.
e Codeer opleiding.

Cel 2
a Leeftijd > 30?
b Pak een nieuwe kaart.
c Is code leeftijd 2?
d Andere leeftijd?
e Leeftijd 26-30?

Cel 3
a Bereken totaalscore.
b Totaalscore 0-120?
c Lengtecode volledig?
d Kan kaart worden gecodeerd?
e Vermeerder N kandidaten met 1.

Cel 4
a Wijs kandidaat af.
b 100 ≤ totaalscore < 120?
c Totaalscore < 120?
d Totaalscore > 100?
e Is kandidaat eerder getest?

Cel 5
a Totaalscore ≥ 100?
b Totaalscore ≤ 100?
c Totaalscore onvoldoende?
d Is kandidaat eerder getest?
e Totaalscore gecorrigeerd?

> NB:
> < betekent: is kleiner dan;
> > betekent: is groter dan;
> ≤ betekent: is kleiner of gelijk aan;
> ≥ betekent: is groter of gelijk aan;
> N betekent: aantal.

* Voor de oplossingen zie p. 304.

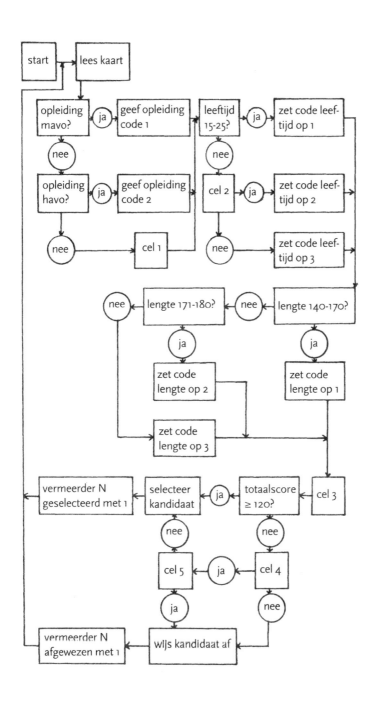

Afbeelding 42 Psychologische selectie

Stroomdiagram 4: Dubbele analogieën
De psycholoog Sternberg heeft de manier waarop mensen te werk gaan bij het oplossen van verbale analogieën vastgelegd in een formeel systeem van redeneerstappen. Het zo verkregen systeem kan met een paar kleine wijzigingen worden veranderd, zodat er een representatie ontstaat voor het oplossen van dubbele analogieën. Een dubbele analogie heeft de vorm:
  ... staat tot **B** als **C** staat tot ...
De ontbrekende termen A en D moeten respectievelijk gekozen worden uit de alternatieven 1-5 en uit de alternatieven a-e. Het oplossen kan worden weergegeven met behulp van de volgende stappen:
1 Identificeer B.
2 Identificeer 1-5.
3 Kies A zodanig uit 1-5 dat de meest betekenisvolle relatie tussen A en B (R_{AB}) ontstaat.
4 Pas R_{AB} toe op C na identificatie van C.
5 Kies, na identificatie van a-e, uit deze een alternatief zodat geldt: $R_{AB} = R_{CD}$.
6 Noteer gekozen alternatieven op scoreformulier en ga door met de volgende opgave.

Los nu het onderstaande afgebeelde stroomdiagram op.
  Alternatieven:

Cel 1
a Kies alternatief.
b Is 1-5 geïdentificeerd?
c Identificeer 1-5.
d Identificeer C.
e Kies meest betekenisvolle alternatief.

Cel 2
a Alternatief uit 1-5 gekozen?
b Kan R_{AB} worden gelegd?
c Controleer R_{AB}.
d Is meest betekenisvolle R_{AB} niet mogelijk?
e Is meest betekenisvolle R_{AB} gelegd?

Cel 3
a Identificatie geslaagd?
b Pas R toe op de term op plek C.
c Pas R_{AB} toe op R_{CD}.
d Pas R_{AB} toe op a-e.
e Is meest betekenisvolle C geïdentificeerd?

Cel 4
a Is R_{a-e} gelijk aan R_{1-5}?
b Bevat a-e een term voor R_{CD}?
c Meest betekenisvolle identificatie gelegd?
d Analogie voltooid?
e Bevat a-e een term zodat geldt $R_{AB} = R_{CD}$?

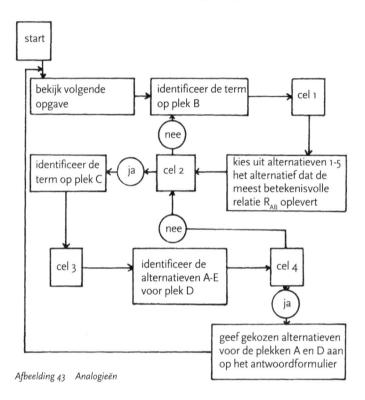

Afbeelding 43   Analogieën

8.3 Coderingtests

Ook coderingstests maken vaak deel uit van selectieprocedures in de automatiseringswereld. De opzet van zo'n test is simpel. U krijgt een codering voorgeschoteld:
A = 1
B = 2
C = 3
D = 4
E = 5
enzovoort.

Vervolgens krijgt u een aantal coderingsopgaven, waarvan u moet aangeven of ze kloppen of niet.

Bijvoorbeeld:

A × A = B	goed/fout
B × B = D	goed/fout
DE − BC = BB	goed/fout

Bij dit soort opgaven komt het vooral aan op geheugen, in combinatie met snelheid van werken en nauwkeurigheid.

Hier is weinig te sleutelen. De snelheid waarmee u kunt werken, is afhankelijk van uw vermogen om u de codering eigen te maken.

8.3.1 Opgaven coderingtests*

1	AB × AA = ABA	goed/fout
2	BB − AA = AA	goed/fout
3	CF + BD = FA	goed/fout
4	FF : CC = BB	goed/fout
5	FB − BA = DA	goed/fout
6	BD : B = D	goed/fout
7	BA : C = H	goed/fout
8	AF : D = D	goed/fout
9	DD − AA = CC	goed/fout
10	ABA : AA = A	goed/fout
11	BB − B = B	goed/fout
12	CE − CE = B	goed/fout
13	ED : I = F	goed/fout
14	CA + B = BC	goed/fout
15	AE × C = ED	goed/fout

8.4 Tests voor commerciële aanleg

Het is niet zonder meer duidelijk of tests voor commerciële aanleg onder de intelligentietests vallen. Voor zover ze dat wel doen, is het een kwestie van goed lezen en logisch nadenken. Er wordt echter nogal eens een beroep gedaan op expliciete kennis. Weet u bijvoorbeeld wat precies de taken zijn van een vertegenwoordiger die supermarkten bezoekt?

Daarnaast zal natuurlijk nooit alléén een test voor commerciële aanleg uw geschiktheid voor een commerciële functie bepalen. Doorzettingsvermogen,

---

* Voor de oplossingen zie p. 304.

sociale vaardigheid en mensenkennis zijn eveneens bepalende factoren. Deze aspecten komen niet in een test voor commerciële aanleg tot uitdrukking. Wel kunnen ze worden ingeschat via andere tests, uw aanpak van bepaalde cases, uw curriculum vitae en de indruk die u maakt tijdens het interview met de psycholoog.

Op grond van wat voor soort motieven mensen besluiten tot de aanschaf van een bepaald product, is niet zonder meer duidelijk. Er is hier een veelheid van motieven in het spel. En die motieven kunnen meer of minder rationeel zijn. Iemand kan een auto kopen die relatief duur is, maar die de koper van een bepaalde status verzekert. Zo'n statusmotief kan op zich best rationeel zijn, in de zin dat iemand door het bezit van deze auto wil aangeven tot een bepaalde, gefortuneerde klasse te behoren. Het gegeven dat mensen zich in hun koopgedrag laten leiden door een veelheid van motieven, betekent dat u als commercieel medewerker (*sales executive*) de nodige speelruimte hebt waarbinnen u mensen kunt beïnvloeden en manipuleren. U kunt via uw eigen inbreng de kans vergroten dat mensen voor uw product of dienst kiezen. Als geen andere is de verkoopsituatie dan ook een voorbeeld van een *persuasieve* situatie. Uw speelruimte is echter ook hier gebonden aan, zij het globale, regels. Dat zijn geen strikt logische of empirische regels. De verkoper bevindt zich vaak in de n = 1 situatie, wat betekent dat een verkoper in elke situatie opnieuw de ideale verkoopstrategie moet zien te bepalen. Klanten worden gekenmerkt door verschillende behoeften en eisen en vragen zo veelal een specifieke benadering. Voor zover er bij tests voor commerciële aanleg al sprake is van bepaalde regels kunnen de volgende (globale) regels worden afgeleid:

1 **U dient als commercieel medewerker altijd beleefd en vriendelijk te zijn.**

In feite is dit een algemeen ethisch advies. Ook een onvriendelijke arts komt op een gegeven moment zonder patiënten te zitten. In de verkoopsector worden jaarlijks miljoenen euro's omgezet om medewerkers meer servicegericht en klantvriendelijker te maken. Zijn verkopers van nature zo onbeschoft? Wordt hen door klanten het bloed onder de nagels vandaan gehaald? Of werken ze binnen een systeem van stressverhogende prestatiebeloning? Of is de training een vorm van aandacht die op zich al de motivatie verhoogt?

2 **U moet de behoeften van uw potentiële klant(en) kennen.**

Alleen door te weten te komen wat uw klanten werkelijk nodig hebben, kunt u hen tot tevreden klanten maken. Vaak weten mensen zelf niet wat ze precies nodig hebben. Voor de verkoper ontstaat hier een moreel dilemma: Hoe moet deze onwetende klant behandeld worden? U kunt iets duurs proberen te verkopen, maar u kunt ook datgene verkopen wat qua prijs/kwaliteit het meest bij deze klant aansluit. Het zal duidelijk zijn dat deze laatste filosofie op de lange duur het beste werkt.

3 U moet uw potentiële klant(en) duidelijk maken waarom ze uw product/dienst nodig hebben.

Daarvoor kan een aantal redenen aangevoerd worden:
- uw product/dienst kan beter zijn (spaart geld op de lange termijn);
- uw product/dienst kan goedkoper zijn;
- uw product/dienst kan erg gewild zijn bij de consument (statusverhogend);
- uw product/dienst gaat vergezeld van een goede nazorg.

U dient vooral de nadruk te leggen op de voordelen van uw product. Elk product heeft natuurlijk specifieke voor- en nadelen. Bespreek deze rustig met de klant. Spiegel de klant geen onzin voor. Zet daarna de zaken nog eens op een rijtje en benadruk wat nu precies de voordelen van uw product zijn. U ziet dat het hierbij ook erg belangrijk is dat u de behoeften van uw klant kent. Alleen zo kunt u ervoor zorgen dat u de klant levert wat deze nodig heeft.

4 U moet een klant nooit dingen beloven die u niet kunt waarmaken.

Doet u dat wel, dan zal de klant nooit bij u terugkomen. (Uiteraard hangt dit van het product af. Als u aannemer bent en een klant wil door u een huis laten bouwen, zal dit hoogstwaarschijnlijk eenmalig zijn. Maar als u het huis niet geheel volgens afspraak aflevert, zal deze klant geen reclame voor u maken, vooropgesteld dat u uw geld krijgt).

Te veel beloven wordt ook wel de Lowball-benadering genoemd. Een voorbeeld: 'Grandioze verbouwingsopruiming, kortingen tot 80 procent.' De Lowball wordt veel gebruikt als klantenlokkertje. De reden is dat als er bij klanten eenmaal een betrokkenheid is ten opzichte van een product, bijvoorbeeld door naar de winkel te komen om eens te kijken, het gemakkelijker is om de klant zodanig te beïnvloeden dat deze ook iets aanschaft.

5 U dient klanten (bij voorkeur) blijvend aan u te binden.

Dit refereert rechtstreeks aan 4. In feite is dat een basis marketingprincipe: het vinden en behouden van afzetmarkten.

6 U moet bij een klant niet om de zaken heen draaien.

Er zijn ongetwijfeld klanten die u van alles kunt wijsmaken. Daarmee wordt uw product echter niet beter en de klant wordt er dus niet tevredener door. Over het algemeen kunt u klanten het beste open en eerlijk te woord staan. U hoeft uw eigen product echter niet het graf in te prijzen. Elk product heeft immers zo zijn voordelen. Toch zit hier een aardig stukje ethiek. Indien een klant u in het nauw drijft, moet u zich er niet uitbluffen of onzin gaan uitslaan. Zeg dan dat u dit aan iemand moet vragen die daarvan op de hoogte is en dat u de klant later met de gewenste informatie zult terugbellen.

7 **U moet ervoor zorgen dat u het initiatief houdt in het contact met klanten.**

Zeg, als het om een wat vage orderopdracht gaat, niet: 'Ik wacht uw telefoontje af', maar maak (indien mogelijk) direct een (vervolg)afspraak. Op winkelniveau: laat een klant niet ronddwalen in uw zaak. Vraag of u iets voor hem of haar kunt doen.

> **Veel gebruikte beïnvloedingstechnieken**
> Uit bovenstaande worden algemene beginselen duidelijk om iets van iemand gedaan te krijgen. Het gaat om het herkennen van de behoefte van iemand: wat wil iemand, aangevuld met vriendelijke, open en directe communicatie. Uit de voornamelijk Amerikaanse literatuur wordt nog een aantal andere technieken genoemd. Deze verkooptechnieken zijn alle gebaseerd op twee principes: consistentie en wederkerigheid.
> Uit onderzoek blijk dat mensen redelijk consistent zijn in hun opvattingen. Hebben we eenmaal een bepaalde overtuiging of intentie, dan moet er redelijk veel gebeuren om ons daarvan af te brengen. U moet er dus in eerste instantie voor zorgen dat er een minimale koopbereidheid of interesse bij een klant ontstaat. Dat kan bijvoorbeeld door te wijzen op aantrekkelijke aspecten van uw product (prijs/kwaliteit), waarmee u een klant naar de winkel lokt of tot een persoonlijke afspraak verlokt. Bent u eenmaal zover gekomen, dan hebt u de mogelijkheid om de getoonde interesse uit te bouwen tot een concrete koopintentie. Klanten redeneren op basis van hun consistentie dan (impliciet) ongeveer als volgt: Ik heb A gezegd en ik moet nu dus ook B zeggen. Aan u de taak om de klant soepel van A naar B te krijgen.
> Daarbij kunt u gebruikmaken van wederkerigheid, of anders gezegd het opbouwen van een gemeenschappelijke relatie. Door het benadrukken van gemeenschappelijke kenmerken, interesses en achtergronden tussen u en een potentiële klant, kunt u de klant sneller zover krijgen dat deze tot aanschaf van iets overgaat. Het simpelste voorbeeld van wederkerigheid is gewoon heel vriendelijk doen: mensen voelen zich dan in elk geval gedeeltelijk gebonden. Bij supermarkten is het tegenwoordig standaard dat u door de caissière vriendelijk begroet wordt. Dit schept een (minimale) band en kan zo van invloed zijn op uw trouw.
> Concreet worden er vier technieken onderscheiden die een beroep doen of op consistentie of op wederkerigheid of op een combinatie van beide.

Foot in the door (voet tussen de deur)

Dit wordt ook wel het Jehova's principe genoemd. De truc is om via een klein verzoek bij de potentiële klant een opening te creëren zodat daarna een groter verzoek wordt gehonoreerd. Uit onderzoeken blijkt dat het succesvol hanteren van de 'Foot in the door'-techniek een bereidheidstoename van ongeveer 30% tot gevolg kan hebben (zie bijvoorbeeld Bloemers & Hagedoorn 1998). Binnen organisaties wordt de 'Foot in the door'-techniek ook veel gebruikt om iets van mensen gedaan te krijgen. Men begint dan met een klein onschuldig verzoek, maar dit wordt al snel uitgebouwd tot veel ingrijpender verzoeken, waarbij er voor de betrokkenen geen weg terug meer lijkt (wie A zegt moet vervolgens het hele alfabet opzeggen, want als u A zegt dan geeft u eigenlijk aan dat u het hele alfabet wilt opzeggen...).

Door in the face (deur in het gezicht)

De 'Door in the face' werkt precies tegengesteld aan de 'Foot in the door'. Bij de 'Door in the face' confronteert u de klant met een zeer groot verzoek, door bijvoorbeeld het allerduurste model of type van iets aan te prijzen. Vervolgens zakt u naar een veel kleiner verzoek: u komt uit op een veel goedkoper type, dat qua prijs/kwaliteit-verhouding ook heel aardig is. De achterliggende idee is dat van wederkerigheid: u doet iets voor de klant (u zakt in prijs, u doet moeite voor een klant) waardoor de klant moeilijk terug kan. U kent de veel voorkomende situatie waarbij een verkoper suggereert dat hij nog wel (met de nodige inspanning) een speciale aanbieding voor u kan regelen. Indien u niet assertief genoeg bent, zult u zich meer en meer verplicht gaan voelen om dan toch maar iets aan te schaffen. Ook bij deze techniek wordt een bereidheidstoename gevonden van ongeveer 30% (Bloemers & Hagedoorn 1998).

De Lowball-techniek

De Lowball-techniek is al aan de orde gekomen. Ze bestaat eruit dat u een potentiële klant met een aantrekkelijk aanbod naar uw zaak lokt. Vanuit het consistentieprincipe zal een klant dan mogelijk denken: Ik ben er nu toch, dus laat ik maar eens kijken of ik niet iets van mijn gading kan vinden... Uitverkoopadvertenties zijn hier een mooi voorbeeld van. Het belangrijkste in dat geval is om de klant naar de winkel te lokken. Vervolgens kan de hele scala aan beïnvloedingstechnieken op de klant worden losgelaten.

Foot in the mouth (iemand met de mond vol tanden laten staan)

De 'Footh in de mouth'-techniek gaat uit van het gegeven dat wanneer mensen merken dat ze iets delen met iemand anders, er een relatie is die verplichtend kan werken. Het simpelste voorbeeld hiervan is om gewoon vriendelijk en geïnteresseerd te doen, en zo een positieve band met de ander op te bouwen. In een experiment werd een bereidheidstoename van 15% gevonden, nadat er gewoon maar een praatje met potentiële slachtoffers was gemaakt (merk op dat het hier in feite gaat om twee basiseigenschappen voor goed functioneren in de dienstensector, te weten extraversie (dominantie) en vriendelijkheid (zie ook hst. 9, over de persoonlijkheids- en managementvragenlijsten).

8.4.1 Voorbeelden van vragen commercieel inzicht*

Hieronder ziet u een aantal vragen met betrekking tot uw commerciële aanleg. U krijgt bij elke vraag een korte situatieschets. De bedoeling is dat u zich inleeft in de beschreven situatie en dat u dan uit de alternatieven a-d steeds het volgens u beste antwoord kiest.

1 Een folder/brochure heeft in een verkoopsituatie het grootste effect als:
   a deze vooraf aan zoveel mogelijk (potentiële) klanten is toegestuurd.
   b deze er zo verzorgd en duur mogelijk uitziet.
   c deze een perfecte afspiegeling geeft van uw assortiment en direct aan de klant werd uitgereikt.
   d deze in een gesprek met een klant wordt gebruikt om af en toe uw argumenten te illustreren en te versterken.

2 De beste manier om als vertegenwoordiger een (potentiële) klant te benaderen is:
   a deze een uitgebreide brochure te sturen.
   b deze te benaderen voor een afspraak.
   c deze een proefzending te sturen, zodat uw klant zich een beeld van uw product kan vormen.
   d deze klant direct te bezoeken om zo de kwaliteiten van uw product te demonstreren.

3 Een trouwe klant wijst u erop dat een artikel van een concurrerend merk een stuk goedkoper is geworden. Uw antwoord hierop is dat:
   a uw product kwalitatief een stuk beter is.
   b uw concurrent via dumpprijzen een faillissement probeert te voorkomen.
   c u zelf binnenkort ook met een voordeelactie komt.
   d u contact zult opnemen met de directie om na te gaan of uw afnemer een korting kan krijgen.

4 Tijdens een bespreking met uw collega's en de afdelingsmanager komt naar voren dat uw verkoopresultaten veruit de slechtste zijn. U doet er het beste aan:
   a te zeggen dat u door uw hulpvaardige instelling ook een aandeel heeft in de resultaten van uw collega's.
   b de manager te vertellen dat u het niet fair vindt dat hij dit publiekelijk bespreekt en dat u binnenkort weer betere resultaten verwacht.

* Voor de oplossingen zie p. 304.

   c de manager voor te stellen om tot algemene adviezen te komen hoe een goede verkoopstrategie eruit moet zien, zodat uw resultaten daardoor omhoog kunnen gaan.
   d uw collega's erop te wijzen dat er toch iemand de laagste omzetcijfers moet hebben, maar dat dat niets zegt over uw inzet en verkoopkunde.

5 Tijdens een bezoek aan een klant ziet u dat de klant een aantal producten van een concurrerend merk heeft aangeschaft. U:
   a begint uitgebreid dit merk af te kraken.
   b gaat ervan uit dat u deze klant kwijt bent en u richt zich met verhevigde inzet op mogelijke nieuwe klanten.
   c suggereert de klant dat er misschien van de prijs van uw product nog wel wat af kan.
   d wijst de klant met klem nogmaals op de positieve aspecten van uw product.

6 Met heel veel pijn en moeite hebt u eindelijk een afspraak met een nieuwe klant kunnen maken. Als u arriveert, hoort u van de secretaresse dat uw contactpersoon pas aan het eind van de dag tijd voor u heeft. Wat doet u?
   a u besluit later op de dag terug te komen.
   b u zegt dat u dit vrij onbeschoft vindt omdat u 200 km voor niets hebt gereden.
   c laat uw kaartje achter met het verzoek u te bellen voor een nieuwe afspraak en u gaat een andere klant in de buurt bezoeken.
   d u verzoekt de secretaresse dringend om te vragen of uw contactpersoon geen vijf minuten kan vrijmaken, omdat het om een belangrijke kwestie gaat.

7 U bent verkoper in een groot landelijk warenhuis. Een klant die al enige tijd rondloopt op uw afdeling:
   a wil zich waarschijnlijk rustig oriënteren en kunt u het beste niet aanspreken totdat de klant zich tot u wendt.
   b kunt u het beste benaderen door te vragen in wat voor artikelen hij/zij geïnteresseerd is.
   c kunt u het beste van dienst zijn door te zorgen dat de artikelen op uw afdeling zodanig zijn uitgestald dat de speciale aanbiedingen goed zichtbaar zijn.
   d wil waarschijnlijk niets kopen, zodat een initiatief van uw kant tot irritatie zou leiden.

8 Na lang praten adviseert u een klant een bepaald artikel te kopen. De klant haalt vervolgens een testrapport uit de consumentengids te voorschijn waarin uw artikel er niet zo goed afkomt. Wat doet u?
   a U zegt dat dit soort rapporten over het algemeen niet zo betrouwbaar is.
   b U zegt dat het rapport op zich wel iets zegt, maar dat het niet opweegt tegen de goede eigenschappen van het door u geadviseerde artikel.

c U zegt dat uw klant niet alles moet geloven wat er geschreven wordt en dat u al zeer veel van dergelijke artikelen heeft verkocht.
  d U zegt dat u ook het beste artikel uit de test in huis heeft maar dat het gezien de prijs en de mogelijkheden niet goed aansluit bij wat de klant zoekt.

9 Een klant biedt een artikel ter reparatie aan en zegt dat de reparatie nog onder de garantietermijn valt. U ziet op het garantiebewijs dat de garantiedatum met één dag is verlopen. Wat doet u?
  a U vraagt om de kassabon en zegt dat er zonder bon niet gerepareerd kan worden.
  b U zegt dat de officiële garantietermijn verlopen is, maar dat u met de fabrikant contact zult opnemen om te vragen of het artikel nog onder garantie kan worden gerepareerd.
  c U raadpleegt uw chef om te vragen wat in dit soort gevallen de gebruikelijke handelwijze is.
  d U zegt dat het u spijt, maar dat de klant toch echt zelf de reparatie zal moeten betalen.

10 U hebt het sterke vermoeden dat een klant u bij een order aan het lijntje probeert te houden, terwijl hij ook met een andere leverancier onderhandelt. U:
  a oefent extra druk uit om de klant nu tot een beslissing te dwingen.
  b geeft uw klant nog enige tijd uitstel en vraagt hem u te bellen als hij een beslissing heeft genomen.
  c zegt dat de klant toch echt nu moet beslissen daar uw leveringsschema anders in de war raakt.
  d schrijft deze klant voorgoed af.

11 U heeft een videorecorder gewonnen, maar u bezit al zo'n apparaat. Om er snel een goede prijs voor te krijgen kunt u het beste:
  a alle huizen bij u in de buurt afgaan en vragen of men een videorecorder wil kopen.
  b een advertentie plaatsen in de stadskrant.
  c een annonce ophangen in de plaatselijke supermarkt.
  d het apparaat aanbieden aan een zaak in tweedehands videoapparatuur.

12 Het meest zinvolle onderscheid tussen een goede en een slechte verkoper is dat:
  a een goede verkoper erin slaagt om te achterhalen wat de behoefte van een klant is.
  b een goede verkoper meer omzet.
  c een goede verkoper meer omzet omdat hij erin slaagt klanten te overtuigen een bepaald product te kopen.
  d een slechte verkoper niet geïnteresseerd is in wat klanten eigenlijk willen.

9

Het spel om de persoonlijkheid: persoonlijkheids-, management- en integriteitsvragenlijsten

*'Know who you are,
but don't push it too far'*

9.1 Wat is persoonlijkheid?

Een management- of persoonlijkheidsvragenlijst zegt iets over uw persoonlijkheid. Daarbij is er geen of nauwelijks verschil tussen een persoonlijkheids- en een managementvragenlijst. Persoonlijkheidsvragenlijsten stammen van origine uit de klinische psychologie, ontwikkeld om probleemgedrag te voorspellen. Een managementvragenlijst geeft aan dat het begrip persoonlijkheid gemeten wordt binnen een organisatiecontext en benadrukt zo dat het gaat om werkrelevante aspecten van uw persoonlijkheid. Maar uiteindelijk is het één pot nat. De voorspellende waarde van algemene persoonlijkheidsvragenlijsten en managementvragenlijsten voor werkprestaties is matig tot beperkt, in elk geval veel beperkter dan de voorspellende waarde van intelligentietests en een Assessment center-methode. Trendy persoonlijkheidsvragenlijsten, zoals de test voor zogenaamde emotionele intelligentie, ook wel de EQ-test genoemd, doen daar niets aan af. Die beperkte waarde komt voort uit het feit dat, zoals gezegd, persoonlijkheidsvragenlijsten in eerste instantie ontwikkeld zijn om probleemgedrag in kaart te brengen. Bij werkgedrag gaat het, naast 'normaal, aangepast gedrag' ook nog om andere aspecten, zoals motivatie, sociaal gedrag en leiderschapskwaliteiten. Verder zal blijken dat persoonlijkheid vooral een complex begrip is, waarbij naast de persoon ook de situatie een rol speelt. Bij het meten van uw persoonlijkheid is dus behoorlijk wat 'ruis' inbegrepen, waardoor de voorspellende waarde van deze tests beperkt blijft. Bovendien kunt u, in tegenstelling tot een intelligentietest, bij een persoonlijkheidsvragenlijst tot op zekere hoogte het antwoord faken of sturen. Bij de stelling 'In een groep neem ik al snel het initiatief' zult u, als u voor de functie van bijvoorbeeld teammanager solliciteert, ongetwijfeld 'ja' invullen, ook al weet u dat uw initiatief en dominantie niet altijd even groot zijn. Kortom, persoonlijkheidsvragenlijsten en managementvragenlijsten zijn niet zo 'hard' als intelligentietests, al was het alleen maar omdat er geen eenduidig goed antwoord op de vragen van deze tests te geven is, hoogstens een best passend of wenselijk antwoord.

Om de vraag: Wat meet een persoonlijkheidsvragenlijst? goed te kunnen beantwoorden, moeten we eerst nader onderzoeken wat 'persoonlijkheid' is. Iedereen kent de uitdrukking 'hij of zij is een echte persoonlijkheid'. Daarmee wordt meestal bedoeld dat het om iemand gaat die 'wat te vertellen heeft', die 'kleur uitstraalt', iemand met 'pit' of met 'karakter'. Het levert echter weinig op om persoonlijkheid te vervangen door bijvoorbeeld karakter, aangezien we dan in een cirkelredenering of een petitio principii belanden. De vraag is juist wat nu persoonlijkheid, wat karakter is.

9.1.1 Het persoonlijkheidsbegrip: ontwikkelingen

In de persoonlijkheidspsychologie hebben zich ontwikkelingen voorgedaan die een grote betekenis hebben gehad voor het begrip persoonlijkheid en voor de ontwikkeling van persoonlijkheids- en managementvragenlijsten.

Er zijn verschillende persoonlijkheidstheorieën, dat wil zeggen: opvattingen over hoe de mens in elkaar zit. Het gaat dan bij persoonlijkheid om kenmerkende, stabiele structuren in denken, voelen en gedrag. De Grieken deelden de mens in in typen analoog aan de vier elementen: aarde, water, lucht en vuur. Denk bijvoorbeeld aan een 'vurig' persoon, een 'luchtig' type enzovoort. In onze spreektaal vinden we deze symboliek nog volop terug, als het gaat om het inzichtelijk maken van menselijk gedrag. Langdurig heeft men ook gezocht, en men zoekt nog steeds, naar de lokalisatie van bepaalde psychische eigenschappen binnen specifieke gedeelten van de hersenen. Of men probeerde persoonlijkheid tastbaar te maken door karaktereigenschappen in verband te brengen met lichamelijke kenmerken (Kretschmer, Sheldon: zie Kouwer 1963). Denk bijvoorbeeld aan de 'intelligentie achter het hoge voorhoofd', het 'gezellige dikkerdje', de 'flegmatieke dunnerd' enzovoort. Dit laatste soort persoonlijkheidsopvattingen is een voorbeeld van stereotypering: de neiging om anderen uitsluitend te beoordelen op grond van objectief vast te stellen, uiterlijke kenmerken.

Bij het in kaart brengen van iemands persoonlijkheid speelt bij de meeste mensen het uiterlijk en de verschijningsvorm een grote rol (zie ook hst. 10: Het interview). Als u iemand niet kent, is uiterlijke informatie immers het enige wat u hebt: voor uw oordeel over deze persoon bent u dus wel aangewezen op uiterlijke kenmerken. Stereotypen zijn dan ook vooral een middel om in een situatie met zeer beperkte informatie over iemands persoonlijkheid toch tot een oordeel te komen. In het dagelijks leven hanteren we (noodzakelijkerwijs) allemaal stereotypen. Stereotypen hoeven niet eens fout te zijn, maar ze zijn zeer beperkt en om iemand persoonlijkheid beter te doorgronden moeten we op zoek naar andersoortige en uitgebreidere informatie, namelijk wat is kenmerkend gedrag voor deze persoon?

Een veel 'diepere' opvatting over wat persoonlijkheid is, vinden we bij Freud. Deze maakte aanvankelijk onderscheid tussen een onbewust en een bewust gedeelte van de persoonlijkheid. Met dit onderscheid was Freud echter niet in staat de complexiteit van de menselijke persoonlijkheid te verklaren. Daarom introduceerde hij een verdere verfijning in de persoonlijkheid, de driedeling id-ego-superego. Uit de wisselwerking tussen deze drie instanties zou dan de persoonlijkheid van ieder individu kunnen worden verklaard. Volgens Freud zou de mens geregeerd worden door de primitieve driften van het id (lust en geweld), die enigszins in toom worden gehouden door het superego, de normen en waarden. Verder wees Freud op het gegeven dat het grootste gedeelte van onze persoonlijkheid onbewust is, wij zijn wat dat betreft veel minder rationeel dan we denken. Zo bezien vormt onze manifeste en kenbare, bewuste persoonlijkheid slechts het topje van de ijsberg. Freuds opvattingen hebben ontegenzeggelijk een enorme aantrekkingskracht, vooral omdat al ons gedrag er wel op een of andere manier mee verklaard kan worden. Psychologisch gezien is de waarde van Freuds persoonlijkheidstheorie echter zeer beperkt. De verklaringen zijn vooral vaag, en het is meer een kwestie van erin geloven (zie bijvoorbeeld Linschoten 1964).

Naast Freuds opvattingen zijn er ook behavioristische opvattingen over persoonlijkheid. Deze gaan uit van het primaat van het waarneembare gedrag; denken en voelen zijn hier secundair. Behavioristische opvattingen zijn wetenschappelijk goed te onderzoeken, maar ze negeren de mens grotendeels als belevende en informatieverwerkende persoon. Toch zijn ze in het dagelijks leven zeer nuttig: veel mensen geven wel aan dat ze bepaalde dingen denken of voelen, maar wat telt is vaak wat mensen uiteindelijk doen: het gaat dus uiteindelijk veelal om waarneembaar gedrag. Iedereen heeft begrip voor een goedwillende medewerker, maar als deze persoon nooit wat presteert, dan houdt het snel op.

Verder kennen we nog de persoonlijkheidsopvattingen uit de humanistisch psychologische hoek, Rogers en Maslow. Deze stellen vooral de mens als een zich ontplooiend wezen centraal. Veel meer dan Freud gaan zij uit van het 'goede' in de mens. Ook deze opvattingen zijn vaag en niet goed toetsbaar. Iedereen zal zich wel willen ontplooien, maar of dat een zich autonoom voltrekkend proces is (Maslow), is zeer de vraag. Mensen maken ook keuzes en kunnen hun eigen leven sturen. Het is wat dat betreft zinvoller om te vragen waardoor bepaalde gedragskeuzes tot stand komen: is dat iets wat in ons zit, zoals karakter of persoonlijkheidseigenschappen, of is dat bijvoorbeeld de situatie, die bepaalde eisen aan ons stelt?

Persoonlijkheid versus situatie
In de jaren zestig kwam het idee dat persoonlijkheid iets is wat 'in' ons zit sterk onder druk te staan. Guion (1965) deed een onderzoek waaruit bleek dat de voorspellende waarde van persoonlijkheidsvragenlijsten minimaal was. De voor de hand liggende conclusie was dan dat de situatie waarin mensen zich bevinden, bepalend is voor hun gedrag, en dus voor hun persoonlijkheid. Deze opvatting leidde tot wat wel het situationisme werd genoemd: als we willen

kijken wat voor persoonlijkheid mensen hebben, dan moeten we vooral kijken naar de situatie waarin mensen een bepaald gedrag hebben vertoond (Mischel 1968). Merk op dat in een extreem situationistische opvatting mensen geen eigen persoonlijkheid meer bezitten: iedereen vertoont hetzelfde, door de situatie bepaalde gedrag. Als u als voorbeeld een aantal krachtige situaties neemt, zoals een bibliotheek, een begrafenis, een huwelijksceremonie of een voetbalwedstrijd (Kline 1993) dan kunt u inderdaad denken dat iedereen over eenzelfde persoonlijkheid beschikt en dat gedrag uitsluitend door de situatie bepaald wordt: de mensen uiten en gedragen zich hoogst identiek. Aan de andere kant weten we dat dit uitzonderingssituaties zijn: het zijn krachtige rituelen, maar er is qua persoonlijkheid meer onder de zon.

De serieuze aanzet voor een intern gerichte verklaring voor ons gedrag, gericht op het aantonen van stabiele persoonlijkheidseigenschappen, stamt uit het begin van de twintigste eeuw. De Amerikaanse psycholoog Allport hanteerde ongeveer de volgende redenering bij zijn zoektocht naar de menselijke persoonlijkheid. Hij ging uit van wat tegenwoordig wel de 'lexicografische hypothese' wordt genoemd: als ik er achter wil komen waaruit onze persoonlijkheid bestaat, dan moet ik onderzoeken welke termen mensen gebruiken om hun persoonlijkheid of persoonlijkheidseigenschappen te beschrijven. De aangewezen weg daartoe is het woordenboek. Allport kwam tot de ontdekking dat er een kleine 20.000 termen bestonden die op een of andere manier verwezen naar persoonlijkheid. Nu is 20.000 termen wat veel om een theorie op te funderen. De wetenschap is spaarzaam en zoekt meestal naar simpele verklaringen. Uitgaande van de opvatting dat we kunnen ontdekken waaruit persoonlijkheid bestaat door te onderzoeken welke termen mensen gebruiken om hun gedrag te beschrijven, is het misschien mogelijk om deze termen zodanig te analyseren en te ordenen dat er grotere, kenmerkende groepen van overlappende termen ontstaan die dus eigenlijk naar hetzelfde soort gedrag verwijzen. Het ligt immers voor de hand dat er heel veel termen zijn die naar eenzelfde betekenis verwijzen. Wat is bijvoorbeeld het verschil tussen inventief, intelligent, creatief, vindingrijk, slim, handig enzovoort? Met behulp van factoranalyse, een statistische techniek om een grote verzameling (verschillende) eigenschappen terug te brengen tot meer basale eigenschappen, is dat inderdaad gelukt. Zo onderscheidde Cattel rond 1930 nog 16 basispersoonlijkheidseigenschappen. Eysenck (1947) kwam tot twee, later tot drie, en tegenwoordig houdt men het op vijf. Dat betekent dat als we ons gedrag (persoonlijkheid) willen verklaren, we dat kunnen doen door een profiel te maken dat gebaseerd is op vijf brede eigenschaps- of gedragsdimensies. Deze vijf dimensies worden ook wel de *Big Five* genoemd of het Vijffactormodel (FFM).

Naar deze zogenoemde Big Five is inmiddels zeer veel onderzoek gedaan. Er zijn wat kleine wijzigingen doorgevoerd en over de laatste, vijfde factor is men het nog niet geheel eens. Maar het blijkt dat onze persoonlijkheid zeer goed te beschrijven is door uit te gaan van het Vijffactormodel. Bovendien blijken deze dimensies zeer stabiel te zijn (McCrae & Costa 1994).

9.2 De Big Five

Wat zijn de kenmerkende dimensies van onze persoonlijkheid? Op grond van zeer veel onderzoek (voor een overzicht zie Van Dam 1997) zijn de volgende vijf brede persoonlijkheidsdimensies gevonden:

dimensie	typerende gedragingen	
	hoge scoorder	**lage scoorder**
I *Dominantie/ extraversie*	praat graag; lacht veel; raakt anderen aan	zondert zich af; vermijdt contacten; houdt afstand; zegt weinig
II *Vriendelijkheid*	houdt rekening met gevoelens en belangen van anderen; doet geen vlieg kwaad	commandeert; denkt eerst aan zichzelf; drijft zijn zin door; maakt misbruik van anderen; kapt gesprekken af
III *Consciëntieusheid*	doet dingen volgens plan; werkt schematisch; werkt taken direct af, schept orde, komt op tijd	chaotisch; doet iets op het laatste moment; laat het erop aankomen; raakt dingen kwijt
IV *Emotionele stabiliteit*	kan problemen van zich afzetten; zet tegenslag snel opzij; is steeds in dezelfde stemming	praat zich problemen aan; raakt overmand door emoties; barst in tranen uit; haalt zich van alles in het hoofd
V *Autonomie*	weet verbanden te leggen; vormt eigen mening; denkt snel; analyseert problemen; weerlegt argumenten	sluit zich aan bij de meerderheid; doet wat anderen doen; is het overal mee eens; heeft dingen niet door; zegt niets nieuws; onderneemt niets in zijn eentje

Gebaseerd op Hendriks (1997)

Met name de factoren I en IV, respectievelijk dominantie (extraversie-introversie) en emotionele stabiliteit (neuroticisme/labiliteit) komen in veel persoonlijkheidstheorieën voor, zoals in die van Eysenck. Dit maakt duidelijk dat dit vrij harde, fundamentele persoonlijkheidseigenschappen zijn. Ook de vage persoonlijkheidstyperingen van Freud zijn hierin onder te brengen, zoals het 'anale karakter', de wat teruggetrokken, in zichzelf gekeerde persoonlijkheid die laag scoort op factor I, en het 'orale' type, dat hoog scoort op factor I.

De factoren II, III en V, respectievelijk vriendelijkheid, consciëntieusheid en autonomie zijn qua wetenschappelijke status van meer recente datum. Over autonomie bestaat nog verschil van mening. Sommigen noemen deze factor ook wel cultuur, openheid voor ervaringen of intellectuele autonomie.

Men kan er over debatteren of bovengenoemde vijf factoren alleen maar beschrijvingen zijn (woorden die mensen gebruiken om hun gedrag inzichtelijk te maken) of dat het om stabiele persoonlijkheidseigenschappen gaat die een biologische basis hebben en een zekere verklarende waarde bezitten. Dit laatste lijkt het geval te zijn. Sterker nog, ook in andere culturen is aangetoond dat de persoonlijkheid van mensen goed te verklaren is met behulp van de Big Five. Ook de erfelijkheid speelt een woordje mee. Zo blijkt uit onderzoek (Loehlin 1992) dat extraversie een erfelijkheidscoëfficiënt heeft van .36, aardigheid .28; consciëntieusheid .28; stabiliteit .31 en autonomie .46.

Concluderend kan gesteld worden dat de Big Five-factoren gezien kunnen worden als fundamentele eigenschappen die in de sociale omgang tussen mensen gebruikt worden om gedrag in kaart te brengen en te verklaren. Stel dat u voor het eerst iemand tegenkomt, wat wilt u dan van deze persoon weten? In elk geval of hij of zij aardig is, betrouwbaar en stabiel, of juist het tegenovergestelde van deze drie. Grofweg heeft dat te maken met veiligheid. Ook worden wel evolutionaire verklaringen aangedragen. De vraag die daarbij speelt, is hoe bepaalde persoonlijkheidseigenschappen zich hebben ontwikkeld om adaptatie en overleving mogelijk te maken. Dominantie, vriendelijkheid en stabiliteit zijn belangrijk vanuit het oogpunt van partnerselectie. Stabiliteit, consciëntieusheid en vriendelijkheid zijn belangrijk vanuit het oogpunt van het voortbestaan van groepen. Met dit evolutionaire gezichtspunt krijgen persoonlijkheidseigenschappen een sterk biologische verankering. Het gaat om kenmerken die mensen door de evolutie heen ontwikkeld hebben om te kunnen overleven (Pervin 1996).

Bij personeelsselectie wordt de evolutionaire soep wat minder heet gegeten. Daar gaat het om optimaal presteren, veelal in een sociale context. Ook binnen de context van personeelsselectie en arbeidsprestaties is veel onderzoek gedaan naar de voorspellende waarde van de Big Five. Het blijkt dat met name goede verkopers hoog scoren op extraversie en vriendelijkheid en autonomie. Managers blijken hoog te scoren op consciëntieusheid, stabiliteit en extraversie. Consciëntieusheid is voor zo ongeveer alle functies een belangrijke eigenschap: het betekent dat mensen hun werk doen en betrouwbaar zijn (voor een overzicht zie Barrick & Mount 1991). Een aanverwant begrip is integriteit, dat steeds meer aan bekendheid wint. Bijna iedere organisatie heeft tegenwoordig wel een gedragscode en bijvoorbeeld bij de selectie van politieagenten wordt een expliciete integriteitsvragenlijst gebruikt.

Verder zijn, zoals gezegd onze persoonlijkheidsdimensies (de Big Five) behoorlijk stabiel. Tussen ons twintigste en dertigste levensjaar worden we iets stabieler, rustiger, meer coöperatief en gedisciplineerder. Zo rond ons dertigste levensjaar is er een definitief profiel ontstaan, dat zich nauwelijks wijzigt. Zogenaamde spontane veranderingen in persoonlijkheid zien we voornamelijk optreden bij mensen met een psychiatrische stoornis. Bij 'normale' mensen is zo'n verandering vaak het gevolg van een krachtige situatie, maar deze verandering is vaak na een paar dagen weer verdwenen (Bron: McCrae & Costa 1994).

Het toekennen van persoonlijkheidseigenschappen: attributietheorie

De Big Five is gebaseerd op hoe mensen elkaar bepaalde persoonlijkheidseigenschappen toeschrijven. We moeten niet vergeten dat persoonlijkheid geen 'hard' natuurwetenschappelijk gegeven is. Het gaat om gedrag dat geïnterpreteerd wordt en waaraan betekenis (een bepaalde eigenschap) wordt toegekend. Iemand 'is' niet zonder meer autoritair, maar aan zijn of haar gedrag wordt door anderen de term 'autoritair' toegekend. Bij dat toekennen kan er echter van alles misgaan. Mensen zijn zeer hardnekkig in het maken van fouten op sociaal gebied. De psycholoog Kelley (1972) heeft een tamelijk ingewikkelde theorie bedacht hoe wij elkaar persoonlijkheidseigenschappen toekennen. Deze theorie is ook wel bekend geworden onder de naam attributietheorie. Daarbij is het uitgangspunt in feite de al eerder aangehaalde tegenstelling of interactie tussen persoon en situatie. Kernvraag is, als iemand bepaald gedrag vertoont, of dit gedrag of aan de persoon of aan de situatie kan worden toegeschreven. Een belangrijk verschil ontstaat daarbij door het perspectief dat wij innemen: kijken we naar gedrag van onszelf of kijken we naar gedrag van anderen? Kijken we naar (gedrag van) onszelf, dan is ons perspectief primair gericht op de situatie waarin wij ons bevinden. Kijken we naar (gedrag van) anderen, dan is ons perspectief primair gericht op een handelend persoon. Dit verschil in perspectief wordt ook wel het actor-observer-effect genoemd. Ten aanzien van het attribueren van gedrag van anderen is de meest gemaakte fout dan ook dat wij oorzaken voor gedrag toekennen aan de ander als persoon, de zogenoemde *fundamentele attributiefout*. Ten aanzien van onszelf zoeken we veel eerder naar verklaringen in de situatie. Bij deze verandering in perspectief doet zich nog een niet onbelangrijke verbijzondering voor. Het maakt namelijk een verschil om wat voor soort gedrag het gaat: succesvol of niet-succesvol gedrag.

Een paar eenvoudige voorbeelden. U werd laatst psychologisch getest en dat liep niet zo goed af. En u had zich nog wel zo goed voorbereid... U zult uw gedrag in deze situatie hoogstwaarschijnlijk extern attribueren, met andere woorden: u zult zeggen dat het aan de situatie lag. Simpelste excuus is dat u zegt dat u pech hebt gehad. Bij positief gedrag van onszelf werkt het uiteraard de andere kant op. Dan zijn we maar al te gauw bereid om onszelf intelligent, overtuigend en scherpzinnig te noemen. Kijken we naar het gedrag dat anderen vertonen, dan werkt het net andersom. Als iemand anders negatief gedrag vertoont (een collega wordt bijvoorbeeld afgewezen voor promotie) dan zullen wij al snel denken: Hij is gewoon te dom, of: Hij is niet dominant genoeg. Vertoont iemand anders positief gedrag, dan denken we veelal in eerste instantie dat 'die persoon ook altijd mazzel heeft'. Dit opportunistisch gebruik van situationele en persoonsgebonden attributies wordt ook wel de self-serving bias genoemd. Deze impliceert dat we onszelf liever geen negatieve persoonlijkheidseigenschappen toekennen, en dat we bij anderen juist wel snel geneigd zijn om negatieve persoonlijkheidseigenschappen te gebruiken.

Belangrijk is dat we in de sociale omgang geneigd zijn, vanwege een bepaald perspectief en vanwege bepaalde belangen, fouten te maken in het toeschrijven van de oorzaken van gedrag. Dat kan ertoe leiden dat we onszelf en anderen allerlei persoonlijkheidseigenschappen gaan toekennen die niet op hun plaats zijn. Het is dus zaak om er goed over na te denken op grond waarvan u aan uzelf of aan iemand anders een bepaalde persoonlijkheidseigenschap toekent. Kelley heeft daarvoor indertijd een vrij ingenieuze maar nogal ingewikkelde methode ontwikkeld die onder andere uitgaat van stabiliteit over situaties en vergelijkbaar gedrag van anderen in een bepaalde situatie (voor geïnteresseerden wordt verwezen naar Bloemers & Hagedoorn 1998).

Verantwoord toekennen van persoonlijkheidseigenschappen kan uiteindelijk alleen maar als we iemand meemaken in voldoende verschillende situaties met verschillende mensen. Pas dan zijn we in staat om een gefundeerd oordeel te geven over hoe iemands persoonlijkheid in elkaar steekt, dat wil zeggen: wat werkelijk kenmerkende eigenschappen voor deze persoon zijn. Het hoeft daarbij niet zo te zijn dat iemand over alle situaties heen consistent gedrag vertoont, we hebben gezien dat er bijzonder krachtige situaties zijn die ons gedrag bijna volledig kunnen sturen. Maar over veel verschillende situaties zal zich bij de meeste mensen een stabiel patroon aftekenen van de basispersoonlijkheidseigenschappen (de Big Five) waarbij er bij iedereen een kenmerkend profiel zichtbaar wordt. Een efficiënt middel om kennis van iemands gedrag over veel situaties te comprimeren vormt de persoonlijkheid of managementvragenlijst.

9.3 Van persoonlijkheid naar persoonlijkheids- of managementvragenlijst

Een persoonlijkheids- of managementvragenlijst is niets anders dan een verzameling uitspraken of karaktereigenschappen, meestal verhuld in alledaagse situaties of uitspraken, waarbij u zelf moet bepalen in hoeverre deze uitspraken op u van toepassing zijn. Daarbij is er het nodige onderzoek verricht naar betrouwbaarheid en validiteit. Dat houdt in dat als u een complete persoonlijkheids- of managementvragenlijst heeft ingevuld, zo'n test een redelijk nauwkeurig en valide beeld geeft van hoe uw persoonlijkheidsprofiel er uitziet. Uit de overzichtstabel op p. 23 weten we inmiddels dat de voorspellende waarde van dit testprofiel beperkt is. Wat dat betreft worden persoonlijkheids- en managementvragenlijsten vaak als een soort voorzorgsmaatregel gebruikt om excessen in gedrag op te sporen. De testresultaten kunnen dan bijvoorbeeld vergeleken worden met het persoonlijkheidsbeeld dat uit het interview of uit een Assessment center-procedure naar voren komt. Zo kan men toch een redelijk beeld van uw persoonlijkheid krijgen.

Over wat een persoonlijkheidsvragenlijst doet, bestaan (nog) steeds misverstanden. Sommigen denken dat zo'n test is bedoeld om na te gaan of mensen de waarheid over zichzelf vertellen. Anderen denken dat zo'n test een morele kwalificatie geeft in de zin van wel/geen goed mens. Beide opvattingen slaan de plank mis. Een persoonlijkheids- en managementvragenlijst doet niets anders dan op systematische, controleerbare wijze iemand een score toekennen op een beperkt aantal karaktereigenschappen. Wat u moet doen op zo'n test is het aan uzelf toeschrijven van gedragingen ('Ik ben vaak zenuwachtig', 'Uit mijzelf spreek ik nooit een onbekende aan', 'Ik werk graag intensief aan een bepaalde taak' enzovoort). Deze gedragingen zijn gekoppeld aan eigenschappen (neuroticisme, introversie, volharding). Als u de complete test hebt ingevuld, worden de scores per eigenschap opgeteld. Zo ontstaan ruwe scores, die vervolgens worden geïnterpreteerd door ze te vergelijken met de scores van uw normgroep. Op deze manier ontstaan normscores. Deze vormen een (beperkt) persoonlijkheidsprofiel waaruit kan worden afgelezen of u in vergelijking met mensen die qua leeftijd, opleiding en geslacht met u overeenkomen, opvallende uitschieters vertoont op de eigenschappen die in de test aan de orde komen.

Een verschil met intelligentie(sub)tests is dat een persoonlijkheidsvragenlijst leidt tot een score op meerdere eigenschappen. Een intelligentietest meet meestal maar één eigenschap. Er is echter een veel fundamenteler verschil tussen intelligentietests en persoonlijkheidsvragenlijsten. Bij intelligentietests hebben we gezien dat hier het recept 'hoe meer hoe beter' geldt. De kans dat u wordt afgewezen omdat u 'te intelligent bent' is vrijwel verwaarloosbaar.

Bij persoonlijkheidsvragenlijsten geldt het principe van hoe meer hoe beter uitdrukkelijk niet. De psycholoog Coombs gebruikte met betrekking tot persoonlijkheidsvragenlijsten graag het voorbeeld van 'suiker in de koffie'. De normen zijn hier veel meer relatief. Tot op zekere hoogte werkt suiker smaakverhogend, maar daarboven treedt er juist een averechts effect op. Denk maar aan een voorbeeld als dominantie. Zeker voor leidinggevende functies is een behoorlijke mate van dominantie vereist. Maar een te hoge score op dominantie betekent dat iemand als leidinggevend persoon ongeschikt wordt bevonden. Een nog veel extremer voorbeeld is labiliteit. Hier zou men kunnen spreken van een negatief verband (negatieve correlatie): hoe hoger de score op labiliteit, hoe minder geschikt voor welke functie dan ook. Toch heeft ook een eigenschap als labiliteit een zekere ondergrens. Een absolute nulscore op labiliteit is niet 'normaal'. Iedereen heeft wel eens last van onzekerheid, iedereen ligt wel eens wakker van een bepaald probleem, iedereen maakt zich wel eens zorgen om iets.

Bij intelligentietests gaat het om het maximaliseren van uw prestatie op een specifieke taak, bij persoonlijkheidsvragenlijsten gaat het om uw relatieve voorkeur voor verschillende gedragingen. Persoonlijkheidsvragenlijsten hebben een evaluatief karakter: in hoeverre geeft de kandidaat aan geneigd te zijn tot bepaalde gedragingen?

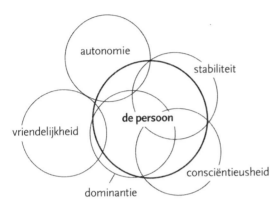

Afbeelding 44 – Een willekeurig Big Five-persoonlijkheidsprofiel.
Cirkels van de persoonlijkheid: iemand met relatief veel stabiel en dominant gedrag, die gemiddeld scoort op autonomie en consciëntieusheid, en relatief weinig vriendelijk gedrag vertoont.

Uit afbeelding 44 blijkt dat een persoon in meerdere of in mindere mate wordt gekenmerkt door verschillende dimensies. Uit de figuur wordt duidelijk dat iemand bijvoorbeeld zeer hoog scoort op autonomie, maar veel lager op vriendelijkheid.

Uit een persoonlijkheidsvragenlijst blijkt dus binnen zekere grenzen in hoeverre u geneigd bent tot bepaalde gedragingen. Welke gedragingen/eigenschappen dat zijn, is vrij willekeurig, al zijn ze allemaal onder te brengen in een (of meerdere) dimensies van de Big Five (in de praktijk blijken de meeste persoonlijkheidstermen een combinatie te zijn van twee Big Five-dimensies, maar dat gegeven laten we verder buiten beschouwing).

Meestal gaat het om vier tot tien eigenschappen per persoonlijkheidsvragenlijst. De meeste persoonlijkheidsvragenlijsten bevatten de bekende eigenschappen als stabiliteit/instabiliteit, afhankelijkheid/onafhankelijkheid en introversie/extraversie.

Een persoonlijkheidsvragenlijst geeft op specifieke, controleerbare en systematische wijze aan in welke mate u zich deze gedragingen/eigenschappen toeschrijft. Hoe uw score wordt geïnterpreteerd, hangt af van de normgroep waartegen men uw score afzet. Zo kan worden bepaald of uw score, in vergelijking met uw normgroep, laag, gemiddeld of hoog is. Vaak werkt men met percentielscores. Dat houdt in dat men uit uw score kan aflezen hoe hoog – of laag – deze is in vergelijking tot wat een bepaald percentage mensen uit uw normgroep scoort. Een percentielscore van 80 betekent dat u hoger scoort dan 79% van de mensen uit de normgroep en dat 20% van uw normgroep nog hoger scoort.

Weegt een bepaalde functie-eis erg zwaar, dan kan men bijvoorbeeld eisen dat u op het corresponderende testonderdeel hoger scoort dan 89% van uw normgroep, een percentielscore van minimaal 90. Bij minder gunstige eigenschappen, zoals labiliteit of rigiditeit, werkt het natuurlijk precies andersom. Daar moet u gemiddeld of lager scoren. Vooral voor zware leidinggevende functies is bijvoorbeeld een zeer hoge score op stabiliteit vereist: wat er ook gebeurt, u moet rustig en kalm blijven.

Uiteindelijk gaat het bij de interpretatie van persoonlijkheidsvragenlijstscores om vrij globale indicaties. De eisen die men stelt, zijn in zekere zin arbitrair. Een testpsycholoog zal dan ook de resultaten van uw persoonlijkheidsvragenlijst altijd vergelijken met uw presentatie in levende lijve. Dekken beide elkaar, dan is het eindoordeel niet zo moeilijk. Als er een grote discrepantie blijkt tussen de resultaten uit uw persoonlijkheidsvragenlijst en uw werkelijke gedrag, dan heeft de testpsycholoog (en u trouwens ook) een probleem. Meestal neemt men dan een extra test af, of men doet een extra interview, eventueel met een andere interviewer. Belangrijk is dat er uit een psychologisch onderzoek eenduidige conclusies komen, op basis waarvan concrete adviezen gegeven kunnen worden. Met adviezen in de zin van: 'Mevrouw De Boer kan zich af en toe nogal dominant en overheersend opstellen, maar daarnaast kan zij echter ook bijzonder volgzaam en afhankelijk zijn en krijgt men de indruk dat zij soms beslissingen liever aan anderen overlaat,' is niemand gebaat.

9.4 De structuur van persoonlijkheidsvragenlijsten

Een persoonlijkheidsvragenlijst omvat een aantal gedragswijzen of persoonlijkheidseigenschappen. Er is al gewezen op het feit dat deze eigenschappen niet letterlijk in een persoonlijkheidsvragenlijst staan. Dat heeft te maken met wat met een moeilijk woord constructvaliditeit heet en met sociale wenselijkheid. Een gedragswijze of eigenschap, gemeten in een persoonlijkheidsvragenlijst, wordt in de psychologie ook wel een construct genoemd. Om bijvoorbeeld 'labiliteit-stabiliteit' te meten via een persoonlijkheidsvragenlijst moet dat begrip als het ware voor deze test op een bepaalde manier worden geconstrueerd. In de psychologie spreekt men ook wel van operationaliseren:

men wil zo'n begrip meetbaar maken. Een simpele oplossing lijkt dan om mensen direct de vraag voor te leggen: 'Bent u labiel?' (De ironie wordt hopelijk voelbaar.) Assertieve kandidaten zouden hierop antwoorden: 'Hoe bedoelt u dat?' Of ze zouden zeggen: 'Nee, absoluut niet, kijkt u maar in mijn curriculum vitae.'

Wat 'labiliteit' in werkelijkheid is, laat zich alleen maar nader in kaart brengen door dit begrip te specificeren aan de hand van gedragingen in bepaalde situaties. Met andere woorden: het begrip 'labiliteit' verwijst naar oneindig veel mogelijke gedragingen die in bepaalde situaties kunnen voorkomen. Om op een zinnige manier uit te maken of u een bepaalde mate van 'labiliteit' vertoont, moet dit begrip dus in verschillende gradaties, vertaald in concrete gedragingen, aan u worden voorgelegd. Alleen op deze manier wordt het construct 'labiliteit' in voldoende mate gedekt om er zinvol over te kunnen praten. Elke persoonlijkheidseigenschap (construct) moet dus in een persoonlijkheidsvragenlijst een aantal keren aan de orde komen, wil er een zinnige score aan verbonden kunnen worden. Bovendien speelt in dit herhaald terugkeren van eigenschappen nog iets anders mee. In de eerste plaats is dit terugkeren noodzakelijk om een goede weergave (dekking) van het begrip zoals bedoeld, mogelijk te maken.[13] Als u één keer bevestigend reageert op de stelling: 'Ik ben soms zo depressief dat ik zin heb om er een eind aan te maken', kan dat nog worden gezien als een teken van een ondernemende geest. Maar als u bij alle vragen van deze strekking blijk geeft van depressiviteit, gaat men er waarschijnlijk terecht van uit dat er meer aan de hand is.

In de tweede plaats is het zo dat mensen altijd een zeker aantal uitschieters in hun manier van antwoorden hebben. Sommige vragen zullen ze direct met een ondubbelzinnig 'ja' beantwoorden, andere vragen met een ondubbelzinnig 'nee'. Bij de resterende vragen zullen mensen enige tijd dubben. Wat ze hier uiteindelijk kiezen, heeft een bepaalde mate van toevalligheid: ik kies voor 'nee', maar het had ook 'ja' kunnen zijn. Een simpele oplossing om een construct enigszins te vrijwaren van deze toevalsinvloeden is door het een minimum aantal malen te laten terugkeren in een test. Zo ontstaat dus niet alleen een redelijke dekking van een construct, maar wordt eveneens voorkomen dat een score op een bepaald construct te veel door toevallige uitschieters zou worden bepaald.

Persoonlijkheidsvragenlijsten zijn dan ook vrij lang. Het aantal vragen kan variëren van 80 tot 250. Zo wordt onder andere voorkomen dat u 'toevallig' als labiel uit zo'n test te voorschijn zou kunnen komen. Zou dit wel mogelijk zijn, dan zou dat betekenen dat we te maken hebben met een onvoldoende valide persoonlijkheidsvragenlijst. Daarbij wordt van u wel redelijk testgedrag verondersteld, iets waarop nog wordt teruggekomen.

Schematisch weergegeven zou een persoonlijkheidsvragenlijst er als volgt kunnen uitzien:

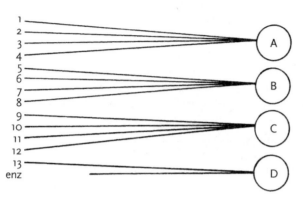

Afbeelding 45   Structuur persoonlijkheidsvragenlijst 1

Uit afbeelding 45 volgt een belangrijk nadeel. Dit nadeel voert rechtstreeks terug tot de situatie waarin u te maken krijgt met een psychologisch onderzoek. Deze situatie is namelijk niet 'machtsvrij' of belangeloos. De psycholoog (ingehuurd door de opdrachtgever) zoekt een bepaalde persoon met specifieke eigenschappen. De persoonlijkheidsvragenlijst is een (beperkt) middel om iets te kunnen zeggen over een aantal aspecten van uw persoonlijkheid. Voor de kandidaat is het dus van belang om in de persoonlijkheidsvragenlijst juist die eigenschappen tot uitdrukking te laten komen, die volgens een werkgever (en de psycholoog) behoren tot het profiel van de gewenste kandidaat. Welke eigenschappen dat zijn, is meestal binnen zekere grenzen te achterhalen door de functieomschrijving te lezen, uit informatie uit reeds gevoerde sollicitatiegesprekken, jaarverslagen, gesprekken met toekomstige collega's enzovoort. De kandidaat heeft er dus meestal een vermoeden van 'hoe hij of zij eruit moet zien'.

Eerder zijn de termen sociale wenselijkheid en redelijk testgedrag al gevallen. Deze termen verwijzen naar het feit dat mensen tot op zekere hoogte een persoonlijkheidsvragenlijst kunnen 'sturen' of beïnvloeden. Als u de stelling tegenkomt: 'Uit mijzelf spreek ik niet gauw mensen aan', kunt u op uw vingers natellen dat het hier gaat om introversie/extraversie/dominantie. Aangezien voor de meeste functies mensen gezocht worden die gemakkelijk en prettig zijn in de omgang, zal bijna iedereen op deze stelling 'onwaar' of 'nee' antwoorden, ook al bestaat bij sommige kandidaten hier misschien de overtuiging dat zij hun persoonlijkheid (de waarheid) wat verdraaien. Krijgt u, zoals in bovenstaand schema, een aantal vragen achter elkaar betreffende dezelfde eigenschap, dan zal, uitgaande van het feit dat de meeste kandidaten zullen proberen hun antwoorden enigszins te 'sturen', het vrij makkelijk zijn om uit zo'n persoonlijkheidsvragenlijst een 'wenselijk' profiel te laten voortkomen. Met het verschijnsel 'onredelijk testgedrag' of 'sociale wenselijkheid' wordt in het psychologisch instrumentarium dan ook rekening gehouden. Dat gebeurt op twee manieren. De eerste manier is door alle vragen van een persoonlijkheidsvragenlijst te 'mixen' (meestal volgens een bepaald systeem). Er zou dan het volgende patroon kunnen ontstaan:

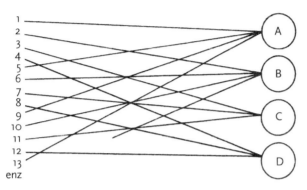

Afbeelding 46   Structuur persoonlijkheidtest 2

Door op bovenstaande wijze de vragen (dus de eigenschappen) volgens een bepaald systeem door elkaar te gooien, wordt het voor de kandidaat moeilijker om 'sturend' te gaan optreden. U moet nu bij elke vraag proberen te achterhalen wat voor eigenschap achter deze vraag zit. Dat kost tijd, en vaak is het niet precies te achterhalen. Zo kan het heel goed zijn dat een vraag over netheid betrekking heeft op 'ordelijkheid', maar het kan ook zijn dat deze vraag valt onder rigiditeit (een onwenselijke vorm van zwart-witdenken). Nu liggen 'ordelijkheid' en 'rigiditeit' dicht bij elkaar, dus zoveel maakt dat ook weer niet uit.

Het mixen van vragen en het feit dat vragen vaak in verschillende vorm worden gesteld ('Het gebeurt mij niet gauw dat...'; 'Maar al te vaak betrap ik mij erop dat...'), heeft ook nog andere redenen, zoals het omzeilen van *antwoordtendenties*.

Het is in de praktijk ondoenlijk om een persoonlijkheidsvragenlijst in zijn geheel te 'sturen'. Waarom zou u dat ook doen? Die neiging zou getuigen van een gevoel dat u eigenlijk ongeschikt bent. En als dat al niet uit de persoonlijkheidsvragenlijst blijkt, merkt een beetje slimme psycholoog dat in het interview echt wel op. Als u dat gevoel hebt, zou u niet op de functie moeten solliciteren. Wanneer u tegen regelmatig terugkerende hindernissen in uw sociale vaardigheden aanloopt, moet u misschien eens overwegen om vrijwillig bij een psycholoog te rade te gaan. U zult merken dat dat een heel andere situatie is dan de selectiesituatie.

Is de structuur van persoonlijkheidsvragenlijsten zodanig dat daarmee geanticipeerd wordt op de mogelijke neiging uzelf 'perfect' voor te doen, er is zoals gezegd nog een tweede middel waarmee in een persoonlijkheidsvragenlijst wordt geprobeerd te controleren of u zich niet 'mooier' voordoet dan u in werkelijkheid bent. Dat gebeurt door het (soms) opnemen van sociale wenselijkheidsvragen ('leugendimensie'). Sociale wenselijkheid getuigt van de neiging om antwoorden te geven die uitsluitend positief worden gewaardeerd (mensen naar de mond praten). Een moderne term hiervoor is impression management. Er wordt in dit verband ook wel gesproken van een zelfdefensieve of extreem defensieve houding.

Bij sommige persoonlijkheidsvragenlijsten zijn, met betrekking tot sociale wenselijkheid, expliciet vragen opgenomen die de bedoeling hebben te achterhalen of u 'eerlijk' bent. Er staat bijvoorbeeld: 'Als ik iets geleend heb, geef ik dat altijd en op tijd terug.' Naïeve kandidaten denken hier dat hun betrouwbaarheid in het geding is. Zij maken echter een denkfout. Niet betrouwbaarheid betreffende het retourneren van geleende objecten is in het geding, maar wat in het geding is bij dit soort vragen is de eerlijkheid om toe te geven dat men een (feilbaar) mens is (zelfkritische versus zelfdefensieve houding). Aangezien geldt mens = feilbaar wezen kan niemand in het bezit van een redelijk denkvermogen volhouden dat hij/zij *altijd* op tijd alles teruggeeft, *nooit* te laat komt, *nooit* eens iets steelt, *altijd* de waarheid spreekt enzovoort. Iemand die dit soort vragen bevestigend beantwoordt, is of labiel of speelt een dom spelletje (uit onderzoek is gebleken dat er een verband bestaat tussen een hoge score op 'sociale wenselijkheid' en labiliteit). Beide strategieën leiden tot verlies. Stel dat u de testpsycholoog de volgende uitspraak zou voorleggen: 'Mijn rapporten zijn altijd 100% betrouwbaar.' Wat voor soort reactie zou u hierop willen horen? Of liever gezegd, wat voor soort reactie zou u doen denken dat u met een goede psycholoog van doen hebt?

Vragen op het gebied van sociale wenselijkheid zijn eigenlijk universele uitspraken, toegepast op de menselijke existentiële situatie. Universele uitspraken hebben het karakter van: 'In alle situaties...', 'Altijd...', 'Ik heb nooit...' Existentiele uitspraken hebben de vorm van: 'Het komt wel eens voor dat...', 'Soms...', 'Er zijn...' Veelal worden in persoonlijkheidsvragenlijsten uitspraken gebruikt die een absoluut karakter hebben: 'Ik vind het leuk om verantwoordelijkheid te dragen', 'Ik werk graag lang en hard door.' Dit soort vragen vindt u vooral in tests waarbij u een keuze moet maken tussen twee of meer gegeven alternatieven. De absoluutheid van de uitspraken is dan een middel om u te dwingen uzelf bloot te geven op bepaalde eigenschappen. Bij sociale wenselijkheid-vragen zal het duidelijk zijn dat globaal genomen geen mens kan voldoen aan de kwalificaties die in dat soort vragen besloten liggen. Dat is simpel af te leiden uit het feit dat het woordje 'altijd' of 'nooit' in zo'n uitspraak voorkomt. U ziet, ook bij persoonlijkheidsvragenlijsten geldt het devies: goed lezen.

Nu is hierboven de term 'redelijk testgedrag' genoemd. Daarmee wordt bedoeld dat ervan wordt uitgegaan dat het testgedrag van mensen tot op zekere hoogte authentiek is. U vult dus niet zomaar wat in (toto-mentaliteit) en u gaat niet met een ziekelijke precisie het volgens u gewenste profiel er laten uitkomen. Dat laatste zou trouwens snel opvallen, omdat u wel heel lang bezig zou zijn met de desbetreffende persoonlijkheidsvragenlijst. En in de instructie staat meestal 'vul hem snel en spontaan in'. Er wordt van uitgegaan dat u er vrij snel mee klaar bent.

Aan de andere kant hoeft u zich niet willoos tot slachtoffer te maken van de wapens van de psycholoog. Doet u dat wel, dan getuigt dat van een apathie die waarschijnlijk ook niet tot de geambieerde functie leidt. Uitgangspunt is dat als u solliciteert op een bepaalde functie, u dat doet omdat u denkt dat u in de brede zin 'geschikt' bent en omdat u denkt dat die functie u, naast geld, ook nog de nodige bevrediging zal opleveren. Wat is er dan leuker om u eens met een specialist te onderhouden over uw capaciteiten en over uw zienswijze? Juist in dat contact kunt u bewijzen wat u waard bent.

Het is inmiddels duidelijk dat in persoonlijkheidsvragenlijsten tot op zekere hoogte rekening wordt gehouden met 'onredelijk testgedrag'. Dat gebeurt zoals gezegd door het scheppen van schijnbare chaos, en het soms opnemen van sociale wenselijkheid-vragen. Ook kan men een bepaald item herhaaldelijk laten terugkeren. Op deze manier blijkt of u consistent bent.

Vanuit een wat meer filosofisch standpunt zijn bovengenoemde problemen in persoonlijkheidsvragenlijsten gedeeltelijk schijnproblemen. U wordt geconfronteerd met een aantal vragen over bepaalde gedragsaspecten. Van u wordt verwacht dat u aangeeft hoe u deze op uzelf van toepassing vindt. Met andere woorden: er wordt nadrukkelijk om úw interpretatie van bepaalde uitspraken gevraagd. 'Onredelijk' testgedrag, of banaler gezegd: liegen, kan dan geen criterium zijn. Wat u doet, is immers niets anders dan uw zienswijze geven. 'Liegen' wil zeggen tegen beter weten in een andere voorspiegeling van zaken geven. Maar wat is precies dat 'tegen beter weten in' als het gaat om kennis ten aanzien van uw eigen gedrag? Onze beschikbare kennis ten aanzien van ons eigen gedrag is noodzakelijkerwijs beperkt en zit vol vertekeningen (zie de kadertekst op p. 168).

Laten we eens een concreet voorbeeld nemen:

'Er zijn wel eens mensen aan wie ik me behoorlijk erger.'

Is deze uitspraak wel of niet op u van toepassing? Achterliggende informatie: zich ergeren = onwenselijke eigenschap, vooral in de samenwerking; scoort negatief op vriendelijkheid en stabiliteit; weinig frustratietolerantie; leidt tot woede-uitbarstingen; heeft iedereen wel eens in meer of mindere mate; kan indicatie zijn voor snel corrigerend optreden; middel tot zelfkennis (waarom erger ik me, in wat voor situaties en aan wie?) enzovoort. We kunnen met bovengenoemde uitspraak dus zeer veel kanten op. Maar laten we deze uitspraak eens nauwkeuriger bekijken. Dan staan er minstens vier vaagheden in deze uitspraak:

1 Er zijn wel eens... Is dat ten minste één keer, of vaker?
2 ...mensen... Wat voor mensen, in wat voor situatie?
3 ...behoorlijk... Hoeveel, hoe vaak is dat? Meer dan gemiddeld? Hoeveel meer dan?
4 ...erger. Wat wordt daarmee bedoeld? Alleen het gevoel of ook een handeling?

Kortom, als u wat dieper op deze uitspraak ingaat (en ze is vergelijkbaar met praktisch alle uitspraken die voorkomen in persoonlijkheidsvragenlijsten, uitgezonderd de sociale wenselijkheid-uitspraken), is het ondoenlijk om daar een zuiver eerlijk antwoord op te geven. Eerlijkheid is dus niet aan de orde bij het invullen van persoonlijkheidsvragenlijsten. Waar het om gaat, is hoe vaak u voor een bepaalde gedragsstijl kiest. En op wat voor gronden u dat doet, is uw zaak. De psychologie houdt echter rekening met oneigenlijke motieven. Geheel doorzichtig maken kan ze deze motieven niet. In die zin blijft psychologische selectie een kat-en-muis-spel. Vandaar dat het ook begrijpelijk is dat psycholoog en werkgever een kandidaat lijfelijk willen ontmoeten. Naast het meer humane gezicht van de selectie, is dat ook een teken dat selecteurs de uitslag van een persoonlijkheidsvragenlijst voornamelijk zullen onderschrijven voor zover deze in overeenstemming is met hun persoonlijk oordeel.

Tot nu toe is de simpelste vorm van persoonlijkheidsvragenlijsten behandeld: die vorm waarbij u steeds van een op zichzelf staande uitspraak moet aangeven of ze wel of niet op u van toepassing is. Er zijn echter varianten op de markt. Daarbij krijgt u vaak te maken met afhankelijke uitspraken: u moet bijvoorbeeld steeds van drie of vier uitspraken aangeven welke u het meest en welke u het minst op u van toepassing vindt.

Bijvoorbeeld:
1 Ik vind het leuk als mensen mij prijzen om wat ik kan.
2 Ik heb graag een functie met veel verantwoordelijkheid.
3 Ik geef graag aan collectes en aan liefdadige instellingen.
4 Het liefst doe ik de dingen op mijn eigen manier.

Van deze vier uitspraken moet u aangeven welke u het meest en welke u het minst op uzelf van toepassing vindt. U moet dus de uitspraken in relatie tot elkaar beschouwen en zo tot een keuze zien te komen. De oervorm van deze variant kent slechts twee uitspraken. Van deze twee wordt u dan geacht aan te geven welke u het meest op uzelf van toepassing vindt:

1 Bij een bepaalde taak werk ik graag lang en onafgebroken door.
2 Ik vind het leuk om mensen aan het lachen te maken.

Op het eerste gezicht is dit soort constructies moeilijker te hanteren dan onafhankelijke vragen omdat er 'appels en peren' worden vergeleken. De psychologie gaat ervan uit dat u een combinatie van uitspraken kunt zien als een uitdrukking van verschillende waarden. Zo kunt u steeds een keuze maken tussen deze waarden. Wat vindt u leuker/belangrijker: aandacht trekken of intensief aan een taak werken? Naar leden van het andere geslacht kijken of de leiding over iets hebben? Voor de psychologie heeft dit soort instrumenten het voordeel dat sociale wenselijkheid enigszins kan worden geëlimineerd. De uitspraken waartussen u steeds moet kiezen, hebben telkens een ongeveer even grote sociale wenselijkheid. Zo zult u nooit de combinatie tegenkomen:

1 Ik ben graag een gewaardeerd collega.
2 Ik voel mij vaak onzeker.

Het is immers overduidelijk dat niemand hier voor alternatief 2 zal kiezen. Door met gedwongen keuzen te werken hebt u niet langer de mogelijkheid een vraag steeds simpelweg op een schijnbaar gunstige wijze te beantwoorden. U moet gaan afwegen. Een volgend controlemiddel dat bij dit soort persoonlijkheidsvragenlijsten wordt toegepast, bestaat uit het een aantal malen herhalen van een bepaalde combinatie. Als u te goeder trouw bent, moet er een zekere consistentie in uw antwoorden zitten: u prefereert van de herhaald voorkomende combinatie bijvoorbeeld steeds uitspraak 1, omdat u die in vergelijking met uitspraak 2 meer op u van toepassing vindt. Als u zo'n persoonlijkheidsvragenlijst heeft ingevuld, ontstaat er een scoreprofiel. De scoreverschillen tussen de eigenschappen zeggen iets over de rangorde in uw persoonlijke voorkeur ten aanzien van de verschillende eigenschappen. Als een groot aantal mensen de test heeft gemaakt, kan men ook normscores aanleggen.* U kunt dan uw eigen scoreprofiel vergelijken met dat van de populatie waarin u het best past (bijvoorbeeld leidinggevende vrouwen boven de veertig, of mannen met een heao-opleiding van 25-30 jaar). Uw scoreprofiel zou er als volgt uit kunnen zien:

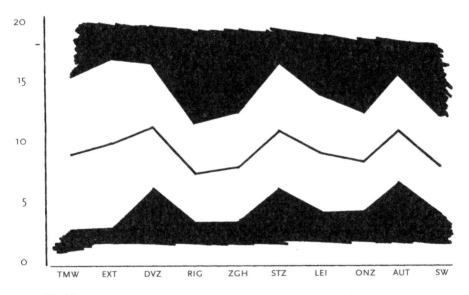

Afbeelding 47

---

* Bij het hier gebruikte voorbeeld mogen eigenlijk geen normscores worden toegepast, aangezien het om ipsatieve scores gaat. De kandidaat vormt hier als het ware zijn/haar eigen referentiepunt, zodat de verkregen scores alleen iets zeggen in relatie tot elkaar, maar niet in relatie tot een externe norm.

Zo'n scoreprofiel zegt nu niet alleen iets over de rangorde in uw voorkeuren ten aanzien van verschillende eigenschappen, u kunt via de normscores ook uw profiel vergelijken met dat van anderen. In afbeelding 47 zijn de normscores weergegeven voor tweedejaars heao-studenten van 20-25 jaar (de zwarte lijn in het midden van het open gebied). Als uw score in het zwarte gebied zou liggen, betekent dat dat u op een bepaalde eigenschap meer dan 1,5 standaarddeviatie afwijkt van de score van tweedejaars heao-studenten. Of dat gunstig of ongunstig is, hangt af van de betreffende eigenschap, en of u significant hoger of lager scoort. In de bijlagen vindt u de test waarop de profielen in afbeelding 47 gebaseerd zijn. Als u de test volledig invult, kunt u uw eigen profiel afzetten in de afbeelding. U hebt dan een grove indicatie hoe uw persoonlijkheidsprofiel eruitziet, afgezet tegen dat van heao-studenten. Verbindt u geen al te zware conclusies aan de uitkomst. De in de bijlagen opgenomen test is niet gevalideerd, het gaat slechts om grove indicaties (*face validity*). Interessanter is bijvoorbeeld het gegeven waarom u hoog scoort op samenwerken, maar ook hoog op autonomie (als die combinatie zou voorkomen). Deze 'test' bevestigt wel een aantal algemene tendenties die in persoonlijkheidsonderzoek worden aangetroffen, bijvoorbeeld dat op onwenselijke eigenschappen mensen niet alleen lager scoren, maar dat hun scores ook minder spreiding te zien geven, de zwarte gebieden kruipen daar dichter naar elkaar toe. Een ander veel voorkomend gegeven bij persoonlijkheidsvragenlijsten is dat vrouwen hoger scoren op labiliteit (Van Vianen 1991) (in de hier afgebeelde test is geen verschil gemaakt tussen de score van vrouwen en mannen, daarvoor waren de verschillen te gering). Dat kan problematisch zijn. Van Vianen deed onderzoek bij de TPG. Ook na verwijdering van een aantal 'onzuivere' items bleken vrouwen hoger te scoren op labiliteit. Maar dat wil nog niet zeggen dat ze in werkelijkheid ook labieler gedrag vertoonden dan mannen. Deze zogenaamde criteriumvaliditeit was namelijk (nog) niet onderzocht. Een mogelijke verklaring voor de hogere labiliteitscore van vrouwen zou kunnen zijn dat vrouwen zich gemakkelijker uiten over hun angsten en onzekerheden dan mannen, een gegeven dat uit onderzoek naar de fundamentele attributiefout wordt bevestigd.

Er worden ook wel ongestructureerde vragenlijsten met betrekking tot persoonlijkheid in het psychologisch onderzoek gehanteerd. U krijgt dan een lijst met circa tien eigenschappen of activiteiten. U moet deze ordenen op grond van de mate van belangrijkheid. Bovendien moet u vaak aangeven waarom u een bepaalde eigenschap bovenaan of meer naar onderen zet in uw persoonlijke rangorde. Ook hierdoor ontstaat enig inzicht in wat u belangrijk vindt in het leven, al is er bij dit soort ongestructureerde persoonlijkheidsinstrumenten minder systematiek aanwezig. De uitkomst zal dus niet al te betrouwbaar en valide zijn, ook vanwege het feit dat sociale wenselijkheid een grote rol kan spelen.

9.5 Persoonlijkheids- en managementvragenlijsten: toekomstperspectieven

We hebben gezien dat persoonlijkheids- en managementvragenlijsten tot op zekere hoogte uw persoonlijkheid in kaart kunnen brengen. Zoals gezegd is persoonlijkheid een minder goed te meten begrip dan bijvoorbeeld intelligentie. Er duikt bij het meten van persoonlijkheid een groot aantal verstorende variabelen op. De meest problematische vraag betreft die naar de predictieve validiteit, de link tussen testuitslag en actueel gedrag.

Men maakt met betrekking tot persoonlijkheids- en managementvragenlijsten wel een onderscheid tussen de *sample*- en de *signbenadering*.

Bij de samplebenadering gaat men ervan uit dat de vragen in een persoonlijkheidsvragenlijst een representatieve steekproef vormen van alle mogelijke vragen over alle mogelijke situaties met betrekking tot de in de test voorkomende eigenschappen. Stilzwijgend wordt aangenomen dat uw testresultaat ook iets zegt over uw gedrag. De nadruk ligt hier op de representativiteit van de vragen.

De tweede benadering gaat een stukje dieper. De signbenadering gaat ervan uit dat de antwoorden, gegeven op een persoonlijkheidsvragenlijst, verwijzen naar onderliggende karaktereigenschappen. Uw antwoorden op de vragen hoeven niet noodzakelijkerwijs waarheidsgetrouw te zijn, maar men neemt aan dat dit 'verbale gedrag' wel degelijk verwijst naar uw karakter. De Engelse psycholoog Eysenck heeft hiervoor een aardige redenering bedacht. Stel, u krijgt de vraag voorgeschoteld: 'Hebt u vaak last van hoofdpijn?' Als u deze vraag bevestigend beantwoordt, hoeft dat volgens Eysenck niet noodzakelijkerwijs te betekenen dat u ook inderdaad vaak hoofdpijn hebt (misschien verstaat u onder hoofdpijn wel iets anders dan de testmaker). Maar het feit dat u bevestigend op dit soort vragen antwoordt, is een teken dat u de neiging vertoont tot klagen. En het is statistisch aangetoond dat 'klagen', naast 'hoofdpijn', een symptoom van labiliteit/neuroticisme is. Niet zozeer de inhoud, maar vooral de vorm van de vragen zou dus in staat zijn om gegevens over uw karakter bloot te leggen.

Ook het 'faken' van antwoorden blijft een probleem bij persoonlijkheids- en managementvragenlijsten. Cook (1991:137) rapporteert een onderzoek van Gough, waaruit bleek dat er een duidelijk verschil in persoonlijkheidsprofiel ontstaat wanneer men studenten de opdracht geeft om een zo wenselijk mogelijk profiel te scoren. Toch concludeert Cook dat 'echte' sollicitanten persoonlijkheidsvragenlijsten relatief eerlijk invullen. Er zijn aanwijzingen dat ongeveer één op de zeven sollicitanten bewust een wenselijk profiel probeert te genereren. Huidig onderzoek wat betreft persoonlijkheidsvragenlijsten spitst zich toe om de gekozen eigenschappen meer af te stemmen op functierelevant gedrag. Zo kan de voorspellende validiteit aanmerkelijk worden verhoogd (Van den Berg 1992). Ook komen er steeds meer op de Big Five gebaseerde instrumenten, waarvan de meest recente de Five Factor Personality Inventory (FFPI) (Hendriks 1997). Deze persoonlijkheidsvragenlijsten wordt in verschillende talen uitgebracht, en er is bijzondere aandacht besteed aan de vorm en inhoud van de vragen. Dat is geen overbodige maatregel, vooral als men mensen uit andere culturen een (Nederlandse) persoonlijkheidstest afneemt. Uit onderzoek van de Testscreeningscommissie van het Landelijk Bureau Racismebestrijding (LBR) (1990) is gebleken dat bijna alle in Nederland gebruikte tests mank gingen aan 'etnocentrisme', het gegeven dat de in tests gebruikte termen uitsluitend gericht zijn op een 'blanke' cultuur. Om in een multiculturele samenleving het ideaal van een faire selectie hoog te houden zal men dus praktisch alle (verbale) tests moeten aanpassen, omdat mensen uit andere culturen anders de boot dreigen te missen. We praten dan nog niet over (onbewuste) 'discriminatie' van de zijde van de selecteurs bij een interview. Een onderzoek van Te Nijenhuis (1997) werpt een aardig licht op (onvermoede) discriminatie van etnische minderheden. Neem een vraag als: 'Mijn vakanties breng ik het liefst steeds op dezelfde plek door.' Deze vraag verwijst naar een combinatie van rigiditeit en een gebrek aan flexibiliteit. Veel immigranten bezoeken echter standaard in de vakantie hun land van herkomst, iets wat niet noodzakelijkerwijs iets met rigiditeit te maken hoeft te hebben.

De conclusie van Te Nijenhuis is dat het met de door hem onderzochte tests ten aanzien van etnische minderheden meevalt, al blijft nauwkeurige screening op bias (benadeling) noodzakelijk in een samenleving die steeds meer een multicultureel karakter krijgt.

In de toekomst zal persoonlijkheid nog aanmerkelijk aan belang winnen, en daarmee ook het gebruik van persoonlijkheids- en managementvragenlijsten. De meeste sollicitanten beschikken tegenwoordig over een redelijke scholing. Wat betreft intelligentie is er dus niet zo heel veel meer te halen voor organisaties. Wat betreft persoonlijkheid ligt dat anders. Als iedereen een redelijk opleidingsniveau heeft, moet men, om nog onderscheid tussen sollicitanten te maken, wel naar de persoonlijkheid gaan kijken. Daarbij komen er zeer veel nieuwe vacatures bij in met name de dienstensector. Daar staat sociaal contact centraal en dus gaat het om uw persoonlijkheid. Bent u aardig, invoelend, communiceert u helder en duidelijk? Dat zijn belangrijke persoonlijkheids- en managementaspecten waarnaar werkgevers kijken.

Moelker (1992) vergeleek het jaar 1990 met het jaar 2000 als het gaat om de meest gewenste persoonlijkheidseigenschappen en vaardigheden door werkgevers. Zijn overzicht ziet er als volgt uit:

1990	2000
1 communicatief	flexibiliteit
2 leidinggeven	creativiteit
3 zelfstandigheid	communicatief
4 flexibiliteit	zelfstandigheid
5 intelligentie	intelligentie
6 creativiteit	resultaatgerichtheid
7 initiatief	samenwerken
8 ondernemingsgeest	marktgerichtheid
9 kwaliteitsbewustzijn	ondernemingsgeest
10 doorzettingsvermogen	leidinggeven

Voor de toekomst worden met name flexibiliteit en creativiteit belangrijk, twee begrippen die nu op de arbeidsmarkt al volop herkenbaar zijn in de term flexwerk. Daarnaast blijft communicatie belangrijk. Opvallend is dat eigenschappen als doorzettingsvermogen en resultaatgerichtheid relatief laag scoren op het lijstje van werkgevers, terwijl uit onderzoek naar de Big Five bleek dat beide termen, als onderdeel van de dimensie consciëntieusheid voor goed uitoefenen van alle functies, misschien wel het belangrijkst zijn. Maar wat de arbeidsmarkt vraagt aan persoonlijkheids- en managementcapaciteit hoeft niet altijd te stroken met wat de wetenschap beweert. Zo zal het nog wel een tijdje duren voordat men algemeen gebruikmaakt van multicultureel geënte Big Five-vragenlijsten. Tot die tijd kunt u geconfronteerd worden met een veelkleurig palet aan persoonlijkheids- en managementvragenlijsten. De principes, mogelijkheden en onmogelijkheden van deze instrumenten zullen u nu inmiddels duidelijk zijn.

Tot slot krijgt u nog een aantal mogelijke vragen voorgeschoteld die u in dezelfde of iets gewijzigde vorm kunt aantreffen in persoonlijkheids- en managementvragenlijsten. En als u een meer serieuze proeve van bekwaamheid over uw persoonlijkheidseigenschappen wilt afleggen, dan kunt u de persoonlijkheidstest in de bijlagen maken.

9.6 Voorbeelden van persoonlijkheids- en managementvragen

Hieronder ziet u een aantal voorbeelden van mogelijke items uit persoonlijkheids- en managementvragenlijsten. Probeert u eens na te gaan welke eigenschappen met behulp van de items gemeten worden. Ga ook na of er bij u veel verschil zit tussen een sociaal wenselijke en een 'realistische' beoordeling.

1. Ik voel me vaak ongelukkig.
2. Het liefst doe ik iets helemaal alleen.
3. Andere mensen zijn uitsluitend uit op eigen gewin.
4. Als ik ergens kom waar het rommelig is, irriteert me dat.
5. Als ik in de trein een onbekende ontmoet, komt het vaak tot een praatje.
6. Ik sta niet gauw met mijn mond vol tanden.
7. Er zijn mensen die ik wel eens een klap zou willen verkopen.
8. Ik vind het prettig om intensief aan een bepaalde taak te werken, ook al wordt het daardoor wel eens wat laat.
9. Bij vreemden voel ik mij in het begin nogal ongemakkelijk.
10. In een groep ben ik meestal degene die de leiding neemt.
11. Mijn baan betekent alles voor mij in het leven.
12. Sommige mensen kun je nu eenmaal niet vertrouwen.
13. Ik wil graag dat anderen mij waarderen om wat ik kan.
14. Het kost mij geen moeite om iemand eens flink de les te lezen.
15. Op school vond ik huiswerk maken niet belangrijk.
16. Als iemand tijdens een gesprek in zijn/haar neus peutert, vind ik dat hinderlijk.
17. Mensen dienen ten koste van alles de wet te respecteren.
18. Als ik een opdracht krijg, voer ik die ook altijd uit.
19. Ik vind het een prettig idee als ik kan terugvallen op anderen.
20. Ik zou graag met belangrijke mensen willen omgaan.
21. Het kost mij zeer weinig moeite om nieuwe vrienden te maken.
22. Anderen vormen voor mij vaak een hinderpaal bij de dingen die ik in het leven wil bereiken.
23. Soms heb ik het gevoel dat ik niet helemaal mezelf ben.
24. Ook al wordt het me lastig gemaakt, ik zorg ervoor dat ik altijd alles onder controle heb.
25. Als ik onder druk gezet word, ga ik beter presteren.
26. Ik doe nooit mee aan roddelarij.
27. Als ik niet uit een probleem kom, houdt me dat continu bezig.
28. De meeste mensen hebben eigenlijk maar weinig te melden.
29. Als ik het idee heb dat ik een opdracht niet aankan, word ik wel eens overvallen door een gevoel van lichte paniek.
30. Wat ik in mijn leven heb bereikt, heb ik uitsluitend aan mezelf te danken.
31. Als ik de leiding heb over een groep, zal ik proberen het prestatieniveau te verhogen.
32. In een discussie geef ik mij nooit helemaal bloot.
33. Belangrijke beslissingen neem ik nog wel eens intuïtief.
34. Ik ben graag belast met een belangrijke taak of opdracht.
35. Ik ben niet te benauwd om iemand die mij iets verschuldigd is, om een wederdienst te vragen.

36 Als ik de leiding heb in een groep, zal ik alle beslissingen zoveel mogelijk zelf nemen.
37 Als het enigszins kan, ga ik planmatig te werk.
38 Het kost mij weinig moeite om me aan te passen.
39 Ik vind het prettig als mensen mij om advies vragen.
40 Als ik intensief bezig ben en ik word gestoord, vind ik dat vervelend.
41 Het kost me wel eens moeite om iemand te overtuigen.
42 In een leidinggevende functie zal ik zoveel mogelijk streven naar standaardisering van het werk.
43 In principe laat ik ondergeschikten zoveel mogelijk meebeslissen.
44 Als ik verantwoordelijk ben, heb ik er geen moeite mee dat mensen dingen op hun eigen manier doen.
45 Als dat noodzakelijk is, spiegel ik de zaken wel eens anders voor dan ze in werkelijkheid zijn.
46 In principe ben ik altijd eerlijk tegen anderen.
47 Als ik een doel voor ogen heb, zal ik dat ook ten koste van alles weten te bereiken.
48 Als een opdracht mij niet aanstaat, kost het me geen moeite dat te zeggen.
49 Werken is voor mij het belangrijkste wat er is.
50 Ook al staat een opdracht mij niet aan, ik probeer er toch het beste van te maken.

Persoonlijkheidseigenschappen voor dummies

Mensen kunnen soms te extreem gedrag vertonen op een of meerdere dimensies. Ze zijn dan doorgeschoten op een bepaalde dimensie. Bijvoorbeeld extraversie die te ver doorschiet en dan door de omgeving als drammerig en irritant wordt ervaren. Of flexibiliteit die wordt ervaren als wispelturigheid. In die zien heeft elke 'kernkwaliteit' een schaduwzijde; gedrag dat in de positieve of negatieve kant te ver is doorgeschoten en daardoor disfunctioneel is. Hieronder staan de 'valkuilen' bij elke Big Five dimensie vermeld.

Lage score valkuil	Big Five dimensie	Hoge score valkuil
Binnenvetter	introvert-extravert	Flapuit
Botterik	onvriendelijk-vriendelijk	Slijmerd
Brokkenpiloot	onzorgvuldig-zorgvuldig	Mierenneuker
Neuroot	instabiel-stabiel	Koude kikker
Eigenwijs	autonoom-volgzaam	Meeloper

Bron: Brouwers en Bloemers (2004)

Intelligentie, persoonlijkheid en leiderschap

Intelligentie is de beste voorspeller voor arbeidsprestaties, gevolgd door consciëntieusheid en integriteit. Maar hoe zit het met leidinggevenden, managers en CEO's?

Hebben zij inderdaad in grote mate de beschikking over bovengenoemde eigenschappen? Beschikken zij over een bijzonder en kenmerkend Big Five-profiel en een hoge intelligentie? Uit twee grote overzichtsstudies blijkt het volgende: leiderschap werd in dit onderzoek op twee manieren gemeten: **Leadership emergence**, je in een groep als leider opwerpen en als zodanig ook erkend worden, en **Leadership effectiveness**, hoe wordt de **effectiviteit** van een leider beoordeeld door superieuren en ondergeschikten?

De meest constante kenmerkende persoonlijkheidseigenschap die bij leidinggevenden wordt aangetroffen is extraversie, gevolgd door consciëntieusheid en autonomie. Leidinggevenden scoren gemiddeld laag op neuroticisme: de relatie tussen leiderschap en neuroticisme is negatief. Vriendelijkheid speelt bij leiderschap nauwelijks een rol.

Extraversie is met name van belang bij **leadership emergence**: jezelf opwerpen als leider. Denk bijvoorbeeld aan de leiderloze groepsdiscussie die wel in ACM-procedures wordt gehanteerd. Van belang is dan vooral om veel gedrag te laten zien waardoor u zich onderscheidt van anderen, initiatieven neemt en de groep bij uw oplossingen weet te betrekken. Mensen die erg hoog scoren op vriendelijkheid zijn nogal meegaand en passief, dit verklaart dat vriendelijkheid geen verband vertoonde met leiderschap.

Wat betreft intelligentie bleek een gemiddeld verband tussen intelligentie en leiderschap: de gemiddelde correlatie lag rond de .25. Het verband tussen **beoordeelde** intelligentie (door collega's en superieuren) en leiderschapskwaliteiten was aanzienlijk hoger (.60) dan het verband tussen de scores op intelligentietests en leiderschapskwaliteiten (.18). Vooral 'objectief gemeten' intelligentie lijkt dus een minder grote rol bij leiderschap te spelen dan wel werd gedacht. De relatie tussen intelligentie en leiderschapskwaliteit blijkt ook gevoelig voor stress en directief gedrag. In lage stress-situaties en bij minder directief gedrag neemt de relatie tussen intelligentie en leiderschap toe.

De (waargenomen) eigenschappen van leiders stroken niet met de uitkomsten van het wetenschappelijk onderzoek (tabel p. 23) dat mensen die goed presteren (die dus hoog intelligent zijn en vooral consciëntieus en integer) leidinggevende posities (zouden moeten) krijgen. Uit bovenstaande onderzoeken blijkt dat vooral extraverte mensen die als intelligent **beoordeeld** worden op leiderschapsposities terechtkomen. Bij leiderschap lijkt persoonlijkheid belangrijker dan intelligentie.

Een mogelijke verklaring hiervoor ligt in de huidige manier van selecteren van (top)-leidinggevenden. Vooral bij hoge maatschappelijke en organisationele posities wordt zelden een intelligentietest gebruikt, maar verlaat men zich vooral op de indruk uit het curriculum vitae en eerder bezette posities. Ook de 'persoonlijkheid' van de kandidaat speelt een grote rol. Bij gebruik van een objectieve intelligentietest zouden veel zogenaamd 'hoog' intelligente leiders wel eens door de mand kunnen vallen. Gezien het belang van intelligentie, consciëntieusheid en integriteit bij het nemen van complexe beslissingen is er eigenlijk maar één alternatief: ook het topkader zal moeten geloven aan meer objectief intelligentieonderzoek en persoonlijkheidsvragenlijsten. Of besliskundige blunders en gevallen van zelfverrijking hiermee voorkomen kunnen worden, is de vraag, maar het is de moeite van het proberen waard. Organisaties zouden zich bij hun selectiepolitiek in elk geval meer moeten baseren op de uitkomsten van wetenschappelijk onderzoek.

Bron: Judge. Bono, Ilies, Gerhardt & Colbert: 2002, 2004

9.7 Integriteitsvragenlijsten*

'With integrity there seems a lot to choose,
but in the end you can only lose...'

De nieuwste loot aan het persoonlijkheidsfront in selectieland is de integriteitsvragenlijst. De integriteitsvragenlijst is een soort compromis en een reactie op het gebruik van de leugendetector in Amerika. Op die leugendetector kwam veel kritiek, maar werkgevers wilden toch informatie over gedrag van sollicitanten op het gebied van drugs, drankgebruik en diefstal. Bij integriteit is de nadruk dan ook komen te liggen op het voorspellen van zogenoemd 'contraproductief gedrag'. Verschillende organisaties beschikken inmiddels over een integriteitsvragenlijst en het gebruik ervan zal waarschijnlijk gaan toenemen. Het in kaart brengen van integriteit is van belang om te voorkomen dat er mensen in een organisatie rondlopen die gedrag vertonen dat schadelijk is voor de organisatie en voor de productiviteit.

Gezien de verhalen over schade die bedrijven hierdoor lijden is het niet vreemd dat integriteit zich aan het front van het persoonlijkheidsonderzoek geplaatst heeft. Wereldwijd lopen bedrijven jaarlijks behoorlijke schade op door contraproductief gedrag van werknemers. Schattingen lopen uiteen van 3 tot 4 miljard euro op jaarbasis, alleen al door interne personeelsfraude. Naast interne fraude moet u ook denken aan verzuim, diefstal, alcohol en drugsgebruik. In bredere zin valt ook gedrag ten aanzien van collega's onder integer werkgedrag. En dan niet alleen het zich integer gedragen ten opzichte van collega's, maar ook het signaleren van normoverschrijdend gedrag van anderen.

---

* Met dank aan Paul van Leest van Cebir, voor het ter beschikking stellen van materiaal van de PIT en voor zijn waardevolle commentaar op eerdere versies van dit hoofdstuk. Ook dank aan mevrouw C.M. Heling, voor haar kritische en creatieve commentaar.

Wat is integriteit?

Integriteit is geen eenduidig begrip, maar als een werknemer rechtschapen, onkreukbaar, gewetensvol, altruïstisch, eerlijk, consciëntieus en constructief kritisch is, dan kunnen we dat samenvatten als: deze medewerker is integer. Er is een overlap met de bekende Big Five persoonlijkheidseigenschappen, met name met de dimensies vriendelijkheid, consciëntieusheid en stabiliteit, en eventueel een kleine link naar openheid of autonomie.

Integriteit is een samengesteld begrip, een soort container waar meerdere zaken inzitten. Naast de al genoemde Big Five eigenschappen zijn dat meestal specifieke eigenschappen waarvan uit onderzoek is gebleken dat ze samenhangen met contraproductief gedrag (zie Berry, Sackett & Wieman, 2007). Volgens sommige onderzoekers wijzen integriteitstests op het feit dat er naast de Big Five nog een zesde basis persoonlijkheidstrek moet zijn. Zij noemen deze persoonlijkheidstrek de H-H-dimensie, oftewel honesty-humility dimension (eerlijkheid-bescheidenheid). Daarbij gaat het om eigenschappen als oprechtheid, eerlijkheid, gebrek aan zelfingenomenheid en niet hebzuchtig zijn (Marcus, Lee & Ashton, 2007).

Binnen de arbeids- en organisatiepsychologie noemt men integriteit ook wel organizational citizenship behavior (OCB), en soms ook wel contextual behavior. We zouden dit kunnen vertalen met de term professionele burgerzin (Cremers, 2007). De laatste tijd is OCB vervangen door de term *Counterproductive Work Behavior* (CWB) als criterium van integriteit (diefstal, verzuim, drugsgebruik). De reden hiervoor is dat het veel gemakkelijker aan te tonen is dat iemand níét integer gehandeld heeft, dan dat iemand wél integer is (het is gemakkelijker goed te doen, dan om iets goed te doen). Vanwege het ontbreken van een hard criterium voor integriteit is het de vraag of het hard te maken is dat iemand wel echt integer is. Deze persoon kan immers iets verborgen houden, en daarnaast bestaat het risico dat hij of zij in de toekomst alsnog niet-integer gedrag zal vertonen. Maar als iemand wel een keer over de schreef gegaan is, dan heeft hij aantoonbaar niet-integer gehandeld. Kortom, de wetenschap zoekt harde feiten, dus richt zij zich op het achterhalen van vertoond niet-integer gedrag. Integriteitsvragenlijsten meten dan ook voornamelijk niet-integer, contraproductief gedrag (Wanek et al., 2003).

Dit vertonen van niet-integer gedrag – en vooral als het systematisch voorkomt – verwijst naar mensen die een bedreiging kunnen vormen voor anderen en voor de organisaties waar ze werkzaam zijn. We hebben het dan over wat men ook wel de *dark side of personality* noemt (Moscoso & Salgado, 2004).

Gestoord gedrag binnen organisaties

Het gaat bij de 'dark side' om aan de Big Five gerelateerde eigenschappen, die in drie klassen kunnen worden opgedeeld: normaal gedrag, normaal gedrag met vreemde trekjes en abnormaal gedrag. De onderstaande tabel is specifieker en geeft ook de verbanden aan met de specifieke taakprestaties, integer gedrag (CWB) en het algemeen functioneren.

Persoonlijkheidseigenschap	Relatie met:		
	taakprestatie	integriteit	algemeen functioneren
Narcistisch (egocentrisch)	?	negatief	?
Achterdochtig (paranoïde)	negatief	negatief	negatief
Assertief (sadistisch)	?	?	?
Verlegen (vermijdend)	negatief	negatief	negatief
Treurig (depressief)	negatief	negatief	negatief
Pessimistisch (passief-agressief)	negatief	negatief	negatief
Lijder (zelfdestructief)	negatief	negatief	negatief
Excentrisch (schizotypisch)	negatief	negatief	negatief
Ambivalent (borderliner)	?	?	?
Op zichzelf (schizoïd)	?	?	?
Betrouwbaar (dwangmatig)	?	?	?
Opgewekt (histrionisch)	?	?	?
Risicovol (asociaal)	negatief	negatief	negatief
Teruggetrokken (afhankelijk)	negatief	?	?

Gestoord gedrag en de relatie met organisatiecriteria (zie Moscoso & Salgado, 2004)

Correlaties die groter of kleiner zijn dan (–) .20 zijn weergegeven als positief/negatief. Het is niet verwonderlijk dat alle correlaties van betekenis negatief zijn. Het negatiefst scoren de types Pessimistisch en Excentrisch, met correlaties op alle drie de criteria tussen de –.30 en de –.50. Maar bedenk wel dat het gaat om een studie met 85 personen en dat de resultaten dus voorzichtig geïnterpreteerd moeten worden. In welke categorie het gedrag hoort onder de specifieke persoonlijkheidseigenschap (normaal tot abnormaal) mag u zelf bepalen. Bedenk dat het bijna altijd om gradaties gaat, echt gestoord gedrag vindt men meestal niet op de werkvloer, net zomin als echt normaal gedrag, al zult u in elke organisatie wel mensen aantreffen van wie u denkt: hoe hebben ze die in godsnaam kunnen aannemen?

De meeste van deze 'dark side' persoonlijkheidseigenschappen hebben een relatie met neuroticisme, of scoren negatief op extraversie. Veel eigenschappen scoren ook negatief op vriendelijkheid en negatief op consciëntieusheid. Twee uitzonderingen zijn het narcistische type, dat positief scoort op extraversie (wil veel aandacht), negatief op vriendelijkheid (is alleen in zichzelf geïnteresseerd), en het altijd opgewekte type, dat vooral negatief scoort op consciëntieusheid (ziet de grootste blunder nog van de zonnige kant).

In het algemeen is de uitkomst van 'dark side'-gedrag simpel: zeer veel eigenschappen hebben een negatieve relatie met de drie organisatiecriteria taakprestatie, integriteit en algemeen functioneren. Hoe gestoorder het gedrag, hoe lager de taakprestatie, hoe minder integer en hoe slechter het algemeen functioneren. Uitzonderingen lijken de narcist, de assertieve sadist, de borderliner, de teruggetrokken schizoïde mens, de dwangmatige, 'over-punctuele' mens, het altijd opgewekte type en het teruggetrokken type, die geen of slechts een enkele negatieve relatie hebben met organisatiecriteria. Maar nogmaals: bedenk dat dit een eerste onderzoek is, verricht onder slechts 85 proefpersonen. Er zal nog veel meer onderzoek nodig zijn om precies te bepalen welk 'gestoord' gedrag echt schadelijk is voor organisaties en welk type het meest voorkomt. Een opmerking ter geruststelling: 'echt' gestoord gedrag komt voor bij minder dan 5% van de populatie. Een test of vragenlijst die dus (veel) meer mensen als 'gestoord' aanwijst doet iets fout (zie ook verderop bij het 'false positives'-probleem)*.

Een ander probleem is dat echt gestoorden vaak zeer bedreven zijn in het zich 'normaal' voordoen als dat vereist is. Eenmaal op de werkvloer komt het gestoorde gedrag dan meestal vrij snel naar boven. In die zin zijn mensen die veel verschillende maar korte banen hebben gehad (de draaideurwerknemer) op voorhand verdacht: de echt gestoorde mens komt nog wel binnen bij een werkgever maar vliegt er meestal ook snel weer uit.

Een meer inhoudelijke theorie over wat iemand wel of niet integer maakt vinden we bij Marcus en Schuler (2004). Hun theorie is simpel: de belangrijkste factor om te bepalen of iemand integer zal zijn – en dus geen contraproductief gedrag zal vertonen – is de mate van zelfcontrole. Dat lijkt inderdaad een zeer plausibele theorie, want werknemers staan bloot aan allerlei verleidingen, zoals geld uit de kas ontvreemden, het stelen van spullen, en op hoger niveau het wegsluizen van grote sommen geld of systematische fraude. Zelfcontrole zorgt ervoor dat mensen niet over de schreef gaan. Vanuit deze theorie zou het dus raadzaam zijn om werknemers vooral te onderzoeken op hun mate van zelfcontrole. Daar is trouwens een vragenlijst voor: de Pavlov-schaal, die impulscontrole meet en die in verschillende varianten op de markt is. Het idee is dat mensen die goed in staat zijn om beloningen uit te stellen, maatschappelijk beter of verantwoorder functioneren. Anders jat je immers direct alles wat je wilt hebben. Een vragenlijst gericht op het meten van zelfcontrole lijkt boven-

* Persoonlijke opmerking van W.K.B. Hofstee

dien gemakkelijker op te stellen en af te nemen dan een omvangrijke typologievragenlijst van 'gestoorde' gedragingen.

De Hi Mach of de klassieke psychopaat in organisaties

Er is in organisaties redelijk veel onderzoek gedaan naar psychopaten, tegenwoordig ook wel sociopaten genoemd. In Engelse termen worden deze mensen ook wel Hi Machs genoemd, wat zoveel betekent als 'hoog scorend op een Machiavelliaanse machtsschaal'. Het gaat dan om manipulatie en bedrog, om mensen zonder enige moraal.

De Hi Mach heeft de volgende kenmerken.
- Hij is pragmatisch, het doel heiligt de middelen. Hij is gespeend van elke vorm van integriteit, hij zal integriteit suggereren als dat past bij het bereiken van zijn doelen. Daartoe zal hij zonder problemen liegen, bedriegen en manipuleren.
- Hij is zeer sterk in het beïnvloeden van anderen, hij is overtuigd van zichzelf, is verbaal zeer vaardig, betoont zich inlevend en hij is vaak zeer goed op de hoogte van belangrijke zaken en heeft veel kennis van zaken.
- Hij is er een meester in tactische situaties uit te kiezen, situaties waarin anderen zwak en beïnvloedbaar zijn, zodat hij zijn doelen beter kan realiseren. Vaak is de situatie ook vaag gedefinieerd zodat anderen onzeker zijn over wat wel en niet klopt.

Hoe kunt u zich wapenen tegen Hi Machs?

U bent niet geheel weerloos tegenover de klassieke psychopaat. Vermoedt u dat u met zo iemand te maken heeft, dan kunt u het best gaan praten met anderen die deze persoon ook kennen. Vergelijk hun verhalen met uw ervaringen, vraag of zij hun twijfels over deze persoon hebben. In selectietaal: win referenties in. U moet dus niet bang zijn om u kwetsbaar op te stellen en het klusje niet alleen willen klaren. Anders eindigt u bijvoorbeeld als eigenaar van een niet-bestaand condoproject aan de Turkse Rivièra.

Wat is de toegevoegde waarde van integriteit?

Heeft het zin om integriteit te meten als toegevoegd begrip naast de eigenschappen van de Big Five? Voegt een integriteitsvragenlijst nog wat toe aan de voorspelling hoe u als persoon in elkaar steekt en wat voor gedrag u zult vertonen? Ja, dat blijkt uit de tabel op p. 23. Integriteit heeft daar de hoogste toegevoegde waarde naast intelligentie als voorspeller van werkprestaties, hoger dan de Big Five-factoren. Vanuit het standpunt van de werkgever is het zinvol om de integriteit (CWB) van werknemers onder de loep te nemen. De voorspellende validiteit van integriteitsvragenlijsten op de *overall job performance* is .41. (zie tabel p. 23). Hierdoor behoren ze tot de beste vijf voorspellers van arbeidsprestaties. De opname van een integriteitsvragenlijst biedt dan ook in het algemeen goede perspectieven voor de voorspellende validiteit van een selectiemethode en lijkt dan ook gerechtvaardigd.

Sinds enige tijd zijn diverse (Nederlandstalige) selectie-instrumenten en vragenlijsten beschikbaar die een specifieke integriteitschaal hebben. Zo zijn er de *Professional Integrity Test* (PIT) van Cebir, de integriteitsmodule van de Savvy en de schaal 'Integriteit' van de Orpheus. Nieuw ontwikkelde persoonlijkheidsvragenlijsten hebben bijna allemaal een integriteitsschaal.

Uit onderzoek blijkt ook dat integriteit eigenlijk het kernelement is binnen de dimensie consciëntieusheid. Een crimineel kan heel consciëntieus zijn (op tijd komen, hard werken, toegewijd zijn), maar hij kan niet integer zijn. Integriteit heeft dus een duidelijke meerwaarde boven consciëntieusheid. Die meerwaarde van integriteit zit dus vooral op het moreel-ethische terrein: het gaat om gedrag dat per definitie niet schadelijk is voor anderen, sterker nog, dat gericht is op het helpen van de medemens.

Er is echter (nog) geen consensus over wat integriteit nu werkelijk is of moet zijn. Verschillende integriteitstests meten ook verschillende aspecten van dit begrip (de overlap is maximaal .30).

Hoe kunnen we integriteit meten?

Wat voor soorten integriteitsvragenlijsten zijn er? Grofweg kunnen we twee soorten integriteitstests onderscheiden. Er zijn open/overte en gesloten/coverte integriteitsvragenlijsten (Alliger & Dwight, 2000). In overte tests krijgt u heel direct vragen over (on)eerlijk gedrag. In coverte tests krijgt u meer verhulde persoonlijkheidsachtige vragen, die indirect naar integriteit verwijzen, bijvoorbeeld: ik ben iemand die diefstal ten strengste afkeurt. Dit tegenover: ik steel regelmatig (overt). Het probleem van overte integriteitstests zal duidelijk zijn: de antwoorden zijn gemakkelijk te faken, net als bij gewone persoonlijkheidsvragenlijsten, dus daar schieten we weinig mee op. Opportune sollicitanten zullen met overte tests dan ook weinig problemen hebben.

Dit doorzien van de vraag en vervolgens sociaal wenselijk antwoorden kan in theorie de voorspellende validiteit beïnvloeden, al blijkt dit in de praktijk wel mee te vallen (Ones, Viswesvaran & Schmidt, 1993, 2003; Wanek et al., 2003). Met betrekking tot contraproductief gedrag en arbeidsprestaties hebben open en gesloten integriteitsvragenlijsten ongeveer dezelfde voorspellende validiteit, en ze voorspellen dus ongeveer even goed (Hogan & Brinkmeyer, 1997). Het belangrijkste verschil is dat naarmate een vragenlijst meer bedekte (gesloten) vragen bevat, sociaal wenselijk antwoorden (*impression management* en bedrog) moeilijker is omdat niet zonder meer duidelijk is wat er gemeten wordt.

Personen die hoog scoren op integriteit zijn zoals gezegd vaak consciëntieus en emotioneel stabiel. Hoge scores op gesloten integriteitsvragenlijsten wijzen vaak op verantwoordelijke, betrouwbare en volgzame personen aan wie men gemakkelijk leiding kan geven. Ze zijn echter ook vaak zeer georiënteerd op details en inflexibel en verzetten zich tegen vernieuwing (Hogan & Brinkmeyer, 1997). Vanwege deze kenmerken doet Hogan de suggestie dat voor functies waarin conformiteit, volgzaamheid en oplettendheid voor procedures en details noodzakelijk zijn, personen met hoge scores op integriteitsvragenlijsten goed moeten worden bekeken. Er is natuurlijk behoefte aan integere mensen, maar je moet voorkomen dat integriteit doorslaat naar rigiditeit. We moeten tegenwoordig vooral flexibel zijn, behalve als het om integere zaken gaat maar we mogen hierin weer niet te rigide worden. Dat integriteit kan doorslaan naar rigiditeit bewijst ook het gegeven dat een testvraag als 'Ik rijd nooit door rood licht' (afkomstig uit een bekende Nederlandse persoonlijkheidsvragenlijst), in deze vragenlijst rigiditeit meet. Maar in een integriteitstest zou deze vraag eerlijkheid meten. Dit verklaart waarom het voor een sollicitant verwarrend is dat hij, afhankelijk van de test, twee keer een verschillend antwoord moet geven op dezelfde vraag om er 'goed' uit te springen. Met een kwinkslag kan de testpsycholoog dan zeggen: 'Ja, maar dat betekent dus dat u flexibel en intelligent moet zijn en dus niet rigide.' En dan komt het erop neer dat de testpsycholoog altijd gelijk heeft.

In feite verwacht men van sollicitanten dat ze kennis hebben van wat de vragenlijst meet en hoe ze zich moeten profileren om er gunstig uit te springen. Dat is merkwaardig, want meestal vraagt men bij vragenlijsten juist om ze 'spontaan en eerlijk' in te vullen, en wil men voorkomen dat de kandidaat berekenend te werk gaat. Bij integriteitsvragenlijsten kan deze (naïef eerlijke) houding echter noodlottige gevolgen hebben. Met een variant op Hofstee (2005) zouden we kunnen stellen: integriteitsvragenlijsten werken alleen bij mensen die niet gehaaid genoeg zijn om zich erop voor te bereiden en werken dus alleen bij mensen voor wie ze niet nodig zijn (de naïeve eerlijkerds). En als die in alle eerlijkheid toegeven dat ze soms niet-integer gedrag hebben vertoond zijn ze alsnog de pineut.

> Een anekdote: mijn vader was manisch integer (rigide dus!). Hij reisde een keer voor zijn werk per trein van Zwolle naar Maastricht en had geen tijd om een kaartje te kopen. Zowel tijdens de heen- als de terugreis werd hij niet gecontroleerd. Wat deed de goede man? Bij zijn terugkomst te Zwolle kocht hij alsnog een retourtje Zwolle-Maastricht om dat vervolgens braaf te declareren. Is dit 'aangeboren' integriteit, die, zelfs in een zeer opportune situatie, nog standhield? Of is dit een voorbeeld van integriteit die doorslaat naar rigiditeit? Overigens had hij ook vanuit 'actieve integriteit' iets kunnen ondernemen door zelf de conducteur op te gaan zoeken en in de trein een kaartje te kopen, maar dat ging hem toch te ver.

Ondanks het veelal ontbreken van een zuiver objectief criterium voor het begrip integriteit, beschikken de huidige integriteitsvragenlijsten naar psychologische normen over voldoende constructieve en voorspellende validiteit (Hogan & Brinkmeyer, 1997; Schmidt en Hunter, 1998). Het is dus redelijk duidelijk wat ze meten en ze voorspellen ook enigszins betrouwbaar het gedrag op de werkplek. Overte en coverte integriteitsvragenlijsten verschillen onderling wel iets met betrekking tot wat ze nu precies voor begrippen meten, maar de overlap is zoals gezegd redelijk. Consciëntieusheid is bijvoorbeeld een gemeenschappelijk begrip.

Problemen met de toepassing van integriteitsvragenlijsten

Hoewel de afname van een integriteitsvragenlijst op dezelfde manier werkt als de bekende algemene persoonlijkheidsvragenlijsten, zijn toepassing en afname van een integriteitsvragenlijst niet zonder meer probleemloos. Hierboven is al de dubbele betekenis van een vraag aangegeven, afhankelijk van de vragenlijst waarin hij is opgenomen Maar er zijn fundamentelere problemen met integriteitsvragenlijsten.

1 *Het 'common sense-argument' tegen integriteitsonderzoek*
Het eerste bezwaar is een common sense-argument: als u een integriteitsvragenlijst eerlijk invult en toegeeft dat u weleens oneerlijk bent (geweest), dan wordt u daar zonder meer op afgerekend en in het slechtste geval tot 'onwenselijke crimineel' gestigmatiseerd. U geeft dus iets eerlijk toe en dit wordt vervolgens afgestraft. Dat klinkt niet fair. U wordt afgerekend op iets uit uw (verre) verleden en u krijgt geen kans om te laten zien dat u uw gedrag verbeterd hebt en dat uw miskleun uit uw puberteit een incident was. Geen wonder dat de landmacht geen werknemers meer kan krijgen, want als je invult dat je weleens een joint hebt gerookt, word je gelijk afgewezen, en wie heeft er nu in zijn of haar leven geen joint gerookt?

Laat ik eens persoonlijk zijn: ik heb in mijn leven twee boeken gejat (om een boete voor liften bij Beetsterzwaag te kunnen betalen, anders had ik drie dagen in Leeuwarden in de bak moeten zitten) en ik heb twee pakken koffie bij Simon de Wit gestolen toen ik als student financieel moeilijk zat. Ik ben dus de klos als ik de vraag krijg: 'Heeft u weleens iets gestolen?' Maar ik ben er ook weleens achter gekomen dat ik iets wat ik betaald heb in de supermarkt thuis niet in mijn tas terugvond, of dat er te veel berekend was, of dat je te maken krijgt met een rigide politieagent die het leuk vindt een armlastige adolescent nog verder te rippen. Door de bank genomen beschouw ik mijzelf als een integer mens, en anderen zullen dat hoop ik beamen. Dit zelfbeeld van een 'persoonlijke moraal' bestaat ook bij werknemers in bedrijven, die uiteraard ook een soort eigenrichting toepassen. Ze vinden dat ze niet goed betaald worden, ze krijgen rotklussen of hun directe manager is gewoon een *asshole*. Herkent u dat gevoel? Is het dan vreemd dat je je een keer ziek meldt, wat briefpapier meeneemt, een doosje nietjes of een paar cd-roms? Een slimme organisatie stelt dergelijke middelen beschikbaar voor werknemers die nog wat willen thuiswerken.

Het gaat erom dat eigenrichting niet systematisch wordt en het moet binnen bepaalde grenzen blijven, anders is er wel degelijk een integriteitsprobleem. In die zin zegt de huidige bedrijfscultuur ook het nodige. Het is goed voorstelbaar dat bedrijven waar veel criminele en saboterende gedragingen voorkomen, angstvallig proberen om uitsluitend eerlijke medewerkers te werven met een integriteitsvragenlijst, terwijl het werkelijke probleem binnen het bedrijf zelf zit. Ik zou ervoor willen pleiten om dergelijke vragenlijsten uitsluitend bij verantwoordelijke posities in te zetten, daar juist die posities van invloed zijn op het algemene bedrijfsklimaat.

2 *Het validiteits/specificiteits-argument*
Dit brengt ons bij het tweede bezwaar, namelijk dat van de validiteit of liever gezegd specificiteit. We hebben gezien dat de voorspellende validiteit van deze vragenlijsten heel behoorlijk is, met een grote toegevoegde waarde boven intelligentie, die dan ook geen verband met integriteit heeft. Het kan dan wel zo zijn dat door zo'n vragenlijst te gebruiken voornamelijk integere werknemers worden aangenomen, maar het is ook mogelijk dat er vanwege de test integere medewerkers worden afgewezen. De uitslag van een integriteitsvragenlijst kan een beslissende invloed hebben op het aanstellen of afwijzen van een sollicitant. Dit onderscheidt de invloed van deze test van algemene persoonlijkheidsvragenlijsten, die een veel genuanceerdere invloed hebben op de beslissing om een kandidaat al dan niet aan te stellen.

Zoals blijkt uit het schema op pagina 53 zijn er bij het selecteren van sollicitanten vier mogelijkheden. Aannemen versus afwijzen en terecht versus onterecht. Bij integriteitsvragenlijsten gaat het vooral om het onterecht afwijzen, zo blijkt uit onderzoek. Karren en Zacharis (2007) concluderen dat verwacht kan worden dat vier van de vijf sollicitanten (80%) ten onrechte als oneerlijk uit een integriteitstest komen, en dus ten onrechte zouden worden afgewezen als zijnde 'niet voldoende integer'. Dat is natuurlijk veel te veel. Integriteitstests meten blijkbaar te gevoelig, want bij het minste of geringste beginnen ze te piepen dat er iets niet in de haak is. Dit verschijnsel van een te grote gevoeligheid is afhankelijk van de validiteit van de test en het voorkomen van oneerlijk (niet-integer) gedrag in de populatie. Als de vragenlijst een minimale validiteit heeft (.15) en we ervan uitgaan dat één op de twintig mensen écht oneerlijk is, dan is het aantal werknemers dat ten onrechte als oneerlijk uit de test komt zelfs 99%. Bij een validiteit van .40 en ervan uitgaande dat zes van de tien mensen weleens steelt, is het percentage door de test ten onrechte als oneerlijk gesignaleerde mensen altijd nog 50%. Gaan we uit van een realistisch scenario, dus een validiteit van

.30 en de aanname dat één op de drie werknemers in de populatie oneerlijk is, dan betekent dat altijd nog dat 80% van de werknemers ten onrechte als oneerlijk uit de vragenlijst tevoorschijn zou komen. Dat is zoals gezegd onacceptabel. De uitkomsten van zo'n vragenlijst moeten dus zeer voorzichtig worden geïnterpreteerd, anders houdt de selecterende organisatie geen eerlijke kandidaten over, of werken die allemaal bij de concurrent. In elk geval mag een integriteitsvragenlijst nooit een bindend oordeel opleveren over wel of niet integer. Hoogstens kan er een score komen op een schaal, lopend van weinig integer tot zeer integer.

Wat is er eigenlijk bekend over het aantal oneerlijke werknemers in organisaties? Schattingen van Amerikaans onderzoek lopen uiteen van 5% tot wel 60%, afhankelijk van de sector. Fastfood heeft een zeer slechte reputatie (62%), zo blijkt, en de supermarkten doen het ook niet al te best met 43% stelende werknemers. Maar wat is precies de aard van het niet-integere gedrag? Dat kan behoorlijk variëren, van het stelen van (goederen ter waarde van) 10 euro, tot 50 euro of meer.

Bent u weleens in aanraking geweest met de politie? Veel mensen zullen deze vraag met ja moeten beantwoorden, bijvoorbeeld omdat ze zonder licht reden en bekeurd werden. De vraag is dus: wat is precies het (niet-)integere gedrag waar het om gaat? En hoe relevant is dat, als we regelmatig lezen dat manager X of Y voor tig miljoen heeft gefraudeerd? Dat laatste mag dan als een zwak argument klinken, maar mensen redeneren wel zo. Wanneer, zoals eerder gezegd, in een bedrijf een niet-integere cultuur heerst, dan word je vanzelf besmet. Of je bent zo integer dat je direct weer ontslag neemt.

En is er misschien ook een relatie tussen de specifieke bedrijfssector en het voorkomen van niet-integer gedrag? Betalen sommige sectoren misschien heel slecht, of is het werk onaantrekkelijk, of werken er vooral onvriendelijke managers die de werknemers continu achter de vodden zitten en afsnauwen? Dit brengt ons op het derde bezwaar tegen het gebruik van integriteitsvragenlijsten: de invloed van de situatie op integer gedrag.

3 *Integriteit: karakter of invloed van de situatie?*
Als we persoonlijkheid simpelweg beschouwen als bestaande uit vooral aangeboren 'traits', interne neigingen om in verschillende situaties ongeveer hetzelfde gedrag te vertonen, dan ligt daarmee de persoonlijkheid en dus ook de mate van integriteit vast. Uit het hoofdstuk over persoonlijkheidsvragenlijsten weten we dat dit inderdaad vaak het geval is. In verschillende situaties vertonen mensen redelijk stabiele gedragingen. Maar dat wil niet zeggen dat de situatie helemaal geen invloed heeft.

Er is een gerede kans dat een willekeurige sollicitant redelijk integer is. In de fastfood- en voedselsector is de kans op een niet-integere sollicitant weliswaar groter, maar laten we uitgaan van de veronderstelling dat twee op de drie sollicitanten integer zijn. Maar wat bepaalt dat integere of niet-integere gedrag? Naast een sterke karaktertrek is het vaak de specifieke situatie die door een werknemer als onrechtvaardig wordt ervaren en tot een tegenactie van niet-integer gedrag leidt. Deze tegenactie is dan niet zozeer een gevolg van de persoonlijkheid van de werknemer, maar komt voort uit de waargenomen situatie. Dit blijkt ook uit sommige onderzoeken (Mumford et al., 2001 en Murphy & Davidshofer, 2005). Als het ging om het vertonen van integer gedrag, hadden situationele effecten in deze onderzoeken een sterker effect dan persoonlijkheidsgebonden aspecten.

De situatie kan dus wel degelijk van invloed zijn op de mate van vertoond (niet-)integer gedrag. Bovendien, als iemand als niet-integer door een testuitslag gestigmatiseerd wordt, ontneem je hem of haar de kans om te veranderen in een meer integer persoon. Zeker gezien de kans op een foute uitslag (iemand ten onrechte als niet-integer stigmatiseren) zijn dat belangrijke argumenten tegen het klakkeloos gebruik van weer een nieuw soort vragenlijst. Deze overgevoeligheid wreekt zich bij integriteitsvragenlijsten veel sterker dan bij gewone persoonlijkheidsvragenlijsten, omdat de score op een integriteitsvragenlijst tot een soort moreel oordeel over de kandidaat leidt, dat beslissend kan zijn voor de aanstelling. En het is nog maar de vraag of selectieonderzoek zich moet bezighouden met het doen van morele uitspraken over mensen.

We hebben drie argumenten tegen het gebruik van integriteitsvragenlijsten onder de loep genomen. In zekere zin hangen deze drie argumenten met elkaar samen. Kern is dat er een vragenlijst is die een (bindende) morele uitspraak pretendeert te doen over iemands gedrag, terwijl er een gerede kans is dat deze uitspraak de plank misslaat. Stel dat u aan het einde van een assessment te horen krijgt dat u niet integer genoeg bent? Mag zo'n uitspraak überhaupt gedaan worden in het kader van personeelsselectie? Is het verantwoord zo'n uitspraak te doen? In elk geval moet zo'n oordeel onderbouwd zijn met harde criteria en mag het niet louter gebaseerd zijn op een vragenlijst die de kandidaat ten onrechte als niet-integer kan stigmatiseren. Het dieper liggende probleem is dat de privacy in het geding is: heeft een organisatie of een psycholoog het recht om sollicitanten dit soort dingen te vragen, zonder zelf met de billen bloot te gaan? Nee dus, volgens mij. Alleen wanneer een organisatie hard kan maken dat integriteit een zaak van levensbelang is voor de functie, zal zij dat aan sollicitanten kunnen uitleggen, en zullen sollicitanten het ook redelijk vinden om dit soort vragenlijsten in te vullen. Dat geldt dan vooral voor overheidsfuncties als ambtenaar, politicus, politieagent en hogere managementfuncties. In dat soort gevallen valt het gebruik van integriteitsvragenlijsten te rechtvaardigen, maar dan nog met de grootste omzichtigheid (zie ook het testrapport verderop). De organisatie dient dan zelf ook aantoonbaar integer te zijn. Om als gemiddelde sollicitant als een soort 'crimineel' benaderd te worden, met ook nog eens een kans van 80% om ten onrechte als crimineel uit de test te komen, is onacceptabel. Ook voor de selectiepsycholoog die in dit geval met de sollicitant te maken heeft is dit een moeilijke kwestie. Moet hij bijvoorbeeld de score van de sollicitant op de integriteitsvragenlijst aan de organisatie kenbaar maken? Mag hij dat? Of moet hij de sollicitant afraden om te solliciteren omdat die zo laag scoort op integriteit? (Zie Hofstee, 2005.) De gedragscode van het NIP geeft hier ook geen uitsluitsel over, daar de verschillende eisen ten aanzien van het gedrag van de selectiepsycholoog hier met elkaar botsen.

Een organisatie moet de zaken intern goed op orde hebben en integriteit gewoon als de dominante cultuurwaarde binnen de organisatie beschouwen. Ten eerste voelen eventueel niet-integere kandidaten zich dan niet aangetrokken tot de organisatie (welke harde crimineel wil er bij de EO werken?). Soort zoekt soort wat dat betreft. In de tweede plaats doen organisaties er goed aan om gedrag zodanig te evalueren en te monitoren dat niet-integere werknemers en managers snel door de mand vallen. Dat wil niet zeggen dat alle organisaties zich moeten gaan gedragen als een pathologisch callcenter waarbij naast uw gesprekken met klanten ook nog bijgehouden wordt hoe lang u op het toilet verblijft. Een regelmatige evaluatie van het gedrag van het personeel is echter wel noodzakelijk. Het beste kan dat door elkaar informeel aan te spreken, maar in het steeds bureaucratischer Nederland zal het ongetwijfeld via functionerings- en beoordelingsgesprekken gebeuren.

Integriteitsvragenlijsten zijn niet populair bij sollicitanten. Ze vinden de vragenlijsten nog net niet zo erg als een grafologische analyse ondergaan, en een niet gering gedeelte weigert zelfs om zo'n test in te vullen. Bedrijven die de test gebruiken houden er onder sollicitanten in veel gevallen een slechte naam aan over (Berry, Sackett & Wiemann, 2007).

Voorbeelden van integriteitsvragen

De Savvy is een van oorsprong Israëlische integriteitsvragenlijst. De Savvy is een zeer sophisticated instrument, waarbij onder andere via ingewikkelde algoritmes wordt berekend hoe lang u over een bepaalde vraag doet. De testpsychologie heeft namelijk een nieuw middel ontdekt om uw 'ware' persoonlijkheid te ontmaskeren. Dat betreft niet zozeer de inhoud van de vraag, maar de tijd die u aan een bepaalde vraag besteedt. De veronderstelling is dat als u lang met een vraag bezig bent, u waarschijnlijk aan het uitzoeken bent wat het 'beste' of sociaal wenselijkste antwoord is. Concreter gezegd: u bent de zaak aan het flessen, of u bent het antwoord aan het faken. Onderzoek lijkt hier inderdaad op te wijzen. Bij de klassieke persoonlijkheidsvragenlijst staat dan ook vaak de uitspraak: 'Vul de test spontaan en snel in.' Ik heb echter zelf een integriteitstest gemaakt (zie onder 'het integriteitsprofiel') en had met sommige vragen nogal moeite vanwege de beperktheid of onzinnigheid van de mogelijke antwoorden. Dan ga je herlezen, nadenken en dat kost tijd. Misschien ben ik te filosofisch aangelegd maar volgens de test was mijn integriteit niet al te hoog. De nadruk op de verbruikte tijd bij het maken van vragenlijsten kan een vertekend beeld geven van de integriteit van de kandidaat.

Er is ook veel voor te zeggen om de ratrace, gericht op het ontmaskeren van de 'fakende sollicitant', geheel over boord te gooien. Je probeert tijdens een sollicitatieprocedure immers zo goed mogelijk voor de dag te komen. In psychologische benaderingen zit altijd wel zoveel rek dat dat zonder veel morele problemen ook mogelijk is. Stel dat u geheel naïef en eerlijk naar een sollicitatiegesprek gaat, en u doet wat u altijd doet: u legt uw voeten op tafel en gaat lekker onderuitgezakt het gesprek aan (het voorbeeld komt van Marcus, 2006). Waarschijnlijk zal men dat gedrag als volkomen ongepast beschouwden. Met andere woorden: men verwacht een bepaalde vorm van sociaal wenselijk gedrag van de kandidaat (aanpassing aan een sociale situatie) die we ook wel *impression management* noemen. Hoe redelijk is het dan om via andere instrumenten opeens te willen achterhalen of u wel 'eerlijk' bent? Zijn organisaties eerlijk? Geven zij inzicht in hoe moreel of hoe ethisch verantwoord zij te werk gaan? Geven zij inzicht in de profielen van de werknemers en managers met wie u te maken krijgt? Nee dus. Het gaat altijd om een dynamisch bedrijf, met volop kansen om u te ontwikkelen. De trend om uw sociale wenselijkheid te willen ontmaskeren is dus niet alleen verkeerd, hij is ook nog eens eenzijdig. Bovendien blijkt uit veel onderzoek dat sollicitanten wel sociaal wenselijk gedrag vertonen, maar dat dit niet of nauwelijks schadelijk is voor de uiteindelijke voorspelling over hun functioneren.

U doet er dus goed aan uw huid zo duur mogelijk te verkopen. Of, wat beter werkt, te laten merken dat u het spel doorziet en dat u graag op een volwassen manier wilt praten over een wederzijdse verbintenis. U bent serieus in de slag voor een nieuwe baan en u heeft geen tijd om te onderhandelen met mensen of psychologen die achter elke kandidaat een frauderende borderliner zien. Deze vorm van wantrouwen of selectieparanoia is eerder zelf een uitdrukking van gestoord selectiegedrag. En, zoals eerder opgemerkt: de echte psychopaat wordt toch niet herkend, daarvoor is meer gedragsmatige informatie van deze types nodig over langere termijn. U kent misschien de anekdote over 'normale' mensen die in een inrichting werden opgenomen. Het personeel behandelde hen uiteraard als 'gestoorden' en hoe harder ze riepen dat ze onterecht waren opgenomen, hoe beter ze volgens het personeel voldeden aan het profiel van de geesteszieke mens. De enigen die inzagen dat ze wel normaal waren, waren de 'echte' gestoorden. Misschien moeten selectiebureaus en sollicitatiecommissies een psychopaat in dienst nemen om de ware psychopaat tussen de kandidaten te ontmaskeren.

Hieronder drie voorbeelden van integriteitsvragen, afkomstig uit de oefenmodule van de Savvy.

A   Welke van de volgende mogelijkheden zou u van diefstal afhouden?
1   gevangenisstraf
2   schade aan de familie
3   een boete
4   ontslag

Commentaar: merk op dat dit allemaal negatieve assumpties zijn. Wat bijvoorbeeld als u zelf de norm hanteert dat u niet steelt omdat u dit gewoon verkeerd vindt? Deze mogelijkheid staat er echter niet bij, een voorbeeld van een test die van een beperkt (negatief) mensbeeld uitgaat.

B   Ik zou nooit gokken.
1   waar
2   onwaar
3   weet ik niet
4   hangt van de omstandigheden af

Commentaar: wat is er mis met gokken? Het hele leven kan gezien worden als een grote gok. De staat verdient miljoenen aan gokken, net als aan roken. De paradox is dat werknemers blijkbaar worden afgerekend op zogenaamde onacceptabele gedragingen, terwijl de staat (dat zijn wij toch?) er zelf structureel miljoenen aan verdient, en dat ook nog eens volkomen legaal. Dat is een constructie die op zijn zachtst gezegd stinkt. Het werkt eigenrichting en corrupt gedrag in de hand en is te vergelijken met een organisatie die gekenmerkt wordt door onethische praktijken, maar die haar sollicitanten wel een integriteitstest afneemt.

C   Werkgevers vinden het moeilijk om hun werknemers te vertrouwen.
1   altijd waar
2   meestal waar
3   soms waar
4   oneens

Commentaar: dit is waarschijnlijk een soort projectief item. Verondersteld wordt dat als u zelf niet te vertrouwen bent, of veel problemen met een werkgever hebt gehad, u waarschijnlijk 1 of 2 invult.

U ziet dat het soms wat lastig maar zeker niet onmogelijk is om de vragen te doorzien. Soms is het onduidelijk waar de vragen over gaan, een soort coverte vorm van integriteitsmeting, al is het wel duidelijk dat de vragen over aspecten van integriteit gaan. De test is ook tijdgebonden, en u heeft weinig tijd per vraag, dus veel tijd om te calculeren is er niet. De vooronderstelling is, zoals gezegd, dat als kandidaten veel tijd nodig hebben, ze aan het liegen zijn of een sociaal wenselijk antwoord aan het bedenken zijn.

Het nadeel van zo'n vragenlijst is dat hij kandidaatonvriendelijk is. De vragen zijn in een aantal gevallen kortzichtig, eenzijdig en niet realistisch en de bewijslast ligt uitsluitend bij de kandidaat.

Het kan echter ook genuanceerder, en meer in overeenstemming met de kritische opmerkingen zoals we die hierboven hebben gemaakt. Daartoe laten we hieronder een voorbeeld zien van een uitgewerkt integriteitsprofiel zoals dat gemeten wordt met een Belgisch-Nederlandse integriteitsvragenlijst: de PIT van Cebir.

Voorbeeld integriteitsprofiel van een Belgisch-Nederlandse integriteitsvragenlijst: de PIT

Hoe ziet een oordeel over uw integriteit er uit? Hieronder ziet u een profiel van een ingevulde integriteitsvragenlijst, de PIT. Merk op dat de persoon die de test afneemt gewaarschuwd wordt voor te gemakkelijke interpretaties, de test heeft slechts indicatieve waarde. Dat is netjes, en in overeenstemming met de werkelijke waarde van een integriteitsvragenlijst. De PIT is ook opener in zijn manier van vragen dan de Savvy. Bepaalde vragen waarop men nogal extreem scoort zijn verwijderd om te voorkomen dat mensen onterecht als niet-integer worden aangemerkt. Ook is de factor tijd in perspectief geplaatst. Niet alleen mensen die bedrog plegen, maar ook filosofisch en creatief aangelegde mensen kunnen langer dan gemiddeld stilstaan bij een bepaalde vraag.

Hieronder eerst een aantal voorbeeldvragen van de PIT, vervolgens de rapportage.

Voorbeeld van integriteitsvragen van de PIT

De PIT bestaat uit vijf subschalen, te weten: Constructief beroepsgedrag (OCB); Integer werkgedrag (Csc); Gericht op de organisatie (Cvi); Altruïstisch werkgedrag (Alt); Constructief kritisch (Ccr).

Hieronder enige voorbeelden van vragen uit de PIT.

Voorbeeld constructief beroepsgedrag (minidilemma):
U hoort op een vergadering dat de afdeling van uw collega opgeheven wordt. De directie wil dit absoluut geheimhouden. Deze collega vraagt u vertrouwelijk advies over een mogelijke nieuwe baan elders. Zegt u dat de afdeling opgeheven wordt?

1 zeker niet
2 waarschijnlijk niet
3 wellicht
4 zeker
5 zeer zeker

Voorbeeld constructief beroepsgedrag (stellingen):
Ik vind het kleinzielig om iemand te ontslaan voor het naar huis meenemen van goedkope dingetjes.
1 helemaal mee oneens
2 oneens
3 eens noch oneens
4 eens
5 helemaal mee eens

Als leiders hun macht misbruiken om allerlei voordeeltjes te krijgen, wil ik ook wel-eens wat 'versieren'.
1 helemaal mee oneens
2 oneens
3 eens noch oneens
4 eens
5 helemaal mee eens

Voorbeelden constructief kritisch:
Suggesties om taken beter of sneller af te werken...
1 doe ik nooit
2 doe ik weinig
3 doe ik soms
4 doe ik veel
5 doe ik zeer veel

U weet dat een collega door de chef gepest wordt. Uw collega durft niet te reageren. Spreekt u de chef hierop aan?
1 zeker niet
2 waarschijnlijk niet
3 wellicht
4 zeker
5 zeer zeker

U ziet dat de vragen vergeleken met de Savvy opener en genuanceerder zijn. In feite gaat het om een 'normale' persoonlijkheidsvragenlijst, maar dan bestaande uit subschalen die tezamen het begrip 'integriteit' moeten vertegenwoordigen.

Rapportage PIT-profiel Algemeen

De test PIT (versie 2.1) meet aspecten van integriteit of 'Organisational Citizenship Behaviour'. Vanwege de overeenkomsten met Amerikaanse tests kunnen we verwachten dat de testuitslag een voorspellende waarde heeft voor normovertredingen en voor de effectiviteit van de werknemer. De normen van de PIT zijn gebaseerd op selectiekandidaten, die beseffen dat je vrij hoog moet scoren. Personen die in een niet-selectiesituatie zitten, zullen waarschijnlijk gemiddeld lager scoren dan selectiekandidaten.

Vanwege de gevoeligheid van het begrip 'integriteit' is een voorzichtige interpretatie van de testuitslag echter zeer gewenst. De PIT is een vragenlijst, en is daarom niet meer dan een meting van de instelling van de kandidaat in de vorm van een zelfbeoordeling. **Ondanks de te verwachten voorspellende waarde kan uit lage scores niet zonder meer worden geconcludeerd dat de kandidaat 'contraproductief' gedrag zal vertonen. Dit kan bijvoorbeeld verhinderd worden door een duidelijke structuur en/of controle.**

Hieronder volgt een overzicht van de meetschalen en de scores van de kandidaat.
Kandidaat: W. Bloemers

Hoofdmetingen

Schaal	Betekenis	Normscore	Ruwe score
OCB	Constructief beroepsgedrag	6	209
Csc	Integer werkgedrag	2	56
Cvi	Gericht op de organisatie	4	38
Alt	Altruïstisch werkgedrag	9	70
Ccr	Constructief kritisch	8	45

De normscores lopen van 1 (minimum) tot 9 (maximum).
Instructietijd: 0 seconden; Testtijd: 1033 seconden

> **Voorbeeld van een integriteitsrapportage (PIT)**
>
> **Rapportage schaalscores PIT W. Bloemers**
>
> **Hooggemiddeld constructief beroepsgedrag**
> De kandidaat is iets meer dan gemiddeld geneigd om zich correct op te stellen ten opzichte van eigendommen, normen, regels en anderen, vergeleken met de referentiegroep. Hij heeft een redelijk opbouwende instelling ten opzichte van het werk en de organisatie.

Zeer weinig integer werkgedrag

De kandidaat heeft relatief zeer weinig moeite met normoverschrijdend gedrag. Hij verzet zich zeer weinig tegen normvervaging op 'kleine' misbruiken zoals diefstal van tijd en het nastreven van eigenbelang.

(Opmerking: personen met een hoge opleiding scoren doorgaans gemiddeld lager op de Csc-meting, doordat ze vaker minder rechtlijnig zijn in hun denken. Als 'tegenwicht' is de meting 'constructief kritisch' ingevoerd, waarbij kandidaten vanuit een algemeen normbesef de 'status quo' binnen een bedrijf ter discussie stellen. Hierop scoren personen met een hogere opleiding gemiddeld hoger.)

Gerichtheid op de organisatie laaggemiddeld

De kandidaat is iets minder sterk dan gemiddeld bereid om persoonlijk te investeren in tijd en energie om activiteiten te ontwikkelen die nuttig zijn voor de organisatie (opleiding buiten werktijd, sociale activiteiten buiten werktijd). Hij verdedigt de organisatie soms als zij aangevallen wordt.

Altruïstisch werkgedrag zeer hoog

De kandidaat is zeer sterk geneigd om collega's te ondersteunen of te verdedigen, ook als dat tegen zijn eigen belangen lijkt in te gaan. Hij refereert hierbij (vrijwel) niet aan zijn taakomschrijving, werkuren of taaklast.

Zeer sterk constructief kritisch

De kandidaat is relatief zeer sterk geneigd om anderen (collega's zowel als de chef) aan te spreken op normovertredend gedrag. Hij stimuleert in het bijzonder dat chefs respect hebben voor collega's. Hij wijst vaak op tekortkomingen in de reglementering en stelt dan actief verbeteringen voor.

Kiest vaak laatste optie

De kandidaat kiest vaak de laatste antwoordoptie. Deze geeft aan dat het in de vraag genoemde sterk van toepassing is of dat de kandidaat het met de gegeven uitspraak helemaal eens is. De vragenlijst moet voorzichtig worden geïnterpreteerd.

Tot zover een voorbeeld van een rapport over integer gedrag, gemeten met een online integriteitsvragenlijst.

Samenvattend kunnen we stellen dat u goed moet overwegen of u een integriteitsvragenlijst wilt invullen. Gezien de problemen met dit soort vragenlijsten is weigering een reële optie. Tevens zijn de verschillen in benadering van integriteit vrij groot, zoals u hierboven hebt kunnen zien. Een volwassen en gezonde organisatie zal rekening houden met bezwaren van kandidaten tegen de inhoud van een bepaalde test of vragenlijst.

Wilt u de meer harde 'positieve' aspecten van de integriteitsvragenlijst belicht zien, vooral vanuit aspecten van marketing, ga dan naar bijvoorbeeld http://www.hrvision.com/. Daar kunt u ook de demo (Engelse versie) van de Savvy downloaden en maken. In Nederland werkt onder andere de Human Capital Group met de Savvy. Voor info: http://www.hucag.nl/index.jspx.

Voor een wat meer genuanceerde visie, zie www.cebir.be/Cebir.php.

10

Het interview

*'Talking is cheap,
but beware of the creep'*

Interviews zijn er in alle soorten en maten. Praktisch elke sollicitant wordt met een interview geconfronteerd. Zeker als u een psychologisch onderzoek van een gehele dag ondergaat, zitten daar een, soms twee interviews bij. Het is dus zaak om wat betreft het interview goed beslagen ten ijs te komen. Stel dat u qua intelligentie en functiekennis goed scoort, maar dat u in het interview een wat onzekere en niet erg sympathieke indruk achterlaat, dan zult u niet worden aangenomen. Tenzij de betreffende werkgever zo omhoog zit dat het hem of haar niet uitmaakt. Maar dan had men beter helemaal niet kunnen selecteren, of bijvoorbeeld alleen op vooropleiding.

In dit hoofdstuk zullen we de meest voorkomende interviews behandelen en u krijgt voorbeelden van mogelijke vragen. Ook zullen we aandacht besteden aan veel voorkomende fouten die door interviewers gemaakt kunnen worden, en u krijgt tips hoe u zo goed mogelijk voor de dag kunt komen tijdens een interview. Dat daarbij de grenzen van impression management overschreden kunnen worden, is uw eigen verantwoordelijkheid. Ter relativering van kandidaten met een extreem hoog ethisch bewustzijn: u kunt het ook van de andere kant bekijken. De selecteur of uw potentiële werkgever gaat u zeker niet uitgebreid alle nadelen van de door u gewenste functie voorschotelen, en u krijgt ook niet in detail te horen welke collega's minder prettig zijn in de samenwerking. Het gaat er dus om om vooral uw sterke punten en uw positieve bijdrage voor de functie in kwestie naar voren te brengen. De belangrijkste algemene interviewvaardigheden zijn dan ook die waardoor u het gesprek steeds op prettige wijze zodanig kunt sturen dat uw sterke punten belicht worden en dat men overtuigd raakt van uw capaciteiten.

10.1 De waarde van interviews

Uit de tabel op p. 23 kunnen we aflezen wat de waarde is van de verschillende soorten interviews. Het opvallendste is eigenlijk dat het interview, ongeacht welke vorm of inhoud het heeft, een redelijke voorspellende validiteit blijkt te hebben. Interviewers zijn blijkbaar in staat om een kandidaat vrij accuraat te beoordelen als het gaat om te verwachten arbeidsprestaties, of ze dat nu gestructureerd doen of niet. Gestructureerde interviews springen er echter gunstig uit. In het ideale geval heeft een gestructureerd situationeel interview een voorspellende waarde die groter is dan de voorspellende validiteit van een Assessment center-methode, en die is ongeveer gelijk aan die van een intelligentietest. Daarbij is het rendement van een interview wel lager. Kijken we naar de kosten, dan zijn bij een goed interview minimaal twee interviewers betrokken, die met voorbereiding en nagesprek toch in totaal gauw zo'n twee uur per kandidaat zullen investeren. Stel dat deze twee personen een organisatie 200 euro per uur kosten, dan gaat het om 800 euro per kandidaat. Een geautomatiseerde intelligentietest kost bij licentiegebruik enkele tientjes per kandidaat. Het interview als selectiemiddel is dus duur en dat het zo veel wordt gebruikt, is eerder een teken van ritueel gedrag dan van rationele afweging. Het ritueel heeft echter een plausibele basis. Zou u, als manager, een sollicitant ongezien aannemen?

10.2 Soorten interviews

Er worden veel termen gebruikt voor interviews, bijvoorbeeld criteriumgericht, persoonsgericht, diepte-interview, situationeel, gedragsgericht, functiegericht en stressinterview. Elke sollicitatiegoeroe probeert u wat dat betreft op te zadelen met weer een rijtje specifieke vragen waarop u het antwoord absoluut dient te weten. Bij een goed interview zijn alle vragen uiteindelijk criteriumgericht, dat wil zeggen: alle vragen hebben tot doel te kunnen bepalen in hoeverre de kandidaat geschikt is voor de desbetreffende functie. Aangezien er ontelbaar veel vragen mogelijk zijn, is het niet zinvol om u te focussen op specifieke vragen, met pasklare antwoorden in uw hoofd. Dat leidt alleen maar tot onzekerheid en tot het geven van kant-en-klare 'kunstmatig gefabriceerde' antwoorden. Het is verstandiger om u te verdiepen in het soort vragen dat u kunt verwachten, in de zin van: wat voor benaderingen kan ik in een interview verwachten, vanuit wat voor perspectief kan een interviewer tegen mijn functiegeschiktheid aankijken? Dan komen we op drie mogelijke invalshoeken. Vervolgens zorgt u ervoor dat u deze drie invalshoeken ten aanzien van uw functiegeschiktheid globaal beheerst. Concreet zullen we de volgende benaderingen beschouwen: een benadering gericht op relevant functiegedrag uit het verleden, een benadering gericht op toekomstig functierelevant gedrag en een benadering gericht op uw persoonlijkheid.

Drie soorten interviews

Voor de bovengenoemde indeling van de drie verschillende soorten interviews baseren we ons hier op een grootschalig onderzoek van McDaniel et al. (1994). McDaniel en zijn collega's onderzochten enkele tienduizenden sollicitatie-interviews. Zij onderscheidden interviews naar vorm en naar inhoud. Wat betreft de vorm van interviews zijn we snel klaar: het kan gaan om een (meer) gestructureerd interview of om een minder of niet gestructureerd interview. Bij een volledig gestructureerd interview krijgen alle kandidaten dezelfde vragen. Bovendien is ook bekend wat goede en minder goede antwoorden zijn. Zo kan elke kandidaat objectief gescoord worden en kunnen de kandidaten ook objectief met elkaar vergeleken worden. Wat is dan nog de waarde van een interview boven een test, zult u misschien vragen. Wel, de meerwaarde is dat een selecteur de kandidaat lijfelijk ontmoet. Verder is het altijd mogelijk dat een kandidaat onvoorziene relevante (emergente) informatie naar voren brengt in een interview. Bij een test kan dat niet, daar ligt de maximale hoeveelheid te verkrijgen informatie bij voorbaat vast. Volledig gestructureerde interviews worden naar mijn weten nauwelijks gebruikt bij personeelsselectie. In het gunstigste geval krijgen de sollicitanten dezelfde vragen voorgelegd, maar ook dat is vaak eerder uitzondering dan regel.

Wat betreft de inhoud van interviews kwamen McDaniel c.s. tot een driedeling. In de eerste plaats zijn er functiegerichte interviews. Hierbij krijgt u uitsluitend vragen over aspecten van uw arbeids-/opleidingsverleden, die relevant zijn voor de te vervullen functie. Dan zijn er de zogenaamde situationele interviews. Hierin gaat het om toekomstig functierelevant gedrag. Deze categorie is met name belangrijk voor entreeselectie: u hebt nog geen (relevante) werkervaring, maar er wordt in het interview wel onderzocht of u over de noodzakelijke kennis en vaardigheden voor de functie beschikt. Veelal gaat men dan in uw studie- en baanverleden porren om relevant gedrag op te sporen. In de derde plaats kan het gaan om psychologische interviews. Hierbij probeert men zich een beeld te vormen van uw persoonlijkheid: wat voor soort mens bent u? Merk op dat het psychologisch interview dezelfde vragen onderzoekt als die van een persoonlijkheids- of managementvragenlijst. In de praktijk zullen bovengenoemde drie inhoudsvarianten vaak door elkaar lopen. Men begint bijvoorbeeld te vragen naar relevante werkervaring en men maakt plotseling de omslag naar persoonsgerichte, psychologische aspecten.

Om met succes een interview te kunnen doorlopen, dient u dus ten aanzien van drie domeinen kennis en vaardigheden te bezitten:

- U dient in het verleden opgedane kennis en vaardigheden, relevant voor de functie in kwestie paraat te hebben. Daarvoor is het noodzakelijk dat u weet wat er in de gewenste functie van u verwacht wordt: dit is de vraag naar de functie-eisen. Aamodt (1991) vond in een onderzoek dat naarmate de functiekennis en de kennis van de organisatie bij kandidaten toenemen, de kans positief beoordeeld te worden stijgt. Bij entreeselectie zullen deze kennis en vaardigheden nog vrij gering zijn, u hebt dan nog nauwelijks of geen ervaring met soortgelijke functies. Het interview zal dan automatisch een meer situationeel of psychologisch karakter krijgen.

- U dient te kunnen extrapoleren vanuit uw kennis, vaardigheden en gedrag naar mogelijke relevante functiesituaties. U moet dus in staat zijn om uitspraken te doen over uw toekomstig gedrag in een veelheid van situaties.
- U dient kennis te hebben van uzelf als persoon: Hoe zit u in elkaar? Wat zijn uw belangrijkste eigenschappen? Hoe beleeft u bepaalde relevante functiesituaties? Waar liggen uw ambities? Hoe verhoudt uw curriculum vitae zich tot uw persoonlijke ontwikkeling en ambities?

We zullen hieronder eerst algemene vaardigheden voor het afleggen van een interview behandelen. Vervolgens komen de verschillende interviewvormen afzonderlijk aan de orde.

10.2.1 Algemene vaardigheden om een interview goed te doorlopen

Om in een interview goed voor de dag te komen, is meer nodig dan alleen de vragen 'goed' te beantwoorden. Een interview is een confrontatie tussen mensen, waarbij meer speelt dan alleen het uitwisselen van talige informatie. Wat dat betreft kunnen we een onderscheid maken tussen drie soorten informatie die tijdens het interview worden uitgewisseld tussen interviewer(s) en kandidaat:
- verbale informatie;
- paralinguïstische informatie;
- non-verbale informatie.

Verbale informatie

Verbale informatie betreft puur het 'wat u zegt'-gedeelte van uw communicatie. Verbale informatie maakt zo'n tien procent uit van uw uiteindelijke boodschap. Wat u zegt, is blijkbaar veel minder belangrijk dan hoe u iets zegt, en hoe u zich daarbij gedraagt. Belangrijk bij het verbale aspect is dat uw antwoorden helder en to the point zijn, en dat ze logisch consistent zijn. Als algemeen antwoordmodel kunt u het beste het STAR-model hanteren. STAR staat voor: situatie, taak, aanpak en resultaat. Vergelijkt u de onderstaande twee antwoorden:

Vraag: vertelt u eens iets over uw studie, wat hebt u zoal gedaan?

'O, nou, ik heb vrij lang gestudeerd, en ik deed eigenlijk heel veel. Eh, dat wil zeggen, veel vakken en nog wat dingen ernaast, zoals commissies en zo. Van een commissie was ik een tijdje voorzitter. Dat was erg leuk en leerzaam.'

Antwoord volgens het STAR-model:

'Naast de basisvakken zoals marketing en logistiek heb ik als bijvak managementvaardigheden gedaan. Dat was een nieuw vak, maar voor mij heel belangrijk, omdat als je niet goed communiceert je ook niet goed kunt samenwerken of leidinggeven. Verder ben ik voorzitter geworden van de studentencommissie. Er lagen veel onduidelijkheden tussen de directie en de studenten, en ik vond het belangrijk om die onduidelijkheden op te lossen. Na veel vergaderen is dat ook gelukt. Er is een handvest gemaakt, dat ik heb opgesteld en geredigeerd. Dat wordt nu nog steeds gebruikt.'

U merkt dat wanneer u het STAR-model hanteert, u direct ter zake komt. Bovendien is uw antwoord min of meer voorgestructureerd, zodat u de interviewers met een logisch coherent verhaal confronteert waardoor u geen onduidelijkheden (= irritatie) schept.

Samenvattend: als u iets zegt, moet dat relevant zijn ten aanzien van de gestelde vraag (functie), het moet direct zijn, logica bevatten, concreet zijn en gestructureerd (naar Gramsbergen-Hoogland & Van der Molen 1996).

Paralinguïstische informatie

Paralinguïstisch betekent zoveel als 'naast de spraak'. Het heeft betrekking op alles wat u toevoegt tijdens het uitspreken van de door u gekozen woorden. Dat kan een bepaald accent zijn, een bepaalde intonatie, interpunctie of stemvolume, kortom allerlei elementen die de betekenis van het door u gecommuniceerde beïnvloeden. Het paralinguïstische element is redelijk belangrijk, het bepaalt ongeveer 30% van de betekenis van uw totale boodschap. Zo kan een accent door interviewers als hinderlijk worden ervaren. Bij de KLM moet u wat dat betreft zeker oppassen, daar schijnt ABN een vereiste te zijn. Verder kunt u uiteraard door beklemtoning enzovoort uw spraak wat variëren en verlevendigen. Dat is belangrijk, want een zeurderig, monotoon verhaal zal de interviewer(s) niet overtuigen. Het zal hoogstwaarschijnlijk afstralen naar uw persoonlijkheid, waarbij de indruk ontstaat dat u een wat suf en vervelend persoon bent. Zorg dus voor duidelijkheid, levendigheid en helderheid als u iets zegt. Zo maakt u een actieve indruk en u komt over zoals u wilt overkomen.

Non-verbale informatie

Non-verbale informatie is alle niet-talige informatie die u afgeeft. Het is verreweg de belangrijkste informatiebron tijdens interviews en verantwoordelijk voor zo'n 60% van de uiteindelijke betekenis. Dat lijkt misschien overdreven, maar tijdens een gesprek luisteren de meeste mensen niet zozeer naar wat er gezegd wordt, ze luisteren hoe u iets zegt en ze observeren wat u daarbij voor gedrag vertoont. Dat laatste betreft bijvoorbeeld uw lichaamshouding en beweging, uw oogcontact en uw gelaatsuitdrukking. Maar ook aspecten als kleding en geur vallen hieronder. Al deze aspecten zijn in hoge mate bepalend voor de uiteindelijke betekenis van uw boodschap, zoals die door een selecteur geïnterpreteerd wordt.

Zo is van bijvoorbeeld aftershave en parfums bekend dat zij het oordeel van selecteurs kunnen beïnvloeden. Net als bij kleding geldt hier dat een matig en defensief gebruik het beste werkt. Bijvoorbeeld vrouwen met veel parfum en met kleding die hun lichaamsvormen nadrukkelijk accentueert of laat zien, worden minder gauw geschikt bevonden voor leidinggevende functies, iets wat ook geldt voor vrouwen die als aantrekkelijk beoordeeld worden (Aamodt 1991). Uit onderzoek van Aamodt (1986, 1991) bleek dat de mate van wederzijds oogcontact en verbaal volgen (glimlachen en knikken) de beste voorspellers waren voor de uitkomst van een interview. Ook de mate van een stevige handdruk speelt een niet onbelangrijke rol.

Om non-verbaal de juiste boodschappen te kunnen overbrengen, moet u weten wat uw basishouding en uitstraling tijdens een interview zijn. Daar komt u alleen maar achter door uzelf een aantal malen aandachtig op video te analyseren. Zo kunt u zien of uw non-verbale gedrag effectief is of dat het op bepaalde momenten juist een handicap vormt. Het lastige van non-verbaal gedrag is dat we dit meestal niet (geheel) bewust kunnen controleren. Dat komt vooral tot uitdrukking in lastige, stressvolle situaties, waarin sommigen vervallen in geforceerd of onnatuurlijk gedrag, iets wat een getrainde interviewer ongetwijfeld zal opmerken. In feite gaat het hier om uw stabiliteit, een vrij harde eigenschap. Toch kunt u met gebruikmaking van gesprekstechnische ingrepen ook in lastige situaties wel iets bereiken. Het belangrijkste is dat u zich niet in een defensieve houding laat drukken waardoor u klem zou komen te zitten. De eenvoudigste oplossing is gewoon zeggen waar het op staat. U kunt de bal ook terugspelen en om verduidelijking vragen. U moet niet elke vraag met een wedervraag beantwoorden, dat wekt irritatie op, maar als een vraag voor meerdere uitleg vatbaar is, kunt u rustig om verduidelijking vragen. Zo maakt u een assertieve indruk, u dwingt de ander zich te expliciteren en u houdt een zekere mate van controle over het interview en uw (non-verbale) gedrag. Wat soms ook goed kan werken, is positief heretiketteren. Een zogenaamde lastige situatie buigt u dan om in een voor u voordelige situatie. Dat kunt u vooral goed doen door niet te focussen op en stil te blijven staan bij negatieve eigenschappen of negatief gedrag, maar het gesprek te verleggen naar de positieve consequenties van een schijnbaar negatief aspect. Daarbij kunt u ook wat humor in de strijd gooien. Een voorbeeld:

Interviewer: 'Ik begrijp toch niet goed waarom u weggegaan bent bij organisatie X. U zei net nog dat u het daar heel goed naar uw zin had, maar u hebt daar maar een half jaar gewerkt, begrijp ik nu...'

Kandidaat: 'Ja, dat lijkt misschien tegenstrijdig, je zou kunnen denken dat ik toen misschien nogal opportunistisch was. Dat vond mijn vrouw ook, en die is kort daarna met de buurman gaan samenwonen... Nee, maar goed, als ik daar toen niet weggegaan was, zou ik nooit die ervaringen bij organisatie Y gehad hebben. En het zijn juist die ervaringen geweest die mijn carrière in een versnelling hebben gebracht, en waardoor ik die sprong naar het hoger management heb kunnen maken. Uiteindelijk heeft die beslissing dus zeer positief uitgepakt en ik heb er nooit spijt van gehad, integendeel.'

Interviewer: 'Dus toch opportunistisch.'

Kandidaat: 'Je kunt het natuurlijk opportunisme noemen, maar ik wil het niet alleen naar mijn zin hebben, ik wil vooral een langetermijnperspectief. En dat is juist wat me aantrekt in deze vacature, de mogelijkheid om een aantal zaken te ontwikkelen en uit te bouwen. Ik heb wat dat betreft al een aantal concrete ideeën over hoe sommige zaken hier volgens mij kunnen worden aangepakt.'

Interviewer: 'O, dat is interessant, vertelt u eens iets meer over uw plannen.'

Praktisch iedereen heeft tegenwoordig wel een cursus basisgespreksvoering of solliciteren gevolgd, dus bovenstaande tactische spelletjes zou iedereen in feite moeten beheersen.

Samenvattend: voor een interview dient u een aantal basisvoorzorgsmaatregelen te nemen. U moet helder en duidelijk kunnen communiceren, u moet er netjes, maar niet overdreven, uitzien; u dient een open, actieve en aandachtige houding ten toon te spreiden, en u moet vriendelijk overkomen (zie ook hst. 11: De Assessment center-methode). Daarnaast dient u uw zaakjes wat betreft uw geschiktheid natuurlijk goed voorbereid te hebben. Hieronder wordt daar dieper op ingegaan, bij het behandelen van de drie vormen interviews waarmee u geconfronteerd kunt worden.

10.2.2 Het functiegerichte interview

Bij het functiegerichte interview gaat het om gedrag uit het verleden dat relevant is voor de gewenste functie. Vanuit de functie-eisen kunt u voor uzelf inventariseren wat u zoal hebt opgedaan aan relevante kennis en vaardigheden. De harde neerslag daarvan staat, als het goed is, in uw curriculum vitae. Daar kunt u bij een vraag ook gerust naar verwijzen. Maar interviewers willen het vaak graag nog eens van u zelf horen, eventueel in wat uitgebreidere vorm. Het is soms handig om voor uzelf een overzicht bij de hand te hebben van al uw verrichte activiteiten, eventueel geordend onder relevante functiekopjes, zoals leidinggeven, samenwerken, conflicthantering enzovoort. Het wil wel eens gebeuren dat u op het moment suprême geen goed voorbeeld te binnen schiet. Het is dan handig als u voorbeelden bij de hand hebt (u kunt zo'n lijst ook zien als een soort 'master curriculum vitae').

Functiegerichte vragen zijn vragen die met name gericht zijn op concrete voorbeelden uit uw loopbaan of studieverleden. Merk op dat u bij elke willekeurige vraag, door een concreet voorbeeld te geven, gebruikmaakt van functiegerichte informatie. Dit is een methode die goed werkt, u maakt een antwoord feitelijk en concreet. U kunt uw voorbeeld inkleden aan de hand van het STAR-model.

Hieronder voorbeelden van functiegerichte interviewvragen.

- Geeft u eens een concreet voorbeeld hoe u leiding geeft/medewerkers motiveert/conflicten oplost/met collega's omgaat.
- Hoe verhoudt zich de waarde van uw voorgaande opleiding/werkervaring tot de nieuwe functie?
- Wat hebt u in uw studie/loopbaan gedaan dat van belang is voor de nieuwe functie?
- Wat is het belangrijkste wat u geleerd hebt ten aanzien van de nieuwe functie?
- Wat zijn de belangrijkste vaardigheden die u hebt opgedaan voor de nieuwe functie?
- Hoeveel ervaring hebt u met methode x, werkwijze y, systeem z. Geeft u eens een concreet voorbeeld waaruit dat blijkt.

Functiegerichte vragen hebben vooral tot doel om na te gaan of het beeld dat u van de gewenste functie heeft, voldoende realistisch is. Bovendien kan men zo toetsen of uw opgedane kennis, ervaring en vaardigheden aansluiten bij de eisen van de nieuwe functie.

10.2.3 Het situationele interview

Bij het situationele interview gaat het om gedragsgerichte vragen. Men probeert met name belangrijke vaardigheden en eigenschappen op te sporen die voor de organisatie van belang kunnen zijn. Veelal zullen dat communicatieve en managementvaardigheden zijn. Uitgangspunt is niet zozeer functierelevante ervaring, maar meer wat voor gedrag u zou vertonen in een aantal hypothetische situaties.

Belangrijk voor het goed presteren tijdens een situationeel interview is dat u van uzelf een concreet beeld hebt hoe u bepaalde situaties zou aanpakken. Meestal gaat het om voor de hand liggende aspecten, zoals leiding geven, conflicthantering, slecht nieuws brengen, omgaan met lastige collega's of een dilemma waarbij u bijvoorbeeld geconfronteerd wordt met een stelende collega.

Belangrijk is dat u een redelijk beeld van uzelf hebt, zodat u dat zonder haperen kunt vertalen naar gedrag in concrete situaties. Bedenk ook hier dat het niet alleen gaat om wat u zegt, maar vooral hoe u het zegt. Gaat u weifelen, wikken en wegen tijdens een voorbeeld, of komt u kordaat en open voor uw eigen mening uit? U dient vooral een duidelijke afweging te maken in hoeverre u uw eigen weg wilt volgen of in hoeverre u de interviewer(s) naar de mond wilt praten. Bij dat laatste moet u erop bedacht zijn dat getrainde interviewers vrij makkelijk door een niet-gemeend verhaal heen prikken. Dat doen ze vooral op basis van uw non-verbale gedrag. Verder is het noodzakelijk dat u begrijpt wat een interviewer precies bedoelt met een vraag. U kunt dus gerust om verduidelijking vragen als u iets niet geheel duidelijk is bij een bepaalde vraag.

Uitgaande van het STAR-model kunnen we een recept ontwikkelen voor het beantwoorden van vragen in een situationeel interview. U schetst eerst de situatie, u legt uit wat het doel is (wat wilt u bereiken/wat is uw opdracht), u vertelt hoe u het gaat aanpakken (wat is uw stijl) en u vertelt wat het volgens u zal opleveren.

Voorbeeld:
Selecteur: 'Stel dat u projectleider wordt, hoe zou u dat aanpakken?'
Kandidaat: 'U bedoelt hoe ik in dat geval leiding zou geven aan de projectgroep?'
Selecteur: 'Ja, precies.'
'Nou, ik ben vrij directief en open, dus ik zou van iedereen vragen wat hij of zij ervan vindt en wat voor ideeën ze hebben. Met die open benadering heb ik goede ervaringen, want je komt er snel mogelijke weerstanden mee op het spoor. In mijn vorige werk heb ik op deze wijze een heel goede sfeer weten te creëren, en dan zie je dat mensen niet alleen voor zichzelf maar ook voor elkaar aan de slag gaan. Bovendien ontstaat er zo een gezonde competitie en gaan mensen elkaar aanspreken op hun verantwoordelijkheden, dat hoef ik dan niet te doen. In mijn visie moet je mensen zoveel mogelijk verantwoordelijkheid geven, dat is alleen maar gunstig voor het resultaat. Een voorbeeld is dat project over een nieuw beloningssysteem, dat staat ook in mijn curriculum vitae. Dat was ruim voor de deadline klaar, ondanks dat het management nogal wat bedenkingen had. Die weerstand hebben we via een heel goede presentatie weten om te buigen in ondersteuning, zodat het door ons ontwikkelde systeem direct kon worden ingevoerd. Dat was ruim voor de deadline. Er stond een half jaar voor dat project, maar binnen vier maanden waren we klaar.'

Afhankelijk van uw antwoord kunt u dan nog verdere specifieke vragen verwachten, bijvoorbeeld hoe u een minder gemotiveerd projectlid zou coachen, of hoe u bij een groepsconflict zou optreden. Als u voor uzelf het STAR-model hanteert, dwingt u uzelf om altijd een duidelijk en logisch coherent verhaal af te steken.

Hieronder enige voorbeeldvragen zoals die tijdens het situationele interview gesteld kunnen worden.
- Hoe zou u leiding geven aan een individuele medewerker/groep/afdeling?
- Wat doet u in geval van een conflict met een ondergeschikte/collega/manager?
- Hoe zou u een bepaald project vorm geven?
- Stel dat wij een nieuw product of een nieuwe dienst op de markt willen gaan zetten. Kunt u kort schetsen hoe u dat zou gaan doen? Op welke aspecten zou u in het bijzonder letten?

- Stel dat u aangenomen wordt, hoe ziet u zelf het verloop van uw carrière?
- Stel dat u een belangrijke taak hebt waarbij directe actie vereist is. U wilt uw manager consulteren, maar deze is afwezig. Wat zou u doen in dat geval?
- Stel dat u merkt dat u met een aantal collega's waarmee u intensief moet samenwerken, minder goed overweg kunt. Wat doet u in zo'n geval?
- Stel dat u wordt aangesteld en u wordt een paar maanden later benaderd door een andere organisatie met een zeer aantrekkelijk aanbod. Wat doet u dan?
- U merkt dat uw manager regelmatig fouten maakt, die schadelijk zijn voor de organisatie. Wat doet u in zo'n geval?
- Na enige tijd merkt u dat het werk u zwaar tegenvalt. Hoe reageert u?
- U krijgt te maken met een belangrijke klant van de organisatie die zegt dat hij niet door u geholpen wil worden, maar door een collega van u die net een andere baan heeft aangenomen. Wat zegt u in zo'n geval?
- Stel dat u moet kiezen tussen uw partner en uw baan. Wat doet u dan?

10.2.4 Het psychologisch interview

Het psychologisch interview is het meest persoonlijk van de drie onderscheiden varianten, en misschien daarom ook wel het lastigst. Bij het psychologisch interview gaat het heel direct om uzelf als persoon, maar is het vaak niet geheel duidelijk wat de interviewer(s) willen met een bepaalde vraag. Neem bijvoorbeeld de vraag: 'Vertelt u eens hoe u bent opgegroeid.' Afgezien van het feit of zo'n vraag gesteld mag worden in een selectie-interview, kunnen we er heel veel kanten mee op. Wil de interviewer weten hoe uw ontwikkeling eruitziet, op zoek naar freudiaans geënte trauma's, wil hij iets weten over uw verhouding met uw ouders (dominantie-veiligheidsaspecten), wil hij weten of u een redelijk ontwikkeld zelfbeeld heeft, of biedt hij u misschien aanknopingspunten om een leuk verhaal op te hangen over uw diepere motivatie voor de functie? Met name bij dit soort psychologische vragen komt de vraag naar verborgen scenario's aan de orde, waardoor minder ervaren kandidaten onzeker kunnen worden. Vaak worden er dan ook psychologische vragen gesteld, niet zozeer om te kijken wat u antwoordt, maar om te testen hoe u reageert, met name non-verbaal en paralinguïstisch (dit zijn immers de belangrijkste informatiebronnen voor interviewers). Daarbij kunnen de interviewers ook onderzoeken of u bij de les blijft. Gaat u naar aanleiding van een vage vraag een vaag verhaal ophangen, of concretiseert u de vraag (door middel van een wedervraag) en maakt u het antwoord zo functierelevant?

Bij een psychologisch getinte vraag dient u altijd na te gaan of zo'n vraag relevant en geoorloofd is. Een bekend fenomeen is dat men vrouwen nog wel eens vraagt naar hun gezinsuitbreidingsplannen. Officieel mag u liegen op zo'n vraag (hij zou dus eigenlijk niet gesteld mogen worden) maar het is tactischer om zo'n vraag te omzeilen, in de zin van bijvoorbeeld: 'Gezinsuitbreiding, nee, daar heb ik nog helemaal niet aan gedacht, (lachend) ik ben nu net aan het solliciteren, dus ik heb wel wat anders aan mijn hoofd.' Zo'n antwoord valt waarschijnlijk beter dan als u zou zeggen: 'Gezinsuitbreiding, wat een impertinente vraag, ik vraag u toch ook niet wanneer u uw kinderen verwekt heeft.'

Zoals al aangestipt kunnen kandidaten onzeker worden van psychologische vragen. Het vereist een zekere ervaring en tactisch vermogen om in een directe persoonlijke aanval het hoofd koel te houden en de gesprekssfeer vriendelijk te houden. Als u merkt dat u enigszins van uw stuk raakt door een bepaalde vraag, probeer dat dan niet krampachtig te verhullen. Geoefende interviewers zien dat direct. Kom er gewoon voor uit, bijvoorbeeld door te zeggen: 'O, nu ben ik even de draad kwijt zoals u ziet (lacht). Even terug, u vroeg...' (stelt vervolgens een wedervraag en concretiseert). Ook kunt u expliciet om een verduidelijking vragen, bijvoorbeeld: 'Wat bedoelt u precies met die vraag?' Zorg dat u vriendelijk en open blijft, zonder in naïef of defensief gedrag te vervallen.

Nogmaals, het psychologisch interview wordt vaak gehanteerd als een verkapte persoonlijkheidsvragenlijst of een stresstest. Door een goede voorbereiding en enige ervaring met dit soort vragen zult u zich hieruit moeten zien te redden. Belangrijk is om met vriendelijk assertief gedrag te reageren, dus niet klakkeloos zomaar te gaan antwoorden. U dient er bovenal op te letten dat u zich niet van uw stuk laat brengen, of dat u geïrriteerd reageert. Blijf ten koste van alles vriendelijk, open, direct en assertief. Een goed hulpmiddel is om humor in de strijd te gooien. Humor werk communicatief en maakt de interviewers tot deelgenoot. Zo schept u een ontspannen sfeer en u geeft bovendien aan over een belangrijke sociale eigenschap te beschikken.

Hieronder voorbeelden van mogelijke vragen tijdens een psychologisch interview.

- Vertelt u eens iets over uzelf.
- Wat zijn sterke kanten van u?
- Wat zijn zwakke kanten van u?
- Raakt u snel geïrriteerd?
- Met wat voor mensen kunt u absoluut niet samenwerken?
- Relatief hebt u nogal lang over uw opleiding gedaan, hoe kwam dat?
- Vindt u zelf dat u voldoende geëquipeerd bent voor deze functie? Waarom wel of niet?
- Hoe zou u zichzelf omschrijven?
- Als ik een studiegenoot/docent/werkgever/manager van u opbel, wat zou deze dan over u vertellen?
- Waarom hebt u juist bij onze organisatie gesolliciteerd?
- Wat is er voor u zo aantrekkelijk in deze functie?
- Wat is uw meerwaarde boven de gemiddelde sollicitant?
- U hebt een groot aantal verschillende functies gehad, waarom bent u steeds zo snel vertrokken?

- Wat wilt u bereiken in het leven?
- Wat zijn uw favoriete films/boeken/kranten/hobby's/sporten?
- Hoe gaat u om met stress?
- Hoe gaat u om met tegenslag in uw leven/werk?
- Hebt u veel steun en veiligheid nodig in uw werk? Geeft u eens een concreet voorbeeld waaruit blijkt dat u zelfstandig kunt werken.
- Bent u meer een teamplayer of een solist?

Als het enigszins mogelijk is, buig dan een psychologische vraag om in een functiegerichte of situationele vraag. Zo maakt u de vraag concreet en kunt u ook concrete informatie geven.

>Voorbeeld: 'Raakt u snel geïrriteerd?'

>Dodelijk antwoord: (met stemverheffing) 'Nee, natuurlijk niet.'

>Goed antwoord: 'Nee, net als ieder ander heb ik ook mijn grenzen, maar ik kan heel veel hebben. Ik herinner me nog uit mijn vorige baan dat ik een collega had die zonder aankondiging in mijn computerfiles zat te knoeien, zogenaamd om me te helpen. Ik heb daar wat van gezegd, maar ik merkte dat hij het gewoon bleef doen. Toen ben ik met hem eens rustig in de kantine gaan zitten en heb ik de kwestie bepraat. Hij was erg hardleers, maar ik heb met hem afgesproken dat wanneer ik zijn hulp nodig had, ik hem daar uitdrukkelijk om zou vragen. Dat heb ik uiteraard ook een paar keer gedaan, en hij was daar heel gelukkig mee. Verder heb ik geen last meer gehad.'

>Doorvragend: 'Maar u had toch gewoon een password kunnen gebruiken?'

>Antwoord: 'Ja, maar dat zou hij ongetwijfeld als teken van wantrouwen hebben beschouwd. En ik moest intensief met hem samenwerken. Bovendien is het noodzakelijk om in noodgevallen toegang tot elkaars files te hebben. Het ging er meer om dat hij dacht dat ik dingen fout deed. Maar dat hebben we, zoals ik al zei, heel goed opgelost.'

U hebt er nu zicht op wat voor soorten interviews met bijbehorende vragen u kunt verwachten. Of u daarbij met een psycholoog of met een personeelsfunctionaris te maken krijgt, maakt in principe niet uit. Waar het om gaat, is of u met iemand van doen heeft die uit is op betrouwbare, concrete en relevante informatie. Is dat niet het geval, en u wilt toch graag de functie, blijf dan vriendelijk en stuur het gesprek zelf in de richting van functierelevante concretiseringen. Wat dat betreft hebt u tijdens een interview een dubbele verantwoordelijkheid: u dient uzelf overtuigend te profileren, maar u dient ook het relatieaspect met de nodige zorg te omkleden. Dat betekent dat u er (mede)verantwoordelijk voor bent dat de sfeer open en vriendelijk blijft. Slaagt u daar niet in, dan kan dat voor de interviewer een teken zijn dat u als gesprekspartner niet de ideale kandidaat voor de functie bent.

10.3 Veel voorkomende fouten gemaakt door interviewers

Een goed gestructureerd situationeel interview levert concrete, betrouwbare en redelijk valide informatie op ten aanzien van de geschiktheid van een kandidaat voor een bepaalde functie. In de praktijk werkt het helaas nog niet altijd zo. Veel interviews zijn maar gedeeltelijk of zelfs helemaal niet gestructureerd. Bovendien is het de vraag in hoeverre de interviewer(s) bekwaam zijn. Wat dat betreft kan er een groot aantal fouten gemaakt worden door interviewers, waarvan de kandidaat het slachtoffer kan worden. We zullen veel gemaakte fouten en vertekeningen hieronder bespreken, en ten slotte geven we nog wat tips zodat u uw positie zo sterk mogelijk kunt maken (voor een overzicht zie ook Aamodt 1991 en Bloemers 1996).

Primacy effect

Het primacy effect wordt ook wel de eerste indruk genoemd. Het verwijst naar het gegeven dat interviewers hun totaalindruk van een kandidaat meestal binnen enkele minuten gevormd hebben. Latere informatie wordt niet of nauwelijks in de oordeelsvorming betrokken. Het betekent dus dat u zeker in het begin alle kansen op negatieve indrukvorming moet zien te voorkomen. Dat begint dus met ruim op tijd komen. Aamodt (1991) citeert een onderzoek waaruit bleek dat kandidaten die niet op tijd kwamen, nooit werden aangenomen. Verder dient u op uw uiterlijk en kleding te letten. Het devies is: verzorgd, maar niet overdreven, tenzij u weet dat men absoluut prijs stelt op bijvoorbeeld driedelig zwart of een pikant jurkje. Let ook op uw schoenen, dat is een teken dat u consciëntieus bent. Voor vrouwen is een redelijk strak mantelpak aanbevelenswaardig, zeker als ze opgaan voor een leidinggevende functie. Zorg ook voor een stevige handdruk, voor naïeve interviewers is uw handdruk een synoniem voor uw karakter.

Halo- en horneffect

Halo betekent ook wel stralenkrans. We spreken van het halo-effect als bepaalde positieve indrukken van uw kant ertoe leiden dat een interviewer deze positiviteit generaliseert ten aanzien van mogelijke andere eigenschappen en kenmerken. Een voorbeeld is dat als interviewers zien dat u er netjes en verzorgd uitziet, zij zullen aannemen dat u ook betrouwbaar en intelligent bent.

Het halo-effect kan dus in uw voordeel werken. Dat is niet het geval bij het horneffect. Horn (van hoorn, stekelig) betekent dat als interviewers negatieve eigenschappen of kenmerken bij u waarnemen, ze deze negativiteit generaliseren naar andere eigenschappen en kenmerken. Eenzelfde voorbeeld: als u onder uw nette pak een paar afgetrapte schoenen draagt, kan de interviewer denken dat u slordig, roekeloos en onbetrouwbaar bent. Het horneffect kan dus in uw nadeel werken. Merk op dat door het maken van een goede eerste indruk, u kapitaliseert op het halo-effect.

Contrasteffect

Het contrasteffect onttrekt zich aan uw beïnvloeding. Onder het contrasteffect wordt verstaan dat beoordelaars zich laten beïnvloeden door de indrukken van eerdere kandidaten. Stel dat u gemiddeld van kaliber bent voor een functie. Voor u hebben de selecteurs net een drietal zeer slechte en ongemotiveerde kandidaten geïnterviewd. Worden ze met u geconfronteerd, dan kan hun beoordeling ten aanzien van u onevenredig positief uitvallen, omdat dit oordeel gecontrasteerd wordt met eerdere ervaringen. Het omgekeerde kan natuurlijk ook het geval zijn. In dat geval komt u er onevenredig slecht af. Tegen het contrasteffect bestaat eigenlijk maar één afdoende middel: zorgen voor objectieve, concrete normen, het liefst gedragsmatig uitgeschreven. De beoordelaars hebben dan een objectief referentiepunt waar ze op terug kunnen vallen.

Negatieve informatiebias

Onder negatieve informatiebias wordt verstaan het verschijnsel dat interviewers negatieve informatie zwaarder meewegen in hun eindoordeel dan positieve informatie. Het treedt, net als het contrasteffect, op bij gebrek aan objectieve normen voor de functie. In het slechtste geval kunnen sollicitanten gaan liegen, om zo negatieve informatiebias te voorkomen. Ook impression management in extreme vorm valt hieronder. Nu kent een interview een redelijk grijs gebied, wat betreft uw zelfpresentatie. Wat is precies het verschil tussen uzelf enigszins positief profileren en liegen? Men kan niet verwachten dat u slaafs al uw blunders en negatieve eigenschappen gaat opnoemen. Maar als interviewers het vermoeden hebben dat u de feiten onevenredig in uw voordeel verdraait, dan mag u verwachten dat ze, bij voldoende aanbod van geschikte kandidaten, de keus niet op u zullen laten vallen. Of men boort extra informatiebronnen aan, zoals referenties. Bovendien, als men erachter komt dat u hebt gelogen tijdens een interview is dat (terecht) een reden voor ontslag. Bovendien is goed liegen erg moeilijk. Meestal verraden leugenaars zich door non-verbale signalen, of door hun stem. Het beste advies is om uw huid duur te verkopen, maar wel de grenzen van het acceptabele in het oog te houden. U kunt het primair optreden van negatieve informatiebias voorkomen door vooral het interview goed in te gaan (op tijd komen, kleding, handdruk, uiterlijke verzorging en communicatie).

Interviewer sollicitant similarity

Onder interviewer sollicitant similarity wordt verstaan dat sollicitanten als beter beoordeeld worden naarmate ze qua gedrag en persoonlijkheid meer overeenkomsten vertonen met de interviewer(s). Wanneer u geïnformeerd hebt wat de corporate dress is bij een bepaalde organisatie en u past zich voor het interview hierbij aan, dan speelt u, naast het halo-effect, ook in op interviewer sollicitant similarity. Een populaire uitdrukking voor interviewer sollicitant similarity is ook wel het klooneffect. Interviewer sollicitant similarity kan hinderlijk zijn wanneer steeds dezelfde selecteur kandidaten selecteert, zonder een objectief functieprofiel. Het gevaar is dan groot dat zo'n selecteur terugvalt op zijn of haar impliciete voorkeuren, die in het slechtste geval weinig of niets met functiegeschiktheid te maken hebben.

Fundamentele attributiefout

De fundamentele attributiefout houdt in dat selecteurs geneigd zijn u verantwoordelijk te houden voor negatieve informatie of gebeurtenissen. Alles wordt als het ware teruggevoerd tot uw karakter, terwijl situationele invloeden genegeerd worden. Dat kan voorkomen worden door feitelijke, gestructureerde en concrete vragen te stellen en uiteraard idem dito antwoorden te geven.

Uiterlijke kenmerken

Hierboven is al ingegaan op het mogelijke effect van uiterlijke kenmerken. Mannen lijken wat dat betreft licht in het voordeel te zijn: aantrekkelijke mannen worden eerder als geschikt beoordeeld voor leidinggevende functies, terwijl aantrekkelijke vrouwen juist als minder geschikt worden beoordeeld voor leidinggevende functies (Aamodt 1991). Zelf uw naam kan een bepaald verwachtingspatroon bij de interviewers opwekken, net zoals uiterlijke kenmerken als rimpels (Copley & Brownlow 1995). Vooral onervaren, niet goed getrainde selecteurs, beoordelend zonder duidelijke functie-eisen, zullen aan deze invloeden onderhevig zijn.

Stereotypering

Stereotypering ontstaat wanneer selecteurs u persoonlijkheidseigenschappen toeschrijven op grond van uiterlijk waarneembare kenmerken. In die zin is stereotypering een verbijzondering van de vertekening 'uiterlijke kenmerken'. Stereotypering kan met name optreden in het geval van culturele minderheden. Ook de corpsbal is hier een voorbeeld van. Uit een onderzoek van Van Beek (1993) bleek bijvoorbeeld dat werkgevers vooral selecteerden op drie 'uiterlijke' criteria: jong, blank en van het mannelijk geslacht. Dat stereotypering in bovengenoemde gevallen in feite discriminatie inhoudt, mag duidelijk zijn.

De remedie is simpel: goed getrainde selecteurs en duidelijk en objectief geformuleerde functie-eisen, die niet gemodelleerd zijn op seksestereotypen of etnocentristische kenmerken. Dit laatste dient niet onderschat te worden. Veel functieomschrijvingen zijn gebaseerd op mannelijke stereotypen, zoals doortastendheid, dominantie, ondernemingszin, pioniersgeest, extraversie enzovoort.

U hebt nu een vrij compleet beeld van wat voor soorten interviews en vragen u kunt verwachten tijdens een psychologisch onderzoek of tijdens een sollicitatiegesprek. Bij een psychologisch onderzoek zal de nadruk misschien wat meer op psychologisch getinte vragen liggen. De psycholoog is een tussenpersoon, ingehuurd door de organisatie, en vanuit zijn of haar achtergrond zal de interesse vooral gericht zijn op uw persoonlijke drijfveren, capaciteiten en eigenschappen. Psychologen hebben bovendien veelal de beschikking over testgegevens, zodat zij de informatie uit een gesprek hiermee kunnen vergelijken.

Een sollicitatiegesprek met een personeelsmanager kan veel dieper ingaan op concrete werkaspecten. Een wezenlijk verschil tussen een interview in het kader van een psychologisch onderzoek en een gewoon sollicitatiegesprek is er echter niet. Hooguit zouden psychologen zich beter bewust moeten zijn van mogelijke vertekeningen en zo tot een objectiever oordeel over uw geschiktheid kunnen komen. Maar dat is meer een vorm van wensdenken, voortkomend uit de achterliggende professie van de auteur, dan een aantoonbare empirische realiteit.

10.4 Enkele algemene tips voor het interview

Vooraf

- Elk interview begint met een goede voorbereiding. Analyseer de functie-eisen, en probeer zoveel mogelijk relevante informatie over de functie en het bedrijf op te sporen. Hoe meer u weet, hoe minder u tijdens het interview voor verrassingen hoeft komen te staan. Bovendien maakt u een zorgvuldige en gemotiveerde indruk, door te laten blijken dat u van essentiële zaken goed op de hoogte bent. Veel bedrijven hebben tegenwoordig een website waar u informatie kunt vinden.
- Zorg dat u alledrie de mogelijke interviewvarianten met bijbehorende vragen voldoende dekt. U moet relevante voorbeelden uit uw arbeids- of opleidingsverleden paraat hebben, u moet kunnen extrapoleren naar toekomstige relevante situaties, en u moet een expliciet zelfbeeld hebben, van waaruit u duidelijke verbanden kunt leggen naar functiegeschiktheid. Maar verzin geen pasklare antwoorden op mogelijke vragen. U moet er vertrouwen in hebben dat u ten

aanzien van de drie interviewvarianten 'spontaan' tot een goede prestatie kunt komen. Oefen desnoods met een bekende, eventueel met video.
- Zorg voor een duidelijk en compact curriculum vitae, dat netjes en overzichtelijk is (zie de bijlagen). Zet niet alles wat van belang is in uw curriculum vitae, u moet nog wat overhouden om over te praten. Een curriculum dient er vooral toe om interviewers in een oogopslag de meest relevante informatie aan te bieden.
- Zorg dat u er verzorgd uitziet, maar overdrijf niet (downplaying). Niet te veel aftershave of parfum. Draag neutrale kleding, ook qua kleur. Let ook op uw schoenen en nagels (niet onbelangrijke details).
- Zorg dat u op tijd bent. Beter een half uur te vroeg dan vijf minuten te laat.

De kennismaking

- Geef een korte maar stevige handdruk. Zorg voor een droge hand. Kijk de interviewer(s) recht aan als u zich voorstelt en lach vriendelijk. Wacht tot u een stoel krijgt aangeboden. Biedt men u geen stoel aan, loop dan naar een zitplaats en zeg: 'Is het goed als ik hier ga zitten?' Als u een erg ongemakkelijke zitplaats krijgt aangeboden zodat u slecht oogcontact hebt met de interviewer(s), verander dan uw zitplaats. Doe dat ook als u bijvoorbeeld recht tegen de zon inkijkt. U moet ontspannen kunnen zitten en zowel verbaal als non-verbaal goed kunnen communiceren met de interviewer(s).

Het interview

- *Ervaren en goed getrainde interviewers zullen altijd in eerste instantie de interviewprocedure aangeven.* Bijvoorbeeld: 'Dag mevrouw Jacobs, fijn dat u er bent. We hebben voor dit eerste interview drie kwartier tot een uur uitgetrokken. Wij hebben een aantal vragen voor u, dat zal ongeveer een half uur duren. Vervolgens krijgt u de gelegenheid om ons enige vragen te stellen, die zult u ongetwijfeld hebben, naar ik aanneem. Maar u mag uiteraard ook tussendoor vragen stellen als u dat nodig vindt. Na afloop krijgt u van ons te horen hoe in uw geval de verdere procedure eruitziet. Hebt u wat dit betreft nog vragen?'
  Wordt de interviewprocedure niet of niet duidelijk aangegeven, vraag er dan naar. Zo wordt de communicatie gestructureerd en weet iedereen waar hij of zij aan toe is. Vergeet ook niet op het einde van het interview te vragen naar het vervolg van de procedure. Op welke termijn hoort u iets en op welke wijze gaat dat?
- *Zorg voor een actieve/open lichaamshouding.* Iedereen kent het stereotiepe beeld van de beginnende sollicitant: ineengezakt en voortdurend naar de punten van zijn/haar schoenen starend. Ook al is dit een stereotypering: let op wat men wel uw 'uitstraling' noemt. Uw gesprekspartner kan door van alles en nog wat beïnvloed worden. Zorg dat u niet het slachtoffer wordt van 'fysieke misrepresentaties'.

- *Praat duidelijk met een goede articulering.* Dit is een voorwaarde om interviewers aan u te binden. Zorg voor structuur en logica in uw betoog, anders raakt uw opponent geïrriteerd. Zacht en binnensmonds praten wordt vaak gezien als een teken van onzekerheid. Als u iets te zeggen hebt: doe dat dan duidelijk en goed verstaanbaar.
- *Hanteer het KISS-principe: keep it short and simple.* Houd geen ellenlange verhalen. Wees to the point.
- *Zorg voor oogcontact. Zo bindt u een gesprekspartner.* Bij het ontbreken van voldoende oogcontact zal de aandacht van de interviewer(s) zeer snel verslappen. Bovendien is oogcontact noodzakelijk om de reacties en gedragingen van de interviewer(s) te kunnen waarnemen. Bij te weinig oogcontact isoleert u zichzelf en uw partner.
- *Illustreer uw verhaal met relevante feitelijkheden uit uw verleden.* Zeg bijvoorbeeld niet alleen: 'O ja, ik ben heel flexibel,' maar illustreer uw flexibiliteit aan de hand van een gebeurtenis uit uw leven. Iedereen zal natuurlijk beamen dat hij of zij in het bezit is van positieve eigenschappen. Maar dat zegt niets. Het gaat erom dat u kunt illustreren dat u dit soort eigenschappen hebt. Een psycholoog is vooral geïnteresseerd in feiten, niet in mooie verhalen. U kunt goed gebruik maken van de STAR-aanpak. U concretiseert uw verhalen door uit te gaan van de situatie, uw taak, uw aanpak en het behaalde resultaat.
- *Laat u niet provoceren. Pareer mogelijke stekeligheden op een correcte manier. Koppel stekeligheden terug.* Als een interviewer tegen u zegt: 'Ik heb toch twijfels aan uw managementcapaciteiten,' vraag dan bijvoorbeeld: 'Wat zijn voor u managementcapaciteiten en op welke doelt u in mijn geval?' Het kan namelijk heel goed zijn dat de interviewer een dergelijke opmerking maakt met het doel erachter te komen hoe u reageert op kritiek, of hoe u zelf tegen uw managementcapaciteiten aankijkt. Of hij wil u gewoon wat onder druk zetten. Laat u niet steeds opzadelen met de bewijslast.
Vraag de interviewer(s) specifiek te worden. Dan kunt u altijd nog een afdoende tegenvoorbeeld geven, of u kunt misschien wijzen op compenserende kwaliteiten van uw kant.
- *Houd de relevantie van gespreksonderwerpen scherp in het oog.* Als de interviewer steeds blijft hameren op een volgens u niet relevant onderwerp, raak dan niet geïrriteerd. Een psycholoog kan uitgebreid naar uw vader vragen om te weten te komen hoe u met autoriteit omgaat, of om te kijken hoe u op provocaties reageert. Houd dit soort 'verborgen scenario's' in het oog. Belangrijk is vooral hoe u over dit soort zaken praat. Wordt u emotioneel of geeft u een rustige en relativerende visie?
- *Gebruik humor.* Door af en toe humor te gebruiken, geeft u blijk van relativeringsvermogen. Humor werkt ontspannend, waardoor u een betere relatie met de interviewer(s) kunt opbouwen. Een managementtrainer gaf eens het volgende voorbeeld als humoristische reactie op de vraag: 'Noem eens drie slechte ei-

genschappen van uzelf': 'Drie slechte eigenschappen maar? Ik heb er zoveel, dan zitten we hier morgen nog.'
- *Zijn er meerdere interviewers, zorg dan dat u uw oogcontact verdeelt.* Ga u niet fixeren op degene die een vraag heeft gesteld. De andere interviewers voelen zich dan buitengesloten. Hoe zou u zich voelen als interviewer terwijl de kandidaat alleen maar tegen uw partner zit aan te praten?
- *Let erop dat alle relevante informatie die pleit voor uw geschiktheid ook naar voren is gekomen.* Maak desnoods een lijstje met relevante punten.
- *Neem initiatieven en stel vragen.* Zeker bij een sollicitatie-interview moet u vragen stellen. Als u zich serieus en goed hebt voorbereid, hebt u waarschijnlijk eerder te veel dan te weinig vragen. Als het goed is, krijgt u expliciet de ruimte om vragen te stellen, meestal op het einde van het gesprek. Maar ook tijdens het gesprek kunt u vragen stellen, soms ter verduidelijking en concretisering, maar soms ook uit interesse. Wees niet te benauwd. Uw tegenspelers zijn ook maar mensen die het liefst een prettig en concreet gesprek willen voeren. Door vragen te stellen voorkomt u bovendien dat het gesprek erg eenzijdig wordt en u maakt een actieve en betrokken indruk.

De afsluiting

Als geen van de partijen nog vragen heeft, en van beide kanten is men tevreden over de ingewonnen en verstrekte informatie, dan kan het interview worden afgesloten. Vergeet niet, bij meerdere interviewers, alle interviewers een hand te geven. Als dat nog niet medegedeeld is, vraagt u naar het vervolg van de procedure, zodat u weet hoe en op welke termijn u de uitslag van het interview te horen krijgt.

Mocht u na bestudering van dit hoofdstuk nog twijfels hebben aan uw capaciteiten om uzelf optimaal te profileren in een interview, dan is het enige wat helpt: oefening. Daarbij zult u een goede feedback moeten hebben. Wat deed u goed? Wat deed u verkeerd? En hoe kunt u uw presentatie verbeteren? Als het mogelijk is om zo'n gesprek op video vast te leggen, doe dat dan. Uzelf 'terugzien' is voor sommigen irritant, maar het is voor iedereen achteraf een zeer leerzame ervaring.

11

De Assessment center-methode (ACM)*

> *'If testing turned your spirits low,*
> *let's move to the Assessment show.*
> *But beware to let yourself go*
> *during peeping Tom's show.'*

De meeste mensen denken bij een Assessment center aan een op riante locatie gelegen landhuis waar iets gebeurt op het gebied van selectie van (aankomend) managers. Die opvatting is maar gedeeltelijk juist. Een 'Assessment center' staat voor een methode waarbij, op basis van het observeren van concreet gedrag van kandidaten, voorspellingen worden gedaan over de functiegeschiktheid en ontwikkelingsmogelijkheden van die kandidaten. In plaats van een Assessment center kan men dan ook beter spreken van de Assessment center-methode (ACM). Gaat het puur om selectie, dan spreekt men van ACM, gaat het om ontwikkeling of *management development*, dan spreekt men ook wel van een Development center (DCM).

Mocht u solliciteren voor een hoger kaderfunctie bij een multinational, dan is de kans aanwezig dat de ACM voor u inderdaad op een riante locatie plaatsvindt. Bent u bezig met een omscholingstraject via het arbeidsbureau, dan betekent de ACM voor u waarschijnlijk de gang naar een wat eenvoudiger hotel of vergaderlocatie. Essentieel voor de ACM is, zoals gezegd, dat men uitsluitend kijkt naar uw gedrag. Het gaat er dus om wat u doet.

Gezien de nog lang niet optimale voorspellende validiteiten van persoonlijkheidsvragenlijsten is het niet verwonderlijk dat men in de psychologie naar andere middelen is gaan zoeken om meer zicht te krijgen op de persoonlijkheid van kandidaten. Tot nu toe betroffen tests, ook de persoonlijkheidsvragenlijsten, altijd een indirecte maat voor het (te voorspellen) gedrag. Bij een ACM heeft men direct zicht op het gedrag van een kandidaat: what you see is what you get (dat zich daarbij ook nog wel enige problemen kunnen voordoen, zal verderop duidelijk worden).

Al in het begin van de twintigste eeuw kwam men op het idee om naar het concrete gedrag van kandidaten te gaan kijken, als basis voor functiegeschiktheid en ontwikkelingsmogelijkheden. Trouwens, in de bijbel wordt al melding gemaakt van een ACM, namelijk waar Gideon zijn mannen selecteert door te observeren hoe ze water drinken – slurpen ze het water als honden op, of zakken ze door hun knieën?

---

* Dit hoofdstuk is voor een groot deel gebaseerd op mijn werkzaamheden als assessor voor DWARS-PBO, Amsterdam.

Voorlopers van Assessment center-opdrachten

De ACM is vanaf de jaren zestig bij personeelsselectie in zwang gekomen. In Nederland is de invoering op grote schaal van meer recente datum, zo vanaf de jaren tachtig. Voor die tijd werd er in het psychologisch onderzoek vaak een aantal opdrachten onder observatie afgenomen, gedragsobservatieopdrachten, die eigenlijk onder het principe van de ACM vallen.

Enige voorbeelden van 'bejaarde' gedragsobservatieopdrachten:

1 *U moet op een A4-tje een duidelijke functieomschrijving maken, en daarbij aangeven waar uw zwakke en sterke punten ten aanzien van die functie liggen. Vervolgens wordt op basis hiervan een interview afgenomen.*
2 Problemen oplossen (het probleem wordt mondeling of schriftelijk uiteengezet):
– *U moet als werknemer binnen een bepaalde tijd een aantal taken afronden. De tijd is veel te krap om tot een goede afronding te komen. Wat is uw aanpak?*

Denk bijvoorbeeld aan: grenzen afbakenen; prioriteiten stellen; delegeren; overwerken.

– *U bent als manager verantwoordelijk voor een bepaalde afdeling. Een van uw ondergeschikten gaat steeds met de credits van de afdeling strijken. Onder de werknemers ontstaat onvrede. Met name één persoon stookt de afdeling op tegen de betrokken ondergeschikte. Er dreigt een staking. Hoe pakt u dit probleem aan?*

Denk bijvoorbeeld aan: partijen confronteren; systeem van kwantificering invoeren, zodat kan worden nagegaan wie wat presteert; werkstandaards invoeren, zodat duidelijk is hoe goed mensen presteren. Wat u niet moet doen bij dit soort opdrachten is uw bevoegdheden en verantwoordelijkheden delegeren, onder het mom 'Laat ze het zelf onderling maar uitvechten'. Als leidinggevende moet u er altijd voor zorgen de zaak in handen te houden.

– *U moet een begroting opstellen voor het bouwen van een schouwburg in een middelgrote stad. In de betrokken plaats zijn al twee schouwburgen. U krijgt een aantal gegevens over bouw- en exploitatiekosten. Ook worden er subsidies verstrekt.*

Dit is een schijnprobleem. U kunt een perfect uitgewerkte begroting maken, maar in een plaats waar al twee schouwburgen zijn, is een derde schouwburg niet rendabel te maken.

3 Stellingen becommentariëren: 'Iedereen wordt tegenwoordig ingeënt tegen pokken. Het is zelfs zo dat er nu meer mensen sterven bij de inenting, dan dat er mensen sterven aan pokken. Dus moet men met inenten stoppen?'

U zou hier een tegenwerping kunnen maken door te zeggen: 'Er gebeuren meer ongelukken op overwegen dan op andere plekken op de spoorbaan. Dus moet men de overwegen maar afschaffen!?'

4 Ook projectieve vragen werden nogal eens gesteld. Bijvoorbeeld:
– *Iemand komt te laat een overvolle vergaderzaal binnen. Hij/zij blijft helemaal achterin bij de deur staan. Wat gaat er om in zo'n persoon?*
– *Iemand komt op straat een bekende tegen maar ontwijkt deze. Wat zou hiervoor de reden kunnen zijn?*
– *In een treincoupé zitten twee mensen tegenover elkaar. Ze praten niet. Wat zou de reden kunnen zijn dat deze mensen niet met elkaar in contact treden?*

– *Hoe zou een goede vriend of vriendin uw persoonlijkheid omschrijven?*

Merk op dat dit in feite interviewvragen zijn, waarbij uw gedragsaspect nadrukkelijk op de voorgrond treedt. In die zin kan het interview ook als een onderdeel van de ACM gezien worden, immers bij het interview staat vooral uw non-verbale gedrag centraal.

5 Een achterhaald voorbeeld van een opdracht onder observatie is de rangeertest (Sanders 1954). Er wordt een afbeelding van een spoorwegemplacement overlegd. Her en der staan genummerde wagons. U moet de wagons in een bepaalde volgorde voor het station rangeren. Daarbij gelden de volgende beperkingen:

Er is uitsluitend enkel spoor, wagons kunnen elkaar dus niet passeren;

Bij elkaar loodrecht kruisende sporen mag u alleen rechtdoor, bij wissels kunt u, als u uit de goede richting komt, twee kanten uit;

U mag per keer maar één wagon verzetten;

U moet het aantal wagons dat u voor een bepaalde opdracht moet verplaatsen, zo klein mogelijk houden.

Hoe gaat u te werk bij de rangeertest? Gaat u in het wilde weg wat proberen of neemt u eerst wat bedenktijd om de situatie te analyseren, om zo met een goede oplossingsstrategie te komen? Normaal gesproken krijgt u ruim de tijd voor de rangeertest. De hier behandelde variant stamt uit 1954, maar reeds in 1925 bestond er een versie van. Het is een test die uw organisatorische kwaliteiten pretendeert te meten. Maar over betrouwbaarheid en validiteit is weinig bekend. De test wordt nauwelijks meer gebruikt. Door middel van afbeelding 48 kunt u nagaan hoe een fictieve rangeertestopdracht moet worden uitgevoerd.

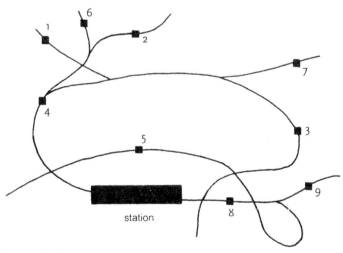

Afbeelding 48 – Rangeertest

Opdracht: Rangeer de wagons in de volgende opstellingen voor het station:

−1 7 2 3   − 9 2 8 7 4   − 4 3 8 9 6

6   Een ander voorbeeld van een wat bejaarde opdracht onder observatie is het Wigglyblok (zie afbeelding 49). Dit is een houten blok, bestaande uit negen gegolfde delen, dat u in elkaar moet zetten. De negen delen passen uiteraard maar op één bepaalde manier in elkaar.

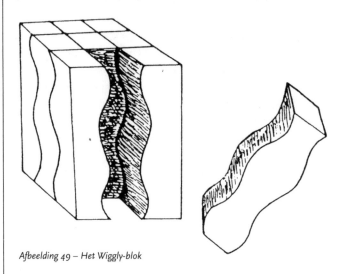

Afbeelding 49 – Het Wiggly-blok

Een veel gemaakte fout is dat mensen vergeten dat ze een onderdeel 180° kunnen draaien. Een handige manier is om gebruik te maken van de drie verschillende categorieën onderdelen: het middenstuk (overal gegolfd), de hoekstukken (aan twee zijden gegolfd), en de tussenstukken (aan drie zijden gegolfd). Er is maar één blok dat in het midden past. Dus de beste bouwstrategie laat zich raden. Als selectie-instrument is de waarde van het Wiggly-blok zeer beperkt en het wordt dan ook nauwelijks meer gebruikt. Het kan vooral nuttig zijn als spelobservatie-instrument bij jeugdigen.

Voor alle opdrachten onder observatie gold trouwens dat het niet in de eerste plaats om de opdracht zelf ging. Het ging, naast de inhoudelijke kwaliteit van uw oplossingen, vooral om het gedrag dat u vertoonde. Raakte u geïrriteerd bij fouten of correcties? Werd u zenuwachtig als het niet direct lukte? Bleef u openstaan voor aanwijzingen of ging u geheel op in uw taak? Al dit soort dingen speelden mee en werd door de psycholoog verwerkt in de rapportage. Soms zat er een uitdrukkelijke onzinopdracht bij met als doel om na te gaan of u zo assertief was om 'nee' te verkopen.

De definitieve impuls ten aanzien van de ACM kwam, evenals bij de intelligentietests, uit de militaire hoek. De OSS (Office of Strategic Services, de voorloper van de CIA), de Duitse Luftwaffe en de Britse WarOffice Selection Board (WOSB) begonnen zo ongeveer gelijktijdig met het gebruik van wat de ACM is geworden: kandidaten functiegerichte oefeningen laten doen en deze door (meerdere) getrainde beoordelaars te laten scoren op functierelevante criteria. Bij de oss probeerde men via de ACM ideale 'geheime agenten' op te sporen. Men keek daarbij naar de volgende dimensies: praktische intelligentie, emotionele stabiliteit, leiderschap, fysieke toestand, propagandistische kwaliteiten (tegenwoordig heet dat public relations) en het vermogen om de identiteit van iemand anders aan te nemen (deze eigenschappen kunnen we moeiteloos toepassen voor het ideale sollicitatieprofiel, met name de laatste eigenschap waarbij het gaat om het vermogen om notoire leugens te kunnen verkopen). De eerste naoorlogse ACM werd toegepast bij AT&T (American Telegraph and Telephone). Opdrachten waarmee kandidaten te maken kregen, waren onder andere: een business game; de leiderloze groepsdiscussie; een 'in baskettest' bestaand uit het afhandelen van 25 poststukken; een twee uur durend interview; het schrijven van een autobiografisch opstel; persoonlijkheidsvragenlijsten en een intelligentietest (Cook 1991:156-158). Tegenwoordig wordt de ACM ook in Nederland steeds meer toegepast. Het zoetwarenbedrijf Mars heeft een traditie op dit gebied, maar ook de TPG-Post, banken en organisaties die willen investeren in personeel maken gebruik van de ACM. De verwachting is dat in de toekomst nog meer gebruik zal worden gemaakt van de ACM, hoewel het een dure en arbeidsintensieve methode is. Deze toename heeft enerzijds te maken met het feit dat de ACM een soort hype in personeelsland is: wil je erbij horen dan moet je wel meedoen. In de tweede plaats hebben bedrijven veel geld over voor (nieuw) personeel. Daarbij is personeel, en zeker goed personeel tegenwoordig een schaars goed: je moet sollicitanten dus wel tegemoet komen, zowel in salaris als in de wijze waarop je selecteert. Want wie wil er als capabele sollicitant met drie opties nog testjes maken, als men als alternatief ook op relevante managementcapaciteiten kan worden beoordeeld? Als laatste argument het al eerder gesignaleerde verschijnsel dat intelligentie tegenwoordig niet zo'n grote rol meer speelt, in vergelijking met de waarde die men aan persoonlijkheid hecht. Het toenemend belang van sociale en managementvaardigheden betekent dat meer en meer gebruik gemaakt zal worden van een ACM.

11.1 Hoe werkt een ACM?

Hoe werkt de ACM in de praktijk? Zoals gezegd gaat het om het beoordelen van uw gedrag. Simpelweg betekent dat, dat u individueel of in groepsverband een aantal op de functie in kwestie afgestemde oefeningen of simulaties moet doen. Dat kan zijn in combinatie met andere kandidaten, of in een tweegesprek met een getrainde, professionele acteur of actrice, die bijvoorbeeld de rol van een lastige medewerker of manager speelt. U wordt daarbij beoordeeld door een aantal assessoren (beoordelaars). Deze beoordelaars hebben per oefening een lijst met een aantal dimensies (bijvoorbeeld analytisch vermogen, leiderschap en initiatief), waarop uw gedrag wordt gescoord. De scoring kan bijvoorbeeld lopen van 1 – kwam helemaal niet voor –, tot 5 – kwam zeer veel voor. Vervolgens worden de scores van de beoordelaars per dimensie gemiddeld, eventueel naar aanleiding van een zogenaamde consensusdiscussie. Uiteindelijk middelt men alles over alle simulaties die u hebt gedaan. Zo ontstaat een overall geschiktheidscore. Het kan zijn dat men van tevoren normen voor deze overallscore heeft opgesteld, of dat men ook nog minimumeisen aan bepaalde individuele dimensies stelt. Op basis hiervan wordt dan bepaald of u een positief of negatief advies krijgt. Uiteraard kan het ook zijn dat men eenvoudig het benodigde aantal kandidaten van boven afroomt: dit noemt men 'top down'-selectie: de besten uit de procedure worden aangesteld. Vaak wordt de ACM afgenomen in combinatie met tests en een interview. In die zin is een ACM een soort allegaartje waarbij alle selectiemiddelen in de strijd kunnen worden geworpen.

De ACM werkt goed als voorspeller van functiegeschiktheid. Het idee om het concrete gedrag te betrekken bij de voorspelling van functiegeschiktheid slaat dus aan. Niet alleen in predictieve validiteit maar ook bij de kandidaten, die vaak positief reageren op de oefeningen. Men vindt het zelfs niet erg om met andere kandidaten een groepsdiscussie te voeren, terwijl dit gegeven toch op gespannen voet staat met de privacy van sollicitanten (Janssen 1979). Het gegeven dat men praktische, functiegerelateerde oefeningen moet doen, spreekt de meeste kandidaten zeer aan. Afgezet tegen een uur zweten op rekenkundige reeksen en analogieën is deze reactie niet verwonderlijk. Het argument dat de ACM wordt gebruikt omdat kandidaten het zo relevant vinden, is trouwens vanuit psychologisch gezichtspunt niet van doorslaggevend belang. Waar het om gaat is de predictieve validiteit en de theorievorming achter de ACM. Bovendien is de ACM in vergelijking met een test erg duur. Een ACM duurt vaak meerdere dagen, en er moet veel menskracht worden ingezet (getrainde beoordelaars vanuit het bedrijf en/of psychologen). Over het werkelijke rendement (kosten-batenanalyse) van de ACM is dan ook nog niet veel bekend. Maar vooral bij hogere functies kunnen we ervan uitgaan dat de ACM zijn geld opbrengt, omdat het hier gaat om kandidaten die, eenmaal aangenomen, een hoog rendement (moeten) opleveren voor een organisatie. Veel investeren in de selectieprocedure is in zo'n geval verantwoord, zo niet bittere noodzaak.

Net als bij een psychologische test dient de regie van een ACM in handen te zijn van een gekwalificeerd psycholoog, zodat de zorgvuldigheid van de procedure is gewaarborgd. Ook hebben kandidaten dan de mogelijkheid bezwaar aan te tekenen tegen de gang van zaken indien zij menen dat hen onrecht is aangedaan. Dat laatste moet niet onderschat worden, want als procedure is de ACM kwetsbaarder dan een psychologische test. Er kan bij de beoordelingen het een en ander misgaan, soms omdat onvoldoend getrainde managers of medewerkers als beoordelaar worden ingezet. Ook bezuinigt men vaak op het aantal beoordelaars (dat moeten er toch wel minimaal twee per simulatie/kandidaat zijn). Bij het inzetten van maar één beoordelaar sluipt het gevaar van subjectiviteit binnen, en bovendien kennen beoordelaars van de organisatie kandidaten vaak, zodat er bias in hun oordeel kan sluipen (zie hst. 10: Het interview).

11.2 De procedure bij een ACM

Bij een uitnodiging voor een ACM moet u in elk geval de volgende bescheiden aantreffen: een beschrijving waar de ACM plaatsvindt, aanvangs- en eindtijden, eventuele pauzes, een beschrijving van de procedure (welke instrumenten/simulaties worden afgenomen), hoeveel simulaties moet u doen, en de duur van de simulaties. Soms krijgt u van tevoren de bijbehorende scripts voor de simulaties thuisgestuurd. In andere gevallen krijgt u de scripts ter plekke uitgereikt, gekoppeld aan voldoende voorbereidingstijd (ongeveer een half uur). Ook krijgt u soms ter plekke een rooster uitgereikt waarop staat wanneer u in welke ruimte moet zijn voor een bepaalde simulatie. Het moet u in elk geval duidelijk zijn wat er precies van u wordt verwacht bij een ACM en hoe de procedure eruitziet. Ook dient vermeld te zijn dat u recht heeft op een nagesprek, mits de ACM wordt afgenomen onder verantwoordelijkheid van een gekwalificeerd psycholoog. Is dat zo, dan gelden dezelfde richtlijnen als bij een psychologisch onderzoek. Is dat niet zo, dan bevindt u zich in de 'vrije sector' zoals dat heet. U bent dan met name aangewezen op uw assertiviteit.

In een simulatiescript staat wat de situatie is aangaande een simulatie, en welk resultaat u dient te behalen. Dat is noodzakelijk, omdat u zo doelgericht te werk kunt gaan in de simulatie. Wat (uiteraard) niet aangegeven wordt, is waar de assessoren precies op letten met betrekking tot het vertoonde gedrag (zie daarvoor hst. 11.6: Een blauwdruk voor effectief gedrag in interpersoonlijke Assessment-simulaties).

> **Voorbeeld van een simulatiescript**
> **Rollenspel onwillige financiële medewerker Griezelaar.**
> **Kandidaatsinstructie.**
> U bent als manager financiële zaken een jaar in dienst bij de firma X. Deze firma heeft besloten om te gaan reorganiseren, waarbij tevens een cultuurverandering moet worden doorgevoerd. Er moet meer open communicatie komen, meer samenwerking en bovendien moet er meer resultaatgericht gewerkt worden. U bent als manager verantwoordelijk voor de cultuuromslag binnen uw afdeling financiën. U hebt met uw medewerkers een aantal gesprekken gehad, en u hebt een presentatie gehouden over de gewenste situatie. Daarbij hebt u nogal wat onvrede geconstateerd, met name bij de heer Griezelaar, senior controller. Griezelaar is iemand van de oude stempel, die het liefst zijn zaakjes zelf regelt. Binnen de nieuwe cultuur kan dat echter niet. Nu is Griezelaar iemand die zeer capabel is en die van aanpakken weet, die goed ligt op uw afde-

ling en u wilt hem dan ook graag behouden. U hebt een afspraak met hem gemaakt en uw doel is om hem zover te krijgen dat hij positief staat tegenover de cultuuromslag. Bovendien dient u hem voor de organisatie te behouden (hij heeft geruchten rondgestrooid dat hij een aanbod van een andere organisatie heeft).

Beperkingen: U mag de kwestie niet voor u uitschuiven door het (te snel) maken van een vervolgafspraak. U moet de concrete en gemeende toezegging van Griezelaar krijgen dat hij zal meewerken aan de gewenste cultuuromslag. U krijgt hiervoor 25 minuten. Na 25 minuten wordt de simulatie op het teken van de assessor(en) beëindigd. Hebt u volgens uzelf het doel eerder bereikt, dan mag u het gesprek ook eerder beëindigen.

(Eventueel volgen nog specifieke functiegegevens met betrekking tot Griezelaar.)

Uit bovenstaand voorbeeldscript kunt u zich een beeld vormen van wat u te doen staat, en kunt u een strategie uitstippelen. Die strategie is nooit helemaal dekkend, want u kent het script van uw tegenspeler niet. Dat script voor de acteur/actrice zou er bijvoorbeeld als volgt uit kunnen zien.

Rollenspel onwillige medewerker Griezelaar.
Acteurs/actrice-instructie.

In deze simulatie speelt u de heer/mevrouw Griezelaar. U bent medewerker van de afdeling financiën, waar u al tien jaar werkt. U doet uw werk met plezier en u bent zeer nauwgezet. Sinds drie jaar bent u senior controller (eventueel volgen hier specifieke functiegegevens). U had graag afdelingsmanager willen worden, maar sinds een jaar zit daar de heer/mevrouw X. U vindt dat de heer/mevrouw X eigenlijk niet goed functioneert, en dat hij/zij niet in staat is om de zogenaamde cultuuromslag tot stand te brengen, daarvoor moet iemand toch zeker vijf jaar bij de organisatie zitten. Die cultuuromslag vindt u toch maar zinloos, u werkt het liefst alleen, want uw collega's zijn vaak een blok aan uw been omdat ze van alles aan u vragen en u regelmatig hun werk moet controleren op fouten. Daardoor hebt u het gevoel dat u vaak dubbel werk moet doen. De presentatie van uw afdelingsmanager vond u maar niks, het was een warrig verhaal en u viel halverwege bijna in slaap. Dat had u zelf nog wel beter gekund. Nu bent u toevallig deze week benaderd door een headhunter, die een interessante vacature voor u had. Weliswaar moet u voor die vacature een flink eind reizen, maar goed. U denkt er sterk over om in elk geval eens te gaan praten over deze aanbieding. Zo meteen hebt u een afspraak met uw afdelingsmanager, deze wilde een persoonlijk gesprek met u. U neemt u voor om uw manager ongezouten de waarheid te zeggen, u hebt al genoeg gezeur aan uw hoofd. U wilt gewoon uw werk doen, daar bent u goed in en dat vindt u leuk. Als dat niet langer kan, dan denkt u er sterk over om in te gaan op het aanbod van de headhunter.

Als u beide scripts vergelijkt, merkt u dat er redelijk wat conflictstof in zit, en als de acteur of actrice het goed speelt, moet u bijvoorbeeld in het gesprek ook boven tafel krijgen dat Griezelaar eigenlijk uw positie ambieerde. Als u er niet in slaagt om Griezelaar te kalmeren, en hem niet op een of andere wijze tegemoetkomt, dan is de kans groot dat Griezelaar de organisatie gaat verlaten, iets wat volgens uw kandidaatsinstructie absoluut niet mag. U moet dan ook sociaal zeer vaardig en voorzichtig te werk gaan, en bovendien moet u iets creatiefs verzinnen om Griezelaar toch voor de cultuuromslag te winnen, en zo te behouden voor de organisatie. Dat is des te lastiger, daar Griezelaar gelijk heftig van wal steekt en u uw hoofd koel dient te houden. U moet dus behoorlijk stabiel zijn, sociaal vaardig en creatief.

Ter plekke werkt u volgens het rooster uw simulaties af. Tussen de simulaties door zult u zich vaak voorbereiden op de komende simulatie, of u maakt een praatje met medekandidaten. Interactie met assessoren en acteurs/actrices is in feite uit den boze, maar de sfeer kan per ACM behoorlijk verschillen, van zeer formeel tot tamelijk ontspannen waarbij er de nodige interactie ontstaat. Dat dat in feite niet mag, zal duidelijk zijn: partijen kunnen elkaar bewust of onbewust informatie geven of beïnvloeden, waardoor kandidaten benadeeld of bevoordeeld kunnen worden. Maar vooral bij een Development center, waarbij de kandidaten elkaar veelal redelijk goed kennen, is de sfeer vaak redelijk ontspannen. Het gaat immers ook niet om selectie, maar om loopbaanontwikkelingaspecten, waarbij de kandidaten vaak zelf kunnen beslissen wat zij gaan doen op basis van het uiteindelijke Assessment-advies.

11.3 Overzicht mogelijke ACM-simulaties

Eerder is al aangegeven dat de ACM staat voor een soort vergaarbak van allerlei selectie-instrumenten. U kunt dus van alles tegenkomen, zoals tests, interviews en simulaties. We beperken ons hier tot oorspronkelijke ACM-simulaties, dus oefeningen waarbij het om uw gedrag gaat. Bijna altijd zijn dat rollenspelen, waarbij u een rol moet spelen die relevant is voor de functie waar het om gaat.

Simulaties bij een ACM kunnen worden ingedeeld volgens twee criteria (Cook 1991:158-159):

Groepsopdrachten
- toegewezen rollen (1)
- vrije rollen (2)
- groepsopdrachten (3)

Individuele opdrachten
- in-basket
- (• groepsdiscussie)
- presentatie houden
- verkoopgesprek
- functioneringsgesprek
- beoordelingsgesprek
- slechtnieuwsgesprek
- conflicthanteringgesprek
- fact finding
- vergadering voorzitten

We zullen hieronder eerst kort de groepsopdrachten bespreken. Wat betreft de individuele opdrachten wordt eerst een algemene strategie behandeld voor het effectief oplossen van interpersoonlijke Assessment-simulaties. Vervolgens worden de verschillende varianten van individuele opdrachten behandeld.

1. Bij toegewezen rollen moet u bijvoorbeeld een van tevoren bepaald gedeelte van een budget in de wacht te slepen. U krijgt daarbij een specifieke positie of functie toegewezen. Een simpele vorm is: uw organisatie heeft een miljoen euro te besteden. Logistiek wil twee ton, financiën drie, marketing vijf, sales ook vijf en de afdeling HRM drie. Eventueel krijgt u een korte situatieschets met een aantal argumenten. Vervolgens moet u met de andere kandidaten onderhandelen, waarbij u bijvoorbeeld de rol van hoofd marketing moet spelen. Waar het bij deze oefening voornamelijk om gaat, zijn onderhandelingsvaardigheden, overtuigingskracht en het vermogen compromissen te sluiten. Daarop wordt u dan ook beoordeeld.

    In een ander voorbeeld moet u met andere kandidaten een stad bouwen, waarbij iedereen wederom een specifieke functie heeft. De een behartigt bijvoorbeeld de belangen van sociale woningbouw, de ander van de horeca, een derde zit op cultuur en een vierde behartigt de belangen van de winkeliers. Soms zijn er twee zogenaamde assistenten (acteurs) – de een gedraagt zich nogal onbeschoft, de ander gedraagt zich traag en dom. Hier wordt gekeken hoe kandidaten met deze verschillende assistenten uit de voeten kunnen. Met name als de opdracht binnen een bepaalde tijd moet worden voltooid, zijn 'omgaan met stress' en sociale vaardigheden hier belangrijke criteria.

2. Bij vrije rollen gaat het bijvoorbeeld om een 'management game' waarbij in korte tijd, bij onvolledige informatie, onder hoge druk en onder steeds wisselende omstandigheden een aantal bedrijfsbeslissingen door kandidaten moet worden genomen. Dat kan gaan om een overname, een financiële crisis, een concurrent die een groot gedeelte van het marktaandeel dreigt op te slokken enzovoort. Bij deze opdrachten gaat het naast specifieke vakkennis vooral om onzekerheidtolerantie, stressbestendigheid, doortastendheid, creativiteit en flexibiliteit.

3. Bij groepsopdrachten worden de kandidaten bijvoorbeeld in twee groepen verdeeld, waarbij elke groep één kant van een bepaald standpunt moet verdedigen. Een concreet voorbeeld is de leiderloze groepsdiscussie, waarbij bovengenoemde procedure wordt toegepast op een stelling als 'abortus is moord en zou verboden moeten worden'. Of 'vrouwen zijn niet geschikt voor leidinggevende functies', 'minimaal de helft van alle leidinggevende posities zou door vrouwen bezet moeten worden' of 'Nederland is te klein om nog meer immigranten op te nemen'. Het kan ook zijn dat er wel een leider wordt toegewezen, of dat u onderling tot een rolverdeling moet komen. Bij dit soort groepsdiscussies gaat het om onderhandelingsvaardigheden, samenwerken, analytisch vermogen en probleemoplossend en creatief vermogen.

Voor we toekomen aan het behandelen van de individuele opdrachten gaan we eerst wat dieper in op waar het bij een ACM om gaat: uw gedrag. Met name bij de groepsopdrachten, maar ook bij de individuele rollen gaat het in belangrijke mate om specifieke, meestal sociale vaardigheden. Uiteraard speelt ook technische kennis een rol, maar daarvan mag worden aangenomen dat u die vanwege uw achtergrond (opleiding en ervaring) voldoende beheerst, of u vindt deze informatie in het simulatiescript.

11.4 Vaardigheden voor het effectief oplossen van Assessment-simulaties

Wat betreft de (sociale) vaardigheden in Assessment-simulaties gaat het in principe om twee cruciale fasen/vaardigheden, namelijk:
- u krijgt in eerste instantie te maken met (veel) weerstand van een tegenspeler of meerdere tegenspelers;
- u moet deze tegenspeler(s) beïnvloeden volgens de opdracht in uw simulatiescript.

Concreet gesproken moet u dus twee vaardigheden toepassen om succesvol te zijn in zo'n simulatie, te weten:
1 weerstand wegnemen;
2 beïnvloeden conform het simulatiescript.

Bij het wegnemen van de weerstand gaat het voornamelijk om sociale vaardigheden. Bij het beïnvloeden zult u vaak een creatieve ingreep moeten toepassen, anders blijft u steken in een dilemma of raakt u verzeild in een patstelling.

Op basis van de in de paragraaf 9.2 behandelde Big Five kunnen we nu een algemene strategie ontwerpen. De Big Five bestaat uit de volgende vijf brede gedragsdimensies:
1 dominantie (dominant versus onderschikkend gedrag; ook wel extravert-introvert);
2 vriendelijkheid (vriendelijk versus onvriendelijk gedrag);
3 consciëntieusheid (betrouwbaar versus onbetrouwbaar gedrag);
4 stabiliteit (stabiel versus instabiel gedrag);
5 autonomie (zelfstandig creatief versus afhankelijk cognitief 'traag' gedrag).

Uit onderzoek naar conflicthantering en interpersoonlijk gedrag blijkt dat de eerste twee dimensies van de Big Five, te weten dominantie en vriendelijkheid, verreweg het belangrijkst zijn voor (effectief) interpersoonlijk gedrag (zie bijvoorbeeld Nauta 1996, aan wie het volgende grotendeels ontleend is). Nauta komt na een overzicht van de interpersoonlijke en conflicthanteringtheorie tot de volgende conclusies en aanbevelingen:
- vriendelijk gedrag van uw kant roept over het algemeen bij uw tegenspeler ook vriendelijk gedrag op;

- onvriendelijk gedrag van uw kant roept bij uw tegenspeler over het algemeen ook onvriendelijk gedrag op;
- dominant onvriendelijk gedrag wordt vaak beantwoord met eveneens dominant onvriendelijk gedrag. Hierdoor escaleert het probleem en bereikt u niets;
- dominant vriendelijk gedrag wordt vaak beantwoord met onderschikkend vriendelijk gedrag.

De algemene conclusie is dat u het sterkst invloed kunt uitoefenen op interpersoonlijke ACM-simulaties door vooral vriendelijk gedrag te vertonen. Vriendelijkheid is wat dat betreft symmetrisch: het roept ook vriendelijk gedrag bij uw tegenspeler op. Die symmetrie geldt ook voor onvriendelijk gedrag, dit moet u dus in bijna alle gevallen zien te vermijden. Is uw tegenspeler onvriendelijk, dat moet u zelf in elk geval vriendelijk gedrag gaan vertonen, om uw tegenspeler ook tot vriendelijk (instemmend) gedrag te kunnen bewegen. Verder moet u dominant onvriendelijk gedrag te allen tijde vermijden; door dit gedrag verergert u het conflict.

De wisselwerking tussen dominant en onderschikkend gedrag is minder duidelijk. Veelal werd gedacht dat dominant en onderschikkend gedrag complementair waren (dominant gedrag zou onderschikkend gedrag oproepen en omgekeerd, maar dit blijkt niet het geval). Als u dus dominant bent, dan kan uw tegenspeler zowel dominant als onderschikkend reageren. Daarbij speelt onder andere de persoonlijkheidsstructuur een rol. Er zijn nu eenmaal meer en minder dominante mensen. Ook de positie die iemand inneemt, speelt een rol. Van iemand met een hoge status wordt eerder dominant gedrag verwacht en geaccepteerd dan van iemand met een lage status. Daarmee samenhangend is ook de organisatiesfeer van invloed: is er veel of weinig participatie tussen de verschillende lagen in een organisatie? In ACM-simulaties zult u trouwens merken dat ongeacht de positie van uw opponent, deze meestal redelijk dominant onvriendelijk tekeergaat. De achterliggende gedachte is dat als u over managementcapaciteiten beschikt, u in praktisch elke situatie in staat moet zijn om mensen op constructieve wijze te beïnvloeden, of dat nu uw baas is of de net aangenomen managementtrainee.

U zult proefondervindelijk moeten uitvissen wat binnen uw simulatie het meeste effect garandeert: bereikt u bij uw tegenspeler meer met dominant of met onderschikkend gedrag van uw kant? In elk geval, en dat is het belangrijkst, bereikt u het meeste met vriendelijk gedrag.

11.4.1 Wat is vriendelijk of effectief gedrag in een Assessment-simulatie?

In paragraaf 9.2, p. 166, hebben we bij de behandeling van de Big Five een globale omschrijving gegeven van wat vriendelijk gedrag is. Daarbij zal blijken dat vriendelijk gedrag in bijna alle gevallen ook effectief gedrag is. Kenmerken van vriendelijk gedrag waren onder andere: houdt rekening met gevoelens en belangen van anderen, doet geen vlieg kwaad, biedt hulp aan bij problemen, toont interesse in mensen, geeft fouten toe, erkent prestaties, kan veel hebben van een ander, laat anderen in hun waarde enzovoort (voor een volledig overzicht zie Hendriks 1997:101-166).

We kunnen deze kenmerken nog iets toelichten en concretiseren.

Vriendelijkheid heeft een lading op alle drie de aspecten van communicatie: non-verbaal, paralinguïstisch en verbaal. Voor deze aspecten geldt dat u zich het beste kunt laten leiden door respect en betrokkenheid ten aanzien van uw opponent. Veel voorkomend onvriendelijk gedrag is bijvoorbeeld dat kandidaten hun opponent nog wel eens in de rede vallen, iets wat van weinig respect getuigt. In een simulatie zou u dus de volgende aspecten van uw gedrag onder controle moeten hebben (zie Gramsbergen-Hoogland & Van der Molen 1996):

- *Non-verbaal*: een vriendelijke gelaatsuitdrukking, stimulerend oogcontact en een ontspannen en toegenegen houding, aanmoedigend knikken en ondersteunende handgebaren.
- *Paralinguïstisch*: doseer uw stemvolume, let op uw intonatie (die kan al heel snel onvriendelijk worden). Ook kleine aanmoedigingen, waaruit blijkt dat u de ander volgt en stimuleert kunnen we hieronder rekenen (mmm, ja ja, o, en toen?). Merk op dat vooral hoe u kleine aanmoedigingen uitspreekt, bepalend is of ze vriendelijk dan wel onvriendelijk overkomen.

Bovengenoemde elementen worden door Gramsbergen-Hoogland en Van der Molen ook wel niet-selectieve luistervaardigheden genoemd. Ze zijn niet selectief, omdat u ze altijd en automatisch dient toe te passen voor een effectief gesprek. Ze vormen als het ware de olie voor een goede gespreksmotor. Worden ze goed toegepast, dan draait de motor lekker soepel, uw tegenspeler voelt zich geaccepteerd en vriendelijk onthaald en zal zich na verloop van tijd eveneens vriendelijk gaan opstellen (vriendelijkheid werkt immers symmetrisch). Dat betekent dat u op weg kunt gaan naar het doel van uw keuze: u kunt het gesprek gaan sturen en beïnvloeden om relevante informatie op te sporen en zo naar een oplossing toe te werken. Dat doet u vooral door middel van uw verbale vaardigheden.

- *Verbale vaardigheden*. Gramsbergen-Hoogland en Van der Molen noemen vijf verschillende selectieve luistervaardigheden. Ze zijn selectief, omdat u ze kiest tijdens een gesprek, afhankelijk van wat u wilt bereiken. U kunt bijvoorbeeld dieper op een bepaald gevoel van uw tegenspeler willen ingaan, omdat u merkt dat de ander daar nogal mee zit, of u geeft een zakelijk onderwerp juist meer aandacht omdat u denkt dat dat belangrijk is voor een effectieve gespreksuitkomst. Afhankelijk van wat u wilt bereiken, maakt u dus keuzes in het gesprek. Het inzicht in welke keuzes u maakt, valt grotendeels onder de vijfde factor van de Big Five: uw autonomie.

De volgende selectieve of sturende verbale vaardigheden kunnen onderscheiden worden:

- *Vragen stellen.* Om te achterhalen waar de weerstand zit bij uw tegenspeler moet u scherp observeren en de juiste vragen weten te stellen. Wat betreft vragen stellen is het eenvoudigste onderscheid dat tussen gesloten en open vragen.
- *Gesloten vragen.* Een gesloten vraag is een vraag die uitsluitend met ja of nee beantwoord kan worden. Gesloten vragen beperken uw opponent in het geven van antwoorden. U moet alleen een gesloten vraag stellen als u heel specifiek een simpele bevestiging of ontkenning wilt hebben van iemand. Besef wel dat u door middel van een gesloten vraag zeer sturend en suggestief bezig bent. Voorbeeld: 'Je hebt dus een hekel aan je collega?' Gesloten vragen komen al snel als onvriendelijk over, dus u dient er zeer voorzichtig mee om te gaan. Ze gaan vaak samen met wat wel het *trechtereffect* genoemd wordt. Daaronder wordt verstaan dat u van een vooropgezette, specifieke opvatting uitgaat en alleen via gesloten vragen probeert te achterhalen of die opvatting juist is. Bij een opponent die zich ondergeschikt gedraagt, zult u al snel bevestiging krijgen, terwijl deze opponent in werkelijkheid een totaal andere mening kan hebben. U lost dan niets op in uw simulatie, terwijl u misschien denkt dat u juist zeer effectief geweest bent.
- *Open vragen.* 'Wat is een open vraag?' is het simpelste voorbeeld van een open vraag. Open vragen zijn dus vragen die uw opponent zeer veel ruimte geven in het formuleren van een antwoord. U nodigt uw opponent uit om in eigen woorden een visie op een bepaalde kwestie te geven. Open vragen beginnen veelal met 'hoe', 'wat', 'waarom', 'waardoor' enzovoort. Ook socio-hulpverlenerstatements als: 'Zou je daar wat meer over kunnen vertellen', qua vorm gesloten, worden beschouwd als een open vraag. Met open vragen geeft u uw opponent als het ware een schijnwerper in handen die hij of zij naar behoeven op relevante informatie kan richten en u toont een wezenlijke interesse in de ander. Van belang is vooral waar uw opponent de schijnwerper op richt. Dat is blijkbaar iets waar de ander mee zit, en u dient dat voldoende aandacht te geven, eventueel door middel van doorvragen (concretiseren). Als u de kwestie naar het inzicht van u en uw opponent voldoende verhelderd hebt, kunt u aan een oplossing gaan werken.

  Met 'waarom'-vragen dient u voorzichtig te zijn. Deze vragen verwijzen naar een uiterste motivatie of beweegreden van iemand. U dient de 'waarom'-vraag dan ook met de nodige omzichtigheid en vriendelijkheid naar voren te brengen. Als u daarbij niet naar omstandigheden of de reden voor een bepaald gedrag of motivatie vraagt, is de kans groot dat u de fundamentele attributiefout maakt, waarbij de ander u alsnog als onvriendelijk ervaart.

  In een simulatie moet u zeker in het begin uitsluitend open vragen stellen. Alleen zo komt u namelijk vriendelijk over en kunt u er (daadwerkelijk) achterkomen wat er speelt. Vervolgens kunt u altijd nog meer gesloten vragen gaan stellen als u dat nodig vindt.
- *Parafraseren van de inhoud.* Parafraseren is in het kort de inhoud van wat uw opponent vertelt in uw eigen woorden weergeven. Voorbeelden: 'Je zegt dus dat...';

'Als ik je goed hoor, zeg je eigenlijk dat...' Belangrijk is dat u een parafrase op veronderstellende toon pleegt, anders wordt deze als onvriendelijk ervaren en zal de ander veel minder of niet meewerken aan een constructieve oplossing. Parafrases zijn voor uzelf heel belangrijk omdat u zo toetst of u de ander begrepen hebt. Voor uw opponent zijn ze een teken dat u aandachtig volgt. U moet vooral niet bang zijn om regelmatig te parafraseren in een gesprek. Kandidaten denken soms dat ze, door te parafraseren, als dom overkomen, maar het tegendeel is het geval. Sluit uw parafrase niet aan bij wat de ander heeft gezegd, dan is dat geen ramp. Uw opponent kan zich dan verduidelijken, en u begrijpt (alsnog) hoe de vork in de steel zit.

- *Gevoelsreflecties.* Gevoelsreflecties zijn belangrijk omdat de ander zich hierdoor geaccepteerd en begrepen voelt. Gevoelsreflecties moet u met een zekere voorzichtigheid maken, ze dienen gepast te zijn. Als uw opponent nogal lusteloos tegenover u zit, en u zegt: 'Goh, je komt over alsof je er elk moment een eind aan gaat maken', dan kan een emotionele reactie het gevolg zijn. U dient dus goed in te schatten wat precies de gemoedstoestand van uw opponent is en hoe u daar op gaat reageren. U kunt gevoelsreflecties, net als parafrases, dan ook het beste vragenderwijs naar voren brengen, en zeker niet te stellig. Dat geldt met name als het om negatieve gevoelens gaat (angst, depressie, gekwetstheid, onzekerheid). Ook paralinguïstisch, qua volume en intonatie, dient u de nodige voorzichtigheid te betrachten.
- *Concretiseren.* Door middel van concretiseren probeert u zo specifiek mogelijke informatie aan uw opponent te ontlokken. Daarvoor kunt u in feite alle bovenstaande vaardigheden gebruikten (Gramsbergen-Hoogland en Van der Molen noemen concretiseren dan ook een samengestelde vaardigheid). U dient goed in te schatten in welke mate u in een gesprek moet concretiseren. Als uw opponent vaag blijft over een volgens u belangrijke kwestie, dan zult u moeten concretiseren. Bijvoorbeeld: 'Je noemt steeds je collega's, maar wat zijn nu eigenlijk precies jouw bezwaren tegen de voorgestelde cultuuromslag?' (= combinatie van parafrase en open vraag).
- *Samenvatten* doet u normaalgesproken aan het einde van een simulatie, waarbij u belangrijke zaken op een rijtje zet, concludeert wat u bereikt hebt en een eventuele vervolgafspraak maakt of een bepaalde actie gaat ondernemen...

Een dekkende samenvatting kunt u alleen maar geven als u tijdens de simulatie uw opponent aandachtig gevolgd hebt en bij de les gebleven bent. Het kan handig zijn om aantekeningen te maken van belangrijke zaken tijdens het gesprek. Dat kunt u het beste even kenbaar maken, want als u continu zit te schrijven kunt u (non-verbaal) geen aandacht aan uw opponent schenken. Bovendien kunt u dan als onvriendelijk overkomen. Voorbeeld: 'Wacht even, dat is een belangrijk punt wat je daar noemt, even een momentje, dan maak ik een aantekening zodat we daar straks bij de afsluiting op terug kunnen komen.'

Hebt u bovenstaande gespreksvaardigheden onder controle, dan hebt u een krachtig middel in handen om voldoende vriendelijk over te komen in een simulatie en zo tot een effectieve oplossing te komen. Dat laatste moet u niet onderschatten. Het komt bij simulaties veelvuldig voor dat kandidaten minder vriendelijk beoordeeld worden dan ze zelf denken. Daar kunnen twee redenen voor zijn (Nauta 1996). In de eerste plaats kan er bij kandidaten sprake zijn van een self serving bias. Men heeft vaak een te positief beeld van zichzelf. Dat is op zich heel menselijk, maar bij een objectieve beoordeling van uw gedrag door goed getrainde beoordelaars komt die bias wel aan het licht. In de tweede plaats heeft een beoordelaar geen zicht op uw intenties, alleen op uw gedrag. U kunt dus wel de bedoeling hebben om heel vriendelijk te zijn, maar door omstandigheden kunt u minder vriendelijk overkomen. Een beoordelaar ziet alleen het laatste en daardoor kan uw score op vriendelijkheid tegenvallen. Een veel voorkomend voorbeeld is dat kandidaten het slachtoffer worden van de al eerder gesignaleerde onvriendelijkheidssymmetrie. Omdat de tegenspeler zo onvriendelijk doet, gaat de kandidaat zelf (uiteindelijk) ook onvriendelijk gedrag vertonen.

Past u bovenstaande vaardigheden echter goed toe, dan komt u niet alleen vriendelijk over, u brengt ook structuur aan in het gesprek en u mist geen belangrijke informatie.

Zoals gezegd vormt vriendelijkheid dus de basis voor effectief simulatiegedrag. Bovendien zijn de met vriendelijkheid samenhangende gespreksvaardigheden goed aan te leren. In principe zou iedereen in staat moeten zijn om, na de nodige oefening, bovenstaande goed toe te passen en in een simulatie tot effectieve oplossingen te komen.

11.5 Kanttekeningen bij effectief simulatiegedrag

Er zijn uiteraard ook enige kanttekeningen te maken bij effectief simulatiegedrag. Ook al zijn de basisgespreksvaardigheden goed aan te leren, er zullen toch altijd verschillen tussen kandidaten zichtbaar worden in simulaties. Vooral in zware simulaties, met een zeer lastige opponent, zullen deze verschillen aan het licht komen. In de eerste plaats brengt iedere kandidaat zijn of haar 'normale' persoonlijkheid mee in een simulatie. En persoonlijkheid is een redelijk stabiel gegeven. U kunt uw gedragsstijl dus niet zomaar even wisselen, al naar gelang de situatie. De basiskenmerken van uw persoonlijkheid en uw kenmerkende stijl zullen bijna altijd zichtbaar blijven. Door intensief te oefenen kunt u uw vriendelijkheidsgehalte wel verhogen, maar vriendelijkheid betreft slechts een van de vijf dimensies van uw gedrag of persoonlijkheid in een simulatie. Hoe zit het met de andere vier dimensies, te weten dominantie, consciëntieusheid, stabiliteit en autonomie?

In het begin is reeds gewezen op het belang van autonomie, als doorslaggevende factor (beïnvloedingsvaardigheid) om met creatieve oplossingen te komen in een simulatie. Ook wanneer u dreigt vast te lopen in een simulatie (patstelling) zult u een creatieve ingreep of wending moeten bedenken om toch tot een effectieve oplossing te komen. Autonomie is echter veel minder goed aan te leren dan 'vriendelijkheid'. Het gaat bij autonomie voor een gedeelte om een 'mix' van redelijk robuuste intelligentie en persoonlijkheidskenmerken, waarop u niet al te veel invloed kunt uitoefenen. Of het zou moeten zijn via kennis en ervaring, een vorm van praktische intelligentie. Vooral mensen met veel werkervaring zijn wat dat betreft in het voordeel, omdat zij soortgelijke situaties als in een simulatie al eerder meegemaakt zullen hebben. Zij hebben kunnen leren van hun ervaringen en zouden in staat moeten zijn om tot effectiever gedrag te komen.

Voor dominantie en stabiliteit geldt ongeveer hetzelfde als voor autonomie. Ook wat deze gedragsdimensies betreft kunt u slechts in beperkte mate corrigerend voor uzelf optreden.

Als u van nature niet erg dominant en stabiel bent, dan zult u tijdens een simulatie niet opeens in staat zijn tot dominant en stabiel gedrag, zeker niet als u met een opponent te maken heeft die zich zeer dominant en onvriendelijk gedraagt. U kunt zich in zo'n geval vasthouden aan uw vriendelijkheid, maar u zult op een gegeven moment toch moeten ingrijpen en het gesprek naar uw hand zetten. Als u dus *alleen* maar vriendelijk gedrag vertoont, zult u weinig tot niets bereiken in een simulatie. In mijn werk als assessor heb ik kandidaten meegemaakt die, omdat ze vooral vriendelijk wilden blijven, voor duizenden euro's aan bedrijfsopleidingen, vakantiedagen en promoties weggaven om hun opponent tot tevredenheid te stemmen. U begrijpt dat dat gedrag in een simulatie door de observatoren als niet-effectief wordt beoordeeld. Bij een leidinggevende positie hoort nu eenmaal een zekere dominantie. U moet dus op vriendelijke wijze ook 'nee' durven zeggen tegen een opponent. Van belang is nogmaals dat u op relatieniveau vriendelijk blijft, maar dat u op inhoudsniveau voet bij stuk houdt. Het credo is dan ook: zacht op relatie, hard op inhoud. Een voorbeeld:

'Ik begrijp best dat je teleurgesteld bent dat je die promotie niet gekregen hebt, maar die ander had gewoon betere papieren. We kunnen dat eenvoudigweg niet terugdraaien. Maar dat betekent niet dat je toekomst hier geblokkeerd is. Er zijn nog genoeg mogelijkheden voor je in deze organisatie. Heb je zelf misschien een voorstel voor een bepaald project, of voor het volgen van een opleiding of training?' U moet in dit soort gevallen nooit iets beloven, hoezeer uw opponent daar ook op aandringt. Zeg altijd dat u de mogelijkheden zult onderzoeken, maar zeg nooit definitief iets toe.

Als u dreigt vast te lopen in een simulatie kunt u met behulp van autonomie ook nog gebruikmaken van zogenaamde regulerende of metavaardigheden. Dit zijn vaardigheden waarmee u als het ware even buiten het gesprek treedt, er op afstand naar kijkt en signaleert wat er volgens u aan de hand is. Vervolgens doet u op vriendelijke wijze een constructief voorstel en u wacht af hoe uw opponent hier op reageert. Een voorbeeld:

'Wacht even, we zitten elkaar nu al een kwartier lang in de rede te vallen en we raken allebei steeds meer geïrriteerd... Wat zou je er van vinden als we de beginpunten nog eens even op en rijtje zetten, en kijken of we er alsnog niet uit kunnen komen? Nog een kopje thee?...' Stel dat uw opponent bits voor zich uit blijft staren, dan kunt u dominant vriendelijk blijven ingrijpen. Bijvoorbeeld: 'Ik begrijp best dat je geïrriteerd bent. Ik was nogal agressief, dat spijt me oprecht. Maar we zullen er toch samen uit moeten komen. Even terug naar het begin van onze woordenstrijd. Ik wil dus graag dat je...' Van belang bij dit soort conflictsituaties is vooral dat u goed blijft kijken en (vriendelijk) oogcontact met uw opponent zoekt. Ook kunt u vaak met humor een patstelling doorbreken (humor is een combinatie van vriendelijkheid en autonomie: u schept een band en u geeft een wending aan het gesprek).

De laatste, hier nog niet behandelde dimensie van de Big Five betreft consciëntieusheid. Zoals al in hoofdstuk 9 werd opgemerkt, is consciëntieusheid misschien wel de belangrijkste dimensie voor effectief werkgedrag. Consciëntieusheid verwijst naar vasthoudend, ordelijk en betrouwbaar gedrag. Voor een Assessment-simulatie betekent dit dat u ernaar streeft de kwestie volgens uw script en binnen de gestelde tijd op te lossen. U moet in het begin duidelijk de structuur van het gesprek neerzetten, zodat uw opponent weet wat er van hem/haar verwacht wordt. Ook dient u regelmatig in een simulatie te checken of u nog 'op schema' ligt. U moet dus alert zijn op opponenten die u van uw opdracht proberen af te houden. Een goed voorbeeld van consciëntieus gedrag is ook om aan het einde van een simulatie een samenvatting te geven, waarbij u alle puntjes op de i zet. Zo laat u zien dat u iemand bent die daadwerkelijk zijn of haar taken goed afrondt.

Een slecht voorbeeld van consciëntieus gedrag wordt gegeven door kandidaten die al in het begin van een simulatie conflictkwesties vermijden, door te zeggen: 'Ja, dat is een belangrijk punt. Weet je, laten we daar een vervolgafspraak voor maken.' Deze kandidaten denken soms ook nog dat ze effectief gedrag vertoond hebben. U zult de confrontatie echt moeten aangaan (dominantie) in een simulatie, en daarbij overzicht moeten houden (consciëntieusheid). Als u maar vriendelijk blijft, hebt u het in principe zelf in de hand.

Concluderend kunnen we stellen dat alle vijf dimensies van de Big Five belangrijk zijn voor effectief simulatiegedrag. Vriendelijkheid vormt misschien dan wel de basis, maar in uw gedrag zult u ook actief en doortastend, taakgericht, rustig en creatief moeten zijn. In die zin werken de dimensies in de praktijk op elkaar in. Het voorbeeld van de interactie tussen vriendelijkheid en consciëntieusheid is al gegeven, maar uw te grote vriendelijkheid kan ook ten koste gaan van uw dominantie, zodat u de simulatie uit handen geeft. Evenzogoed kan te veel autonomie ten koste gaan van de structuur (consciëntieusheid) en omgekeerd. Slechts op stabiliteit kunt u eigenlijk nooit hoog genoeg scoren, al kan stabiliteit weer afglijden naar apathie. In simulaties wordt stabiliteit meestal beoordeeld aan de hand van contra-indicatoren. Dus er wordt niet zozeer gekeken of u stabiel gedrag vertoont, maar juist of u instabiel gedrag vertoont. Wordt u zenuwachtig, krijgt u een rood hoofd, gaat u stotteren en raakt u de draad kwijt? Gaat u ongemakkelijk op uw stoel heen en weer zitten schuiven? Het zijn met name non-verbale indicatoren die aanwijzingen geven voor instabiel gedrag.

We besluiten met een soort blauwdruk voor (interpersoonlijke) ACM-simulaties. Afhankelijk van uw script en de actuele situatie zult u daar soms van moeten afwijken. Vervolgens zullen we veel voorkomende interpersoonlijke simulaties bespreken.

11.6 Een blauwdruk voor effectief gedrag in interpersoonlijke Assessment-simulaties

- *Voorbereiding*: zorg dat u de opdracht goed begrijpt. Lees uw script aandachtig door. Bedenk dat u beperkte tijd heeft (20-30 minuten) om een simulatie tot een effectief einde te brengen. Uw algemene strategie moet zijn om eerst de noodzakelijke informatie te verkrijgen (weerstand wegnemen) van uw opponent. Dan pas gaat u actief beïnvloeden en komt u met oplossingen.
- *Intro*: let op uw vriendelijkheid, dit is uw sterkste wapen. Is uw opponent zeer dominant onvriendelijk (agressief), laat hem/haar rustig afreageren, stel vriendelijke open vragen, eventueel gevoelsreflecties (onderschikkend vriendelijk). Is uw opponent erg onderschikkend onvriendelijk (klaaggedrag), dan kunt u het beste dominant-vriendelijk optreden (verhelderen, doorvragen).
- *Middengedeelte*: nadat het u duidelijk is geworden waar het bij uw opponent om gaat, moet u het gesprek naar u toetrekken met dominant vriendelijk gedrag. Zet de structuur neer en leg uit wat u van de ander wilt (dit kunt u ook direct bij het begin doen, als uw opponent niet heel dominant onvriendelijk met de deur in huis valt). Als uw opponent blijft zeuren of agressief gedrag blijft vertonen, moet u in elk geval vriendelijk en afhankelijk van het vertoonde gedrag óf onderschikkend óf dominant optreden. U dient goed op te letten wat voor gevolg dominant of onderschikkend gedrag van uw kant heeft. Waar is uw opponent gevoelig voor?

Raakt u in een patstelling verzeild, pas dan bijvoorbeeld een metagesprek toe. Merk op dat jullie er zo niet uitkomen. Blijf vriendelijk en toon uw goede wil. Herstructureer en doe een voorstel. Let goed op hoe uw tegenspeler reageert en of van uw kant juist dominant of onderschikkend gedrag effectief zal

zijn. Ook humor of metafoorgebruik kan soms helpen om een patstelling te doorbreken. Let op de tijd.
- *Afronding*: vat het gesprek en de uitkomst concreet samen. Koppel de resultaten hiervan terug naar uw begindoelen. Doe dit op veronderstellende wijze en check bij uw opponent wat deze ervan vindt. Ziet u nog (non-verbale) indicaties dat deze het er niet mee eens is, of zegt deze dat letterlijk, maak deze bezwaren alsnog bespreekbaar. Hebt u geen tijd meer om deze bezwaren te verhelderen, maak dan duidelijk dat ze belangrijk zijn en maak op korte termijn een vervolgafspraak.

Veel gemaakte fouten bij bovenstaande blauwdruk
- Kandidaten vervallen vaak snel in dominant onvriendelijk gedrag: in de rede vallen, te snel oplossingen zoeken, de ander niet genoeg aan bod laten komen, belangrijke (non-verbale) signalen negeren. Vaak zijn het non-verbale tekenen van irritatie (volume en intonatie) die verraden dat een kandidaat geïrriteerd raakt.
- Kandidaten willen te vriendelijk blijven en laten zich door hun opponent ondersneeuwen.
- Kandidaten durven niet te confronteren, omdat ze denken dat dit als onvriendelijk wordt ervaren. Denk aan: zacht op relatie, hard op inhoud. Het komt nogal eens voor dat kandidaten na afloop van een simulatie aangeven dat ze iets belangrijks dachten te signaleren, maar dat ze dit niet in het gesprek naar voren durfden te brengen. Advies: als u maar vriendelijk blijft en over een zekere stabiliteit beschikt, hoeft u nergens bang voor te zijn in een simulatie.
- Kandidaten durven niet te confronteren en schuiven de kwestie voor zich uit via te snel gemaakte vervolgafspraken.
- Kandidaten verliezen de structuur uit het oog en raken halverwege de weg kwijt in een simulatie.
- Kandidaten gaan niet gestructureerd genoeg te werk en bedenken vijf minuten voor de afloop opeens dat ze nog niets bereikt hebben. Ze gaan dan alsnog doordrukken (dominant onvriendelijk).
- Kandidaten merken niet dat hun opponent na verloop van tijd vriendelijk gedrag gaat vertonen (soms heeft uw opponent wat dit betreft een duidelijk scriptinstructie: wordt na een kwartier coöperatief). U dient bovenal opmerkzaam te blijven en u niet vast te bijten in een bepaald gedrag.

Past u bovenstaande goed toe, dan hebt u zoals gezegd een krachtig middel in handen om simulaties effectief te doorlopen. Hoe effectief u kunt worden, hangt echter in grote mate af van uw persoonlijkheidsstructuur. U moet dan ook niet denken dat u het nu wel even zult klaren. Goede ACM-simulaties zijn zeer krachtig en dat betekent voor de meeste kandidaten dat ze, ondanks goede voornemens, automatisch terugvallen in hun 'normale' gedragspatronen. Wat dat betreft kan alleen zeer veel oefening met professionele feedback uitkomst bieden. Een goed uitgevoerd Assessment, of het nu een expliciet development Assessment is of een Assessment voor selectiedoeleinden, moet u in elk geval duidelijk maken welke dimensies van uw gedrag nog bijgeschaafd moeten worden om effectiever te kunnen optreden. Inzicht in uw eigen gedrag is wat dat betreft het begin van een uiteindelijk succesvol Assessment.

11.7 Optimale strategieën voor veel voorkomende Assessment-simulaties

Er zijn oneindig veel simulaties denkbaar. Daar een simulatie een afspiegeling dient te zijn van relevant of toekomstig functiegedrag, wordt meestal een beroep gedaan op veel voorkomende onderdelen van managementfuncties. De meeste simulaties zullen een (potentieel) conflict bevatten, omdat de organisatie vooral wil weten hoe u zich handhaaft onder druk en onder complexe omstandigheden.

De in-basketsimulatie

Bij de in-basketsimulatie wordt van u verlangd dat u de plaats inneemt van een sinds enige tijd afwezige manager. In de tussentijd is er een stapel post voor deze manager binnengekomen, die afgehandeld moet worden. Aan u de taak om dat te doen. U ontvangt dan ook een postbakje met een groot aantal stukken, zoals memo's, strategische stukken, klachten, sollicitatiebrieven en beleidsnota's, kortom een echte 'prullenmand' van de manager. Meestal krijgt u meer of minder uitgebreide informatie over de situatie in het bedrijf, aangevuld met een organogram en vervolgens moet u het postbakje gaan afwerken en daarbij tekst en uitleg geven.

U krijgt een beperkte tijd om aan te geven hoe u de stukken precies gaat afhandelen. Ook moet u een motivatie geven voor de door u gekozen strategie. Om de zaak extra te compliceren wordt er vaak bijgezegd dat deze situatie zich in het weekeinde afspeelt, zodat u niet in staat bent om collega's en superieuren te consulteren.

Belangrijk is met name dat u laat zien dat u prioriteiten kunt stellen. Sommige stukken in uw postbakje zijn niet belangrijk en de afhandeling kunt u delegeren. Andere stukken zijn echter wel belangrijk en u dient direct actie te ondernemen. Ook zal er meestal qua inhoud een aantal tegenstrijdige stukken in uw bakje zitten. Er staat dan bijvoorbeeld in een memo van uw secretaresse dat een belangrijke afspraak niet doorgaat. Een ander briefje, later gedateerd, bevat echter de mededeling dat deze belangrijke afspraak toch wel door kan gaan, echter op een moment dat u ook een routinebijeenkomst van het managementteam heeft. De vraag is dan of u bij dit alles het overzicht kunt houden en kunt aangeven wat werkelijk belangrijk is. Waar ook naar gekeken wordt, is hoe overzichtelijk u alles noteert. Bij de in-basket gaat het om analytisch vermogen, planning, organisatie, kwaliteit van de genomen beslissingen, besluitvaardigheid, het vermogen om zaken onder controle te hebben en delegeren.

Groepsdiscussie

De groepsdiscussie is al eerder aan de orde gekomen. Deze valt formeel niet onder de individuele ACM-simulaties, maar voor de volledigheid behandelen we hem hier toch. Het betreft meestal een discussie zonder leider waarbij de kandidaten worden verdeeld in twee of meer partijen die verschillende kanten van een stelling of een zaak moeten verdedigen. Hierbij dient u goed te letten op de sociale aspecten, dus u moet niet direct de leider willen gaan uithangen (= dominant onvriendelijk). U kunt bij de groepsdiscussie heel goed de bovengegeven theorie omtrent effectief gebruik van gespreksvaardigheden toepassen. Het gaat erom dat er een acceptabele beslissing (compromis) totstandkomt. Daar de tijd veelal beperkt is, kunnen de gemoederen soms hoog oplopen en zult u wederom met vriendelijk gedrag van uw kant het meeste bereiken. Er wordt vooral gelet op uw vermogen om conflicten op te lossen, mensen bij de discussie te betrekken en met creatieve oplossingen te komen. Ook het in het oog houden van de tijd is een niet onbelangrijk aspect.

Het houden van een presentatie

Als u een presentatie moet houden, betreft het meestal een bepaald probleem in de organisatie (cultuuromslag) of een bepaald vaktechnisch onderwerp. Op basis van meer of minder uitgebreid schriftelijk materiaal kunt u zich voorbereiden. Soms kunt u zich thuis voorbereiden, soms moet u dat echter ter plekke doen in een half uur. Het moet u in elk geval duidelijk zijn wat de kern van uw presentatie moet zijn. Eventueel kunt u een flip-over gebruiken om de kernpunten van uw betoog te benadrukken.

Bij de presentatie zelf is het belangrijk dat u uw publiek bij uw verhaal weet te betrekken. U dient duidelijk te praten, met voldoende variatie en intonatie. Ook moet u een duidelijke structuur aangeven. U kunt er bijvoorbeeld voor kiezen om eerst uw eigen standpunten uiteen te zetten, of u gaat in op wat er onder uw publiek leeft. U dient te zorgen voor een afgewogen geheel: uw verhaal moet uit de verf komen, maar ook uw gehoor moet u de nodige aandacht geven. U moet er rekening mee houden dat u flinke kritiek kunt krijgen van uw publiek, meestal bestaande uit assessoren en een acteur of actrice. Krijgt u stevige kritiek, dan gaat het met name om uw stabiliteit. Een goede techniek is om kritische opmerkingen te parafraseren en op vriendelijke wijze uw mening te geven. Krijgt u echt gemene vragen, dan kunt u vaak een tegenvraag stellen. Bijvoorbeeld: 'Wat een waardeloos plan. Zo hebben we er hier wel tien gehad het laatste half jaar. Dat werkt toch voor geen meter...' Uw repliek: 'Ik begrijp dat u niet al te enthousiast bent. Kunt u eens samenvatten waarom u die tien plannen zo waardeloos vond?' Door heftige kritiek met tegenvragen te pareren dwingt u uw publiek zich te expliciteren. Ook hier is het devies: eerst ingaan op weerstand, verhelderen en vervolgens de voordelen van uw plan benadrukken.

Goed presenteren is iets wat maar weinigen kunnen en waarmee u de nodige ervaring moet hebben. Van belang is vooral dat u erin slaagt om uw publiek erbij te betrekken. Veel presentaties sterven een snelle dood omdat de presentatoren hun verhaal afdraaien zonder in te gaan op wat er onder hun publiek leeft.

Verkoopgesprek

Bij de test voor commercieel inzicht (paragraaf 8.4) hebben we de belangrijkste verkoopprincipes gedistilleerd. Voorop stond het belang van achterhalen van de behoefte van de klant: wat wil deze precies? Om dat te achterhalen kunt u wederom de basisgespreksvaardigheden gebruiken, dus veel vriendelijke open vragen stellen. Als u voldoende weet, kunt u naar voren brengen waarom uw product precies voldoet aan de wensen van de klant, of waarom het beter is dan een product of dienst van een concurrent. U moet daarbij dus vooral de voordelen of de toegevoegde waarde van uw product benadrukken, zo wekt u de interesse van een klant. Eventuele bezwaren hoort u rustig aan, u vraagt door en u probeert deze te weerleggen

Functioneringsgesprek voeren

Bij een functioneringsgesprek gaat het om drie dingen: het optimaliseren van de relatie tussen werknemer en manager, het optimaliseren van de relatie tussen werknemer en andere medewerkers, en het optimaliseren van de prestatie van de werknemer. Belangrijk bij het functioneringsgesprek is verder dat het een tweerichtingsgesprek is: werknemer en manager zitten als 'gelijkwaardig' tegenover elkaar. U dient dan ook vooral onderschikkend vriendelijk gedrag te vertonen, zodat u de bezwaren en wensen van de medewerker boven tafel krijgt. Wel is het effectief om als eerste in het begin van het gesprek even de procedure uiteen te zetten, zodat de gespreksstructuur duidelijk is. U geeft de volgorde van de onderwerpen aan, de beschikbare tijd, en u wijst erop dat het de bedoeling is om tot concrete afspraken te komen. Verder geeft u aan dat beide partijen een afschrift van het gesprek krijgen, dat na goedkeuring ook door beiden ondertekend wordt. Zo effectueert u gemaakte afspraken. Nadat de medewerker zijn/haar punten naar voren heeft gebracht, kunt u dominant vriendelijk uw visie op verschillende zaken naar voren brengen. U moet hier vooral kunnen wisselen tussen dominant vriendelijk en onderschikkend vriendelijk gedrag, het is immers een tweerichtingsgesprek. Maak eventueel ook aantekeningen van belangrijke gesprekspunten of besluiten. Belangrijke gespreksvaardigheden bij het functioneringsgesprek zijn verder goed luisteren, parafraseren en creatieve oplossingen zoeken waarmee zowel u als uw tegenspeler tevreden zijn. Eventueel maakt u van tevoren een lijst van de te behandelen punten. Bij een officieel functioneringsgesprek is het gebruikelijk dat manager en werknemer elkaar van tevoren de gespreksonderwerpen doen toekomen, zodat er zich geen vervelende verrassingen voordoen. Vraag aan het einde van het gesprek aan uw opponent ook of deze zich kan vinden in het gespreksresultaat en vergeet niet om concrete afspraken te maken.

Beoordelingsgesprek voeren

Het beoordelingsgesprek en het functioneringsgesprek worden nogal eens verward. Toch kan er een principieel onderscheid gemaakt worden tussen beide. Bij een beoordelingsgesprek wordt er namelijk een expliciet oordeel over het functioneren van een medewerker gegeven, aan de hand van vooraf vastgestelde criteria. Naar aanleiding van de uitkomst worden (positieve of negatieve) sancties getroffen, meestal in de financiële of positionele sfeer. Bij een functioneringsgesprek gaat het niet om sancties, daar gaat het om het scheppen van voorwaarden om tot een optimaal functioneren van de medewerker te komen. Toch worden beide gespreksvormen in de praktijk wel door elkaar gehaald (voor een overzicht, zie Emans et al. 1997). Dat komt met name omdat de rolverdeling bij beide gesprekken verschilt. Bij een functioneringsgesprek is er een gelijkwaardige rolverdeling, met een tweerichtingsgesprek als optimale uitkomst. Bij een beoordelingsgesprek is de gelijkwaardigheid minder, omdat de manager nu vooral de beoordelende partij is. Niet iedere manager en werknemer is even goed in staat om deze strikte rolverdeling te hanteren. Dat kan zowel voor de procedure als voor de uitkomst van deze gesprekken negatieve gevolgen hebben.

Als u in een simulatie een beoordelingsgesprek moet voeren, zult u in uw script een aantal gegevens krijgen die de basis voor dit gesprek vormen. Er zal iets in moeten staan over de gehanteerde criteria en over de prestaties van de medewerker. Ook zullen te nemen sancties moeten zijn aangegeven. Aan de hand daarvan zult u zich een oordeel moeten vormen over de kwaliteit van de geleverde prestaties en welke sancties u gaat nemen. U dient zich dus gedegen voor te bereiden, zodat u weet wat de feitelijke gegevens zijn en welke acties u gaat ondernemen. Meer dan bij het functioneringsgesprek zult u hier het initiatief moeten nemen (dominantie). Let er daarbij wel op dat u vriendelijk blijft. Ook al zijn de prestaties van de medewerker naar verhouding heel slecht, dan dient u altijd eerst te achterhalen wat hiervan de oorzaak is. Ook hier is het verstandig om in het begin van de simulatie het door u geplande verloop van het beoordelingsgesprek aan te geven (consciëntieusheid). Vervolgens confronteert u de medewerker met zijn of haar geleverde prestaties en met de eventueel te nemen sancties. Laat daarbij wel ruimte voor tegenargumenten (vriendelijkheid). Er kunnen immers altijd onvoorziene zaken een rol hebben gespeeld. Uw tegenspeler is ongetwijfeld in het bezit van een aantal ijzersterke argumenten waarom hij, bij slechte prestaties, toch voor promotie in aanmerking denkt te komen. U moet daarbij eerlijk, maar wel doortastend optreden. Naar u mag aannemen, was de medewerker op de hoogte van de beoordelingsprocedure, dus gezeur van de kant van de medewerker dient u dominant vriendelijk te pareren. Bij gebleken problemen kunt u eventueel besluiten om een afspraak te maken voor een functioneringsgesprek, waarbij u de medewerker misschien het verschil met het beoordelingsgesprek nog eens moet uitleggen (autonomie). Houd in principe vast aan uw eindoordeel over het gebleken functioneren, tenzij er duidelijk externe factoren verantwoordelijk waren voor achtergebleven prestaties. Wordt de medewerker emotioneel, laat u dan niet van uw stuk brengen (stabiliteit). Wijs erop dat er binnenkort weer een nieuwe beoordelingsronde volgt, met nieuwe kansen.

Slechtnieuwsgesprek

Bij een slechtnieuwsgesprek gaat het in eerste instantie om uw stabiliteit, uw dominantie en uw consciëntieusheid. Het is nooit leuk om iemand slecht nieuws te moeten mededelen, reden waarom veel mensen deze gesprekken voor zich uitschuiven. Ook hier geldt dat een goede voorbereiding van uw kant het halve werk is. Lees uw script aandachtig, zodat u de situatie en de achtergronden begrijpt. Denk ook vast na over mogelijke constructieve oplossingen waarmee de medewerker gebaat is. Prent de fasering van het slechtnieuwsgesprek goed in uw hoofd: 1. het brengen van het slechte nieuws; 2. het helpen verwerken van de gevolgen; 3. het meehelpen zoeken naar constructieve oplossingen (Gramsbergen-Hoogland & van der Molen 1996).

In de simulatie zelf moet u doortastend durven optreden en u niet door de medewerker van uw stuk laten brengen. Deze kan u bijvoorbeeld continu in de rede blijven vallen, waardoor u aan het brengen van het slechte nieuws niet toekomt. Op zo'n moment moet u dominant vriendelijk ingrijpen en de medewerker ondubbelzinnig duidelijk maken dat u iets vervelends te melden hebt. De ideale strategie is om direct in het begin van de simulatie, na de kennismaking, duidelijk mede te delen dat u slecht nieuws hebt voor de medewerker. U kijkt of deze dit heeft verwerkt (hij of zij kan uw opmerking immers gewoon negeren). Zo ja, dan vertelt u duidelijk de inhoud van het slechte nieuws. Zo nee, dan grijpt u wederom in, waarbij het uw grootste zorg is om vriendelijk te blijven. Opmerkingen in de trend van 'en nou hou je je kop eens even dicht, want ik heb je iets te melden' moet u vermijden. Blijft de medewerker maar doorwauwelen, dan kunt u bijvoorbeeld even rustig achteroverleunen en vriendelijk glimlachen (houd wel de tijd in de gaten). Vervolgens komt u dan met uw punt.

Nadat u het slechte nieuws heeft gebracht, is een aantal reacties van de kant van de medewerker mogelijk:
- deze reageert normaal op het slechte nieuws;
- deze klapt dicht;
- deze wordt kwaad;
- deze gaat huilen.

De eerste reactie is geen probleem, u kunt dan rustig overgaan naar fase drie van het slechtnieuwsgesprek, namelijk het (helpen) zoeken naar alternatieven voor de medewerker.

Klapt de medewerker dicht, dan zult u activiteit moeten ondernemen om de medewerker aan de praat te krijgen. Vooral open vragen kunnen daarbij behulpzaam zijn ('Wat zijn je plannen nu je weet dat je ontslagen wordt...?'). Vervolgens kunt u onderzoeken op welke wijze u nog constructief kunt bijdragen aan een oplossing. Daarbij zult u afwisselend dominant en onderschikkend vriendelijk gedrag vertonen (adviezen geven en vragen stellen).

Wordt de medewerker kwaad, dan is het het beste om begrip te tonen, en de kwaadheid proberen te dempen, eventueel met gevoelsreflecties en parafrases ('Ik kan me voorstellen dat je je behoorlijk kwaad voelt. Je hebt goed werk geleverd en toch kunnen we je dienstverband niet verlengen...'). Is de ergste woede wat afgenomen, dan legt u op rustige toon uit waarom u of de organisatie deze maatregel(en) heeft moeten nemen. Vervolgens komt het belangrijkste onderdeel van het slechtnieuwsgesprek, namelijk via het actief zoeken naar constructieve oplossingen de medewerker weer op de rails zetten. Bijvoorbeeld: 'Natuurlijk vind ik het ook heel vervelend dat je tijdelijke contract niet verlengd wordt. Maar dat heeft niets met je capaciteiten of je werk te maken. Het is puur een financiële kwestie. Je krijgt van mij een heel goede aanbevelingsbrief mee, en ik zal in mijn netwerk voor je informeren of ze daar misschien behoefte hebben aan iemand van jouw kaliber. Wat denk je daarvan?'

Gaat de medewerker huilen, dan geldt ook in dit geval dat u via reflecties van gevoel en geruststellende opmerkingen de medewerker weer tot rede brengt. U moet in elk geval niet van slag raken door emotionele reacties van medewerkers. Geef de medewerker de tijd, geef uitleg en probeer constructieve oplossingen te verzinnen. Uiteindelijk is het slechte nieuws niet uw probleem. Uw probleem is om iemand zijn of haar zelfrespect weer terug te doen krijgen en te zorgen dat deze met een actieve houding de draad weer oppakt.

Conflicthanteringgesprek

Er is sprake van een conflict als minstens één partij vindt dat de andere partij haar frustreert door haar te dwarsbomen of te ergeren (Van de Vliert 1997). Dit dwarsbomen of ergeren kan drie oorzaken hebben: het kan om een zakelijk of om een persoonlijk iets gaan, of, in het slechtste geval, om een combinatie van beide. Als u de basisgespreksvaardigheden goed beheerst, zult u snel signaleren dat er een conflict is, en u beschikt dan ook over het gereedschap om dit conflict te verhelderen en op te lossen. Uit uw simulatiescript moet duidelijk zijn om wat voor conflict het gaat. Een belangrijk gegeven om een conflict effectief te kunnen oplossen, is dat u bereid moet zijn om niet alleen aan úw eigenbelang te denken, maar ook aan het eigenbelang van uw opponent. Als u alleen aan uw eigen belang denkt, is escalatie zeer waarschijnlijk. In dat geval verergert u meer dan u goed doet.

Globaal worden er zeven conflicthanteringstijlen onderscheiden:

Forceren:	openlijk bevechten van een tegenstander
Vermijden:	uit de weg gaan van een conflictkwestie
Confronteren:	aandacht eisen voor de conflictkwestie
Compromis sluiten:	een schikking treffen via concessies
Toegeven:	met de tegenpartij meegaan
Probleemoplossen:	onderliggende belangen integreren
Procesbeheersen:	procedures domineren ten eigen bate

(Overgenomen uit Van de Vliert 1997)

Het mag duidelijk zijn dat in een Assessment-simulatie extreme vormen van forceren, vermijden en toegeven niet tot een effectieve oplossing leiden, althans niet in de ogen van uw assessoren. U dient wat dat betreft uw eigen belang niet uit het oog te verliezen (dominantie). U kunt echter alleen effectief een conflict oplossen als u de samenwerking van uw opponent verkrijgt. Dus ook hier geldt weer: vriendelijk gedrag vertonen (onderschikkend of dominant) en naar constructieve oplossingen zoeken zodat uw beider belang met de oplossing gediend wordt (autonomie). Vriendelijk gedrag is hier van 'levensbelang' want als u de relatie met uw opponent niet vriendelijk weet te krijgen of te houden, dan zal deze de relatie in het slechtste geval verbreken en kunt u niets bereiken. Verder blijkt uit onderzoek dat procesbeheersen ook een effectieve strategie kan zijn. Een en ander is natuurlijk ook afhankelijk van de positie die u inneemt (veel of weinig macht) maar duidelijk wordt dat u om een conflict effectief op te lossen behoorlijk actief moet zijn, dat u zowel aandacht moet hebben voor het proces als voor het probleem en dat u zich niet moet fixeren op uw eigen belang. Ook bij deze simulatie geldt dat u, door een goede voorbereiding, een strategie kunt uitstippelen.

Daarbij verdient het aanbeveling om u in eerste instantie te richten op het relatieaspect en ervoor te zorgen dat u zo medewerking van uw opponent verkrijgt. Gramsbergen-Hoogland en Van der Molen (1996) geven wat dat betreft de volgende aanbevelingen:
- Spreek in ik-termen en vraag naar de mening van de ander. Dus niet: 'Jij maakt er een zooitje van', maar: 'Ik heb het idee dat je prestaties de laatste tijd wat minder zijn. Hoe kijk je daar zelf tegenaan?'

- Richt u op de kwestie en niet op de persoon. Dus niet: 'Wat ben jij ook een irritant mannetje.' Maar: 'Verschillende medewerkers hebben zich beklaagd over jouw gedrag. Hoe zie jij dat?'
- Vermijdt absolute termen en algemeenheden. Dus niet: 'Het is zo dat sinds ik hier manager ben, ik jou nog nooit wat zinnigs heb horen zeggen.' Maar: 'Op die vergadering van vorige week begonnen verschillende mensen je uit te lachen, toen jij over je project rapporteerde. Hoe kwam dat denk je?'
- Vermijdt dominant onvriendelijk taalgebruik. Dus niet: 'Ja, ik ben toevallig wel je manager, en als ik zeg dat ik het er niet meer over wil hebben, dan heb je je mond maar te houden.' Wees constructief, bijvoorbeeld: 'Ik heb het idee dat we er zo niet uitkomen, wat denk je ervan als we er een derde persoon bij halen, gewoon om eens te kijken wat die van de kwestie vind?'

Merk op dat bijna alle bovenstaande tips neerkomen op het omvormen van dominant onvriendelijk taalgebruik in dominant of onderschikkend vriendelijk taalgebruik. Wat dat betreft vormt vriendelijkheid, naast procedurele beheersing en creativiteit, ook de basis van een succesvol conflicthanteringgesprek. Met vriendelijkheid geeft u bovendien aan dat u oog hebt voor de belangen van uw opponent. Hebt u op relatieniveau een basis weten te bewerkstelligen, dan kunt u via open vragen en constructieve suggesties proberen tot een oplossing te komen. In de meeste gevallen zal u dat lukken. Blijft uw opponent halsstarrig weigeren, dan kunt u op metaniveau duidelijk maken dat jullie zo niet verder komen en dat niemand daarbij gebaat is. Uw opponent moet zich dan wel wat inschikkelijker gaan opstellen.

Fact finding

Bij fact finding gaat het om u vermogen om aan de hand van een interview relevante informatie aan iemand te onttrekken. Meestal is die iemand een speciaal geïnstrueerde assistent, die bijvoorbeeld nogal stug en vervelend doet. U kunt hiervoor wederom de gespreksvaardigheden toepassen, met de nadruk op vriendelijkheid en dominantie. Daarnaast moet u enig inzicht hebben in het probleem in kwestie. Het kan een probleem uit allerlei gebieden zijn (marketing, financieel, logistiek, sociaal). Als het goed is, is het probleem relevant voor de functie en weet u er dus het nodige van.

Vergadersimulatie

U moet een vergadering voorzitten en u krijgt te maken met allerlei lastige opponenten. Om effectief een vergadering te kunnen voorzitten, is het uiteraard van belang dat u de hierboven behandelde gespreksvaardigheden beheerst en dat u bovendien de vergaderprocedure beheerst. In eerste instantie moet het doel van de vergadering u duidelijk zijn. Als het goed is staat dat in uw script.

Dat doel dient u scherp in het oog te houden, want de effectiviteit van uw optreden hangt in grote mate af van het feit of u dat doel weet te bereiken. Wat betreft de procedure dient er een voorzitter te zijn (u) en u dient een notulist te benoemen. Als voorzitter moet u een agenda opstellen (meestal zal die in uw script staan). Let er ook op dat de vergaderruimte effectief is ingericht, zodat soepele communicatie mogelijk wordt. Als voorzitter hebt u de taak de vergadering te openen en u geeft het doel en de structuur aan. Zoals gezegd mag u in een vergadersimulatie rekenen op flink wat weerstand. U kunt als voorzitter het beste dominant vriendelijk gedrag vertonen. Doet u dat niet, dan loopt u het gevaar dat u de structuur en het overzicht kwijtraakt. Dus vervelende interrupties vriendelijk afkappen, bij onduidelijke kritiek doorvragen, concretiseren en parafraseren. Voorbeeld: 'Als ik je goed begrijp, ben je het dus niet eens met de gang van zaken op de afdeling. Je vindt dat er tijdelijk een projectmedewerker bij moet komen omdat je te veel overwerk doet. Klopt dat?' Vervolgens bedenkt u een oplossing, bijvoorbeeld door het op de agenda voor de volgende keer te laten zetten of door een persoonlijke afspraak te maken.

Het lastigst zijn deelnemers die maar blijven zeuren over niet-relevante aspecten. U dient ervoor te waken dat u geïrriteerd raakt, dus dominant vriendelijk ingrijpen (onderschikkend vriendelijk zou te veel tijd kosten in dit geval). Bijvoorbeeld: 'Anja, ik merk dat je steeds terugkomt op het punt dat je je onzeker voelt over je rol in de projectgroep. We zijn nu echter met het onderdeel projectvoortgang bezig. Ik merk dat die rolbeleving erg belangrijk voor je is, en ik stel voor dat we na de vergadering daar samen nog even verder over praten. Oké?' Door vriendelijk dominant gedrag verzekert u zich van de medewerking van deelnemers en bovendien houdt u overzicht en structuur. Koppel regelmatig terug naar de begindoelen (agendapunten) en controleer wat er nu bereikt is in het kader van de doelstellingen. Let ook op de tijdsduur. Aan het einde van de vergadering bedankt u alle aanwezigen voor hun aanwezigheid en inbreng, en u stelt de tijd en de plaats voor een volgende vergadering vast.

Naast bovenstaande Assessment-simulaties zijn er nog vele andere denkbaar, zoals een speech schrijven of een brief, of een technisch probleem inhoudelijk analyseren. De ACM is wat dat betreft nooit uitontwikkeld. Voor zover het gaat om gespreksvaardigheden waarmee u een goede relatie met uw opponent kunt opbouwen, zodat deze bereid is constructief aan een effectieve oplossing mee te werken, hebt u nu in principe meer dan voldoende in huis. Daarmee zou u zeer veel Assessment-simulaties tot een effectief einde moeten kunnen brengen. Wel is het raadzaam om sommige vaardigheden en simulaties te oefenen. Slechts in de praktijk komt u erachter in hoeverre u bepaalde kennis en vaardigheden beheerst. Maar dat is dan ook de essentie van een goed uitgevoerd ACM.

11.8 Tot slot: enige beperkingen en problemen van de ACM

In de praktijk blijkt de ACM een goede voorspeller voor functiegedrag en ontwikkelingsmogelijkheden. We kunnen echter een paar problemen noemen bij de methode.

De ACM is duur, zeker in vergelijking met een simpele geautomatiseerde intelligentietest of persoonlijkheidsvragenlijst. De vraag is dan ook of de methode haar geld waarmaakt. Voorlopig lijkt dat argument niet erg zwaar te wegen, gezien de stijgende populariteit van de ACM.

Een wat ingewikkelder probleem bij de ACM is dat de beoordeelde prestaties van kandidaten op een bepaalde dimensie (bijvoorbeeld analytisch vermogen) over verschillende oefeningen maar heel laag correleren. Dat betekent dat bijvoorbeeld (volgens de assessorenbeoordelingen) uw analytisch vermogen in de in-basketoefening en uw analytisch vermogen in de fact finding-oefening nauwelijks met elkaar samenhangen. Daarentegen correleren de verschillende dimensies binnen een oefening over het algemeen wel vrij hoog, waardoor er van een soort halo-effect sprake lijkt te zijn. Dit betekent dat de ACM geen algemene prestaties op individuele dimensies meet, maar hoogstens uw algemene prestatie op (op het oog) functierelevante oefeningen. 'So what,' zult u zeggen, daar gaat het toch om? Maar er zit hier een flinke adder onder het gras.

Als we niet kunnen zeggen dat doorzettingsvermogen op oefening A samenhangt met doorzettingsvermogen op oefening B, hoe kunnen we dan weten dat het in de verschillende simulaties gemeten doorzettingsvermogen nog samenhangt met het voor de functie vereiste doorzettingsvermogen? Men zou dan het onderliggende idee van 'dimensies' geheel moeten laten vallen. Slechts de inhoud van de oefeningen zou dan een voorspellende waarde hebben. Maar functies veranderen van inhoud, en zo zouden er continu nieuwe oefeningen moeten worden bedacht. De ACM loopt dan achter de feiten aan, te meer daar deze methode bij uitstek wordt gepropageerd om een potentieelschatting van kandidaten te kunnen geven (Development center). Dat zou wijzen op een zeer brede voorspellende validiteit, terwijl nu blijkt dat de voorspellende validiteit van de ACM zich beperkt tot de inhoud van de oefeningen, en niet berust op algemene, onderliggende eigenschappen (dimensies) zoals dat bij een goede persoonlijkheidsvragenlijst het geval is. Door uit te gaan van goed geoperationaliseerde persoonlijkheidsdimensies, zoals bij de Big Five, kan dit probleem misschien ondervangen worden. Voorlopig is de psychologische waarde van de voorspellende validiteit van de ACM nogal troebel.

Een niet onbelangrijk punt van kritiek op de ACM betreft het verschijnsel dat de ACM-beoordelingen een groter verband vertonen met promoties dan met actuele werkprestaties (Van der Maesen de Sombreff & De Veer 1993). Dit kan verklaard worden vanuit het gegeven dat de beoordelaars, die als manager vaak zelf moeten gaan werken met een te beoordelen kandidaat, vooral kandidaten selecteren die zij als niet-bedreigend of sympathiek zien en die dus moeiteloos kunnen worden ingepast in de (mede door henzelf bepaalde) organisatiecultuur en de heersende promotielijnen. Het gebruik van managers uit de eigen organisatie als beoordelaars in een ACM is dus niet zonder risico, daar de oordelen van deze managers (onbewust) gestuurd kunnen worden door eigenbelang.

Andere problemen met de ACM liggen op het vlak van de fairness: hebben alle kandidaten gelijke kansen bij de simulaties? Vergeleken met de discussie omtrent het gebruik van psychologische tests bij minderheden, is er in Nederland nog nauwelijks of geen onderzoek gedaan naar het optreden van vertekeningen of bias bij ACM-gebruik. Van psychologische tests is inmiddels afdoende aangetoond dat deze fair zijn, ook ten aanzien van minderheden (Te Nijenhuis 1997), al blijft de lagere score van minderheden op bepaalde tests een punt van discussie. Wat betreft de ACM kunnen we een aantal problemen signaleren die mogelijk een bedreiging kunnen zijn voor de fairness (ontleend aan Baron & Janman 1996).

De objectiviteit van de assessoren blijft een kwetsbaar punt. Slechts door een goede training kan deze objectiviteit enigszins gegarandeerd worden. In de praktijk bezuinigt men echter vaak op het aantal assessoren (bij sommige ACM's moet een assessor in een simulatie twee kandidaten beoordelen). Wordt er gewerkt met een eind- of consensusdiscussie tussen assessoren over de definitieve waardering van kandidaten, dan is ook hier oneigenlijke beïnvloeding mogelijk. Het is beter om de eindscores mechanisch, dat wil zeggen: door een computer te laten uitrekenen.

Een ander probleem betreft de operationalisatie van de simulaties. Hoe wordt bepaald wat precies een effectieve oplossing is en welke gedragingen of eigenschappen daarbij een rol moeten spelen? Vanuit deze optiek zouden bijvoorbeeld vrouwelijke kandidaten in het nadeel kunnen zijn bij een ACM-procedure, omdat typisch mannelijk gedrag zoals dominantie en knopen doorhakken als meer effectief gedrag gezien wordt. Het kan echter ook zo zijn dat beoordelaars redeneren in de trend van 'voor een vrouw deed ze het lang niet slecht' waardoor er bias in 'positieve' zin ontstaat. Een oplossing zou kunnen zijn om kandidaten over een aantal simulaties door evenveel vrouwen als mannen te laten beoordelen, om zo seksestereotiepe beoordelaareffecten uit te schakelen. En de eerste stap is om het gewenste effectieve gedrag in een simulatie zo neutraal mogelijk te omschrijven en niet uit te gaan van bijvoorbeeld de opvattingen van een mannelijke functievervuller. Vooral voor hogere managementfuncties is dat een probleem, want daar is het aantal vrouwelijke functievervullers kleiner dan 5%.

Ook de operationalisatie van de gehanteerde dimensies moet eenduidig zijn, anders kan er vervuiling optreden omdat de ene beoordelaar gedrag van een kandidaat bijvoorbeeld negatief beoordeelt (onvriendelijk) terwijl de andere beoordelaar dit gedrag positief beoordeelt (dominantie).

Tevens kan werkervaring een verstorende variabele zijn. Kandidaten met veel werkervaring deden het in verschillende onderzoeken beter dan bijvoorbeeld studenten. Laat men de studenten eerst oefenen, dan stijgt hun prestatie significant. Dit zou ervoor pleiten om kandidaten eerst een oefensimulatie te laten doen, de resultaten terug te koppelen en dan pas met de 'echte' simulaties te beginnen. Dit is een vorm van Dynamic Assessment (Lidz 1998), die ook wel bij testafnames wordt toegepast. Het voordeel is dat men de uitgangspositie van kandidaten voor de ACM min of meer gelijk maakt, en dat men streeft naar het in kaart brengen van optimale prestaties.

Een geheel ander probleem is dat beoordelaars die een kandidaat over meerdere simulaties beoordelen, beïnvloed kunnen worden door de eerste indruk die zij van een kandidaat hebben gevormd (primacy effect). In die zin kunnen alle vertekeningen die bij het interview genoemd zijn, ook in een ACM optreden.

Bij groepsoefeningen kan de samenstelling van een groep invloed hebben op het karakter van de oefening, waardoor de verschillende groepssimulaties niet goed vergelijkbaar zijn. Zit u als kandidaat in een 'slechte' groep, dan zou u minder kans hebben om een goede beoordeling te krijgen.

Bij presentatiesimulaties moet ervoor gezorgd worden dat alle kandidaten even vertrouwd zijn met het onderwerp. Bovendien moeten beoordelaars zich niet zozeer laten leiden door de inhoud van de presentatie, alswel door het vertoonde gedrag.

Samenvattend kan gesteld worden dat de ACM een veelbelovend instrument voor personeelsselectie is, maar dat er nog behoorlijk wat problemen aan kleven. Pas als deze problemen zijn opgelost, kan men met recht spreken van de Rolls-Royce onder de selectiemiddelen (Cook 1991:170). Voorlopig is het nog de vraag of de Rolls-Royce, gezien de problemen en de kosten, het op de lange duur zal gaan winnen van de Opel Kadett.

> **Hoe goed kennen we onze eigen persoonlijkheid en intelligentie?**
> Uit onderzoek blijkt dat mensen redelijk in staat zijn hun eigen intelligentie en persoonlijkheid in te schatten. (Voor de specialisten: de correlatie tussen zelfoordelen en testscores bedraagt ongeveer .30). Mensen zijn vooral goed in staat om in te schatten hoe consciëntieus, neurotisch en extravert ze zijn. Ze zijn *niet* goed in staat om in te schatten hoe autonoom/open en hoe vriendelijk ze zijn. Meer specifiek gedrag wordt beter ingeschat dan vage abstracte gedragingen (voorbeeld: 'ik geniet van een mooi schilderij' versus 'ik houd van mooie dingen'). Dit is in lijn met een goede persoonlijkheidsvragenlijst, waarbij de vragen vooral naar specifiek gedrag dienen te verwijzen. Het beste bleken de proefpersonen in het inschatten van depressieve gevoelens, onrust, zelfdiscipline, vijandigheid, assertiviteit en activiteit.
> Verder blijkt de *gemeten* persoonlijkheid (met een Big Five-vragenlijst) een voorspeller voor de *zelf ingeschatte* intelligentie: mensen die hoger scoren op neuroticisme en vriendelijkheid schatten hun eigen intelligentie lager in. Bij neuroticisme gaat het

waarschijnlijk om een laag zelfbeeld en bij vriendelijkheid is een grote mate van bescheidenheid in het spel. Let wel dat het gaat om de invloed van *gemeten* persoonlijkheidseigenschappen op *zelfgeschatte* intelligentie. Deze mensen denken dus van zichzelf dat ze minder intelligent zijn, maar er is geen invloed op de *gemeten* intelligentiescores. Onvriendelijke en meer stabiele mensen schatten daarentegen hun eigen intelligentie hoger in. Afhankelijk van hoe uw persoonlijkheidsprofiel eruitziet moet u dus misschien uw opvattingen over uw intelligentie enigszins nuanceren. Invloed op de testresultaten heeft dit echter niet...

Conclusie: als de conclusies uit psychologisch onderzoek of een assessment wat betreft uw vriendelijkheid of autonomie wat tegenvallen, dan is dat misschien te verklaren omdat uw zelfbeeld op dit punt niet klopt.

Voor erg vriendelijke en neurotische mensen zal de intelligentie-uitkomst veelal positief verrassend zijn. Als u erg onvriendelijk en stabiel bent, dan zal de intelligentie-uitslag nog wel eens tegen kunnen vallen.

Assessment: een negatieve ervaring
Gerard F. werkte al enige jaren bij een ministerie. Vanwege een reorganisatie moest iedereen opnieuw solliciteren. Besloten werd dat iedereen een assessment zou ondergaan.

Gerard F.: Het assessment bestond uit drie rollenspelen met één acteur waarbij de beoordelaar (tevens directeur van het uitvoerend bureau) ook als acteur op trad en één rollenspel dat hij in z'n eentje deed. Doordat ik nogal gespannen was tijdens de rollenspelen ging het assessment niet best. Dit uitte zich dan ook in het rapport, hierin stonden een fors aantal zogenaamde ontwikkelpunten. Ik heb het rapport ook aan kennissen laten lezen en zij vonden het niet geheel in overeenstemming met de persoon zoals ik nu ben. We kwamen tot de conclusie dat ik waarschijnlijk door de zenuwen teruggevallen ben in oud gedrag (voor een deel).

In het nagesprek met de directeur van het assessmentbureau legde ik dit verhaal aan hem voor. Hij zei dat het inderdaad mogelijk was dat ik was teruggevallen in ouder gedrag en dat het rapport wellicht niet het juiste beeld gaf. Hij stelde voor om nog een ochtend in te plannen om nog enkele rollenspelen te doen (op kosten van het assessmentbureau). Als randvoorwaarde stelde hij dat indien ik weer last begon te krijgen van de spanning, ik dit aan zou moeten geven om zodoende een time-out te kunnen nemen. Ik ging uiteraard akkoord, ik kreeg immers weer een kans om mijn baan alsnog te behouden. De directeur heeft contact met de opdrachtgever opgenomen en dit idee voorgesteld. Het hoofd personeelszaken wilde hier echter niet aan meewerken en eiste het rapport zoals dat er nu lag, op.

Ik heb het rapport wel uit laten brengen, tegenhouden zou immers hoogstwaarschijnlijk tot hetzelfde resultaat hebben geleid.

Is het normaal dat een opdrachtgever een uitbreiding van het assessment tegenhoudt en had ik niet het recht op deze extra sessie?

Aangezien ik een vaste baan had en nu weg moet, is dit voor mij een mogelijke bezwaargrond.

Commentaar: dit assessment stinkt aan alle kanten. Mensen met een vaste aanstelling worden gedwongen om via een assessment opnieuw te 'solliciteren'. De uitvoering van het een en ander rammelt ook, het mag niet gebeuren dat een persoon zowel acteert als beoordeelt, er moeten minimaal twee beoordelaars zijn die onafhankelijk tot een oordeel komen. De uitvoerende organisatie wil de kandidaat nog wel ter wille zijn, maar personeelszaken wil duidelijk van deze kandidaat af. Ook blijft onduidelijk welke opdracht gegeven is, en welke normen gehanteerd worden. Dit is een voorbeeld van het 'sandwichen' van een kandidaat tussen organisatie en assessmentbureau. Het argument van 'ouder gedrag' is nogal ongeloofwaardig. Waarschijnlijk was de kandidaat erg gespannen, wat niet vreemd is gezien de situatie.

Advies: bij reorganisaties eerst een advocaat inschakelen, en dan eventueel pas een assessment ondergaan. De voorwaarden en eventuele consequenties moeten op papier staan. Dit soort gevallen komt helaas vaker voor dan u denkt.

Assessment: een positieve ervaring

Johan G. werd getest voor de functie van criminaliteitsanalist in verband met een sollicitatie. Hij wist dat er een assessment aan de sollicitatie vastzat en dat er met name getest zou worden op stressbestendigheid en analytische capaciteiten.

Johan G.: Ongeveer drie weken van tevoren kreeg ik van het Instituut Werving en Selectie Politie een uitgebreid pakket toegezonden met alle informatie. In een begeleidende brief stond dat ik onderstaande tests zou ondergaan:
1. een persoonlijkheidsvragenlijst, 2. een pc-in-baskettest, 3. een gesprek met de psycholoog, 4. een informatie-analysetest, 5. een intelligentietest.

Voor de pc-in-baskettest en de intelligentietest waren twee aparte boekjes bijgevoegd met instructie en uitleg.

Vooraf had ik een en ander gelezen over assessments waardoor ik het gevoel heb gehad dat ik beter voorbereid naar de test ging. Ook de uitgebreide voorinformatie van het instituut droeg hieraan bij. Als voorbereiding heb ik je boek gedeeltelijk doorgelezen en op internet wat gezocht en iemand gesproken die al eens zo'n assessment had ondergaan.

Verder heb ik de dag van tevoren vrij genomen om 'mijn hoofd lekker leeg te houden'. De avond ervoor lekker op tijd naar bed om 's morgens goed uitgerust te zijn. Ik had me voorgenomen om verder alles over me heen te laten komen. Ik zie een assessment ook nog steeds als een mooie kans om eens te kijken waar je staat, te zien hoe (relatief onafhankelijke) tests je neerzetten en een oordeel te krijgen over je competenties.

Hieronder de tests die ik kreeg:

1   190 persoonlijke vragen die ik op een (heel oude) laptop moest beantwoorden. Dit waren vragen in de vorm van: 'ik vind dat leidinggevenden hun medewerkers inspraak moeten geven'. Bij elke vraag had ik zes antwoordmogelijkheden.
Veel vragen kwamen terug, maar dan op een andere manier gesteld. Op zich vond ik dit onderdeel niet moeilijk. Ik denk dat je gewoon op je eerste gevoel moet afgaan bij dit soort vragen. Als je niet eerlijk antwoord geeft, komt dat er volgens mij vanzelf uit, omdat meerdere vragen op een later tijdstip weer terugkomen in een andere vraagstelling. Voor mijn gevoel ging het vaak over delegeren, hectisch of veel werk verzetten en jezelf daar prettig of niet prettig bij voelen en leiding geven.

2   Van de pc-in-baskettest kreeg ik van tevoren twee uitgebreide beschrijvingen thuisgestuurd. De casus was dat ik interim-manager van een trainingscentrum was, wegens ziekte van de manager. Ik had 3 medewerkers tot mijn beschikking (secretaresse, hoofd opleidingen en hoofd technische zaken) en er stond een aantal e-mails te wachten op beantwoording. Alles was duidelijk beschreven. Bijvoorbeeld de doelstellingen van het trainingscentrum, maar ook een organigram van de organisatie. In de beschrijving stonden ook screendumps van het pc-programma.
Bij elk bericht/brief moest ik de volgende zaken bepalen:

- aan wie delegeer ik de opdracht (aan mezelf of een van de medewerkers)
- welke prioriteit geef ik de brief/opdracht mee (prio 1, 2 of 3 of de prullenbak)
- welk onderwerp heeft de brief (kiezen uit 7 of 8 vaste onderwerpen)
- een dag/tijdstip plannen in de agenda van mezelf of de medewerker (agenda was van 1 week)

Bij de test zelf kreeg ik in eerste instantie 37 e-mails te zien in het overzicht. Gaandeweg de test kreeg ik nog 3 keer een melding dat er een nieuwe brief was binnengekomen. In totaal kreeg ik 1 uur voor de test en moest ik 40 e-mails verwerken. De tijd was voor mij ruim voldoende.
Achteraf bezien heb ik te weinig aandacht geschonken aan de prioriteitstelling van de brieven. Wel had ik de onderwerpen allemaal goed en had ik redelijk gedelegeerd (volgens het rapport van de psycholoog had ik er enige moeite mee, en dat klopt ook wel...) maar ik had me te weinig geconcentreerd op de prio's. Als ik terugdenk aan de test klopt dit helemaal. Ik had daar meer op moeten letten. Verder heb ik bewust een aantal zaken in de prullenbak gegooid, om te laten zien dat ik onderscheid kon maken in belangrijke en onbelangrijke zaken. Omdat ik wat tijd overhad, heb ik wel nog een paar brieven uit de prullenbak gevist en alsnog ingepland.

3   Het gesprek met de psycholoog duurde 1 uur en ging met name over mijn werk. Het ging vooral over stressbestendigheid, omgang met hectiek en veel werk, integriteit, delegeren en controleren en zelfstandig werken. Een vooraf ingevuld formulier met pasfoto diende als uitgangspunt en start van het gesprek. Op het formu-

lier stonden de persoonlijke gegevens, opleidingen/cursussen en hobby's. Omdat mijn lijstje van opleidingen/cursussen te groot was voor het formulier, had ik deze apart uitgeprint en bijgevoegd.

4   Bij de informatie-analysetest (fact finding/decision making) werd ik verrast. In de stukken die ik had ontvangen stond alleen maar dat ik een informatie-analysetest kreeg. Ik ging er vanuit dat de test een groot verband met mijn werk zou hebben, maar dat was niet zo. Ik kreeg twee A4'tjes voor me waarop een casus stond.
Er werd een bedrijf beschreven dat besturingssystemen maakte voor de Nederlandse overheid. Binnen het bedrijf speelde een netelige kwestie. Ik moest informatie inwinnen over die kwestie en daarna advies uitbrengen. De kwestie betrof een man die in het bedrijf een extra budget van 10.000 euro had aangevraagd voor een onderzoek. Dit budget was door zijn chef afgewezen. De chef was vervolgens vertrokken naar een andere afdeling en er kwam een nieuwe chef. Aan de nieuwe chef moest je vervolgens een advies verstrekken.

Ik kreeg 10 minuten om me in te lezen en vragen te bedenken. Vervolgens kwam een acteur de kamer binnen. Deze was mijn informant en ik mocht hem gedurende 10 minuten vragen stellen over de kwestie. Hij mocht geen meningen geven, alleen informatie over de personen en het bedrijf. Bij het vragen stellen werd ik beoordeeld door een derde persoon die aanwezig was.
Achteraf was het jammer dat ik na ongeveer 6 minuten al dacht voldoende informatie te hebben. De acteur en de beoordelaar gingen daar onmiddellijk op in en zeiden dat ik nog 4 minuten had en de acteur vroeg me of ik niets meer wilde weten van het bedrijf (hint!). Dus ik las de casus nog eens en kwam op wat meer vragen. Vervolgens kreeg ik weer 15 minuten om mijn advies voor te bereiden. Hierna kwam dezelfde acteur weer binnen in de rol van nieuwe chef en had ik 10 minuten om dit advies aan hem te melden.
Ik ging er vanuit dat het niet uitmaakte of ik een positief of negatief advies zou geven, omdat men op elk advies wel een weerwoord zou hebben. Misschien is dit achteraf niet zo slim geweest. Verder wist ik natuurlijk dat ik ook op het adviseren op zich (verbaal en non-verbaal) beoordeeld zou worden.
Bij het adviseren werd ik wederom beoordeeld door een derde persoon. De conclusie in het psychologisch rapport was dat ik te weinig had doorgevraagd om tot de kern van het probleem te komen. Wel zag ik verbanden tussen verschillende probleemgebieden. Het adviseren en overtuigen had ik wel goed gedaan.

Mijn verwachtingspatroon heeft me hier enigszins misleid. Ik verwachtte een werkgerelateerde opdracht terwijl ik een casus met een bedrijfssituatie kreeg. Ik moest dus snel omschakelen. Achteraf bleek dat er ook niet-executieve medewerkers op de functie konden solliciteren. Bij een met mijn werk gerelateerde test zouden deze dan een achterstand hebben.

5   De intelligentietest bestond uit een groot aantal korte testen op taal- en rekengebied, ruimtelijk inzicht. Deze testen waren op MBO-niveau. Voor elke test kreeg je ongeveer 5 tot maximaal 9 minuten. In totaal duurde deze test ook 1 uur.
    Bij de stukken die ik thuisgestuurd had gekregen, zat een boekje met allerlei voorbeelden, waardoor je je vooraf een goed beeld kon vormen van deze test. Ik vond dat er opvallend veel ruimtelijk inzicht werd gevraagd: nogal veel testen met figuurtjes die gespiegeld en gedraaid moesten worden.

Na 2 weken kreeg ik mijn rapport thuisgestuurd. Na schriftelijke akkoordverklaring is het rapport doorgestuurd naar mijn werkgever. (Het IWSP conformeert zich aan de gedragsregels van het NIP.)
Het rapport bevatte een samenvatting van het totaalbeeld, een matrix met 10 competenties, mijn scores en vervolgens per competentie een korte beschrijving/beoordeling. Als laatste een klein overzicht van cognitieve capaciteiten (taalkundig inzicht en logisch redeneervermogen). De competenties waar ik op getest ben zijn: Adviesvaardigheden, organiseren en plannen, informatie-analyse, autonomiteit, communicatieve vaardigheden, contactgerichtheid, flexibiliteit, stressbestendigheid, overtuigingskracht en integriteit.

Ik kon mezelf goed terugvinden in de omschrijvingen en ik kon aan de hand van het rapport achteraf ook precies zien waar ik minder gescoord had. En ik weet nu ook waar voor mezelf de verbeterpunten zitten.
Tevens werd ik in de gelegenheid gesteld om het rapport voor verzending te bespreken met de psycholoog.
Ik heb hiervan gebruik gemaakt om aanvullende vragen te stellen. Na dit gesprek begreep ik ook waarom ik op sommige onderdelen iets minder had gescoord. Oh ja... ik ben aangenomen.

Commentaar: dit is een redelijk uitgevoerd assessment. Er is veel openheid en voorlichting. Wel hadden er twee beoordelaars bij het rollenspel moeten zijn. De kandidaat is serieus en gemotiveerd, maar ook redelijk ontspannen. Hij heeft zich goed voorbereid en beschikt over relativeringsvermogen.

Nawoord

Als u dit boek grondig hebt doorgenomen – inclusief de oefenopgaven –, bent u redelijk voorbereid op de confrontatie met welk selectiemiddel dan ook. Dat wil niet zeggen dat u niet voor verrassingen kunt komen te staan. Uitgangspunt van dit boek is vooral dat u vanuit algemene inzichten de noodzakelijke kennis en vaardigheden wordt bijgebracht voor een optimale prestatie bij (psychologische) selectie. Het zou ondoenlijk zijn om alle selectie-instrumenten afzonderlijk te behandelen. Bovendien is dat ook niet noodzakelijk. Als u goed kunt autorijden, kunt u in principe met elk type auto overweg, vrachtwagens en bussen misschien uitgezonderd. Zoals gezegd is dit boek vooral bedoeld als een leermiddel, zodat u meer zicht krijgt op wat voor persoon u bent en waar uw grenzen liggen. Dat is ook de kernvraag bij selectie. Hoe beter u in staat bent een antwoord op die vraag te formuleren, hoe groter uw kansen worden in het selectiespel.

Tweede gesprek over de waarde van het psychologisch onderzoek

A 'Ik moest rekensommetjes maken, terwijl ze bij ons al jaren met computers werken. Bovendien heb ik een rekenmachine voor dat soort dingen. Wat een lulkoek...'
B 'Nou ja, ik vond het wel interessant om eens met die decimalen en dat kruiselings vermenigvuldigen te werken. Het is toch handig...'
A 'Handig, wat lul je nou toch, man. En dan al die cijfers achter elkaar, wat plak je daar nou achter. Ik ben geen accountant; kwadraten en breuken... sigarettenpeuken!'
B 'Zoiets moet je niet onderschatten. Het gaat vooral om inzicht in het kunnen leggen van relaties. Je moet de diepere structuren zien. Ik vind dat wel uitdagend, al was het soms erg moeilijk.'
A 'Poehhh, aftrekken en vermenigvuldigen, kassa!'
B 'Nee, dan die plaatjes, dat was leuk. Hoeveel ze daar wel niet ingestopt hebben. Die psychoboys zijn slimme jongens, hoor.'
A 'Slimme jongens, ik ben geen mongool van de kleuterschool meer. Zit je daar voor lul met die kindertekeningetjes. Ik vond het echt belachelijk. Obstructievermogen, tralala... Draai een zware van me.'
B 'Nou ja, in zekere zin heb je gelijk. Wat dat betreft, vond ik die taalopgaven leuker. Analogieën, daar moet je slim bij nadenken, wat had jij bij die met eh... die rat en dat park?'
A 'Rat en park? Vondelpark en muskusratten, daar kan ik wat mee, die opgave heb ik niet eens gezien. En gelukkig ook maar. Weet je wat ik heb gedaan? Gewoon kriskras aankruisen. Het betere gokwerk. Ik ben dol op toevalsspelen!'
B 'Dat lijkt me een beetje grof. Jij wilt toch ook die baan. Dan kun je toch niet gaan gokken. Wat voor indruk krijgen ze zo wel niet van je. Volgens mij moet jij wat serieuzer worden, wil je wat bereiken. Een psycholoog...'
A 'Krijg de tyfus met je psycholoog. Die sukkel deed geen mond open, dus ik zeg: "Als je zo doorgaat, groei je nog aan je stoel vast. Ik kom hier niet om voor de kat z'n kut te lullen. Ik mot die baan. Heb je m'n wc niet gelezen, nou, dat heeft m'n neef getikt. Vond ik wel zo makkelijk, die leert bij de Leidse instelling. Delegeren is dat toch, hè?" Heb een bakje koffie voor hem gehaald. Kon ie wat bijkomen.'

B   ...
A   'Ik had 'm goed plat. Begint ie over m'n huwelijk. Ik zeg, jongen, ik ken de hele rooie sector hier. Zal ik eens met jouw foto een paar dames afgaan? Die gozer krijgt zo'n kop. Dus ik zeg: "Grapje, maar dat gaat je geen reet aan."'
B   'Ik heb hem juist verteld dat mijn vrouw en ik een duidelijke groeirelatie hebben. We streven naar wederzijdse ontplooiing. Dat is toch ook bij een baan het geval?'
A   'Ontplooiing? Je girorekening, maatje!'

De selectiepsycholoog komt binnen en roept beide heren één voor één bij zich.

Een uur later in de intercity naar Utrecht:
A   (laat een wind): 'Trek het je niet aan jongen. Met jouw intulligensie kom je er wel. Je moet alleen leren gewoon normaal te doen. Ober, nog twee van hetzelfde graag. Bier staat tot baan als banaan staat tot maan. Proost!'

Bijlagen

Persoonlijkheidsvragenlijst

Hieronder ziet u 90 tweekeuze-items. Bij alle items is het de bedoeling dat u steeds die uitspraak kiest, die volgens u het meest op u van toepassing is. Ook al zal zo'n keuze soms moeilijk zijn, toch moet u bij alle 90 items tot een keuze komen. U mag dan ook geen items overslaan. Ook mag u per item slechts één uitspraak aangeven.
  Bijvoorbeeld:
1 Het kost me weinig moeite om iemand terecht te wijzen.
2 Belangrijke beslissingen kan ik het beste zelf nemen.
  U vindt bijvoorbeeld dat uitspraak 2 meer op u van toepassing is dan uitspraak 1. U omcirkelt dan uitspraak 2.

Zo werkt u alle 90 items af. U zult ontdekken dat een aantal uitspraken meerdere keren voorkomt. Dat is niets om u ongerust over te maken. Het gaat er slechts om dat u bij een item voor die uitspraak kiest, waarvan u vindt dat ze het meest op uzelf van toepassing is.

In principe hebt u onbeperkte tijd voor deze test. Werkt u echter snel door en denk niet te lang na. Het gaat vooral om uw eerste, spontane indruk.
  Veel succes.

1 1 Groepswerk stimuleert mijn prestaties.
   2 Ik zal nooit iemand benadelen.

2 1 Ik sta bekend als iemand die gemakkelijk contacten legt.
   2 Ik vind het prettig om intensief aan een bepaalde taak te werken.

3 1 Het liefst werk ik in één ruk door.
   2 Regels zijn er om te worden nageleefd.

4   1   Voor mij is werken het belangrijkste in mijn leven.
    2   Als het erop aankomt, vertrouw ik alleen mezelf.

5   1   Ik ben ervan overtuigd dat de meeste mensen van mijn werkelijke capaciteiten geen weet hebben.
    2   Ik vind het prettig als ik bij werkzaamheden op anderen kan terugvallen.

6   1   Bij het nemen van een beslissing heb ik graag de steun van anderen.
    2   In een groep neem ik algauw het initiatief.

7   1   In een discussie ben ik meestal degene die de belangrijke beslissingen neemt.
    2   Ik heb nogal eens spijt van dingen die ik heb gedaan.

8   1   Ik twijfel wel eens aan de juistheid van een door mij genomen beslissing.
    2   Het liefst neem ik mijn beslissingen helemaal alleen.

9   1   Mensen hoeven mij niet te vertellen wat ik wel en niet mag doen, dat bepaal ik zelf wel.
    2   Je woord houden vind ik voor mensen de belangrijkste eigenschap.

10 1   Ik kom mijn afspraken altijd stipt na.
    2   Ook al zal dat soms tot conflicten leiden, mensen zullen moeten accepteren dat ik een eigen mening heb.

11 1   Ik werk liever in een groep dan dat ik zelfstandig werk.
    2   Het liefst werk ik in één ruk door.

12 1   Ik vind het leuk om met onbekenden een praatje te maken.
    2   Voor mij is werken het belangrijkste in mijn leven.

13 1   Het overkomt me zelden dat ik een taak niet op tijd afheb.
    2   Ik ben ervan overtuigd dat de meeste mensen van mijn werkelijke capaciteiten geen weet hebben.

14 1   Ik veracht mensen die hun principes verloochenen.
    2   Bij het nemen van een beslissing heb ik graag de steun van anderen.

15 1   Van de meeste dingen die mensen doen, vind ik dat ik het eigenlijk beter zou kunnen.
    2   In een discussie ben ik meestal degene die de belangrijke beslissingen neemt.

16 1 Als ik in een groep met mijn mening alleen sta, dan geef ik nogal eens toe om de groepssfeer niet te bederven.
    2 Ik twijfel wel eens aan de juistheid van een door mij genomen beslissing.

17 1 Anderen vinden mij nogal dominant.
    2 Overleggen met anderen is meestal tijdverspilling.

18 1 Ik vind het een gezonde zaak om steeds kritisch te zijn ten aanzien van mijn eigen doen en laten.
    2 Men zal mij nooit op een leugen betrappen.

19 1 Er zijn maar weinig dingen waar ik zelf niet kan uitkomen.
    2 Ik werk liever in een groep dan dat ik zelfstandig werk.

20 1 Ik heb er absoluut geen moeite mee om over mijn slechte kanten te praten.
    2 Ik sta bekend als iemand die gemakkelijk contacten legt.

21 1 Samen met anderen aan een bepaalde taak werken, ligt me wel.
    2 Ik veracht mensen die hun principes verloochenen.

22 1 Ik heb er geen enkele moeite mee om een onbekende aan te spreken.
    2 Van de meeste dingen die mensen doen, vind ik dat ik het eigenlijk beter zou kunnen.

23 1 Men vindt mij een harde werker.
    2 Als ik in een groep met mijn mening alleen sta, dan geef ik nogal eens toe om de groepssfeer niet te bederven.

24 1 Ik vind dat mensen zich niet moeten uitlaten over zaken waarvan ze geen verstand hebben.
    2 Anderen vinden mij nogal dominant.

25 1 Het overkomt me zelden dat ik een probleem niet alleen kan oplossen.
    2 Ik vind het een gezonde zaak steeds kritisch te zijn ten aanzien van mijn eigen doen en laten.

26 1 Ik ben op mijn best als ik me gesteund weet door anderen.
    2 Er zijn maar weinig dingen waar ik zelf niet kan uitkomen.

27 1 Ook al zijn mijn argumenten niet sterk, dan nog slaag ik er vaak in mijn zienswijze door te drukken.
    2 Ik heb er absoluut geen moeite mee om over mijn slechte kanten te praten.

28 1 Anderen wijzen mij er nogal eens op dat ik beslissingen te lang uitstel.
    2 Samen met anderen aan een bepaalde taak werken, ligt me wel.

29 1 Als je werkelijk iets wilt bereiken in het leven, zul je dat bijna altijd zelf moeten doen.
    2 Ik vind het leuk om met onbekenden een praatje te maken.

30 1 Tot nu toe is alles wat ik heb ondernomen van een leien dakje gegaan.
    2 Het overkomt me zelden dat ik een taak niet op tijd afheb.

31 1 Het liefst werk ik in teamverband.
    2 Het overkomt me zelden dat ik een probleem niet alleen kan oplossen.

32 1 Ik ben eerder een gemakkelijke prater, dan iemand die dingen zoveel mogelijk voor zich houdt.
    2 Ik ben op mijn best als ik me gesteund weet door anderen.

33 1 Als de omstandigheden dat eisen, doe ik er wel eens een schepje bovenop.
    2 Ook al zijn mijn argumenten niet sterk, dan nog slaag ik er vaak in mijn zienswijze door te drukken.

34 1 Je woord houden vind ik voor mensen de belangrijkste eigenschap.
    2 Anderen wijzen mij er nogal eens op dat ik beslissingen te lang uitstel.

35 1 In discussies heb ik het meestal bij het rechte eind.
    2 Als je werkelijk iets wilt bereiken in het leven, zul je dat bijna altijd zelf moeten doen.

36 1 Als anderen mij steunen in mijn opvattingen, geeft me dat extra zekerheid.
    2 Tot nu toe is alles wat ik heb ondernomen van een leien dakje gegaan.

37 1 Ik vind het leuk om aanwijzingen te geven en mensen te vertellen wat ze moeten doen.
    2 Het liefst werk ik in teamverband.

38 1 Ik geef mij niet gauw bloot aan anderen.
    2 Ik heb er geen enkele moeite mee om een onbekende aan te spreken.

39 1 Ik heb er een hekel aan mijn doen en laten te moeten verantwoorden.
    2 Men vindt mij een harde werker.

40 1 Mensen weten altijd direct wat ze aan me hebben.
    2 Ik vind dat mensen zich niet moeten uitlaten over zaken waarvan ze geen verstand hebben.

41 1 Groepsopdrachten spreken me erg aan.
    2 Als anderen mij steunen in mijn opvattingen, geeft me dat extra zekerheid.

42 1 Ik vind het prettig mensen om me heen te hebben om tegen ze aan te kunnen praten.
    2 Ik vind het leuk om aanwijzingen te geven en mensen te vertellen wat ze moeten doen.

43 1 In mijn werk wil ik steeds een uitblinker zijn.
    2 Ik geef mij niet gauw bloot aan anderen.

44 1 Mensen die zich niet aan de wet houden, zijn niet te vertrouwen.
    2 Ik heb er een hekel aan mijn doen en laten te moeten verantwoorden.

45 1 Er zijn maar weinig mensen voor wie ik waardering heb.
    2 Mensen weten altijd direct wat ze aan me hebben.

46 1 Ik neem zelden een zware beslissing zonder eerst het advies van anderen in te winnen.
    2 Groepsopdrachten spreken me erg aan.

47 1 Van nature ben ik iemand die graag de lakens uitdeelt.
    2 Ik ben eerder een gemakkelijke prater, dan iemand die dingen zoveel mogelijk voor zich houdt.

48 1 Ik heb wel eens het idee dat mensen mij niet helemaal serieus nemen.
    2 Als de omstandigheden dat eisen, doe ik er wel eens een schepje bovenop.

49 1 Overleggen met anderen is meestal tijdverspilling.
    2 Ik kom mijn afspraken altijd stipt na.

50 1 Eigenlijk ben ik in mijn leven nooit oneerlijk tegenover anderen geweest.
    2 In discussies heb ik het meestal bij het rechte eind.

51 1 Het uitvoeren van een bepaalde opdracht doe ik het liefst samen met anderen.
    2 Van nature ben ik iemand die graag de lakens uitdeelt.

52 1 Het gebeurt vrij regelmatig dat ik zomaar een praatje met deze of gene maak.
    2 Groepswerk stimuleert mijn prestaties.

53 1 Mensen die mij goed kennen, vinden me een doorzetter.
    2 Mensen hoeven mij niet te vertellen wat ik wel en niet mag doen, dat bepaal ik zelf wel.

54 1 Mensen die de belasting ontduiken, zouden gestraft moeten worden.
    2 Eigenlijk ben ik in mijn leven nooit oneerlijk tegenover anderen geweest.

55 1 Ik trek me er nauwelijks iets van aan wat anderen van mij vinden.
    2 Het uitvoeren van een bepaalde opdracht doe ik het liefst samen met anderen.

56 1 Bij samenwerking zal ik niet gauw een conflict veroorzaken.
    2 Ik vind het prettig mensen om me heen te hebben om tegenaan te kunnen praten.

57 1 Het idee om wat te zeggen te hebben over anderen trekt me wel.
    2 In mijn werk wil ik steeds een uitblinker zijn.

58 1 Achteraf betrap ik mij er vaak op dat ik de zaken niet goed heb aangepakt.
    2 Mensen die zich niet aan de wet houden, zijn niet te vertrouwen.

59 1 Hoewel samenwerken zijn voordelen heeft, kan ik zelfstandig vaak veel meer bereiken.
    2 Er zijn maar weinig mensen voor wie ik waardering heb.

60 1 Als ik al problemen heb met anderen, is dat niet mijn schuld.
    2 Ik neem zelden een zware beslissing zonder eerst het advies van anderen in te winnen.

61 1 In een groep presteer ik beter dan wanneer ik in mijn eentje iets moet doen.
    2 Achteraf betrap ik mezelf er vaak op dat ik de zaken niet goed heb aangepakt.

62 1 Op feestjes ben ik de meeste tijd in druk gesprek gewikkeld.
    2 Hoewel samenwerken zijn voordelen heeft, kan ik zelfstandig vaak veel meer bereiken.

63 1 Het overkomt me maar zelden dat ik iets niet afmaak.
    2 Als ik al problemen heb met anderen, is dat niet mijn schuld.

64 1 Als ik in een ruimte kom die rommelig is, dan irriteert mij dat.
    2 In een groep presteer ik beter dan wanneer ik in mijn eentje iets moet doen.

65 1 Ik maak het maar zelden mee dat iemand mij iets vertelt wat ik nog niet wist.
    2 Als ik met iemand aan de praat raak, gaat het initiatief meestal van mij uit.

66 1 Ik vind het belangrijk te weten dat anderen achter me staan bij het nemen van bepaalde beslissingen.
    2 Mensen die mij goed kennen, vinden me een doorzetter.

67 1 Het kost me geen enkele moeite om iemand met een minder leuke taak op te zadelen.
    2 Mensen die de belasting ontduiken, zouden gestraft moeten worden.

68 1 In discussies heb ik achteraf nogal eens het gevoel dat ik wat assertiever had moeten optreden.
    2 Ik trek me er nauwelijks iets van aan wat anderen van mij vinden.

69 1 Ook al wijkt mijn mening af van die van anderen, toch houd ik voet bij stuk.
    2 Bij samenwerking zal ik niet gauw een conflict veroorzaken.

70 1 Iedereen die ik ken, vindt het prettig om met mij om te gaan.
    2 Het idee om wat te zeggen te hebben over anderen trekt me wel aan.

71 1 Als ik in een team moet werken, is dat voor mij een stimulans om tot betere prestaties te komen.
    2 Ook al wijkt mijn mening af van die van anderen, toch houd ik voet bij stuk.

72 1 Op feestjes ben ik een graag geziene gast.
    2 Iedereen die ik ken, vindt het prettig om met mij om te gaan.

73 1 Wat ik vandaag nog kan doen, stel ik niet uit tot morgen.
    2 Als ik in een team moet werken, is dat voor mij een stimulans om tot betere prestaties te komen.

74 1 Ik kom meestal niet terug op een eenmaal genomen beslissing.
   2 Op feestjes ben ik de meeste tijd in druk gesprek gewikkeld.

75 1 Belangrijke beslissingen kan ik het beste zelf nemen.
   2 Het overkomt me maar zelden dat ik iets niet afmaak.

76 1 Ik heb veel steun aan aardige en vriendelijke mensen om me heen.
   2 Als ik in een ruimte kom die rommelig is, dan irriteert mij dat.

77 1 Het idee macht te kunnen uitoefenen, zie ik als een uitdaging.
   2 Ik maak het maar zelden mee dat iemand mij iets vertelt wat ik nog niet wist.

78 1 Af en toe heb ik zin om mijn hart uit te storten bij een psycholoog.
   2 Ik vind het belangrijk te weten dat anderen achter me staan bij het nemen van bepaalde beslissingen.

79 1 Ook al zal dat soms tot conflicten leiden, mensen zullen moeten accepteren dat ik een eigen mening heb.
   2 Het kost me geen enkele moeite om iemand met een minder leuke taak op te zadelen.

80 1 Ik zal nooit iemand benadelen.
   2 In discussies heb ik achteraf nogal eens het gevoel dat ik wat assertiever had moeten optreden.

81 1 Ik vind het prettig om met anderen samen te werken.
   2 Het gebeurt vrij regelmatig dat ik zomaar een praatje met deze of gene maak.

82 1 Als ik met iemand aan de praat raak, gaat het initiatief meestal van mij uit.
   2 Ik heb wel eens het idee dat mensen mij niet helemaal serieus nemen.

83 1 Ik vind het prettig om intensief aan een bepaalde taak te werken.
   2 Op feestjes ben ik een graag geziene gast.

84 1 Regels zijn er om te worden nageleefd.
   2 Wat ik vandaag nog kan doen, stel ik niet uit tot morgen.

85 1 Als het erop aankomt, vertrouw ik alleen mezelf.
   2 Ik kom meestal niet terug op een eenmaal genomen beslissing.

86 1 Ik vind het prettig als ik bij werkzaamheden op anderen kan terugvallen.
    2 Belangrijke beslissingen kan ik het beste zelf nemen.

87 1 In een groep neem ik algauw het initiatief.
    2 Ik heb veel steun aan aardige en vriendelijke mensen om me heen.

88 1 Ik heb nogal eens spijt van dingen die ik heb gedaan.
    2 Het idee macht te kunnen uitoefenen, zie ik als een uitdaging.

89 1 Het liefst neem ik mijn beslissingen helemaal alleen.
    2 Af en toe heb ik zin om mijn hart uit te storten bij een psycholoog.

90 1 Men zal mij nooit op een leugen betrappen.
    2 Ik vind het prettig om met anderen samen te werken.

Scoring persoonlijkheidsvragenlijst
De scoring van de persoonlijkheidsvragenlijst gaat als volgt: u hebt bij elk item een 1 of een 2 omcirkeld. Hieronder treft u de sleutel van de test aan. Onder alle tien dimensies staat een kolom van 9 cijfercombinaties. Als u bijvoorbeeld op item 1 van de test een 2 heeft ingevuld, zoekt u in de kolommen naar de combinatie 1-2. Zoals u ziet staat die combinatie onder sociale wenselijkheid. U omcirkelt deze combinatie in de desbetreffende kolom. Wanneer u bij item 2 voor 2 heeft gekozen (2-2), omcirkelt u de eerste combinatie onder 'doorzettingsvermogen'. Zo werkt u alle 90 items af. Vervolgens telt u per kolom het aantal omcirkelingen op. Als controlemiddel kunt u nagaan of alle kolomtotalen samen tot 90 sommeren. Zo niet, dan hebt u een item vergeten, of u hebt een dubbeltelling gemaakt. De kolomtotalen kunt u vervolgens invullen in de grafiek op p. 276 (vgl. ook p. 179). Zo hebt u een indruk waar uw scores liggen op de tien gebruikte dimensies. U kunt hier twee conclusies uit trekken: ten eerste wat bij u de relatieve waarde is van de tien gebruikte dimensies, en ten tweede hoe uw scores liggen ten opzichte van de in de grafiek aangegeven referentiegroep (heao-studenten). Wanneer één van uw scores in het zwarte gebied terechtkomt, wijkt u sterk af van de groepsgemiddelden.

Verbind echter geen al te zware conclusies aan uw uitschieters (deze test is niet gevalideerd, de constructie berust puur op *face validity*). Belangrijker is de vraag of ze u iets zeggen en of ze een bevestiging vormen van het beeld dat u van uzelf hebt. Deze test is ook meer bedoeld om u een inzicht te geven in de werking van persoonlijkheidsvragenlijsten, dan om definitieve uitspraken over uw karakter te doen. Op p. 277-279 vindt u een korte uitleg over de gebruikte dimensies.

Sleutel persoonlijkheidsvragenlijst

teamwork	extraversie	doorzettings-vermogen	rigiditeit	zelfgenoeg-zaamheid
1-1	2-1	2-2	3-2	4-2
11-1	12-1	3-1	4-1	5-1
19-2	20-2	11-2	9-2	13-2
21-1	22-1	13-1	12-2	15-1
28-2	29-2	23-1	14-1	22-2
31-1	32-1	30-2	21-2	25-1
37-2	38-2	33-1	24-1	31-2
41-1	42-1	39-2	34-1	35-1
46-2	47-2	43-1	40-2	45-1
51-1	52-1	48-2	44-1	50-2
52-2	56-2	53-1	54-1	55-1
55-2	62-1	57-2	58-2	59-2
61-1	65-2	63-1	64-1	65-1
64-2	72-1	66-2	67-2	68-2
71-1	74-2	73-1	74-1	75-1
73-2	81-2	75-2	76-2	77-2
81-1	82-1	83-1	84-1	85-1
90-2	83-2	84-2	85-2	86-2

Score teamwork	Score extraversie	Score doorzettings-vermogen	Score rigiditeit	Score zelfgenoeg-zaamheid

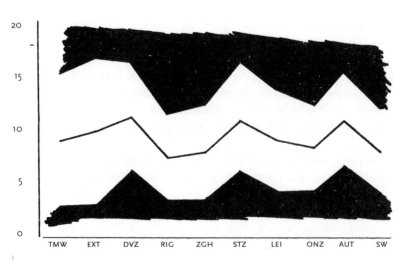

steunzoeken	leiderschap	onzekerheid	autonomie	sociale wenselijkheid
5-2	6-2	7-2	8-2	1-2
6-1	7-1	8-1	9-1	10-1
14-2	15-2	16-2	10-2	18-2
16-1	17-1	18-1	17-2	20-1
23-2	24-2	25-2	19-1	27-2
26-1	27-1	28-1	26-2	30-1
32-2	33-2	34-2	29-1	36-2
36-1	37-1	38-1	35-2	40-1
41-2	42-2	43-2	39-1	45-2
46-1	47-1	48-1	44-2	49-2
56-1	51-2	58-1	49-1	50-1
60-2	57-1	61-2	53-2	54-2
66-1	67-1	68-1	59-1	60-1
69-2	70-2	78-1	62-2	63-2
76-1	77-1	80-2	69-1	70-1
78-2	79-2	82-2	71-2	72-2
86-1	87-1	88-1	79-1	80-1
87-2	88-2	89-2	89-1	90-1
Score steunzoeken	*Score* leiderschap	*Score* onzekerheid	*Score* autonomie	*Score* sociale wenselijkheid

Vul nu uw score in in de grafiek op pagina 276.

Verklaring

Het betreft hier een inventarisatie van tien dimensies (persoonlijkheidseigenschappen) die steeds als gedwongen keuze in een item voorkomen. Dit is gedaan om sociale wenselijkheid tegen te gaan. De gedwongen keuzevorm impliceert dat er uit twee ongeveer even (on)wenselijke typeringen dient te worden gekozen.

Elke dimensie is gerepresenteerd door middel van 9 uitspraken, die steeds 2 keer voorkomen. De maximumscore op een dimensie is daarom 18, de minimumscore is 0 (nul).

De opgenomen dimensies zijn:

Teamwork (TMW): voorkeur om overwegend met anderen samen te werken, in tegenstelling tot autonomie en zelfstandigheid.
Wenselijke eigenschap.

Extraversie (EXT): Naar buiten toe gekeerd zijn, gemakkelijk contacten leggen, snel aansluiting vinden bij anderen. Extraversie zegt echter weinig over de diepgang van sociale contacten.
Wenselijke eigenschap.
Doorzettingsvermogen (DZV): Lang en intensief kunnen doorwerken, een 'doorbijter' zijn. Kan mooi feitelijk geïllustreerd worden.
Wenselijke eigenschap.
Rigiditeit (RIG): Een 'zwart-wit' denk(st)er zijn, alles in extremen zien, weinig flexibel, moeilijk in de omgang. Een dwarsligger meestal.
Onwenselijke eigenschap.
Zelfgenoegzaamheid (ZGH): Uitermate met uzelf ingenomen zijn, vinden dat u eigenlijk alles het beste kunt.
Onwenselijke eigenschap (matige score is wel wenselijk, omdat men anders naar te 'zacht' of te 'sociaal' kan neigen).
Steunzoeken (STZ): Vorm van onzelfstandigheid waarbij men moeilijk tot een zelfstandig oordeel durft te komen. Typische 'volger'-eigenschap. Ambieert men een leidinggevende positie, dan moet men niet hoog op 'steunzoeken' scoren.
Onwenselijke eigenschap.
Leiderschap (LEI): Initiatief nemen, iets over anderen te zeggen willen hebben, verantwoordelijkheid durven nemen. Wil men doorgroeien in een loopbaan, dan is een zekere mate van leiderschap een vereiste, tenzij het om een uitgesproken zelfstandige, onafhankelijke positie gaat. Maar dan nog zal men een zekere mate van leiderschapskwaliteiten dienen te bezitten om zijn/haar belangen erdoor te krijgen.
Wenselijke eigenschap.
Onzekerheid (ONZ): Typisch een twijfelaar, iemand die moeilijk tot beslissingen komt, een onduidelijke indruk achterlaat in een gesprek. Durft niet uit te komen voor eigen mening, weinig doortastend.
Onwenselijke eigenschap.
Autonomie (AUT): Zelfstandigheid, zich duidelijk als iemand met een eigen mening en een eigen strategie profilerend. Is tot op zekere hoogte wenselijk, maar een hoge score zou kunnen botsen met het vermogen (de wil) om samen te werken met anderen.
Wenselijke eigenschap.
Sociale wenselijkheid (SW): Defensieve instelling, iemand die steeds zodanig antwoordt/handelt zoals hij/zij denkt dat van hem/haar verwacht wordt. Getuigt van de instelling om bang te zijn een individueel (afwijkend) standpunt in te nemen. Schept voor sollicitanten een dilemma: hoever kan ik me openstellen zonder te veel (van mijn misschien nadelige kanten) te laten zien?
SW wordt in persoonlijkheidsvragenlijsten opgenomen om te controleren of iemand een te mooi plaatje van zichzelf wil scheppen, aangezien uit experi-

menten is gebleken dat sollicitanten de neiging hebben om dit te doen (organisaties trouwens ook).

Onwenselijke eigenschap.

Sollicitatiebrief

De ideale sollicitatiebrief bestaat niet. Vooral als u een beetje redelijk curriculum vitae heeft, kunt u vaak volstaan met het sturen van een kort briefje en uw curriculum. Dit laatste zegt immers voldoende. In de tekst is al aangegeven dat een sollicitatiebrief eigenlijk een te late reactie is. Tenzij u een open sollicitatie stuurt, maar ook die komen in groten getale bij organisaties binnen. Succesvol solliciteren is vooral actief solliciteren: weten wat u wilt, onderzoeken waar u dat wilt gaan doen en vervolgens de desbetreffende organisatie(s) actief benaderen. Voor een oriëntatie op de arbeidsmarkt kunt u tegenwoordig ook gebruikmaken van het internet (voor tips op dit punt zie bijvoorbeeld: Barning, T. & S. Weusten, *Het sollicitatiehandboek*, Bert Bakker, Amsterdam 1997).

Maar ziet u toch een interessante vacature in de krant, of wordt u naar aanleiding van een telefonisch onderhoud met iemand van personeelszaken geadviseerd om toch vooral een brief te schrijven, dan kunt u gebruikmaken van onderstaande strategie.

Nog meer dan het curriculum vitae moet uw brief een reactie oproepen. Het moet zo zijn dat wanneer een selecteur uw brief leest, deze denkt: deze persoon wil ik zien, die lijkt me veelbelovend. U moet uw brief dan ook redelijk oppoetsen ('impression management') zonder dat u hautain overkomt of onrealistische verwachtingen wekt. In elk geval moet u ervoor zorgen dat uw brief piekfijn in orde is en een overzichtelijke lay-out heeft. U dient uw brief dan ook altijd door iemand anders te laten controleren op stijl- en spelfouten. Deze consciëntieuze benadering suggereert de selecteur dat u een betrouwbare, serieuze en gemotiveerde kandidaat bent. Verder moet u over de inhoud niet al te moeilijk doen, er komen vaak enige honderden brieven bij een organisatie op een vacature, dus waarom zou u vele uren zweten om zo nodig die originele kandidaat te zijn?

Belangrijk is dat u weet aan wie u de brief richt (vrouw, man, commissie). Daarbij is het raadzaam om bij een vacature uit de krant altijd te bellen en de nodige informatie te vragen. Zo kunt u in elk geval het obligate: 'Naar aanleiding van uw advertentie in een groot landelijk ochtendblad...' vervangen door het iets meer geïnspireerde: 'Naar aanleiding van mijn telefonische gesprek met mevrouw Scheidegger-Dreverhaven solliciteer ik hierbij...'

Verder is het belangrijk dat u motiveert waarom u solliciteert. De desbetreffende functie sluit bijvoorbeeld aan of bouwt voort op uw aspiraties en achtergrond. Leg daarbij de nadruk op wat u kunt bijdragen aan de organisatie:

wat zijn de kwaliteiten die u onderscheiden van uw medekandidaten? Ook is het raadzaam te vermelden waarom u juist bij deze organisatie solliciteert, zo dwingt u uzelf om u te verdiepen in de organisatie en relevante informatie op te sporen. U kunt dan nog een korte opsomming van uw loopbaan/studieverleden geven en verder verwijst u naar uw curriculum vitae. Sluit af met te zeggen dat u het zeer op prijs stelt om uw sollicitatie mondeling toe te lichten.

Vermeld uw curriculum vitae als bijlage.

Bedenk wel dat alles wat u in uw brief vermeldt in een interview aan de orde kan komen. Dat gegeven kunt u in uw voordeel benutten, maar u kunt ook uw hand overspelen.

Samenvattend: het belangrijkste is dat uw brief goed verzorgd is en goed gestructureerd, dat er geen taalfouten in staan en dat hij nieuwsgierigheid bij de lezer opwekt. Met uw curriculum vitae kunt u daarop voortbouwen.

Curriculum vitae

De bedoeling van het curriculum vitae is om in kort bestek een helder en duidelijk gestructureerd overzicht te geven van de belangrijkste gegevens van uzelf met betrekking tot een gewenste vacature. Het betreft standaard-personalia, opleiding, werkervaring, en eventueel persoonlijke informatie (hobby's, bezigheden). Een lezer moet in feite in een oogopslag kunnen zien wat u in huis hebt voor de betreffende vacature.

Naast een helder en compact overzicht van relevante gegevens heeft het curriculum vitae nog een andere zeer belangrijke functie: het opwekken van de belangstelling van een opdrachtgever/selecteur, zodat men u uitnodigt voor een interview. In combinatie met een eventuele sollicitatiebrief dient u uw curriculum zodanig in te richten dat een selecteur nieuwsgierig wordt en denkt: deze persoon is voor ons (de organisatie) interessant, die wil ik wel eens nader aan de tand voelen.

Het curriculum vormt, samen met uw brief, vaak het uitgangspunt van een (sollicitatie)interview. U dient er dan ook op te letten dat uw curriculum vitae consistent is. U dient te anticiperen op mogelijke vragen, zoals waarom u zo vaak van baan hebt gewisseld, of waarom u ergens zo lang bent blijven hangen, of waarom u een bepaalde periode niets hebt uitgevoerd.

Dit alles brengt met zich mee dat het maken van een goed curriculum een doordachte en serieuze zaak is, waarbij u zich als het ware dient te verplaatsen in de positie van een selecteur. Zo kunt u bij het maken van uw curriculum vitae sturend te werk gaan: u voedt als het ware de lezer met een aantal voorgebakken schijnproblemen en informatie zodat u tijdens het interview uw presentatie kunt optimaliseren. U kunt uw curriculum dan ook zien als een soort script voor het interview. Uiteraard kan een interviewer van dit script afwijken, maar als u het hoofdstuk over het interview goed bestudeerd heeft, dan zult u ook op ogenschijnlijk lastige vragen overtuigend en effectief kunnen reageren.

Er zijn veel adviezen voor een optimaal curriculum vitae. Zo onderscheidt men wel een chronologisch curriculum vitae en een skills curriculum vitae. Het verdient aanbeveling om deze twee benaderingen te combineren. U beschrijft dan niet alleen in chronologische volgorde wat u gedaan hebt, maar u geeft ook aan welke belangrijke vaardigheden u zich eigen hebt gemaakt en welke kennis u bezit. Een selecteur is vaak meer geïnteresseerd in wat u kunt en wat u weet, dan in wat u gedaan hebt, al zal er in de meeste gevallen een direct verband tussen deze twee aspecten bestaan. Daarbij is het raadzaam om vooral die aspecten te vermelden die voor de desbetreffende vacature van belang zijn. Richtlijn daarbij vormen de functie-eisen. Bij entreeselectie verdient het aanbeveling om vooral situationeel te werk te gaan: welke activiteiten hebt u tijdens uw studie ondernomen die in bredere zin voor de functie van belang kunnen zijn? Alleen met uw opleiding komt u namelijk niet ver, iedere (serieuze) sollicitant beschikt immers over een min of meer gelijkwaardige opleiding. Maak een curriculum vitae niet te lang, maximaal twee kantjes A4, tenzij u een echt relevant en uitgebreid arbeidsverleden heeft.

Een schematische opzet voor een curriculum vitae kan er dan als volgt uitzien:
- *personalia* (naam, geboortedatum, geslacht, nationaliteit, adres, telefoon/fax/e-mail);
- *relevante opleidingen* (te beginnen met middelbare school);
- *werkervaring* (in chronologische volgorde). Hierbij benoemt u de vervulde functie, u geeft de relevante taken en verantwoordelijkheden weer en u geeft aan welke kennis en vaardigheden u in die functie heeft opgedaan. Eventueel kunt u ook nog concreet en kort aangeven wat u in de functie bereikt hebt voor de desbetreffende organisatie (bijvoorbeeld een reorganisatie doorgevoerd, projecten opgestart, gerealiseerde omzet, initiatieven). Met name zal men in een interview over dit soort aspecten willen doorpraten. Dus via een productbenadering (uitkomsten van uw gedrag) roept u de vragen op naar het procesaspect: hoe hebt u het een en ander voor elkaar gekregen, over welke specifieke eigenschappen en vaardigheden beschikt u dat u dit hebt kunnen doen enzovoort;
- *aanvullende informatie* (hobby's, bezigheden, maatschappelijke functies, relevante publicaties). Voor zover u denkt dat aanvullende informatie enig gewicht in de schaal legt, kan het nuttig zijn deze te vermelden.

Eventueel kunt u ook nog referenties vermelden, maar het is beter om deze niet standaard in uw curriculum vitae op te nemen, aangezien dit nogal eens als voorbarig wordt opgevat. Het is beter om pas met referenties aan te komen als een selecteur/interviewer daar om vraagt. Het verdient dus wel aanbeveling om er van tevoren over na te denken, zodat u referenties achter de hand heeft.

Nogmaals: het belangrijkste is dat uw curriculum vitae duidelijk is, dat het goed en overzichtelijk gestructureerd is, en dat het uitnodigt tot een nadere kennismaking.

Hierna vindt u een schematische opzet voor een curriculum vitae.

Curriculum vitae

Personalia

Naam
Geboortedatum
Geslacht
Nationaliteit
Adres
Telefoon/fax/e-mail

Opleidingen

19..-19..	Havo (diploma 19..)
19..-19..	Heao Bedrijfseconomie (diploma 19..)
19..	Cursus financieel management, instituut X (getuigschrift)
19..	Cursus adviesvaardigheden Human Resource Management, instituut Y (getuigschrift)

Werkervaring

19..-19..   Assistent-controller bij een industriële handelsonderneming.
Taken: het analyseren en bijhouden van financiële gegevens, het opstellen en verzorgen van de financiële rapportage, waaronder de jaarrekening. Contacten onderhouden met externe adviseurs.
Vaardigheden: het nauwkeurig analyseren en verwerken van complexe financiële materie. Mondelinge en schriftelijke rapportage van financiële gegevens, zowel intern als extern.
Resultaten: het verbeteren van een financieel analyseprogramma, het invoeren van een managementinformatiesysteem waardoor de efficiëntie van voorraadbeheer en distributiestromen met zo'n 20 procent zijn toegenomen.

19..-19.. Financieel adviseur bij een internationale accountancyfirma.
Taken: het adviseren van midden- en kleinbedrijf inzake financieel management en bedrijfsoptimalisering.
Vaardigheden: analyseren van complexe financiële materie. Verzorgen van rapportage, zowel mondeling als schriftelijk. Adviesvaardigheden, ondernemers en financieel managers sturen, beïnvloeden en overtuigen. Conflicthantering, met name inzake kwesties waarin menselijke en financiële aspecten een rol spelen. Nadruk op integriteit en vertrouwelijkheid. Meer en meer ontwikkeld richting HRM-adviseur.
Resultaten: Bij verschillende cliënten een dreigend faillissement afgewend, meestal door menselijke en financiële problemen uiteen te rafelen.

Aanvullende informatie

Bestuurslid voetbalvereniging Sliding '63.
Scheidsrechter tweede klasse KNVB.
Voorzitter oudercommissie kindercrèche Piepeloentje.

Assessment-richtlijnen: waaraan moet een professioneel en goed uitgevoerd assessment voldoen?

Bij een 'klassiek' psychologisch onderzoek is het handelen van een psycholoog in principe aan strenge richtlijnen onderworpen, conform de beroepscode van het Nederlands Instituut van Psychologen (NIP) (http://62.4.92.166/NIPalg/subpage.asp?topmenuID=2&submenuID=9&subID=121&docID).

Er zijn echter geen expliciete richtlijnen voor een assessment. Dat is vreemd, want bij een assessment zijn de professionele condities veel ruimer dan bij een klassiek psychologisch onderzoek. De kans op gerommel is dus groter bij een assessment, want zo ongeveer 'alles' kan wel een assessment genoemd worden en iedereen weet er wel iets van. In de VS zijn er door de Assessment Taskforce wel richtlijnen voor een assessment ontwikkeld. Een eerste versie stamt uit 1989, de laatste uit 2000. U kunt het volledige document downloaden op: http://www.assessmentcenters.org/pdf/00guidelines.pdf

Hieronder de belangrijkste elementen van de Amerikaanse richtlijnen voor een assessment, zodat u globaal kunt nagaan of het assessment waaraan u gaat deelnemen aan de minimale kwaliteitseisen voldoet. Bedenk dat het geen formele eisen zijn; ze zijn afgeleid van de eisen die door de taskforce zijn geformuleerd in 2000.

De richtlijnen hebben betrekking op de volgende aspecten.
- Het handelen van betrokken psychologen, HRM-specialisten en andere betrokkenen bij de opzet en uitvoering van een assessment (center).
- Het informeren van managers of en wanneer het gepast is om een assessment center in te schakelen.
- Instructies voor degenen die de regie over een assessment voeren.
- Het verantwoord gebruik van methoden en technieken in een assessment.

1 Wat is een assessment center?

Een assessment center beoogt een gestandaardiseerde evaluatie van gedrag door middel van verschillende methoden. Deze methoden moeten statistisch onderbouwd en gevalideerd zijn.

2 Waar moet een assessment vooral uit bestaan?

Een assessment dient te bestaan uit een functieanalyse, gericht op relevante gedragingen, dimensies, eigenschappen, vaardigheden en prestatiecriteria voor het functie-/ontwikkeltraject zodat duidelijk is wat er precies aan het gedrag van de cliënt onderzocht moet worden.

De gebruikte methoden en technieken moeten relevant zijn voor de functie in kwestie. Men mag niet zomaar bepaalde methoden en technieken gebruiken voor meerdere functies.

Een functieanalyse of de gebruikte competenties moet of moeten leiden tot duidelijk omschreven gedragscategorieën die ook daadwerkelijk in een assessment geobserveerd en beoordeeld kunnen worden.

Noot: dit gebeurt vaak niet, bijvoorbeeld wanneer men in een tweegesprek klantvriendelijkheid wil observeren en beoordelen. De vraag is echter: waar bestaat klantvriendelijkheid precies uit en welke gedragingen vallen onder dit begrip? Vooral competenties zijn vaag en onduidelijk gedefinieerd.

Van alle gebruikte constructen, zoals kennis, eigenschappen, vaardigheden en competenties, moet zijn aangetoond dat ze een verband hebben met succesvol functiegedrag.

Noot: dit is vaak niet of onvoldoende het geval. Alleen intelligentie, consciëntieusheid en integriteit zijn harde, aantoonbare voorspellers van functieprestaties.

Kern is dat in een assessment uitspraken gedaan worden over functierelevant gedrag, ofwel gedrag dat in de voorgaande functieanalyse gespecificeerd is.

Een assessment moet altijd meerdere onderdelen en technieken omvatten, zoals interviews, vragenlijsten, tests en simulaties/rollenspelen. Ook interne assessments en de 360 graden-techniek, waarbij collega's, klanten of managers de kandidaat beoordelen, vallen hieronder. Alle gebruikte technieken moeten van tevoren onderzocht en getest zijn op betrouwbaarheid, validiteit, objectiviteit en op het feit dat ze relevante gedragsmatige informatie opleveren.

Noot: curieuze middelen en technieken als enneagram, Belbin rollentest, MBTI, kleurentests, grafologie et cetera vallen hier dus níét onder. Een gebruikte techniek moet in psychologisch wetenschappelijke zin 'evidence based' zijn, dat wil zeggen: uit onderzoek moet aantoonbaar blijken dat de techniek ook daadwerkelijk het gewenste resultaat oplevert.

Een assessment moet voldoende simulaties, opdrachten en rollenspelen bevatten om kandidaten de gelegenheid te geven het vereiste gedrag voor de functie te vertonen.

Ook computer- of videosimulaties kunnen onderdeel zijn van een assessment. Stimuli die gebruikt worden in simulaties moeten overeenkomen met stimuli in de betreffende functie. De simulatie moet dus een hoge 'fidelity' hebben of realistisch zijn. Een mooie term hiervoor is 'ecologische validiteit'. In het algemeen geldt: hoe zwaarder en complexer de functie, hoe realistischer het assessment moet zijn.

Assessment-technieken mogen niet alleen uit voorgestructureerde opdrachten bestaan, zoals multiple-choicetests, (voor)gestructureerde situationele interviews en gecomputeriseerde in-baskettests. Kern van een assessment is dat kandidaten de mogelijkheid hebben een zelfgeconstrueerde gedragsmatige reactie te geven. Een interview waarin uitsluitend naar intenties van de kandidaat gevraagd wordt, voldoet niet aan de eisen van een professioneel assessment.

3 Eisen ten aanzien van assessoren (trainers)

Bij een assessment-opdracht moeten altijd meerdere assessoren aanwezig zijn, minimaal twee per kandidaat. Ideaal gesproken houdt men rekening met het geslacht, de afkomst en functie van de verschillende assessoren.

In plaats van assessoren mag men ook met computerscoring en -technologie werken, mits is aangetoond dat deze computerscoring net zo goed of beter werkt dan menselijke beoordelaars.

Bij interne assessments, bedoeld voor promotie, is het niet toegestaan dat de manager of supervisor van een kandidaat als assessor functioneert.

Noot: Er wordt vaak gezondigd met het aantal assessoren. Heel vaak is er slechts één assessor, soms is de assessor ook acteur die als tegenspeler in een rollenspel functioneert. Ook zet men wel directe managers van kandidaten in. In principe moet een assessor een gekwalificeerd psycholoog zijn, die lid is van het NIP. Indien dit niet het geval is, dient de assessor overeenkomstige kwalificaties te kunnen overleggen waaruit blijkt dat hij of zij capabel is als assessor (zie hieronder).

- Assessoren moeten grondig getraind zijn in het beoordelen en het scoren van gedrag.
- Om gedrag te scoren moeten assessoren een systematische procedure hanteren. Deze procedure kan bestaan uit aantekeningen, observatieschalen of checklists, audio- en videomateriaal.
- Na elke simulatie moeten de assessoren een observatierapport maken, voorafgaand aan de eindbeoordeling of consensusdiscussie waarin zij tot een totaal en geïntegreerd oordeel over de kandidaat komen.

Noot: dit moet de onafhankelijkheid van de oordelen garanderen, iets wat in de praktijk lang niet altijd gebeurt.

Integratie van een oordeel over een kandidaat dient te gebeuren via pooling of een valide statistische combinatietechniek. Integratie mag alleen betrekking hebben op relevante gedragsinformatie uit de simulatie.

Uiteindelijk moet er een professioneel verantwoorde consensus ontstaan over het vertoonde gedrag van de kandidaat en de waardering en scoring daarvan.

4 Wat valt uitdrukkelijk niet onder de term assessment?

- Opdrachten waarbij het niet gaat om observeerbaar of niet vrij te vertonen gedrag.
- Panelinterviews.
- Een oordeel gebaseerd op gebruik van slechts één techniek, tenzij er sprake is van zeer complexe opdrachten die meerdere elementen bevatten.
- Louter gebruik van een test.
- Evaluatie op basis van slechts één assessor (een klassiek psychologisch onderzoek waarin u te maken heeft met maar één psycholoog, is dus geen assessment).
- Simulaties waarin de onafhankelijke oordelen van verschillende assessoren niet gecombineerd worden tot een geïntegreerd oordeel.
- Alle zogenaamde assessment centers die niet voldoen aan bovenstaande methodologische vereisten.

Noot: als we dit strikt gaan toepassen zijn er in Nederland nauwelijks assessments die die benaming waardig zijn.

Assessments werken beter als ze geïntegreerd zijn in het HRM-beleid van een organisatie. Elke organisatie die gebruikmaakt van een assessment center moet vooraf een beleid hierover publiceren waarin het doel, de aard en de consequenties van de beslissingen, de potentiële kandidaten, eisen gesteld aan assessoren, het gebruik van de gegevens (privacy), de status van betrokken consultants en de wetenschappelijke validatie van het assessment-proces zijn vastgelegd. Er dient dus altijd onderzoek te geschieden naar de uitkomsten en werking van een assessment, of een assessment dient gebaseerd te zijn op bewezen wetenschappelijke feiten (meta-onderzoek).

5 Training van assessoren

Het doel van de training van assessoren is dat zij tot betrouwbare en accurate oordelen zullen komen. Daartoe moet een assessor grondige kennis en begrip hebben van:

- De organisatie, de functie en de kandidaatspopulatie in kwestie.
- De gebruikte assessment-dimensies, hun relatie met functie-eisen en functieprestaties, en voorbeelden van effectief en niet-effectief functiegedrag.
- Assessment-technieken, geobserveerde dimensies en gedrag.
- Het observeren, scoren en classificeren van gedrag in relevante dimensies.
- Het evalueren, scoren en integreren van relevante gedragsgegevens.
- Het assessment-beleid van de organisatie, inclusief beperkingen met betrekking tot gebruik van assessment-gegevens.
- Feedbackprocedures en het geven van feedback aan kandidaten.
- Het spelen van rollen in een een-op-eensimulatie. Ook acteurs kunnen gebruikt worden als deze in staat zijn om een rol objectief en consistent te spelen.

De lengte van de training hangt onder andere af van de specifieke eisen en onderdelen en de complexiteit van een assessment en de kennis en vaardigheden van de assessoren.

In het algemeen moeten onervaren assessoren minimaal twee dagen getraind worden voordat ze mogen worden ingezet bij een eenvoudig assessment. Het verdient aanbeveling om alleen met gecertificeerde assessoren te werken. Er moet in elk geval een duidelijke indicatie zijn dat een assessor gekwalificeerd is voor zijn of haar taak. Indien meer dan zes maanden zijn verlopen tussen de training en de eerste inzet als assessor, moet die een opfriscursus of een speciale coaching van een ervaren assessment-deskundige volgen. Dit geldt ook indien een assessor gedurende twee jaar bij minder dan twee assessments is ingezet.

6 Informatie aan kandidaten

Potentiële kandidaten dienen van tevoren over het assessment-programma te zijn geïnformeerd, het liefst schriftelijk. In elk geval dienen potentiële kandidaten op de hoogte te zijn van:

- Het doel van het assessment, de inhoud van de opdrachten en de te beoordelen dimensies/gedragingen.
- De selectieprocedure om in aanmerking te komen voor een assessment.
- Keuzemogelijkheden met betrekking tot deelname aan het assessment.
- Informatie over het assessment-team, samenstelling en training.
- Het gebruikte materiaal.
- Het gebruik van de resultaten en hoe lang deze worden bewaard.
- Het verkrijgen van feedback: waar bestaat deze uit en wanneer ontvangen ze die?
- Mogelijkheden voor herkansing (als deze er zijn).
- Privacy.
- De contactpersoon, verantwoordelijk voor het beheer van de gegevens.

7 Validatiekwesties

Een van de belangrijkste argumenten voor het gebruik van assessment centers is de voorspellende validiteit: hoe betrouwbaar en juist zijn de uitspraken en voorspellingen die in een assessment over iemand gedaan worden?

Om dit na te gaan is een kostbaar en tijdrovend proces van onderzoek noodzakelijk.

Men moet in elk geval onderbouwen over welke dimensies, competenties en eigenschappen er uitspraken worden gedaan en wat de relatie hiervan is met de gebruikte oefeningen.

Hoewel meta-onderzoek laat zien dat de validiteit van assessment centers heel behoorlijk is, met name wat betreft de totale eindscore, wil dit niet zeggen dat dit voor elk individueel assessment center geldt. Een individueel assessment center moet dus duidelijke overeenkomst vertonen met de assessments uit het meta-onderzoek, wil het aanspraak kunnen maken op voldoende validiteit.

8 Rechten van de kandidaat

Voor zover assessment centers of onderdelen daarvan vallen onder regulier psychologisch onderzoek, gelden de regels van het NIP (zie de beroepscode voor psychologen van het NIP). Voor zover een assessment (center) buiten het standaard psychologisch onderzoek valt, kunnen de volgende richtlijnen gelden wat betreft de rechten van kandidaten:
- Kandidaten moeten feedback krijgen met betrekking tot hun prestaties en de uiteindelijke aanbeveling(en) ten aanzien van hun persoon. Kandidaten bij een intern assessment (promotie binnen de organisatie) hebben het recht om alle schriftelijke conclusies en aanbevelingen te lezen die het management tot zijn beschikking krijgt.

Externe kandidaten moeten op verzoek feedback krijgen over de eindscores op de gebruikte dimensies en de eindbeslissing en de eventuele redenen hiervoor (inzagerecht).
- Kandidaten dienen te weten wat er met de vastgelegde gegevens wordt gedaan.
- Als de organisatie besluit om de resultaten van het assessment te gebruiken voor bepaalde doeleinden, anders dan een beslissing te nemen over de (plaatsing van de) kandidaat, mag dat alleen met uitdrukkelijke toestemming van de kandidaat.

Het is te hopen dat er in Nederland ook snel richtlijnen voor een professioneel assessment komen. Gebeurt dat niet, dan bestaat het gevaar dat beunhazen en andere opportunisten actief blijven op de markt van werving en selectie.

Bron
http://www.assessmentcenters.org/pdf/00guidelines.pdf

Noten

1 De interpretatie van projectief en expressief materiaal berust voor een groot gedeelte ook op de indruk die u maakt tijdens het afnemen van de test. Meestal gebeurt dat met name onder observatie, waarbij de psycholoog zich er ook een indruk van kan vormen hoe u een bepaalde taak uitvoert. Deze observaties zijn misschien wel meer relevant dan de interpretaties aan de hand van uw antwoorden/tekeningen.
2 Boomtest: toeval of diepere waarheid?
Tijdens een college algemene psychologie tekende een studente een boom. Het opvallende aan deze boom was dat hij een vrij simpele structuur had, met een duidelijk afgezaagde tak. Waarom zij juist een afgezaagde tak tekende, wist de studente niet. Wij, als toehoorders zagen het echter snel: Zij had maar een arm! Sindsdien zijn wij overtuigd van de diepere waarheid en duiding van de boomtest...
3 Zie bijvoorbeeld: A. Jansen, *Toetsing van grafologische uitspraken*, Amsterdam 1963.
4 Een algemene intelligentietest meet g, het algemeen cognitief vermogen. In het huidige psychologisch onderzoek wordt u vaak nog geconfronteerd met een aantal verschillende intelligentietestjes, zoals cijfermatig inzicht, taalvaardigheid, logisch denken etc. (zie hst. 5-8). De gedachte is dat veel functies een beroep doen op specifieke intelligentievaardigheden. Deze gedachte is echter achterhaald, op een enkele uitzondering na (bijvoorbeeld ruimtelijk inzicht). Wat voorspelt is g, de algemene intelligentie, dus een algemene IQ-test volstaat in bijna alle gevallen. IQ is weliswaar niet gelijk aan g, maar vormt een zeer goede benadering (zie ook hst. 3).
5 Het begrip subtest heeft betrekking op een enkele specifieke intelligentietest. Onder intelligentietest wordt verstaan een batterij (verzameling) van tests die te zamen iets over 'intelligentie' zeggen. Daar waar in de tekst onder 'test' iets anders wordt verstaan dan een enkele, specifieke test, zal dat steeds worden aangegeven.
6 Hoe moeilijk het in de psychologie is om vat te krijgen op een bepaald begrip dat men wil meten, blijkt uit de grote hoeveelheid validiteiten waarvan melding wordt gemaakt in de psychologische literatuur. Grofweg is de scheiding: interne validiteit (wordt de testscore inderdaad veroorzaakt door de bedoeling van de test) en externe validiteit (in hoeverre kan het resultaat dat werd gevonden voor deze test gegeneraliseerd worden naar andere personen). Ter verdere verfijning onderscheidt men begripsvaliditeit (constructvaliditeit), inhoudsvaliditeit, statistischeconclusievaliditeit.
7 Hieronder vallen natuurlijk niet degenen die voorkennis van bepaalde tests hebben, of mensen die al herhaaldelijk zijn getest en zo tot een hogere score komen. Voor deze laatste gevallen wordt vaak een correctie toegepast.
8 Als scores van mensen op verschillende persoonlijkheidvragenlijsten worden gefactoranalyseerd komt daar niet één factor uit, maar vijf. Persoonlijkheid heeft dus, in tegenstelling tot intelligentie, niet één centrale factor maar vijf (zie hst. 9).
9 Deze stap is vrij triviaal. We mogen ervan uitgaan dat het onmiddellijk duidelijk is met wat voor soort informatie u te maken hebt.

10 In een analogie kunnen heel goed 'appels en peren' worden vergeleken. Essentieel is slechts dat de relatie binnen een lid op zo'n manier talig kan worden uitgedrukt, dat deze talige relatie op dezelfde manier kan worden toegepast op de leden van het rechter lid. Wat precies de status van deze 'talige relatie' is, doet niet terzake. Daarom spreken we van een 'betekenisvolle relatie'. Deze relatie kan voornamelijk logisch dwingend van aard zijn: 'is één tiende van', maar ook vooral empirisch toevallig: 'wordt veroorzaakt door'.

11 Een premisse of een conclusie binnen een syllogisme kan dus vier verschillende vormen aannemen. Aangezien een syllogisme drie uitspraken bevat (twee premissen en één conclusie) zijn er dus $4 \times 4 \times 4 = 64$ mogelijkheden. Bovendien bestaan de twee premissen steeds uit twee termen, welke ook nog eens kunnen worden omgedraaid. Dat geeft nog eens $4 \times 64 = 256$ mogelijkheden. Dan kan men nog de volgorde waarin men de twee premissen aanbiedt, omdraaien. Uiteindelijk zijn er dus 512 verschillende vormen van een syllogisme mogelijk.

12 Boven de streep staan de twee premissen, onder de streep staat de conclusie. In de hier beschreven voorbeelden zijn steeds meerdere ware conclusies mogelijk.

13 Dit noemt men ook wel de *sample-opvatting*. De vragen van een persoonlijkheidsvragenlijst worden gezien als een representatieve steekproef uit het totaal van alle mogelijke gedragingen. De nadruk ligt hier op de relevantie van de items ten aanzien van de betreffende eigenschappen.

Verklarende woordenlijst

Abstractievermogen – Het vermogen om in algemene, niet tastbare begrippen te denken. Vooral bij het oplossen van verbale analogieën zou abstractievermogen een rol spelen.

Antwoordtendenties – De neiging van mensen om bij het invullen van een test of een vragenlijst antwoorden te geven die niet gebaseerd zijn op de eigenlijke inhoud van de items. Voorbeelden: de neiging om steeds uitspraken te ontkennen of te bevestigen, of de neiging om een antwoord te laten beïnvloeden door een vorig gegeven antwoord, de neiging om steeds in extremen te antwoorden, of de neiging om steeds neutrale antwoorden te geven.

A priori – Iets van tevoren aannemen, zonder het empirisch onderzocht te hebben.

Arbeidssatisfactie – De voldoening of bevrediging die mensen uit hun werk halen.

Arousal – Opwinding, staat van verhoogde activiteit.

Articuleren – Stapsgewijs duidelijk maken wat iets inhoudt.

Assessment center – Locatie waar via het afleggen van allerlei praktische arbeidsproeven wordt bepaald of men geschikt is voor een bepaalde functie.

Assessment center-methode – Methode om aan de hand van vertoond gedrag van kandidaten op allerlei functierelevante opdrachten, een voorspelling te doen omtrent hun geschiktheid of mogelijkheden op het gebied van loopbaanontwikkeling. De ACM wordt vaak gebruikt in combinatie met intelligentietests en interviews.

Behaviorisme – Opvatting die veronderstelt dat voornamelijk het zichtbare gedrag bepalend moet zijn binnen de psychologie.

Betrouwbaarheidsintervallen – Test men een groep mensen twee keer en het gemiddelde resultaat verschilt, dan is het de vraag of dit verschil wel of niet toevallig is. Op grond van de eerste meting kan men uitrekenen hoeveel de nieuwe score van de oude kan verschillen, puur op basis van toevalligheid. Het gebied waarbinnen men met een bepaalde zekerheid kan vaststellen dat een scoreverschil 'toevallig' is, noemt men een betrouwbaarheidsinterval. Hierbij wordt nooit 100% zekerheid bereikt. Als ondergrens neemt men in de psychologie vaak een zekerheid van 95%. Men weet dan hoe groot het verschil tussen twee gemiddelde scores moet zijn, om met 95% zekerheid te kunnen zeggen dat dit verschil niet toevallig is. Belangrijke factoren hierbij zijn het aantal mensen (waarnemingen) en de standaarddeviatie van het (eerste) gemiddelde.

Big Five – De vijf 'uiteindelijke' persoonlijkheidsdimensies, te weten introvert/extravert, aardig/onaardig, zorgvuldig/onzorgvuldig, stabiel/labiel, ideeënrijk/ideeënarm.

Biografische gegevens – Gegevens die betrekking hebben op de levensloop van mensen: Waar bent u geboren? Hoe lang studeerde u? Hoe lang duurde uw eerste huwelijk? Enzovoort.

Cognitieve fixatie – Specifieke gerichtheid waarbij (ten onrechte) andere verschijnselen worden genegeerd.

Commitment – Binding die mensen (met het werk) hebben.

Conjunctieve selectiebeslissing – Beslissing waarbij tegelijkertijd aan meerdere voorwaarden moet zijn voldaan en waarbij geen compensatie plaatsvindt.

Construct – Een begrip of mechanisme waarvan in de psychologie wordt aangenomen dat het een rol speelt bij het menselijk functioneren.

Constructvaliditeit – De mate waarin men hard kan maken dat een construct ook daadwerkelijk bestaat.

Counselor – Iemand die zich opwerpt als een specialist in het begeleiden en adviseren bij persoonlijke problemen.

Dieptegesprek – Gesprek of interview waarin men probeert motieven, redenen en oorzaken van iemands opvattingen en gedragingen in kaart te brengen.

Dispositie – Geneigdheid tot het vertonen van bepaald gedrag waarbij een psychofysiologische basis wordt verondersteld.

Empirisch – Gebaseerd op de (zintuiglijke) ervaring. Binnen de psychologie wordt meestal bedoeld: gebaseerd op observatie of experiment.

Expressief – De idee dat de reactie van een persoon op een ongestructureerde stimulus verwijst naar onderliggende capaciteiten of karaktertrekken.

Extravert – Een openlijke interesse in dingen (mensen) buiten zichzelf.

Face validity – Als een test eruitziet alsof hij inderdaad datgene meet wat hij bedoelt te meten, zegt men wel dat de test face validity bezit. Face validity kan natuurlijk nooit het enige criterium zijn om een test als selectie-instrument in gebruik te nemen.

Fenomenologie – De opvatting dat mens en wereld inherent zijn en dat men door het uitschakelen van storende invloeden tot de 'werkelijke betekenis' van de wereld kan doordringen. Dit zou een soort 'theorieloos' waarnemen moeten zijn.

Flexibel – Nooit moeilijk doen.

Fundamentele attributiefout, ook wel *Fundamental Attribution Error* – Het verschijnsel dat mensen de neiging hebben om bij zichzelf externe verklaringen, en bij anderen interne verklaringen te geven. Uiteindelijk leidt dit tot de Self Serving Bias: als het goed gaat, heb ik het zelf gedaan – als het slecht gaat, ligt het aan de omstandigheden. Als het bij een ander goed gaat, heeft hij/zij mazzel – gaat het bij een ander slecht, dan is dat zijn/haar eigen schuld. Vrouwen hebben in tegenstelling tot mannen meer de neiging bij falen toch de oorzaak aan zichzelf toe te schrijven (interne attributie).

Geprecodeerd – Het goede antwoord is van tevoren vastgesteld.

Gestandaardiseerd – Volgens vaste normen bepaald.

Grafologie – De opvatting dat karakter en handschrift onlosmakelijk verbonden zijn.

Helikopterview – Trendy woord voor 'overzicht'.

Human factor – Menselijk aandeel.

Hypothese – Vooronderstelling, aanname.

Ideologie/ideologisch – Waarden voor feiten verkopen. Iets wat er niet is, verwarren met iets wat er zou moeten zijn.

Illusion of control – Verschijnsel dat mensen denken een bovennatuurlijke beheersing over zichzelf en/of gebeurtenissen te hebben. Voorbeelden: 'Altijd als ik bij dat zaakje een staatslot koop, win ik wat.' 'Als ik in een auto achter het stuur zit, heb ik minder kans op een ongeluk dan wanneer ik passagier ben.' Zo kunt u zelf nog wel meer van dergelijke onzinuitspraken bedenken.

Introvert – Iemand die geen interesse toont voor wat zich buiten hem/haar afspeelt, wordt introvert genoemd.

Item – Een vraag of onderdeel (van een test).

Klinische middelen – Methoden/instrumenten waarbij constructie, afname en scoring niet voldoen aan de eisen die ten aanzien van een test worden gesteld. Daarmee is niet gezegd dat klinische middelen per definitie waardeloos zijn. Ze zijn vooral van nut wanneer men op zoek is naar een specifieke toegevoegde waarde van kandidaten die moeilijk met behulp van algemene (test)instrumenten kan worden gemeten.

Kwade trouw – Uit het werk van Sartre bekende term (*mauvaise foi*). Wordt gebruikt om aan te geven dat mensen de neiging vertonen zich te immuniseren voor kritiek.

Management development – De idee dat arbeidsomstandigheden steeds dienen te veranderen.
Moreel – Het besef dat een keuze ethische implicaties heeft.
Multiple choice – Meerkeuze. Bij een opdracht is een aantal oplossingen gegeven, waaruit er één gekozen moet worden. Is ten onrechte veel verguisd, omdat het de unieke persoon geen recht zou doen.
Nature-nurture – In de psychologie steeds weer opduikend conflict over de vraag of menselijk gedrag een kwestie is van aanleg of van opvoeding.
Negatieve faalangst – Verschijnsel dat mensen als ze moeten gaan presteren, zenuwachtig worden, waardoor de prestatie minder goed wordt. Hiervoor is een speciale test, de prestatie-motivatietest, gebaseerd op het werk van H.J. Hermans.
Normscore – De score van een groep waarmee men vergeleken wordt.
Opel Kadett – Tot voor kort (1992) een van de meest verkochte auto's in Nederland. Lage prijs/kwaliteitverhouding, degelijk van constructie, hoge inruilwaarde, gaat lang mee. Kortom: veel waar voor weinig geld. Ondanks alles had de Kadett voor sommigen een dubieus imago.
Operante conditionering – Opvatting binnen het behaviorisme, volgens welke mensen hun gedrag kunnen veranderen doordat ze nadenken over de consequenties ervan.
Persuasief – Overtuigend. Het sollicitatiegesprek wordt ook wel een persuasief gesprek genoemd, omdat men iemand moet overtuigen dat men geschikt is voor een bepaalde functie.
Populatie – Groep mensen met bepaalde kenmerken. In de psychologie werkt men uitsluitend met steekproeven, waarbij men een willekeurig aantal mensen uit een populatie selecteert. Een van de problemen binnen de psychologie is dan ook het generalisatieprobleem: in hoeverre zijn de gegevens, verkregen door een steekproef, relevant voor de totale populatie?
Positieve faalangst – Het verschijnsel dat mensen, wanneer ze onder spanning komen te staan, beter gaan presteren.
Power test – Test waarvan de items een oplopende moeilijkheidsgraad vertonen. Bij de meeste intelligentietests is dit het geval.
Premisse – Stelling of uitspraak in een syllogisme.
Projectieve tests – Hierbij gaat men ervan uit dat de vertoonde reactie op een ongestructureerde stimulus relevante informatie geeft over het karakter van een persoon. Gezien de huidige opvattingen over de psychologische test zijn dit eigenlijk geen tests.
Rorschachtest – Naar Hermann Rorschach (1884-1922), de bedenker van deze bekende inktvlekkentest. Hoewel als projectieve methode weinig zeggend, maakt de Rorschachtest tegenwoordig een revival door, waarbij men betrouwbaarder normen probeert te ontwikkelen. Voor de Rorschachtest geldt het algemene devies van projectieve middelen: ze zijn zo goed als hun gebruiker ze weet te hanteren.
Sales executive – Duur woord voor vertegenwoordiger.
Sample-opvatting – Gaat ervan uit dat de vragen waaruit een persoonlijkheidsvragenlijst bestaat een representatieve weergave vormen van de gedragingen (constructen) die men met behulp van de vragenlijst wil meten. Men veronderstelt hierbij dat de antwoorden gegeven door een proefpersoon een waarheidsgetrouwe afspiegeling vormen van het werkelijke gedrag.
Self-defeating (killing) prophecy – Uitspraak die, juist doordat ze gedaan wordt, tot gevolg heeft dat mensen zich tegenovergesteld gaan gedragen. Dit verschijnsel kan zich voordoen bij de meeste sociaal-wetenschappelijke uitspraken. Wanneer in een testrapport staat dat u wat verlegen bent, gaat u zich misschien juist daardoor wat assertiever opstellen.
Self-fulfilling prophecy – Uitspraak die, juist doordat ze gedaan wordt, tot gevolg heeft dat mensen zich ernaar gaan gedragen. Een voorbeeld is het failliet gaan van een bank in de Verenigde Staten tijdens de crisis in de jaren dertig. Doordat mensen dachten dat er een beurskrach op komst was, raakten ze in paniek, wat tot het faillissement van de betreffende bank leidde.
Semantiek, semantisch – Leer van de betekenissen, betrekking hebbend op de betekenis. Bij analogieën gaat het om de betekenis die woorden ten opzichte van elkaar hebben. Om de betekenis van een woord te achterhalen, moet men de context beschouwen waarin dit woord wordt gebruikt.

Sensitivity training – Semi-therapeutische methode om mensen sterker te maken door ze op hun zwakheden te wijzen. Sensitivity training vindt plaats in groepen, waarbij het er vaak hard aan toe gaat.

Significant – Naar alle waarschijnlijkheid niet aan toeval te wijten.

Sign-opvatting – Gaat ervan uit dat de antwoorden gegeven door een proefpersoon op een persoonlijkheidsvragenlijst verwijzen naar onderliggende karaktereigenschappen. Wat hier belangrijk wordt gevonden, is hoe u tegen bepaalde zaken aankijkt, niet zozeer of uw zienswijzen ook corresponderen met de werkelijkheid.

Sociale psychiatrie – Richting binnen de psychiatrie die de nadruk legt op het intermenselijk aspect bij het ontstaan, verloop en voorkomen van psychiatrische stoornissen.

Sociale technologie – Benadering die ervan uitgaat dat problemen bij mensen op dezelfde manier kunnen worden opgelost als bij machines.

Speed test – Test met een beperkte tijdsduur, waarbij het erom gaat zoveel mogelijk items af te krijgen. De tijdsduur is meestal zodanig dat het onmogelijk is de test geheel af te krijgen. Dit is dan ook niet nodig om toch een voldoende score te kunnen halen. Bij de instructie moet altijd worden aangegeven of het noodzakelijk is dat men de gehele test af heeft binnen de vastgestelde tijdsduur. De meeste intelligentietests zijn een combinatie van *power* en *speed*.

Stabiele eigenschap – Eigenschap die niet of nauwelijks verandert.

Steekproef – Een aantal mensen of dingen dat getrokken is uit een verzameling. Bij een aselecte steekproef gaat men ervan uit dat ieder lid van de populatie een even grote kans had om in de steekproef terecht te komen. Men spreekt dan ook wel van een *at random* samengestelde steekproef. Vormt de steekproef een getrouwe afspiegeling van de populatie, dan spreekt men van een representatieve steekproef.

Stimulus – Iets wat een reactie (*response*) uitlokt.

Stimulus-response – Opvatting binnen het behaviorisme dat gedrag voortkomt uit bepaalde prikkels. Het s-r-model is geëvolueerd tot een s-o-r-model, waarbij men ook de O, het organisme, in de verklaring van het vertoonde gedrag is gaan betrekken. Tegenwoordig hanteert men zelfs een s-o-r-c-k-model. De C staat voor een constante waarmee de vertoonde respons optreedt; de K staat voor de consequenties die het vertoonde gedrag tot gevolg heeft.

Subreeks – Onderdeel van een meer omvattende reeks. De reeks 1 2 3 4 5 6 7... bevat twee subreeksen: die van de even getallen en die van de oneven getallen.

Synergetisch – Term, afkomstig van de antropologe Ruth Benedict. Hij houdt in dat bepaalde krachten en verschijnselen samenwerken en elkaar kunnen helpen, in plaats van elkaar tegen te werken.

Theoretisch construct – Constructen zijn zelf meestal niet direct waarneembaar, maar ze zijn op een of andere manier wel verbonden aan waarneembare zaken. Theoretische constructen worden op deze manier gebruikt om waarneembare verschijnselen te verklaren.

Top-downselectie – Selectie van bovenaf, dat wil zeggen: beginnend bij de kandidaat die het beste presteerde op de selectie-instrumenten. Top-downselectie kan strijdig zijn met het principe van 'gelijke kansen'. Als culturele minderheden slechter presteren op tests, zullen zij op de top-downselectie buiten de boot vallen.

Trait – Eigenschap, ook wel 'trek' genoemd. Een trait kan verschillend worden omschreven, waarbij de nadruk kan liggen op psychisch-neurologische aspecten of op consistentie in gedragspatronen. In beide gevallen worden traits gebruikt om gedrag inzichtelijk te maken en te verklaren.

Trechtereffect: het verschijnsel waarbij door het stellen van uitsluitend gesloten vragen een gespreksonderwerp vroegtijdig wordt doodgepraat.

Trigger-functie – Bedoeld om een reactie los te maken.

Wartegg-tekentest – Test voor kinderen vanaf zes jaar, waarbij men, uitgaand van een simpel beginmotief, een tekening moet maken. In totaal moeten er acht tekeningen worden gemaakt.

Working backward – Vanuit de alternatieven naar de goede oplossing toewerken. Vooral bij tests voor ruimtelijk inzicht is deze methode noodzakelijk, omdat u een uitgeklapte figuur steeds moet vergelijken met een van de alternatieven.

Literatuur

Aamodt, M.G. (1986), 'Validity of expert advice regarding the employment interview', ongepubliceerd paper, San Francisco.
– (1991), *Applied Industrial/Organizational Psychology*, Wadsworth, Belmont, Cal.
Alliger, G.M. & S.A. Dwight (2000), 'A meta-analytic investigation of the susceptibility of integrity tests to coaching and faking', in: *Educational and Psychological Measurement*, 60, 59-72.
Altink, W.M.M., R.A. Roe, M.A.M. Greuter & C.J. Candel (1992), 'Vertrouwde methoden worden niet snel aan de kant geschoven', in: *Gids voor Personeelsmanagement*, 12, 33-38.
Baron, H. & K. Janman (1996), 'Fairness in the Assessment Centre', in: C.L. Cooper & I.T. Robertson, *International review of Industrial and Organizational Psychology*, vol. 11.
Barrick, M.R. & M.K. Mount (1991), 'The Big Five personality dimensions and job performance: A meta-analysis', in: *Personnel Psychology*, 44, 1-26.
Beek, K. van (1993), *To be hired or not to be hired, the employer decides. Relative changes of unemployed job-seekers on the Dutch labor market*, academisch proefschrift, Universiteit van Amsterdam.
Berg, P.T. van den (1992), *Persoonlijkheid en werkbeleving*, academisch proefschrift, Vrije Universiteit Amsterdam.
Berry, C.M., P.R. Sackett & S. Wiemann (2007), 'A review of recent developments in integrity test research', in: *Personnel Psychology*, 60, 271-301.
Bloemers, W. (1988), 'Psychologische tests: If you can't beat them, buy them', in: *Psychologie en Maatschappij*, december 1988.
– (1996), 'Het selectieproces', in: A. Breed & A. Kooreman, *Psychologie in Arbeid en loopbaan*, Lisse, Swets & Zeitlinger.
– (1997), 'Selectie-instrumenten: ontwikkelingen en een voorstel voor een optimaal rendement', in: Van Dam & Bloemers.
– (1997), 'Voorlichting over tests', in: W. Tomic & H.T. van der Molen, *Intelligentie en sociale competentie*, Open Universiteit/Swets.
Bloemers, W. & E. Hagedoorn (1998), *Management, Gedrag & Organisatie*, Elsevier, Maarssen.
Bloemers, W. & H. van der Molen (2004), 'Het (genegeerde) belang van intelligentie voor arbeidsprestaties', in: *Opleiding & Ontwikkeling, tijdschrift voor Human Resource Development*, Den Haag, Delwel.
Brouwers, A. en W. Bloemers (2004), *Hoe wordt ik een effectieve coach?* Amsterdam, Contact Business.
Buiten, B. & Th. van Noort (1966), *De adelborstenselectie bij de Kon. Marine*, BSPZ Rapport, proj.nr. 1966-8, november 1966 (ongepubliceerd rapport).
Cascio, W.F. (1991), *Applied Psychology in Personnel Management*, Prentice Hall, Englewood Cliffs.
Cook, M. (1991), *Personnell Selection and Productivity*, John Wiley & Sons, Chichester.
Copley, J. & S. Brownlow (1995), in: *Basic and Applied Psychology*, vol. 16, p. 251-265.
Cremers, M. (2007), *Hoe Integer Zijn Onze Toekomstige Militairen? Een meting van integriteit in de initiële psychologische selectie van militairen*, scriptie, Open Universiteit Nederland, Heerlen.
Cronbach, L.J. (1984), *Essentials of Psychological Testing*, Harper & Row, New York.

Dam, K. van (1997), 'Personeelsselectie: de betekenis van het vijffactormodel', in: Van Dam & Bloemers.
Dam, K. van & W. Bloemers (red.) (1997), *Individu, Arbeid & Organisatie*, Utrecht, De Tijdstroom.
Davies, D.R. & V.J. Shackleton (1975), *Psychology and Work*, Methuen, London.
Deen, L. & J.G.H. Bokslag (1959), *Mensen testen*, Querido, Amsterdam.
Documentatie van Tests en Testresearch in Nederland (1992), A. Evers, J.C. van Vliet-Mulder & J. ter Laak, Van Gorcum/NIP, Assen/Maastricht.
Drenth, P.J.D. (1975), *Inleiding in de testtheorie*, Van Loghum Slaterus, Deventer.
Drenth, P.J.D. & P.C.M. Van Wieringen (1969), *Verbale Aanleg Testseries*, Swets & Zeitlinger, Lisse.
Emans, B., R. Kuijer, M. Postema & P. Kuiper (1997), 'Het functioneringsgesprek en de moderne leiderschapsrol', in: Van Dam & Bloemers.
Embretson, S.E. (1992), 'Measuring and validating Cognitive Modifiability as an Ability: A Study in the Spatial Domain', in: *Journal of Educational Measurement*, 29, 25-50.
Evers, A. & W. Lucassen (1983), *Differentiële Aanleg Testserie*, Swets & Zeitlinger, Lisse.
Eysenck, H. (1947), *Dimensions of Personality*, London, Routledge.
Flier, H. van de, W. Keers & P.J.D. Drenth (1983), *Applikatie Programmeurstest*, Swets & Zeitlinger, Lisse.
Gordon, R.A. (1997), 'Everyday Life as an intelligence Test: Effects of Intelligence and Intelligence Context', in: *Intelligence*, 24 (1), 203-320.
Gottfredson, L.S. (2002), 'Where and Why g Matters: Not a Mystery', in: *Human Performance*, 15, 25-46.
– (2003), 'Dissecting practical intelligence theory: its claims and evcidence', in: *Intelligence*, 31, pp. 343-397.
Gramsbergen-Hoogland, Y. & H.T. van der Molen (1996), *Gesprekken in organisaties*, Wolters-Noordhoff, Groningen.
Greuter, M.A.M. (1991), 'Nieuwe ontwikkelingen in Personeelsselectie', in: *Personeelbeleid*, 3, maart 1991, p. 133-137.
Guilford, J.P. (1967), *The Nature of Human Intelligence*, McGraw-Hill, New York.
Guion, R.M. & R.F. Gottier (1965), 'Validity of personality measures in personnel selection', in: *Personnel Psychology*, 18, 135-164.
Hausknecht, J.P., C.O. Trevor & J.L. Farr (2002): 'Retaking Ability Tests in a Selection Setting: Implications for Practice Effects, Training Performance, and Turnover', in: *Journal of Applied Psychology*, 87, 2, 243-254.
Hays, W.L. (1967), *Quantification in Psychology*, Brooks/Cole, Momterey, California.
Hendriks, A.A.J. (1997), *The construction of the Five-factor Personality Inventory*, academisch proefschrift, Rijksuniversiteit Groningen.
Hermans, H.J.M. (1980), *Gaat de unieke persoon in de psychologie ten onder?*, Swets & Zeitlinger, Lisse.
Hofstee, W.K.B. (1970), 'De persoonlijke geschiktheid', in: P.J.D. Drenth, P.J. Willems & Ch.J. de Wolff (red.), *Bedrijfspsychologie. Onderzoek en evaluatie*, Kluwer/Van Loghum Slaterus, Deventer.
– (1974), *Psychologische uitspraken over personen*, Van Loghum Slaterus, Deventer.
– (1983), *Selectie*, Het Spectrum, Utrecht.
– (1986), 'Rationele personeelsselectie; er wordt te weinig getest', in: *Harvard Holland Review*, 7, 35-41.
– (2001). 'Persoonsontwikkeling voor wie?', in: *Human Resource Development*, Thema Persoonlijke Ontwikkeling. Kluwer, Alphen aan de Rijn.
– (2005), 'De Psycholoog als detective? Kanttekeningen bij malingering en integriteitstests', in: *De Psycholoog*, december 2005, 670-674.
Hogan, J. & K. Brinkmeyer (1997), 'Bridging the gap between overt and personality-based integrity tests', in: *Personnel psychology*, 50, 587-599.
Hoolwerf, G. & P.J.D. Drenth (1969), *Numerieke Aanlegtest*, Swets & Zeitlinger, Lisse.
Hunter, J.E. & F.L. Schmidt (1983), 'Quantifying the effects of psychological interventions on employee job performance and workforce productivity', in: *American Psychologist*, nr. 38, p. 473-478.

Jansen, P.G.W. (1991), *Het beoordelen van Managers*, Nelissen, Baarn.
Janssen, A. (1979), *Ethiek en praktijk van personeelsselectie*, Van Gorcum, Assen.
Johnson-Laird, Philip N. & Mark Steedman (1978), 'The Psychology of Syllogisms', in: *Cognitive Psychology*, 10, p. 64-99.
Judge, T.A., J.E. Bono, R. Ilies & W. Gerhardt (2002), 'Personality and Leadership: a Qualitative and Quantitative Review', in: *Journal of Applied Psychology*, 87, 4, 765-780.
Judge, T.A. & A.E. Colbert, R. Ilies (2004), 'Intelligence and Leadership: A Quantitative Review and Test of Theoretical Propositions', in: *Journal of Applied Psychology*, 89, 3, 542-552.
Karren R.J. & L. Zacharis (2007), 'Integrity tests: Critical issues', in: *Human Resource Management Review*, 17, 221-234.
Keen, G.W. & S.J. Te Nijenhuis, 'Effecten van Testtraining', interne publicatie RUG, *Heymans Bulletins*, HB-92-1060-sw.
Kelley, H.H. (1972), *Causal Schemata and the Attribution Process*, Morristown, NJ, General Learning Press.
Kline, P. (1993), *Personality. The Psychometric view*, London, Routledge.
Koch, J.W. (1976), *Der Baumtest*, Bern (7de druk).
Kooreman, A. (2002), *Het psychologisch rapport. Van sluitpost tot visitekaartje*, Lisse, Swets & Zeitlinger/NIP.
Kouwer, B.J. (1963), *Het spel van de persoonlijkheid*, Bijleveld, Utrecht.
Lange, J.J.B. de (1965), 'Het schrijven van een bedrijfspsychologisch rapport', in: *Nederlands Tijdschrift voor de Psychologie*, 20.
Latham, G.R., & G. Whyte (1994), 'The futility of utility analysis', in: *Personnel Psychology*, 47, 31-46.
Lidz, C.S. (1998), 'Dynamic Assessment Approaches', in: D.P. Flanagan, J.L. Genshaft & P.L. Harrison, *Contemporary Intellectual Assessment*, New York, The Guilford Press.
Lievers, S., H. Steverlinck, A. Tjoa & C. Verhoeven (1985), *Vragenlijst voor commercieel inzicht*, Swets & Zeitlinger, Lisse.
Linschoten, J. (1964), *Idolen van de psycholoog*, Bijleveld, Utrecht.
Loehlin, J.C. (1992), *Genes and Environment in Personality Development*, Newbury Park CA: Sage.
Maesen de Sombreff, P.E.A.M. van der (1991), *Testwijzer*, Van Gorcum, Assen.
– (1992), *Het rendement van personeelsselectie*, academisch proefschrift.
Maesen de Sombreff, P.E.A.M. van der & J. de Veer (1993), 'De waarde van Assessment centers', in: P.G.W. Jansen & F. de Jongh, *Assessment centers. een open boek*, Utrecht, het Spectrum/Marka.
Marcus, B. (2006), 'Relationship between faking, validity, and decision criteria in personnel selection', in: *Psychology Science*, 48, 3, 226-246.
Marcus, B., K. Lee, & M.C. Ashton (2007), 'Personality dimensions explaining relationships between integrity tests and counterproductive behavior: Big Five or one in addition?', in: *Personnel Psychology*, 60, 1-34.
Marcus, B., & H. Schuler (2004), 'Antecedents of counterproductive behavior at work: a general perspective', in: Journal of Applied Psychology, 89, 647-660.
McCrae, R.R. & Costa, P.T. jr. (1994), 'The Stability of Personality: Observations and Evaluations', in: *Current Directions in Psychological Science*, 3, 6, 173-175.
McDaniel, M.A., D.L. Whetzel, F.L. Schmidt & S. Maurer (1994), 'The validity of employment interviews: a comprehensive review and a meta-analysis', in: *Journal of Applied Psychology*, 79, 599-616.
Mischel, W.M. (1968), *Personality and Assessment*, Wiley, New York.
Moelker, R. (1992), *Zou hij onze nieuwe werknemer kunnen zijn?*, academisch proefschrift.
Moscoso, S. & J.F. Salgado (2004), '"Dark Side" Personality Styles as Predictors of Task, Contextual, and Job Performance', in: *International Journal of Selection and Assessment*, 12, 356-362.
Mumford, M.D., M.S. Connelly, W.B. Helton, J.M. Strange & H.K. Osburn (2001), 'On the Construct Validity of Integrity Tests: Individual and Situational Factors as Predictors of Test Performance', in: *International Journal of Selection and Assessment*, 9, 240-257.
Murphy, K.R. & C.O. Davidshofer (2005), *Psychological testing, principles and applications*, (6th edition), Pearson Prentice Hall, New Jersey.

Nauta, A. (1996), *Oog om oog en baas boven baas. Interactiepatronen bij interpersoonlijk conflict op bureaucratische en organische organisatieafdelingen*, academisch proefschrift, Rijksuniversiteit Groningen.
Nijenhuis, J. te (1997), *Comparability of test scores for immigrants and majority group members in the Netherlands*, academisch proefschrift, Vrije Universiteit Amsterdam.
Nisbett, R.E. & L. Ross (1980), *Human Inference. Strategies and shortcomings of human judgement*, Prentice Hall, New York.
Ones, D., C. Viswesvaran & F.L. Schmidt (1993), 'Comprehensive meta-analysis of integrity test validities findings and implications for personnel selection and theories of job performance', in: *Journal of Applied Psychology*, 78, 679-703.
Orlebeke, J.F. e.a. (red.) (1985), *Compendium van de psychologie* (dl. 5: *Intelligentie, gedragsgenetica, persoonlijkheidspsychologie, tests en beoordelen*), Dick Coutinho, Muiderberg.
Pellegrino, J.W. & R. Glaser (1980), 'Components of inductive reasoning', in: R.E. Snow, P.A. Frederico & W. Montague (eds.), *Aptitude, Learning and Instruction. Cognitive process analysis*, Lawrence Erlbaum Ass., Hillsdale, N.J.
Pervin, L. (1996), *The Science of Personality*, New York, Wiley.
Rynes, S.L., A.E. Colbert & K.G. Brown (2002), 'HR professionals beliefs about effective human resource practices: correspondence between research and practice', in: *Human Resource Management*, 41, 149-174.
Sanders, C. (1954), *De Rangeertest*, Staatsdrukkerij, Den Haag.
Schmidt, F.L. & J.E. Hunter (1977), 'Development of a general solution to the problem of validity generalization', in: *Journal of Applied Psychology*, nr. 62, 529-540.
– (1981), 'Employment testing, old theories and new research findings', in: *American Psychologist*, nr. 36, 1128-1137.
– (1998), 'The Validity and Utility of Selection Methods in Personnel Psychology: Practical and Theoretical Implications of 85 Years of Research Findings', in: *Psychological Bulletin*, 124, 262-274.
– (2004), 'General Mental Ability in the World of Work: Occupational attainment and Job Performance', in: *Journal of Personality and Social Psychology*, 86, 162-173.
Spearman, C. (1927), *The Abilities of Man*, New York: MacMillan.
Sprock, B. & M. Greuter (1987), 'Werving en selectie in de praktijk', in: *De Psycholoog*, XXII, 5 mei.
Sternberg, R. (1989), *The Triarchic Mind. A new theory of human intelligence*, Penguin Books USA.
Sternberg, R.J. (1996), *Cognitive Psychology*, Orlando, Harcourt Brace College Publishers.
Sternberg, R.J., B.E. Conway, J.L. Kreton & M. Bernstein (1981), 'People's concepts of Intelligence', in: *Journal of Personality and Social Psychology*, nr. 41, 37-55.
Sternberg, R.J., G.B. Forsythe, J. Hedlund, J.A. Horvath, R.K. Wagner, W.M. Williams, S.A. Snook & E.L. Grigorenko (2000), *Practical Intelligence in everyday life*, New York: Cambridge University Press.
Thurstone, L.L. (1938), *Primary mental abilities*, Chicago: University of Chicago Press.
Tomic, W., & H.T. van der Molen (1997), *Intelligentie en Sociale Competentie*, Lisse, Swets & Co/ Open Universiteit Nederland.
Vianen, A.E.M. van (1991), 'Neurotische labiliteit als predictor in de selectie van mannen en vrouwen', in: H. van der Flier, P.G.W. Jansen & J.N. Zaal, *Selectieresearch in de praktijk*, Swets & Zeitlinger, Lisse.
Visser, G. (1985), *Profiel van de psychologie*, Dick Coutinho, Muiderberg.
Vliert, E. van de (1997), 'Macht en conflict: een accu voor organisaties', in: K. van Dam & W. Bloemers, *Individu, Arbeid & organisatie*, Utrecht, De Tijdstroom.
Vroon, P. (1980), *Intelligentie*, Ambo, Baarn.
Wanek, J.E., P.R. Sackett & D.S. Ones (2003), 'Towards an understanding of integrity test similarities and differences: an item level analysis of seven tests', in: *Personnel Psychology*, 56, 873-894.
Wilde, G.J.S. de (1970), *Neurotische labiliteit gemeten volgens de Vragenlijstmethode*, Van Rossen, Amsterdam.

Oplossingen

Opgaven rekenvaardigheid

1. d; **2.** b; **3.** a; **4.** d; **5.** b; **6.** c; **7.** d; **8.** d; **9.** b; **10.** d; **11.** b; **12.** c; **13.** c; **14.** a; **15.** d.

Rekenkundige reeksen

1. 13: tel twee opeenvolgende getallen bij elkaar op; **2.** 12: twee reeksen door elkaar, allebei + 5; **3.** 82: opeenvolging van bewerkingen: + 5, × 2, + 10 enz.; **4.** 30: twee reeksen door elkaar, + 6 en × 3; **5.** 0,8: twee reeksen door elkaar *gedeeld door 5* en + 4; **6.** 7: droge logica: getal moet kleiner zijn dan voorgaande getal; **7.** 29: eenvoudig monotoon, verschil neemt met 1 toe; **8.** 169: twee reeksen: gedeeld door 4 en *kwadrateer*. De stap van 9 naar 52 is hier arbitrair; **9.** 5: trek voorgaande getal af (let op de minnen); **10.** 162: twee reeksen door elkaar: allebei × 3; **11.** 121: het kwadraat van de oneven natuurlijke getallen; **12.** 20: uitzondering: tel drie opeenvolgende getallen op; **13.** 130: combinatie: (× 2) -2). Het verschil tussen twee getallen verdubbelt steeds; **14.** 13: som van aantal letters neemt met één toe; **15.** 13/16: twee reeksen door elkaar: allebei gedeeld door 4; **16.** 14: splitsen, dan fibonacci; **17.** 5^{-1}: heel gemene. Het verschil tussen grondtal en exponent neemt steeds met 1 af. Het volgende verschil moet 6 zijn ($9 = 9^1$, $1 = 1^{-6}$); **18.** 49: combinatie (: 5), (× 3), (× 7/6); **19.** 11/5: twee reeksen door elkaar: : 3 en : 5; **20.** 24: uitzondering: drie opeenvolgende optellen; **21.** 1/256: twee opeenvolgende met elkaar vermenigvuldigen; **22.** -124: grondtallen vormen twee reeksen door elkaar. Verschil tussen exponenten neemt steeds met 1 toe; **23.** 49: twee reeksen door elkaar: (2 × 25) − 1 = 49; **24.** 216/30: tamelijk complex. De teller is een afwisseling (× 2), (× 3). U moet 1 dan wel als 6/6 kunnen zien. De noemer is + 2, + 2, + 4, + 4, + 8, dus ook nu weer + 8; **25.** 4/3: tricky. Beschouw de reeks als a b c d e dan geldt: a × c = b; b × d = c; d × ? = e. Concreet: 1/8 × ? = 1/6. ? = 1/6 : 1/8 = 4/3.

Dubbele reeksen

1. a: − 11, + 10, − 9, + 8, − 7, + 6 etc.; **2.** c: − 2, ×1, − 4, ×3, − 6, ×5, − 8, ×7 etc.; **3.** b: − 1, ×2, − 3, ×4, − 5, ×6 etc.; **4.** c: ×4, :2, ×6, :3, ×8, :4, ×10, :5 etc.; **5.** a: − 5, ×3,

Dubbele reeksen

1. a: − 11, + 10, − 9, + 8, − 7, + 6 etc.; **2.** c: − 2, ×1, − 4, ×3, − 6, ×5, − 8, ×7 etc.; **3.** b: − 1, ×2, − 3, ×4, − 5, ×6 etc.; **4.** c: ×4, :2, ×6, :3, ×8, :4, ×10, :5 etc.; **5.** a: − 5, ×3, − 4, ×3, − 3, ×3, − 2 etc.; **6.** b. − 18, + 1, +19, − 1, − 20, + 1, + 21, − 1 etc.; **7.** − 2, ×3, − 3, ×3, − 4, ×3, − 5, ×3 etc.; **8.** c: + 6, :3, + 5, :3, + 4, :3, + 3, :3 etc.; **9.** d: +3, − 6, + 12, − 24, + 48, − 96, +192, − 384 etc.; **10.** c. − 10, ×4, − 8, ×3, − 6, ×2, − 4, ×1 etc.; **11.** d: − 9, :7, ×5, − 3, :1, × (− 1), (− 3) etc.; **12.** b: ×2, − 5, ×2, − 6, ×2, − 7, ×2, − 8, ×2, − 9 etc.; **.13.** d: ×2, − 5, ×3, − 10, ×4, − 15, ×5, − 20 etc.

Dynamische plaatjes

1. C: afwisselend vierkant met stip en cirkel, lijn draait 45° rechtsom; **2.** D: afwisselend rechte lijn en een prulletje; **3.** B: er komt steeds een klein verticaal streepje bij, te beginnen met de bovenste pijl, eerst links en dan rechts. Dus nu weer bovenste pijl rechts (aantal verticale streepjes moet 5 zijn); **4.** B: het meest rechtse element verdwijnt; **5.** B: de grote cirkel beweegt diagonaal, nu van rechtsonder naar linksboven, de middencirkel neemt in grootte (evenredig) toe; **6.** A: draaiing linksom met 45°, eerste element is steeds wit, aantal elementen moet nu weer 5 zijn (5, 4, 3, 4, 5). De vorm van de elementen doet er niet toe; **7.** B: draaiing 45° linksom (tegen de klok in); **8.** D: een zwarte hoek, nu weer rechtsonder; **9.** D: de lijn met het vierkantje draait 135° tegen de klok in, de lijn met het cirkeltje draait 180°. U moet de lijn met het vierkantje volgen (de lijn met het cirkeltje staat in alle alternatieven gelijk); **10.** B: de twee lijnstukken die ingevoegd zijn, verdwijnen weer; **11.** D: figuur draait langzaam met de klok mee, daarbij verdwijnt steeds een zijde van de kleine vierkantjes; **12.** C: zwarte driehoeken verspringen van buiten naar binnen en draaien 90°, aantal lijntjes evenwijdig aan de schuine zijde van de zwarte driehoek neemt met één toe tot 3, dan neemt het weer met één af; **13.** D: pijlen draaien allebei steeds een kwart cirkel met de klok mee; **14.** C: de driehoek draait steeds 30° tegen de klok in. De balletjes nemen eerst toe en dan weer af. Als de afname zou doorzetten, klopt de positie van driehoek/balletje niet. Dus een toename: in elk hoekpunt 1 balletje erbij; **15.** D: de kwadranten draaien 90° tegen de klok in. Er moet overal een streepje af, dus een 0-1-2-3 verdeling, te beginnen rechtsboven en dan tegen de klok in verder (let ook op zwarte hoek linksboven); **16.** C: als 13. **17.** B: er moet 1 lijn bij; **18.** C: de figuur verschuift diagonaal van rechtsonder naar linksboven; **19.** D: verticale pijl draait 45° met de klok mee. Horizontale pijl draait steeds 180°; **20.** A: verticale pijl draait 90° met de klok mee. Schuine pijl draait 45° tegen de klok in; **21.** C: er komt steeds een rechte lijn bij. Nu dus zes rechte lijnen in een figuur; **22.** B: figuurtje spiegelen, dan linksom draaien, spiegelen gecombineerd met de stippen: eerst wordt binnenste zwart, dan buitenste, dan weer opnieuw levert dat binnenste stip in elk geval zwart moet zijn. Aangezien er net gespiegeld is, nu dus rechtsom draaien = B; **23.** C: rechterfiguurtje aan lijn verkleint en komt vooraan, dus klein vierkantje vooraan. De opeenvolging in tinten is zw-w, w-zw, zw-w, w-zw, dus nu zw-w. Levert C op; **24.** B: Diagonale lijn draait 45° tegen de klok in. Verticale lijn naar beneden draait 90° met de klok mee. (Let op overlappingen.)

Statische plaatjes

1. BD: elke figuur is opgebouwd rondom een 'diagonaal' van linksonder naar rechtsboven; **2.** AE: van onderen open; **3.** AC: vier zijden; **4.** DE: elke figuur wordt in tweeën gedeeld vanuit een hoek; **5.** BE: verticale arcering; **6.** CD: een gestippeld en een ononderbroken element; **7.** BD: een lijn binnen en een lijn buiten de cirkel; **8.** CE: figuur mag wel gedraaid, maar niet gespiegeld (omgeklapt) worden; **9.** BE: twee evenwijdige lijnen gestippeld, diagonaal ononderbroken; **10.** DE: zie uitleg 8; **11.** BD: twee rechte hoeken; **12.** CE: rechthoek met lijntje dat of op de schuine zijde ligt, of van binnenuit naar het centrum van de hoek wijst; **13.** AC: vier lijnstukken; **14.** AE: ronding wijst naar de open zijde van de V-vorm; **15.** CE: van de drie elementen moet er één gestippeld zijn; **16.** AD: relatief lange elementen; **17.** DE: twee gelijkvormige elementen; **18.** BE: twee lijnstukken mogen niet haaks op elkaar staan; **19.** AC: lijn moet, indien mogelijk, twee hoeken doorsnijden; **20.** BE: stippen aan weerszijden van een lijnstuk; **21.** AE: een streepje binnen en een streepje buiten de cirkel, en loodrecht op elkaar; **22.** AE: rond ononderbroken, recht gestippeld; **23.** BE: beetje arbitrair: kleine open cirkel binnen grote cirkel (raken mag); **24.** B: voor wiskundefreaks: een figuur omvat steeds 360°. Twee rechte lijnen = 360°; **25.** CD: gearceerd evenwijdig aan loodlijn vanuit een hoekpunt; **26.** CE: zwart en wit figuurtje bij een lijn; **27.** DE: vier gelijkvormige elementen; **28.** CE: elk figuurtje bevat hetzelfde linksbovencirkelsegment; **29.** CD: figuur mag alleen gedraaid worden, niet omklappen; **30.** BC: als 28, maar nu rechtsboven-rechthoeksegment; **31.** BD: elke gegeven figuur bestaat uit vier gelijkvormige elementen waarvan er een met een stippellijntje verbonden is; **32.** AD: elke gegeven figuur bestaat uit rechthoekige deelfiguren die in elkaar gepast een rechthoek opleveren; **33.** DE: cirkel met scherpe hoek erbuiten of stompe hoek erbinnen; **34.** DE: onzinfiguur met einde aan de linkerkant naar buiten wijzend en rechtsonder naar beneden wijzend; **35.** CE: gelijkvormige figuren, een groot, een klein; **36.** AC: alle figuren links bevatten een scherpe hoek.

Taalvaardigheid

Tussen haakjes het foutieve woord, daarachter cursief de verbetering.
1. A: (lopen) *loopt* [slaat op 'groep'], C: (gesneuvelt) *gesneuveld*; **2.** A: (enigste) *enige*, B: (die) *dat*, (onverwachtte) *onverwachte*; **3.** A. (vertroebbelde) *vertroebelde*, D. (werden) *werd* [slaat op 'verzameling']; **4.** A: (maakt) *maken*, B. (aktiefilms)

(ij) *i* [NB: spellingproblematiek mag ook worden geschreven als spellingsproblematiek]; **7.** B: (produkt) *product*, (wordt) *is*, D: (gecombineert) *gecombineerd*; **8.** A: (oogstte) *oogsten* [slaat op 'zij']; C: (marketingcampanje) *marketingcampagne*, D: (werden) *werd* [slaat op 'themagroep']; **9.** A: (het ontbijt) *de ontbijtborden*, C: (vermoeide) *vermoeiende*; **10.** A: (krantejongens) *krantenjongens*, B: (onoverkomenlijk) *onoverkomelijk*, D: (in) *en*. **11.** A: (testkanidaten) *testkandidaten*, (gebruikte) *gebruikten* [slaat op 'kandidaten'], B: (werden) *werd* [slaat op 'groep'], (geobserveert) *geobserveerd*, C: (incognicto) *incognito*; **12.** A: (verbaaste) *verbaasde*, B: (niet in het minst) *niet het minst*, C: (gehindert) *gehinderd*, (trottwaar) *trottoir*; **13.** A: (HBO) *hbo*, B: (nivo) *niveau*, C: (word) *wordt*, D. (kennissen) *kennis*; **14.** A: (gestelt) *gesteld*, (politicussen) *politici*, B: (anima) *animo*, D: (vrijwilligerswerk) *vrijwilliger*; **15.** A: (stonden) *stond* [slaat op 'groep'], B: (voetbalsuporters) *voetbalsupporters*, C: (varkenskarbonaatjes) *varkenskarbonaadjes*, D. (barbequ) *barbecue*, (kinderkreche) *kindercrèche*.

Analogieën

1. 2-c: synoniemen; **2.** 5-e: vorm van associatie. Andere alternatieven zijn per definitie slechter; **3.** 2-b: 'kan leiden tot'. Essentieel is dat het eerste lid een verloop met begin- en eindpunt heeft (proces); **4.** 1-e: bij 'verhitting' van het linkerlid ontstaat het rechterlid. 'Iets wat (lid a/c) is zal bij verhitting (lid b/d)'; **5.** 3-d: tegenstelling. Gemotoriseerd-lichaamskracht; **6.** 1-e: (lid a/c) 'stroomt door' (lid b/d); **7.** 5-b (lid a/c) 'is lichter dan' (lid b/d); **8.** 3-b: (lid a/c) 'is brandstof voor' (lid b/d). Vergelijk: *motor : auto als zeil : boot*; **9.** 4-d: door elkaar gehutseld spreekwoord: Spreken : zilver als Zwijgen : goud. Vergelijk: *1 : 2 als 4 : 8 dan geldt ook 8 : 2 als 4 : 1*; **10.** 1-a: 'Is de oorzaak van'/'kan leiden tot'; **11.** 5-d: gradatie: (lid b/d) 'is een extreme vorm van' (lid a/c); **12.** 2-c: (lid a/c) 'is een specifiek element uit de omvattende verzameling' (lid b/d); **13.** 2-d: bij kruising geldt: (lid a/c) 'is de statische vorm van' (lid b/d); **14.** 1-d: gradatie: (lid a/c) 'is een meer extreme vorm van' (lid b/d); **15.** 3-e: *particuliere* bevestiging (nu/hier): *universele* ontkenning (nooit/nergens). Links (a-b) gaat het om een *tijdsrelatie*, rechts (c-d) om een *ruimtelijke relatie*; **16.** 3-d: gradatie: een gewoonte is een *milde* vorm van een verslaving, en een berisping is een *milde* vorm van straffen; **17.** 2-c: een ziekte *kun* je genezen, schade *kun* je repareren; **18.** 5-d: gaat om synoniemen. *Mensenschuw* is hier te sterk; **19.** 4-a: causaal verband: de zwaartekracht leidt tot een val, een overstroming leidt tot watersnood; **20.** 1-c: een selectie kan worden uitgevoerd met een test, een meting kan worden uitgevoerd met een lineaal; **21.** 2-b: *Specifiek : algemeen*. Een elftal is een verbijzondering van een team, een dozijn is een verbijzondering van een hoeveelheid; **22.** 3-b: 'is een eigenschap van'. Een golfbeweging heeft een bepaalde frequentie, een lijnstuk heeft een bepaalde lengte; **23.** 5-d: de uitdrukking is: 'berouw komt *na* de zonde, hoogmoed komt *voor* de val' (dus val komt *na* hoogmoed); **24.** 3-c: tegenstellingen; **25.** 4-e: onbe-

golfbeweging heeft een bepaalde frequentie, een lijnstuk heeft een bepaalde lengte; **23.** 5-d: de uitdrukking is: 'berouw komt *na* de zonde, hoogmoed komt *voor* de val' (dus val komt *na* hoogmoed); **24.** 3-c: tegenstellingen; **25.** 4-e: onbepaald *zeer klein* : onbepaald *zeer groot* (let erop dat het *niet* om gekwantificeerde hoeveelheden gaat); **26.** 4-c: gradatie. Relatief : absoluut; **27.** 3-c: tegenstellingen; **28.** 1-e: 'zorgt voor'; **29.** 3-d: 'is onderdeel van'. Ook kan *veranderlijk : stabiel*; **30.** 5-b: tegenstelling. *Formeel : informeel.* **31.** 5-d (tegenstelling vloeibaar-vast is meest specifiek); **32.** 2-c (eenpersoonsformaat-gezelschapsformaat); **33.** 5-a (geen slaginstrument-wel slaginstrument); **34.** 2-e (gradatie/tegenstelling: onzeker-zeker).

Syllogismen

1. 2; **2.** 3; **3.** 2; **4.** 4; **5.** 1; **6.** 3; **7.** 1; **8.** 4; **9.** 4; **10.** 4; **11.** 2; **12.** 1; **13.** 3.

Ruimtelijk inzicht

1. B; **2.** A; **3.** B; **4.** D; **5.** C en D; **6.** D; **7.** B; **8.** A; **9.** D; **10.** D; **11.** A en C; **12.** C; **13.** B en C; **14.** D; **15.** D.

Stroomdiagram 3

Cel 1: D; **cel 2**: E; **cel 3**: A; **cel 4**: B; **cel 5**: D.

Stroomdiagram 4

Cel 1: C; **cel 2**: E; **cel 3**: B; **cel 4**: E.

Codering

1. fout; **2.** goed; **3.** fout; **4.** fout; **5.** goed; **6.** fout; **7.** fout; **8.** goed; **9.** goed; **10.** fout; **11.** fout; **12.** fout; **13.** goed; **14.** fout; **15.** fout.

Commercieel inzicht

Het gaat hier om de 'beste' antwoorden. Alternatieven zijn dus niet per definitie fout. Antwoorden:
1. d; **2.** b; **3.** a; **4.** c; **5.** d; **6.** d; **7.** b; **8.** d; **9.** c; **10.** a; **11.** b; **12.** a.